Die Strafvollstreckung in den bayerischen Gerichtsgefängnissen und Strafanstalten

von

R. Degen
K. Landgerichtsrat

und

Dr. O. Klimmer
K. Amtsrichter

im Bayer. Justizministerium.

1911
München und Berlin
J. Schweitzer Verlag (Arthur Sellier).

Druck: Dr. F. P. Datterer & Cie., G. m. b. H., Freising und München.

Vorwort.

In Bayern wurde in den letzten zehn Jahren eine durchgreifende Organisation auf dem Gebiete des Strafanstaltswesens durchgeführt. Ältere Strafanstalten, die den neuzeitlichen Anforderungen des Strafvollzugs nicht mehr genügten, wurden aufgelassen und neue Strafanstalten errichtet, deren Einrichtungen den Vollzug der Freiheitsstrafen nach den Grundsätzen der modernen Gefängniswissenschaft ermöglichen. Hand in Hand damit ging die Schaffung einer neuen einheitlichen Hausordnung für die Strafanstalten, die an die Stelle der veralteten Hausordnungen für die Zuchthäuser, die Gefangenanstalten und das Zellengefängnis Nürnberg trat. Endlich wurde, um auch auf diesem Gebiete den Anforderungen einer vorgeschritteneren Zeit gerecht zu werden und die wünschenswerte Einheitlichkeit in der Vollstreckung der Freiheitsstrafen zu erreichen, die frühere Dienst- und Hausordnung für die Gerichtsgefängnisse durch eine neue Hausordnung für die Gerichtsgefängnisse ersetzt. Die Vorschriften über die Vollstreckung der Freiheitsstrafen in Bayern wurden dadurch in die Bahnen geleitet, die durch die sog. Grundsätze des Bundesrats vom 28. Oktober 1897 über den Vollzug gerichtlich erkannter Freiheitsstrafen vorgezeichnet sind; sie verwerten aber auch die praktischen Erfahrungen, die auf dem Gebiete der Gefängniskunde in den letzten Jahrzehnten gemacht wurden, legen das Hauptgewicht auf die Erziehung und Besserung der Gefangenen und die Bekämpfung des Rückfalls und stellen sich so in den Dienst der wichtigen sozialen Aufgabe, als die das Problem der Gestaltung des Strafvollzugs sich immer mehr darstellt.

Diesem Probleme und seiner Lösung hat sich in der jüngsten Zeit das Interesse nicht nur der Juristen, sondern auch weiterer

Kreise in steigendem Maße zugewendet. Eine Zusammenfassung der Vorschriften, die über den Vollzug der Freiheitsstrafen in den Strafanstalten und den Gerichtsgefängnissen Bayerns gegenwärtig bestehen, dürfte sohin einem Bedürfnisse entgegenkommen. Es wurden deshalb neben den beiden mit Erläuterungen versehenen Hausordnungen die hauptsächlichsten damit zusammenhängenden Vorschriften aufgenommen. Die Hausordnung für die Gerichtsgefängnisse wurde vorangestellt, weil ihr Anwendungsgebiet größer ist und weil sie nicht nur die Vollstreckung krimineller Strafen, sondern auch die Untersuchungshaft, die Zivilhaft usw. regelt. Daß auch Hinweise auf die wichtigsten Bestimmungen des neuen Beamtengesetzes nicht fehlen, wird den Beamten der Strafanstalten und der Gerichtsgefängnisse nicht unwillkommen sein.

Der Abschnitt über die Strafanstalten ist von Landgerichtsrat Degen, der über die Gerichtsgefängnisse und der Anhang von Amtsrichter Dr. Klimmer bearbeitet.

München, im März 1911.

Die Verfasser.

Verzeichnis der Abkürzungen.

a. a. O. = am angeführten Orte.
ABl. = Amtsblatt.
AG. = Ausführungsgesetz.
BayZfR. = Zeitschrift für Rechtspflege in Bayern.
BG., BeaG. = Bayerisches Beamtengesetz.
BGB. = Bürgerliches Gesetzbuch.
BGBl. = Bundesgesetzblatt für den Norddeutschen Bund.
FMBl. = Finanzministerialblatt.
GBl. = Gesetzblatt für das Königreich Bayern.
Grundsätze = Grundsätze des Bundesrats über den Vollzug gerichtlich erkannter Freiheitsstrafen vom 28. Oktober 1897 (vgl. S. 177).
GVBl. = Gesetz- und Verordnungsblatt für das Königreich Bayern.
Henle = Dr. Henle, Das Gerichtsgefängniswesen in Bayern, Nördlingen 1887.
HO. = Hausordnung.
JMBek. = Bekanntmachung des Staatsministeriums der Justiz.
JMBl. = Justizministerialblatt.
KrMBek. = Bekanntmachung des Kriegsministeriums.
MStGB. = Militärstrafgesetzbuch.
MStGO. = Militärstrafgerichtsordnung.
ObLG. = Oberstes Landesgericht.
PStGB. = Polizeistrafgesetzbuch für das Königreich Bayern.
RBl. = Regierungsblatt für das Königreich Bayern.
RGBl. = Reichsgesetzblatt.
StGB. = Strafgesetzbuch.
StPO. = Strafprozeßordnung.
VO. = Verordnung.
VollzVO. = Vollzugsverordnung.
Weber = Neue Gesetz- und Verordnungensammlung für das Königreich Bayern von Karl Weber.
ZPO. = Zivilprozeßordnung.

Inhaltsübersicht.

D. Bekanntmachung, die vorläufige Entlassung von Strafgefangenen betr.

Anhang.

A. Bekanntmachung, die Hausordnung für die Gerichtsgefängnisse betreffend.

Königliches Staatsministerium der Justiz.

Auf Grund des Art. 27 des Gesetzes zur Ausführung der Strafprozeßordnung und des § 5 der Verordnung vom 25. September 1879, die Verwaltung der Landgerichts- und Amtsgerichtsgefängnisse und die Aufsicht in denselben betr., wird im Einverständnisse mit den beteiligten Ministerien die nachfolgende Hausordnung für die bayerischen Gerichtsgefängnisse erlassen:

I. Die Gerichtsgefängnisse und deren Bestimmung.

§ 1.

Gerichtsgefängnisse sind die Amtsgerichtsgefängnisse und die Landgerichtsgefängnisse.[1]) Zu den letzteren werden auch die Untersuchungs- und Strafvollstreckungsgefängnisse[2]) [3]) gerechnet.

1. Die Landgerichtsgefängnisse am Sitze der Landgerichte sind zugleich Amtsgerichtsgefängnisse; vgl. § 6 Satz 2.

2. Untersuchungs- und Strafvollstreckungsgefängnisse befinden sich in Nürnberg, Augsburg und Kaiserslautern; ein Strafvollstreckungsgefängnis befindet sich in München (Stadelheim); dieses und die Gefängnisse in Nürnberg und das Landgerichtsgefängnis in Regensburg sind mit einem Inspektor besetzt; vgl. § 12 Abs. II.

3. Über die Aushilfsgefängnisse vgl. §§ 7 und 8.

§ 2.

Die Gerichtsgefängnisse sind zur Aufnahme der Untersuchungsgefangenen[1]) und zur Vollstreckung von Freiheitsstrafen[2]) bestimmt. Zu den Untersuchungsgefangenen werden auch die vorläufig festgenommenen Personen gerechnet.[3])

§ 1 Abs. 1 Ziffer 1 und 2 DuHO.

1. Vgl. § 3; 25; 39; 40ff.; § 112ff. StPO.

2. In Ansehung der Freiheitsstrafen richtet sich die sachliche Zuständigkeit der Gerichtsgefängnisse (Art und Dauer der Strafen) nach den Art. 23 bis 26 AGStPO; vgl. § 5 und Anhang; die örtliche Zuständigkeit nach den Vorschriften der §§ 6ff., des § 163 GVG. und der §§ 67ff. der Vorschriften über die Behandlung der schöffengerichtlichen Strafsachen; vgl. Anhang.

3. Vgl. §§ 127ff. StPO., 211 StPO.; § 185 GVG.; Art. 102 AGStPO. In Ansehung der Aufnahme der vorläufig Festgenommenen vgl. Anm. 1a zu § 25; vgl. auch § 32 Abs. IV Ziff. 1; über die Personen, die zum Zwecke der Strafvollstreckung festgenommen wurden, vgl. § 489 StPO. im Anhang.

§ 3.

I In die Amtsgerichtsgefängnisse werden die Untersuchungsgefangenen der Amtsgerichte und der Schöffengerichte, diejenigen landgerichtlichen Untersuchungsgefangenen, gegen die die öffentliche Klage noch nicht erhoben oder die Führung der Voruntersuchung dem Amtsrichter übertragen ist[1]) und die dem Amtsrichter vorgeführten vorläufig Festgenommenen aufgenommen.

II In die Landgerichtsgefängnisse werden die übrigen Untersuchungsgefangenen aufgenommen.[2])

§ 2 Abs. 1 Satz 1 und 2 DuHO.

1. Damit ist nicht gesagt, daß landgerichtliche Untersuchungsgefangene, die sich in einem nicht am Sitze des Landgerichts befindlichen Amtsgerichtsgefängnis befinden, stets in das Landgerichtsgefängnis zu überstellen sind, wenn die öffentliche Klage erhoben wird. Das wäre weder im Interesse des Staates noch des Gefangenen gelegen. Die Strafkammer kann beschließen, daß das Hauptverfahren nicht eröffnet wird; die Überstellung ist dann umsonst erfolgt. Wird die öffentliche Klage durch den Antrag auf Eröffnung der Voruntersuchung erhoben und die Untersuchung nicht dem Amtsrichter übertragen, so wird es sich in vielen Fällen empfehlen, den Gefangenen trotzdem vorerst im Amtsgerichtsgefängnisse zu belassen, weil die Voruntersuchung in der Hauptsache an Ort und Stelle geführt und es z. B. oft notwendig sein wird, den Angeklagten den Zeugen gegenüber zu stellen. Die Überstellung in das Landgerichtsgefängnis soll jedoch erfolgen, sobald ihr andere Interessen nicht mehr entgegenstehen, in der Regel also spätestens sofort nach der Eröffnung des Hauptverfahrens. Wird das Hauptverfahren vor dem Schwurgericht eröffnet und befindet sich dieses nicht am Sitze des beschließenden Landgerichts, ist ferner der Angeklagte während der ganzen Voruntersuchung in einem Amtsgerichtsgefängnisse gewesen, weil das im Interesse der Voruntersuchung nötig war, so wird er, insbesondere wenn es sich nicht um Kapitalverbrechen handelt, vom Amtsgerichtsgefängnis aus vor das Schwurgericht geliefert werden können. Besonders gefährliche Verbrecher werden jedoch möglichst bald in das Landgerichtsgefängnis zu überstellen sein. Vgl. auch § 7 und 8.

2. a) Vgl. Anm. 1. Der Frage, ob vom Staatsanwalt die Verhängung der Untersuchungshaft oder ob die Aufhebung der bereits verhängten Untersuchungshaft zu beantragen ist, ist stets, vor allem aber bei Jugendlichen, ganz besondere Aufmerksamkeit und Sorgfalt zuzuwenden. Die Grundsätze, nach denen verfahren werden soll, sind in der Bek. vom 16. Juli 1907 (JMBl. S. 201) ausführlich dargelegt.

b) Die Untersuchungshaft soll zum Zwecke der Vollstreckung kurzzeitiger Freiheitsstrafen nicht unterbrochen werden. ME. vom 7. November 1901 Nr. 37397 Ziffer 2 und BayZfR. 1906 S. 121.

c) Wegen der Aufnahme der Untersuchungsgefangenen vgl. §§ 25, 38 HO. Wegen der Anrechnung der Untersuchungshaft auf die zu verbüßende Strafe § 482 StPO. im Anhang.

§ 4.

I Die Amtsgerichtsgefängnisse dienen auch zur Vollstreckung der Zwangs- und der Sicherheitshaft und der gemäß §§ 178, 179 und 182 des Gerichtsverfassungsgesetzes angeordneten Haft (Zivilhaft),[1]) dann zur Vollstreckung der durch die Zivilbehörde zu vollziehenden Strafen des gelinden, mittleren und strengen Arrestes (§ 7 Abs. 2 des Kontrollgesetzes vom 15. Februar 1875, § 15 Abs. 3 des Militärstrafgesetzbuchs).[2])

II Die Amtsgerichtsgefängnisse können ferner zur Aufnahme der in polizeilichen Gewahrsam genommenen Personen[3]) und zur vorübergehenden Unterbringung auf dem Transporte befindlicher Gefangener (Schubgefangener) benützt werden, wenn den Polizeibehörden in dem Orte ein zureichender polizeilicher Verwahrungsraum nicht zur Verfügung steht.[4])

Vgl. § 1 Abs. 1 Ziffer 3 DuHO.

1. a) Die Bek. vom 6. Dezember 1881, die Vollstreckung der Zwangs- und der Sicherheitshaft betr., ist aufgehoben; vgl. § 126 Satz 2 HO. Vgl. auch § 27.

b) Für die Zwangs- und Sicherheitshaft kommen folgende Gesetzesstellen in Betracht:

α) Zwangshaft: § 390 Abs. II ZPO. und § 69 Abs. II und III StPO. (Erzwingung eines Zeugnisses und Zeugeneides); § 901 ZPO. (Erzwingung der Leistung eines Offenbarungseides; vgl. auch § 259, 260, 2006, 2028, 2057, 2259 BGB.; Art. 83 Abs. II FG.; Art. 130 AGBGB.); §§ 888, 889, 899 ZPO. (Erzwingung von Handlungen im Zwangsvollstreckungsverfahren); § 95 Abs. II StPO. (soweit es sich um Erzwingung von Handlungen zwecks Beschlagnahme von Gegenständen handelt); §§ 72, 101 Abs. II KO. (Erzwingung der Auskunft durch den Gemeinschuldner).

β) Sicherheitshaft: § 933 ZPO. (persönlicher Sicherheitsarrest); §§ 72, 101, 106, 125, 214 KO. (Sicherheitshaft des Gemeinschuldners).

Die Haft nach § 179 GVG. (Strafe wegen Ungebühr) galt bisher nicht als Zivilhaft, sondern als Strafhaft. Als Strafhaft gelten auch jetzt noch die Ungehorsamstrafen der Zeugen im Zivilprozeß und Strafprozeß (§ 50, 69 Abs. I StPO. §§ 380, 390 ZPO.). Die Häftlinge werden als Strafgefangene behandelt. Die Vollstreckung der nach §§ 178, 179, 182 GVG. erkannten Haft richtet sich nach § 27 Abs. II.

c) Disziplinarhaftstrafen (wie nach dem § 23 der früheren Gerichtsvollzieherordnung) gibt es nicht mehr; sie wurden auch in den Amtsgerichtsgefängnissen vollstreckt.

2. Vgl. im Anhang den Auszug aus dem Militärstrafgesetzbuch usw. nebst Anmerkungen sowie § 47.

3. Die Verhängung der Polizeihaft steht den Polizeibehörden zu. Die Gefängnisvorstände haben nicht zu prüfen, ob die Haft begründet ist oder nicht. Die Polizeihaft kann auch über ganze Familien, also auch Kinder verhängt werden (Zigeunerfamilien); in diesem Falle sind auch die Kinder in das Gefängnis aufzunehmen; § 29 Abs. I gilt dann nicht. Zur Unterbringung Obdachloser sind die Gefängnisse nicht bestimmt. Auch sind sie nicht dazu da, um Kosten zu ersparen (im Gefängnisse würden z. B. Kinder billiger verpflegt als bei der Armenpflege; wenn sie keine Polizeigefangenen sind, sind sie nicht aufzunehmen). Vgl. ME. vom 12. Dezember 1907 Nr. 41629. Bei Krankheiten usw. im Gefängnis sind Abweichungen von dem Gesagten möglich. Häufig wird die Polizeihaft dann verhängt, wenn z. B. ein Bettler usw., der der Landespolizeibehörde überwiesen wurde, gegen die Überweisung allein, nicht gegen die Strafe, Berufung einlegt. Die Strafe ist in der Regel verbüßt, bevor das Berufungsurteil gefällt ist, es ist auf rechtzeitige Entlassung, Umschreibung in den Verzeichnissen (§ 119) Bedacht zu nehmen.

4. Schubgefangene. Allgemeines. a) Es ist zu unterscheiden:

α) zwischen der Verschubung, deren Zweck ist, sich einer Person (Bayer, Reichsangehöriger oder Ausländer) zu entledigen und sie daher zwangsweise von ihrem jetzigen Aufenthaltsorte an einen anderen Ort in Bayern, in einen anderen Bundesstaat oder im Ausland zu entfernen. Maßgebend sind Erwägungen armenpolizeilicher oder sicherheitspolizeilicher Natur. Diese Verschubung ist nichts anderes als eine „Ausweisung" und beruht auf Landesrecht, Reichsrecht (Gothaer Vertrag) oder internationalen Verträgen. Soweit Reichsangehörige auf Grund des Gothaer Vertrages verschubt werden, werden sie „bis zur Landesgrenze" geliefert und dort von der Behörde des Heimatstaates oder des Zwischenstaates „übernommen".

β) zwischen der Verschubung, deren Zweck ist, eine Person zum Vollzuge einer richterlichen oder polizeilichen Verfügung an einen bestimmten Ort zu schaffen, damit an diesem Orte die betreffende Verfügung vorgenommen werden kann; also z. B. wenn ein Gefangener aus einem überfüllten Gefängnis in ein anderes geliefert, wenn ein Verurteilter auf Grund eines Haftbefehls nach § 489 StPO. vom Orte der Festnahme an den Strafort geliefert oder wenn ein Verurteilter von einem Gerichtsgefängnis in eine Strafanstalt zur Verbüßung einer Strafe überstellt wird; wenn Gefangene als Zeugen in eine Gerichtsverhandlung, die an einem anderen Orte als dem Straforte stattfindet, vorgeführt werden; wenn ein Reichsangehöriger dem Heimatstaate zwecks Aburteilung oder wenn ein Ausländer auf Grund eines Auslieferungsvertrages dem Auslande ausgeliefert wird. Diese Auslieferungen an deutsche Bundesstaaten erfolgen auf Grund der Vorschriften über die Rechtshilfe.

b) Das Schubwesen wird von den Verwaltungsbehörden (Distriktspolizeibehörden, exponierten Assessoren, in München Polizeidirektion) besorgt; an Orten, wo solche Behörden nicht sind, vom Amtsgerichtssekretäre.

Vgl. Gemeinschaftliche Entschließungen vom 21. Juni 1862 (JMBl. 1863 S. 63) und vom 26. Mai 1868 (JMBl. S. 125). Für die Pfalz vgl. JMBl. 1881 S. 223. Den Amtsgerichtssekretären war für die Besorgung der Geschäfte eine Vergütung bewilligt (vgl. JMBl. 1894 S. 1; Weber Bd. 15 S. 604). Diese Vergütung ist den Sekretären gegenüber der Vorschrift des Art. 27 Abs. 3 des Beamtengesetzes wohl nicht mehr zu gewähren, da sie mit der Besorgung der Verschubungsgeschäfte zwar Geschäfte der Verwaltungsbehörden besorgen, aber immerhin Geschäfte, die zu ihrer eigentlichen Dienstesaufgabe gehören.

c) Die Anschaffung von Kleidern für Schubgefangene hat die Verwaltungsbehörde zu besorgen; wegen der gerichtlichen Gefangenen, die auf Schub gesetzt werden, vgl. § 110 Abs. II HO.; vgl. hierzu: JMBl. 1866 S. 286; 1869 S. 85, 86; 1880 S. 111; 1886 S. 217. Hock III S. 405. Die Kleidungsstücke, die an Schüblinge abgegeben werden, werden in der Regel auch im Verkehr mit anderen Staaten (vgl. § 110 Abs. II HO.) nicht zurückgefordert (JMBl. 1880 S. 111; 1886 S. 217. MABl. 1875 S. 480). — Wegen der Verschubung von Bettlern und Vaganten vgl. JMBl. 1882 S. 66 ff. Riedel-Sutner, Polizeistrafgesetzbuch 3. Aufl. S. 518 ff. — Wegen der Beschädigung von Kleidern durch Schüblinge vgl. JMBl. 1881 S. 357. Es sind jedoch jetzt die Vorschriften der HO. über die Disziplinarstrafen maßgebend, der auch die Schubgefangenen unterliegen. — Wegen der Schubtransporte an Sonntagen und allgemeinen Feiertagen: vgl. JMBl. 1888 S. 143 (Transporte sollen ruhen bzw. unterbrochen werden). Wegen der Besorgung der Rücktransporte JMBl. 1884 S. 111. — Wegen der Benützung von Schnellzügen JMBl. 1895 S. 41. — Wegen des Mitführens von Sachen JMBl. 1894 S. 230. — Inhalt der Schubvorweise JMBl. 1867 S. 90.

d) Durch die Entschließungen vom 12. Mai 1881 Nr. 4658 und 6. Juli 1898 Nr. 19105 ist angeordnet, daß die auswärtigen Behörden ausdrücklich darum zu ersuchen sind, daß jede nach Bayern zu bringende Person (auf Grund der Vorschriften über die Leistung der Rechtshilfe) an die nächste bayerische Behörde abgeliefert werde, abgesehen von besonderen Ausnahmen; soll eine Ausnahme gemacht werden, ist die Genehmigung des StM. der Justiz einzuholen; in dringenden Fällen kann davon abgesehen werden, es ist aber um nachträgliche Genehmigung nachzusuchen. — Über den Begriff der baren Auslagen im Sinne des § 165 Abs. 1 GKG. vgl. JMBl. 1885 S. 109.

e) Militärische Schüblinge sind wie Zivilschüblinge zu behandeln vgl. JMBl. 1875 S. 132.

f) Wegen der Fesselung Gefangener auf dem Transporte hat das StM. des Innern durch die Entschließung vom 10. Januar 1903 Nr. 29627 Folgendes bestimmt: „Nach § 153 Abs. 1 der Dienstesinstruktion für die Gendarmeriemannschaft darf **ein** Gendarm in der Regel nicht mehr als zwei Gefangene zum Transport übernehmen, welche gegebenenfalls aneinander zu schließen sind. Hieraus darf nicht gefolgert werden, daß — abgesehen von dem Falle des Abs. 2 a. a. O. — zwei Gefangene unter allen Umständen aneinander geschlossen und **einem** Gendarmen übergeben werden sollen. Vielmehr ist die Zusammenfesselung zweier Gefangener zu unterlassen, wenn sie mit Rücksicht auf die Persönlichkeit der Beteiligten (Lebensstellung, strafbare Handlungen usw.) sowie mit Rücksicht auf Zeit und Umstände als unverdiente Kränkung eines derselben sich darstellen würde und ist folgeweise ein solcher Gefangener durch einen Gendarmen einzeln zu transportieren.“ Diese Anweisung ist auch in den Fällen zu beachten, in denen der Transport von Gefangenen nach den besonderen Bestimmungen durch Organe der Justizverwaltung ausgeführt wird, ME. vom 14. Januar 1903 Nr. 2010. — Die Entscheidung darüber, ob ein Gefangener auf dem Transporte gefesselt oder mit einem anderen zusammengefesselt werden soll, soll von der zuständigen Behörde nicht dem Ermessen des mit dem Transporte beauftragten Bediensteten überlassen, sondern von ihr selbst nach sorgfältiger Prüfung entschieden werden. Auf jeden Fall soll eine Person, die im Besitze der bürgerlichen Ehrenrechte ist, niemals mit einem Gefangenen zusammengefesselt werden, der die Ehrenrechte nicht mehr besitzt; jede unnötige Bloßstellung soll vermieden werden. Es ist deshalb auch sorgfältig zu prüfen, ob ein Gefangener in Gefängniskleidern oder Zivilkleidern zu transportieren ist, wenn er z. B. als Zeuge vor einem Gericht erscheinen muß. ME. vom 3. August 1909 Nr. 7. Vgl. § 14 der Bek. über die ök. Verw. und § 77 HO.

Die Dienstesinstruktion für die Gendarmerie gilt auch für die Ziviltransporteure.

g) Die Anschaffung der Transportwägen für Schubgefangene ist Sache des StM. des Innern; Wägen, die für den Transport von Schub- und anderen Gefangenen benützt werden sollen, sind gemeinsam anzuschaffen. Die Bespannung, Beleuchtung und Reinigung ist zum Teil vertragsweise von Privaten übernommen und wird auf den Etatstitel (Untersuchungs- und Strafvollzugskosten) verrechnet. Instandsetzungen werden als Ausgaben für Einrichtungsgegenstände behandelt.

h) Wegen der Transporte in München vgl. die vom Oberstaatsanwalte am 5. Januar 1909 erlassenen Ordnungen über die Beförderung von Gefangenen aus Münchener Gefängnissen zu den Hauptverhandlungen vor dem Schwurgericht und den Strafkammern und für die Beförderung zwischen den Gefängnissen sowie die Entschl. der StM. der Justiz und des Innern vom 3. Januar 1905 Nr. 43533.

i) Schubgefangene sind auch die auf dem Transport befindlichen Straf- und Untersuchungsgefangenen. Sie werden wohl dort, wo polizeiliche Verwahrungslokale vorhanden sind, in diesen unterzubringen sein. Wegen der Art ihrer Verwahrung in den Gerichtsgefängnissen vgl. Anm. 6 zu § 31. Es wird die Sache der Strafvollstreckungsbehörde und des Untersuchungsrichters sein, dafür zu sorgen, daß durch die Verwahrung in den polizeilichen Verwahrungslokalen der Zweck der Strafe und der Untersuchung nicht vereitelt wird, und gegebenenfalls die Unterbringung im Gerichtsgefängnis anzuordnen.

§ 5.

Die Vollstreckung der Gefängnisstrafen und der Haftstrafen richtet sich nach Art. 23, 25 und 26 des Ausführungsgesetzes zur Strafprozeßordnung.[1])

1. Vgl. den Anhang, wo die Artikel 23, 25 und 26 AGStPO. behandelt sind. — Über die Strafvollstreckung durch den Amtsrichter vgl. § 483 Abs. 3 StPO. und die §§ 64ff. der Vorschriften über die Behandlung der schöffengerichtlichen Strafsachen im Anhang sowie die Anm. zu §§ 9 und 10 der HO. — Die Vorschriften darüber, wie der Staatsanwalt die Strafvollstreckung einzuleiten und durchzuführen hat, sind in der Hauptsache in der Bek. vom 1. August 1879 (JMBl. S. 358) enthalten. — Zu beiden Arten der Strafvollstreckung vgl. auch § 8 der Grundsätze des Bundesrats vom 28. Oktober 1897 (JMBl. 1898 S. 24) im Anhang.

§ 6.

Die Amtsgerichtsgefängnisse und die Landgerichtsgefängnisse sind für den Bezirk des Gerichts bestimmt, bei dem sie errichtet sind.[1]) Die am Landgerichtssitze befindlichen Gefängnisse (Landgerichtsgefängnisse) sind zugleich Amtsgerichtsgefängnisse für das am Orte befindliche Amtsgericht.[2])

§ 2 Abs. 2 Satz 1 und 2 DuHO.

1. Der Oberstaatsanwalt kann abweichende Anordnungen treffen. § 8.

2. Vgl. § 1 Anm. 1. Wegen der Strafvollstreckungsbefugnisse der Amtsrichter in solchen Landgerichtsgefängnissen (zu denen auch die Strafvollstreckungsgefängnisse zählen, vgl. § 1 HO.) und in den ständigen Aushilfsgefängnissen (§ 7) vgl. die Anm. 1b zu § 9.

§ 7.

Das Staatsministerium der Justiz kann größere Amtsgerichtsgefängnisse zu ständigen landgerichtlichen Aushilfsgefängnissen und damit zur Vollstreckung von Gefängnisstrafen von mehr als achttägiger Dauer bestimmen.[1]) Die Aufnahmezuständigkeit der ständigen landgerichtlichen Aushilfsgefängnisse regelt der Oberstaatsanwalt.[2])

§ 2 Abs. 2 der DuHG.

1. Früher waren einzelnen Landgerichtsbezirken größere Amtsgerichtsgefängnisse des Bezirks als ständige Aushilfsgefängnisse zugewiesen (vgl. § 2 Abs. 2 Satz 3 der DuHO.). Jetzt werden die ständigen landgerichtlichen Aushilfsgefängnisse für den Bezirk des Oberlandesgerichts bestimmt. Zur Zeit sind solche Gefängnisse: für den Bezirk des Oberlandesgerichts München die Amtsgerichtsgefängnisse in Pfarrkirchen, Rosenheim und Weilheim; für den Bezirk des OLG. Bamberg die AG.-Gefängnisse in Kronach, Lohr und Neustadt a. S.; für den Bezirk des OLG. Nürnberg die AG.-Gefängnisse in Neunburg v. W. und Windsheim; für den Bezirk des OLG. Augsburg die AG.-Gefängnisse in Aichach und Donauwörth. (Bek. vom 11. Januar 1910 Nr. 1488, JMBl. S. 143). Die früheren Bekanntmachungen über die landgerichtlichen Aushilfsgefängnisse (JMBl. 1879 S. 1272 und 1902 S. 1075) sind aufgehoben.

2. In sachlicher und örtlicher Hinsicht. Der Oberstaatsanwalt kann also bestimmen, daß z. B. in das ständige landgerichtliche Aushilfsgefängnis Rosenheim nur Gefangene aus dem Bezirke des Landgerichts Traunstein oder daß sowohl Gefangene aus diesem Bezirke als auch aus dem Bezirke des Landgerichts München II oder eines anderen im Oberlandesgerichtsbezirke liegenden Gerichts einzuliefern sind. Auch kann er bestimmen, daß nur Strafen bis zu einer gewissen Dauer (etwa bis zu 1 Monat oder bis zu 2 Monaten) in dem Aushilfsgefängnis zu vollstrecken sind oder daß nur Männer oder daß nur Frauen aufgenommen werden dürfen. Vgl. auch Anm. 3a zu § 8. Die Aufnahmezuständigkeit darf nicht nur in Ansehung der Strafgefangenen, sondern auch der Untersuchungsgefangenen vom Oberstaatsanwalt geregelt werden (andere Gefangene kommen für die Aushilfsgefängnisse als solche nicht in Betracht). Wenn der Oberstaatsanwalt eine Verfügung über die Aufnahmezuständigkeit erläßt, so würden sich die Strafvollstreckungsbehörden, die sich nicht daran halten, einer Pflichtverletzung schuldig machen. ME. Nr. 25547 vom 25. Oktober 1895.

Wegen der nicht-ständigen Aushilfsgefängnisse vgl. § 8 Abs. 1 Satz 2.

§ 8.

I Der Oberstaatsanwalt kann für den Oberlandesgerichtsbezirk eine von den Vorschriften des § 6 Abs. 1 Satz 1 abweichende Anordnung treffen.[1]) Er kann auch einem Amtsgerichtsgefängnisse vorübergehend die Eigenschaft eines landgerichtlichen Aushilfsgefängnisses beilegen.[2])

II Der Oberstaatsanwalt kann die Aufnahmezuständigkeit eines Amtsgerichtsgefängnisses einschränken und für die Aufnahme der Gefangenen — soweit es sich um Untersuchungsgefangene und Zivilgefangene handelt, mit Zustimmung des Landgerichtspräsidenten — ein benachbartes Amtsgerichtsgefängnis oder deren mehrere bestimmen (Amtsgerichtsgefängnisse mit beschränktem Betrieb). Dem Staatsministerium der Justiz ist über diese Anordnung zu berichten.[3])

§ 2 Abs. 3 DuHO.

1. a) Die Gerichtsgefängnisse sind zunächst für den Bezirk des Gerichts (Amtsgericht, Landgericht) bestimmt, bei dem sie errichtet sind (§ 6 HO.). Der Oberstaatsanwalt kann aber verfügen, daß z. B. ein

Amtsgerichtsgefängnis oder ein Landgerichtsgefängnis nicht nur für seinen Bezirk sondern auch für den eines anderen Amtsgerichtsgefängnisses oder eines anderen Landgerichtsgefängnisses oder nur für Teile der Bezirke dieser Gefängnisse bestimmt ist. Zu solchen Verfügungen können die Überfüllung eines Gefängnisses, Krankheiten in einem Gefängnis, bauliche Mangelhaftigkeit oder andere Gründe die Veranlassung sein. Der Oberstaatsanwalt kann die Verfügung nicht nur in Ansehung der Strafgefangenen, sondern auch in Ansehung aller anderen Gefangenen treffen; wegen der Polizeigefangenen vgl. ME. vom 10. Mai 1907 Nr. 18872.

b) In dem Satze 1 ist auch die Befugnis enthalten, die der Abs. 3 Satz 1 des § 2 der DuHO. also ausdrückte: „Der Oberstaatsanwalt kann, vorbehaltlich der Bestimmungen in den Art. 23, 26 des Ausführungsgesetzes zur Strafprozeßordnung, erforderlichen Falles die Benützung eines anderen Gefängnisses des Oberlandesgerichtsbezirks gestatten." Er kann also nach wie vor erlauben, daß eine in einem Amtsgerichtsgefängnis zu erstehende Strafe in einem anderen Amtsgerichtsgefängnis und eine in einem Landgerichtsgefängnis zu erstehende Strafe in einem andern Landgerichtsgefängnis d e s O b e r l a n d e s g e r i c h t s b e z i r k s verbüßt werden darf. Er kann diese Erlaubnis sowohl durch allgemeine Anordnung als im einzelnen Falle und sowohl aus sachlichen als aus persönlichen (in der Person des Gefangenen liegenden) Gründen erteilen. Die Benutzung eines Gefängnisses in einem anderen Oberlandesgerichtsbezirke ohne Abweichung von den Bestimmungen der Art. 23, 26 AGStPO. wird vom StM. der Justiz gestattet.

c) Ausnahmen von den Vorschriften der Art. 23, 26 AGStPO. (also z. B. daß eine in einer Strafanstalt (einem Landgerichtsgefängnis) zu verbüßende Strafe in einem Landgerichtsgefängnis (Amtsgerichtsgefängnis) verbüßt wird) können nur vom StM. der Justiz auf Grund allerhöchster Ermächtigung gestattet werden. Damit einem solchen Antrage stattgegeben wird, müssen triftige Gründe vorliegen, die bei der Vorlegung des Antrags festgestellt sein müssen. Die Gesuche sind als Gnadengesuche zu behandeln.

2. Durch allgemeine Anordnung für die Zeit des Bedürfnisses, und zwar auch für den Bezirk des Oberlandesgerichts, nicht nur für den Bezirk des Landgerichts, in dem das Gefängnis liegt. Vgl. auch Anm. 3.

3. a) Bei Verfügungen nach Abs. I Satz 1 wird die sachliche Aufnahmezuständigkeit nicht geändert. Bei Verfügungen nach Abs. I Satz 2 in der Regel nur insoferne, als das Aushilfsgefängnis die Aufnahmezuständigkeit eines Landgerichtsgefängnisses erhält. Der Oberstaatsanwalt kann aber ein Amtsgerichtsgefängnis zweifellos zu einem landgerichtlichen Aushilfsgefängnis bestimmen und dabei verfügen, daß nur Strafen bis zu 1 Monat oder 2 Monaten darin zu vollstrecken sind (vgl. auch § 7 Anm. 2). Bei Verfügungen nach Abs. II wird die sachliche Aufnahmezuständigkeit eines Gefängnisses eingeschränkt und Hand in Hand damit die örtliche eines anderen erweitert. Der Oberstaatsanwalt kann also bestimmen, daß in einem Amtsgerichtsgefängnis nur Strafen in der Dauer von einem Tage, von zwei Tagen usw. zu vollstrecken sind. Das Gefängnis, dessen Aufnahmezuständigkeit eingeschränkt wird, muß mindestens zur vorübergehenden Unterbringung Verhafteter benützbar bleiben. Auch Verhaftete, gegen die im Wege des Strafbefehls oder nach Maßgabe des § 211 Abs. 2 der Strafprozeßordnung eingeschritten werden kann, ebenso Schub- und Polizeigefangene, die nur für kurze Zeit in dem Gefängnisse bleiben sollen, sollten nicht an das benachbarte Gefängnis abgeliefert werden. An sich aber kann der Oberstaatsanwalt die Aufnahmezuständigkeit eines Gefängnisses in Ansehung aller Gefangener, insbesondere auch der Zivilgefangenen, einschränken.

b) Es ist die Aufnahmezuständigkeit einer Reihe von Gefängnissen eingeschränkt worden. Zum größeren Teile war der bauliche Zustand der Gefängnisse die Veranlassung; dazu kam, daß in kleinen Gefängnissen den Gefangenen keine Gelegenheit zum Arbeiten geboten werden kann, daß dort der Gefängnisdienst oft von den Amtsgerichtsdienern im Nebenamte versehen werden mußte und die Zwecke der Strafvollstreckung nicht in dem gleichen Maße wie bei größeren Gefängnissen erreicht werden können, ganz abgesehen von den Ersparnissen, die bei der Beheizung und Verpflegung gemacht werden können. Die Erfahrungen haben gezeigt, daß sich die Auflassung der kleineren Gefängnisse bewährt, daß insbesondere die Gendarmerie durch die notwendig werdenden Transporte nicht allzusehr belastet wird.

c) Durch die Auflassung eines Gefängnisses wird an der Zuständigkeit des Vollstreckungsgerichts und der für die Strafvollstreckung bestehenden Vorschriften nichts geändert. Hiernach ist also die Frage zu lösen, welche Formulare zu verwenden sind. Es sind folgende Fälle zu unterscheiden:

1. Die Strafe ist von dem Amtsgericht oder dem Schöffengericht am Sitze des aufgelassenen Gefängnisses ausgesprochen und der Verurteilte befindet sich
   α) im Bezirke des Vollstreckungsrichters (also des Gerichts, das die Strafe ausgesprochen hat) oder
   β) in dem Aushilfsgefängnis, als solchem (er verbüßt also dort aushilfsweise eine Freiheitsstrafe). In diesen beiden Fällen hat der Vollstreckungsrichter gemäß § 70 Ziffer 1 und 2 der Vorschriften über die Behandlung der schöffengerichtlichen Sachen die Formulare XXXV und XXXVI zu gebrauchen.

   Befindet sich der Verurteilte
   γ) im Bezirke des Aushilfsgefängnisses auf freiem Fuße, verbüßt er im Aushilfsgefängnisse nicht aushilfsweise eine Strafe oder hält er sich in einem anderen Bezirke auf, dann sind die Formulare nach Ziffer 3 zu verwenden (Formular XXXVII und XXXVII a). Der Vollstreckungsrichter beauftragt also in den Fällen des § 70 Ziffer 1 und 2 unmittelbar den Gefängniswärter des Aushilfsgefängnisses zur Vollstreckung der Strafe in diesem Gefängnis; der Gefängniswärter macht unmittelbar an den Vollstreckungsrichter die auf die Vollstreckung sich beziehenden Anzeigen und der Vollstreckungsrichter, nicht der Vorstand des Aushilfsgefängnisses, überwacht die Richtigkeit der Strafvollstreckung; auch er führt die Vormerkungsliste.

2. Wenn die Amtsgerichte am Sitze der Aushilfsgefängnisse eine von ihnen oder von den Schöffengerichten bei ihnen ausgesprochene Strafe zu vollstrecken haben, die aushilfsweise (weil der Verurteilte sich im Bezirke des aufgelassenen Gefängnisses befindet) im eigenen Gefängnisse zu vollstrecken ist, so würden sie sich gemäß § 70 Ziffer 3 der oben erwähnten Vorschriften an den Richter des Aufenthaltsorts, also den Richter am Sitze des aufgelassenen Gefängnisses zu wenden haben, und der ersuchte Richter hätte den Antrittsbefehl dahin zu erlassen, daß der Verurteilte die Strafe im Gefängnis des ersuchenden Gerichts anzutreten hat. Es wurde jedoch gestattet, daß solche Strafen ohne vorgängiges Ersuchen des Gerichts am Sitze des aufgelassenen Gefängnisses eingeleitet und vollstreckt werden. ME. vom 14. September 1908 Nr. 32415. (Vgl. auch ME. vom 13. Mai 1900 Nr. 18363 und die ME. vom 23. März 1900 Nr. 12419; ferner Anm. 1b zu § 9.)

§ 9.

I **In welchem Gerichtsgefängnis eine Strafe zu vollstrecken ist, richtet sich in der Regel nach dem Aufenthalte des Verurteilten.**[1])

II **Die Zwangshaft, die Sicherheitshaft und die gemäß §§ 178, 179 und 182 des Gerichtsverfassungsgesetzes angeordnete Haft werden in dem Gefängnis des Amtsgerichtsbezirks vollstreckt, in dem die Verhaftung erfolgte, es müßte denn sein, daß das Gericht bei der Anordnung der Haft etwas anderes bestimmt hat.**[2])

1. a) Vgl. §§ 67 und 68 der Vorschriften über die Behandlung der schöffengerichtlichen Sachen im Anhang; vgl. auch § 11 Anm. 1c und § 10 Abs. II und III. § 9 Abs. I erhebt die Vorschrift des § 68 Abs. 2 a. a. O., die als Ausnahme gedacht war, zur Regel. Es kann aber der Verurteilte auch in das im § 68 Abs. 1 a. a. O. bezeichnete Gefängnis oder in das zuständige Aushilfsgefängnis vorgeladen werden, wenn das Gefängnis des Aufenthaltsortes überfüllt ist. § 9 gilt auch für die von den Landgerichten und Schwurgerichten ausgesprochenen Strafen.

b) Die Art, wie die Amtsgerichte die Vorladung der Verurteilten vorzunehmen haben, ist in den §§ 70, 71 der Vorschriften über die Behandlung der schöffengerichtlichen Sachen geregelt. Es sind jedoch wichtige Ausnahmen von § 71 zugelassen: Die Amtsgerichte können nämlich die von ihnen und den Schöffengerichten bei ihnen ausgesprochenen Strafen, die in einem Landgerichtsgefängnisse oder einem Aushilfsgefängnisse zu vollstrecken sind, in dem am gleichen Orte wie die Amtsgerichte befindlichen Landgerichts- oder ständigen Aushilfsgefängnis ohne Ersuchen an den Staatsanwalt vollstrecken; in allen übrigen Fällen haben sie nach § 71 a. a. O. zu verfahren. Diese Ausnahme war zuerst durch die ME. vom 23. März 1900 Nr. 12419 für die Amtsgerichte München I, Nürnberg und Augsburg zugelassen;

sie wurde durch die ME. vom 13. Mai 1900 Nr. 18363 bei allen Amtsgerichten eingeführt, deren Gefängnisse zugleich Landgerichtsgefängnisse (auch Strafvollstreckungsgefängnisse, § 6 HO.) oder ständige landgerichtliche Aushilfsgefängnisse sind (§ 7 HO.). Vgl. auch § 11 Anm. 1b a. E. § 8.

2. Vgl. § 4 Abs. I; § 27, 118.

§ 10.

I Hält sich der Verurteilte in einem anderen Bundesstaat auf, so gilt für die Vollstreckung einer die Dauer von sechs Wochen nicht übersteigenden Strafe die Vorschrift des § 163 des Gerichtsverfassungsgesetzes.[1])

II Übersteigt die Strafe die Dauer von sechs Wochen, so kommt die Vollstreckung einer Gefängnisstrafe dem seinem Aufenthaltsorte nächstliegenden Landgerichtsgefängnis oder landgerichtlichen Aushilfsgefängnis, die Vollstreckung einer Haftstrafe dem nächstliegenden Amtsgerichtsgefängnisse zu.[2])

III Hält sich der Verurteilte im Ausland auf, so ist die Strafe in dem seinem Aufenthaltsorte nächstliegenden Amtsgerichtsgefängnis oder Landgerichtsgefängnisse zu vollstrecken.[3])

DuHO. ohne Vorschrift.

1. a) Nach dem Gerichtsverfassungsgesetze gibt es zwei Formen der Rechtshilfe: Die Ablieferung an die ersuchende Behörde und die Vollstreckung durch die ersuchte Behörde. Der § 163 GVG. bestimmt, daß eine Freiheitsstrafe, die die Dauer von sechs Wochen nicht übersteigt, in demjenigen Bundesstaate zu vollstrecken ist, in welchem sich der Verurteilte befindet (vorübergehender Aufenthalt genügt). § 163 GVG. gilt für alle Strafen, also auch Ordnungsstrafen.

b) Über die Berechnung der Dauer der Strafen ist Folgendes zu beachten:

α) ist jemand in einem Urteil z. B. zu fünf Wochen Haft und drei Wochen Gefängnis verurteilt, so werden die Strafen nicht zusammengerechnet, beide sind also da zu vollstrecken, wo der Verurteilte sich befindet.

β) Ebenso, wenn jemand in mehreren Urteilen zu Strafen verurteilt ist, von denen keine die Dauer von sechs Wochen übersteigt (für die Strafvollstreckung innerhalb Bayerns gelten hier andere Grundsätze vgl. § 11).

γ) Ist der Rest einer Strafe zu vollstrecken (z. B. weil die Vollstreckung durch Flucht oder aus anderem Grund unterbrochen war), so kommt es auf die Dauer der ursprünglichen Strafe an; das gilt auch beim Widerruf einer vorläufigen Entlassung (vgl. auch Anm. 2 zu Art. 23 AGStPO. für die Strafvollstreckung in Bayern). Löwe, Anm. 7 zu § 163.

c) Für die Vollstreckung von Gesamtstrafen gelten die Grundsätze des Bundesrats vom 11. Juni 1885. Löwe, 12. Aufl. S. 147. Eine Gesamtstrafe unter 6 Wochen ist da zu vollstrecken, wo sich der Verurteilte befindet. Bei den übrigen Strafen ist zunächst berufen der Staat, dessen Gericht die Gesamtstrafe ausgesprochen hat; auf Ersuchen der zuständigen Behörde dieses Staates hat jedoch jener Staat die Vollstreckung zu übernehmen, der am höchsten beteiligt ist. Für die Vollstreckung von Freiheitsstrafen, die an die Stelle uneinbringlicher Geldstrafen treten, die neben der Gesamtstrafe ausgesprochen waren, ist die Bek. Nr. 24499 vom 4. Juli 1900 (JMBl. S. 1015) maßgebend. Die Strafen sollen da vollstreckt werden, wo die Gesamtstrafe vollstreckt wird.

d) Die Bundesstaaten können hiervon abweichende Vereinbarungen untereinander treffen, nur können sie nicht vereinbaren, daß eine Strafe unter sechs Wochen nicht dort zu vollstrecken ist, wo sich der Verurteilte befindet. Der Verurteilte hat aus § 163 GVG. ein Recht, der Ablieferung zu widersprechen. Löwe, Anm. 4 zu § 163.

2. a) Nach Abs. II ist also in allen Fällen zu verfahren, in denen die Strafvollstreckung nach dem oben Gesagten nicht in einem anderen Bundesstaat, sondern in Bayern zu geschehen hat (also auch, wenn nur ein Rest von wenigen Tagen einer Strafe zu vollstrecken ist, die ursprünglich die Dauer von sechs Wochen überstieg; vgl. Anm. 1 b γ.

b) Wie bei der Einleitung der Strafvollstreckung zu verfahren ist, bestimmen § 164 GVG. und § 74 der Vorschriften über die Behandlung der schöffengerichtlichen Sachen. Vgl. den Anhang. Der Staatsanwalt bei dem Landgerichte, in dessen Bezirk die Strafe in einem anderen Bundesstaate vollstreckt oder der Verurteilte ergriffen und abgeliefert werden soll, ist unter Beifügung einer mit der Bescheinigung der Vollstreckbarkeit versehenen Abschrift der Urteilsformel oder des Strafbefehls um den Vollzug zu ersuchen. Wird um Ablieferung ersucht, so ist ausdrücklich darum zu ersuchen, daß der Verurteilte an die nächste bayerische Behörde zum Zwecke der Weiterlieferung durch bayerische Sicherheitsorgane abgeliefert wird. Ausnahmen können nur vom StM. der Justiz gestattet werden. Bei der Strafvollstreckung in Bayern ist das zu § 5, 6, 9 Abs. 2 und 11 Gesagte zu beachten. Wegen der Beschwerde, wenn dem Ersuchen nicht stattgegeben wird, § 148 GVG. Löwe, Note 2.

3. Voraussetzung ist die Auslieferung, die sich nach den bestehenden Verträgen richtet. Vgl. Bleyer, Staatsverträge.

§ 11.

Sind gegen einen auf freiem Fuße befindlichen Verurteilten mehrere Strafen (Gefängnis- oder Haftstrafen) zu vollstrecken, unter denen sich wenigstens eine die Dauer von acht Tagen übersteigende Gefängnisstrafe befindet, so sollen in der Regel alle Strafen in dem Landgerichtsgefängnis oder landgerichtlichen Aushilfsgefängnisse vollstreckt werden.[1])

DuHO. ohne Vorschrift.

1. a) Sind gegen einen Verurteilten neben der Zuchthausstrafe oder neben einer in einer Gefangenanstalt zu vollstreckenden Gefängnisstrafe eine oder mehrere Haftstrafen (auch solche,

die an Stelle uneinbringlicher Geldstrafen getreten sind) zu vollstrecken, so sollen in der Regel zuerst die Haftstrafen verbüßt und dann die andere Freiheitsstrafe vollstreckt werden, gleichviel ob sich der Verurteilte auf freiem Fuß oder in Untersuchungshaft befindet oder ob gegen ihn Haftbefehl nach § 489 StPO. erlassen wurde. Das gilt zunächst für den Fall, daß die ungleichartigen Strafen durch ein Urteil ausgesprochen sind; das ist aber auch in der Regel zu befolgen, wenn die Strafen durch mehrere Entscheidungen festgesetzt sind. Wird die Haftstrafe erst nach der anderen Strafe vollstreckt (z. B. der Gefangene ist nach § 489 StPO. verhaftet und direkt in die Strafanstalt geliefert worden), ist wegen der Verjährung der Strafvollstreckung das Nötige vorzukehren. Im letzteren Falle darf das Amtsgericht am Sitze der Strafanstalt um Vollzug der Haftstrafe ersucht werden. Vgl. ME. vom 5. November 1900 Nr. 40351 und 7. November 1901 Nr. 37397.

b) Der § 11 lehnt sich an die ME. vom 25. Juli 1906 Nr. 5768 an: Diese wollte vermeiden, daß eine Person, die zu einer Haftstrafe und einer Gefängnisstrafe über 8 Tagen verurteilt ist, zuerst die Haftstrafe im Amtsgerichtsgefängnisse und dann die Gefängnisstrafe im Landgerichtsgefängnis oder einem diesen gleichgestellten Gefängnis (Aushilfs-, Strafvollstreckungsgefängnis) verbüßen muß. Es wurde deshalb gestattet, daß beide Strafen im Landgerichtsgefängnis oder einem diesem gleichgestellten Gefängnis verbüßt werden. Die Entschließung gestattete diese Art der Vollstreckung auch dann, wenn jemand auf Grund mehrerer Entscheidungen des Amtsgerichts oder Schöffengerichts oder auf Grund von Entscheidungen mehrerer Amtsgerichte oder Schöffengerichte, denen das nämliche Landgericht vorgesetzt ist, zu Gefängnisstrafen, von denen wenigstens eine die Dauer von acht Tagen übersteigt, und zu Haftstrafen verurteilt war. Der § 11 gestattet die Vollstreckung im Landgerichts- oder Aushilfsgefängnis überhaupt dann, wenn Haftstrafen und Gefängnisstrafen zu vollstrecken sind (gleichviel, wo sie ausgesprochen sind) und von letzteren eine Strafe die Dauer von acht Tagen übersteigt. (Vgl. § 68 Abs. 2 der Vorschriften über die schöffengerichtliche Geschäftsbehandlung). Darüber, inwieweit die Amtsgerichte Strafen in einem Landgerichts- oder ständigen Aushilfsgefängnis selbst vollstrecken können, vgl. § 9 Anm. 1 b.

c) Bei § 11 ist zu beachten, daß die sämtlichen Gefängnisstrafen in einer Strafanstalt zu vollstrecken sind, wenn sie zusammen, ohne daß eine Gesamtstrafe ausgesprochen ist und gleichviel ob sie durch ein Urteil oder mehrere Urteile ausgesprochen sind, die Dauer von 3 Monaten übersteigen; vgl. die Einlieferungsbestimmungen in Teil II. JME. vom 28. Januar 1903 (JMBl. S. 42). Sind in diesem Falle Haftstrafen zu vollstrecken, dann gilt das zu Anm. 1 Gesagte. Im übrigen vgl. Anm. 2 zu Art. 23 AGStPO. im Anhang. Nach dem an dieser Stelle Gesagten müssen auch mehrere Gefängnisstrafen unter acht Tagen, die aber zusammen die Dauer von acht Tagen übersteigen, im Landgerichts- oder Aushilfsgefängnis vollstreckt werden, und zwar sowohl gegen auf freiem Fuß befindliche als gegen verhaftete Personen, bei letzteren unter dem Vorbehalt des § 71 Abs. 2 der Vorschriften über die Behandlung der schöffengerichtlichen Sachen. Vgl. auch § 9 Anm. 1 b.

d) Die Vorschriften des § 11 sind im Interesse der Verurteilten erlassen. Vgl. ME. vom 25. Juli 1906. Verlangt das Interesse des

Verurteilten eine gesetzlich zulässige Abweichung, so ist so zu verfahren, daß den Interessen Rechnung getragen wird.

e) In welchem Landgerichtsgefängnis (Aushilfsgefängnis) die Strafen zu vollstrecken sind, richtet sich in der Regel nach dem Aufenthalte des Verurteilten. Vgl. § 9 HO.

2. Die Beamten der Gerichtsgefängnisse.

§ 12.

I Die Geschäfte des Gefängnisvorstandes versieht bei den Amtsgerichtsgefängnissen, auch wenn sie als landgerichtliche Aushilfsgefängnisse dienen, der die Dienstaufsicht führende Oberamtsrichter, bei den Landgerichtsgefängnissen der Erste Staatsanwalt.[1])

II Für einzelne Gefängnisse von größerem Umfange werden Inspektoren als Gefängnisvorstände berufen.[2])

III Bei jedem Gerichtsgefängnisse wird ein Gefängniswärter oder ein Gefängnisverwalter aufgestellt. So oft diese Vorschriften von Gefängniswärtern sprechen, sind damit auch die Gefängnisverwalter gemeint.[3])

IV Außerdem werden den Gefängnissen nach Bedarf Aufsichtsbeamte (Oberaufseher, Aufseher, Aufseherinnen, Hilfsaufseher, Hilfsaufseherinnen) und technische Beamte (Maschinisten, Heizer und Heizergehilfen beigegeben.[4])

§ 4 und 10 DuHO.

1. a) Unter den Geschäften sind besonders hervorzuheben die in § 13, 60, 63, 68, 72 erwähnten; wegen der Aushilfsgefängnisse vgl. §§ 7, 8, 14.

b) Wegen des Vertreters des Vorstands vgl. Art. 19, 20, 57 AGGVG. und § 36 AllerhVO. vom 23. August 1879 (JMBl. S. 392). Der Oberamtsrichter wird hiernach in der Regel vom dienstältesten Oberamtsrichter oder Amtsrichter und der erste Staatsanwalt vom zweiten Staatsanwalt vertreten werden. Der Inspektor wird vom ersten Staatsanwalt vertreten.

c) Wegen des dienstlichen Verkehrs vgl. die Bek. vom 28. April 1901 (JMBl. S. 363 ff.) und ME. vom 19. Juli 1905 Nr. 27626. Wegen der Benützung des Telephons Bek. vom 6. März 1896 (JMBl. S. 60) und des Telegraphen Bek. vom 16. Februar 1886 (JMBl. S. 91, 92).

2. Vgl. Anm. 2 zu § 1.

3. 4. a) Darüber, wie die Verhältnisse in Ansehung der unteren Beamten früher waren, vgl. § 10 DuHO. bei Henle nebst Anmerkungen. Die in Abs. III und IV aufgeführten Beamten (die Hilfsaufseher und Hilfsaufseherinnen sind keine Beamte im Sinne des Beamtengesetzes; vgl. unten) werden vom StM. der Justiz ernannt. Vgl. Anm. 2 zu Art. 1 und 2 des BeamtG. im Anhang. Sie gehören den in Klammern beigesetzten Gehaltsklassen an: Gefängnisverwalter (19), Oberaufseher, Oberaufseherinnen (24), Gefängniswärter (25), Aufseher (28), Aufseherinnen (29), Maschinisten (27), Heizer (27).

b) Wegen des Urlaubs vgl. Art. 22 des BeamtG. im Anhang und die Bemerkungen dazu. — Wegen des zu leistenden Eides Art. 23 BeamtG. und Anm. zu Art. 23 und 25. Das Protokoll über die Vereidigung, die der Vorstand vorzunehmen hat, hat der Gerichtsschreiber zu führen. — Wegen der Eingehung einer Ehe Art. 17 BeamtG. und Anmerkung dazu.

c) Gefängnisverwalter sind an allen Landgerichtsgefängnissen und ständigen landgerichtlichen Aushilfsgefängnissen ernannt, sowie an den Amtsgerichtsgefängnissen in Erlangen, Ingolstadt, Ludwigshafen und Pirmasens; an den übrigen Amtsgerichtsgefängnissen sind Gefängniswärter angestellt.

d) Die Hilfsaufseher bekommen in der Regel ein Tagegeld; dieses wird auf den Etatstitel Ziffer I Kap. 1 H § 1 Tit. 2 verrechnet; die Beiträge zur Invaliden- und Altersversicherung werden vom Staat gezahlt (Bek. vom 31. November 1900 Nr. 47440. JMBl. 1901 S. 3. Abweichung von § 142 JVG.). Sollen auch die Beiträge zur Krankenversicherung vom Staate übernommen werden, ist um besondere Genehmigung nachzusuchen. Aushilfe wird in der Regel bei jenen Gefängnissen nötig werden, die im Sommer Gefangene mit landwirtschaftlichen Arbeiten beschäftigen. Die Kosten der Beiträge sind als Ausgaben in den monatlichen Verpflegungskostenverzeichnissen durchzuführen. ME. vom 5. April 1901 Nr. 15800. (§ 13 der Bek. über die ökonomische Verwaltung.) Ein Holzzerkleinerungsbetrieb in einem Gerichtsgefängnis, in dem ein Hilfsaufseher verwendet wird, ist unfallversicherungspflichtig. Gefangene können zwar, was ihre eigene Versicherung anlangt, nicht als Arbeiter im Sinne des Gewerbeunfallversicherungsgesetzes angesehen werden. Soweit aber die Versicherung der neben ihnen beschäftigten fremden Personen in Frage kommt, können sie bei der Berechnung der Zahl der beschäftigten Personen (§ 1 Abs. 4 GewUVersG.) mitgezählt werden. Der Hilfsaufseher fällt nicht unter § 7 a. a. O. BayZfR. 1906 S. 26.

e) Diese Hilfsaufseher sind keine Beamte im Sinne des Beamtengesetzes (Art. 1 a. a. O.), wohl aber im Sinne des Strafgesetzbuchs. Sie gehören zu den Personen des Art. 25 des BeamtG., die ohne als Beamte im Sinne des Art. 1 erklärt zu sein, mit den Verrichtungen solcher Beamter vorübergehend betraut sind. Die im Art. 25 BeamtG. aufgeführten Artikel finden auf sie (ob männlich, ob weiblich) Anwendung. Sie sind deshalb eidlich zu verpflichten (Art. 25, 23 a. a. O.). Wegen des Eides, den sie zu leisten haben, vgl. die Anm. zu Art. 23 BeamtG. im Anhang. Auch findet gegen sie ein Ordnungsstrafverfahren nach Maßgabe des Art. 165 BeamtG. statt. Sie bedürfen während der Dauer des Dienstverhältnisses zur Eingehung der Ehe einer Erlaubnis. Art. 25 BeamtG. § 6 der AllerhVO. vom 10. Dezember 1908. GVBl. S. 1041. — Als Hilfsaufseherinnen können auch Frauen von Gefängniswärtern, auch wenn sie die Küchengeschäfte besorgen, aufgestellt werden. Die Kosten werden auf die Ausgaben für Stellvertretung usw. verrechnet. (Ziffer I Kap. I H § 1 Tit. 2.) Vgl. auch § 16 Abs. I Satz 2. Die Gefängnisaufseher *auf Probe* sind Beamte im Sinne des Beamtengesetzes; nach Ablauf der Probezeit werden sie in etatsmäßiger Weise ernannt; wegen der Anrechnung der

Probezeit vgl. Art. 28 Abs. 4 BeamtG. (die regelmäßige Zeit der Anstellung auf Probe wird, soweit sie in der gleichen Stellung zugebracht wurde, den Militäranwärtern und Inhabern des Anstellungsscheines für die Bemessung des Gehalts angerechnet).

f) Die Vorschrift der DuHO. (§ 10 Abs. II Satz 5), daß der Gefängniswärter für seine Gehilfen verantwortlich ist, besteht nicht mehr. Nur in Ansehung der Handlungen und Unterlassungen von Angehörigen und Dienstboten ist er noch nach § 20 Abs. II Satz 4 haftbar. Der Gefängniswärter hat aber die Pflicht der Aufsicht über die anderen Beamten und bleibt insoferne verantwortlich.

§ 13.

I Der Vorstand leitet und überwacht den ganzen Dienst und beaufsichtigt die Beamten des Gefängnisses (§ 12 Abs. III und IV).[1]) Er erläßt die Hausordnung und die Weisungen über die Dienstführung und über die Diensteinteilung. Vorstandsweisungen allgemeinen Inhalts sind schriftlich zu erlassen und in einer Weise zu verwahren, daß die Beamten von ihnen Einsicht nehmen können.[2])

II Der Vorstand hat darüber zu wachen, daß die Dienstvorschriften und die Hausordnung genau befolgt werden, daß die Behandlung der Gefangenen dem Gesetze, dem Zwecke der Haft und den besonderen Vorschriften der Hausordnung entspricht.[3])

III Er überwacht die Verteilung der Gefangenen in die Hafträume. Ihm steht, vorbehaltlich der Vorschriften in § 40 Abs. V und § 63 Abs. I, die Disziplinargewalt über die Gefangenen zu.[4])

IV Er nimmt täglich die Meldung des Gefängniswärters entgegen, wobei ihm das Meldebuch vorgelegt wird.[5])

V Wichtige Vorkomnisse werden ihm ohne Verzug gemeldet.[6])

VI Der Vorstand hat das Gefängnis mindestens dreimal im Monate zu besichtigen und über die Vornahme der Besichtigungen und über seine Anordnungen eine fortlaufende Aufschreibung zu führen. Die Besichtigung hat sich auf alle Zweige des Gefängnisdienstes, insbesondere auch auf die Buch- und Kassenführung zu erstrecken. Außerdem hat der Vorstand das Gefängnis zweimal im Jahre des Nachts unvermutet zu besichtigen.[7])

VII Der Vorstand hat für den Ankauf der Verbrauchsgegenstände, soweit er auf Staatskosten geschieht, dann für die Beschaffung von Arbeit und der dazu nötigen Stoffe zu sorgen. Er hat die Aufbewahrung und Verwendung der Vorräte zu überwachen und die Rechnungen des Gefängniswärters zu prüfen.[8])

VIII Der Vorstand hat von Zeit zu Zeit die Einrichtungsgegenstände auf ihre Beschaffenheit und Vollständigkeit zu untersuchen, kleinere Ausbesserungen der Gerätschaften und Werkzeuge, der Wäsche und der Bekleidungsstücke zu veranlassen und die Nachschaffung von Arbeitsgeräten anzuordnen.[9])

IX Der Vorstand hat wichtige Vorkommnisse im Gefängnis, z. B. Flucht, Fluchtversuche, Meuterei, Selbstmord, Selbstmordversuche, ansteckende Krankheiten, Brand, dringende Baufälle, dem Oberstaatsanwalte anzuzeigen.[10])

X Ist anzunehmen, daß die Behörde, auf deren Anordnung der Gefangene sich in Haft befindet, an der Benachrichtigung von einem solchen Vorkommnis ein Interesse hat, so ist auch ihr eine Anzeige zu erstatten.

§ 6 DuHO.

1. Von den in der Dienstaufsicht liegenden Befugnissen der Gefängnisvorstände und ihrer Vorgesetzten sind folgende hervorzuheben:

a) Die Befugnis jedes Vorgesetzten, den ihm untergebenen Beamten mündlich oder schriftlich Ermahnungen oder Warnungen zu erteilen. Art. 103 BeamtG. Zur Erteilung mündlicher Ermahnungen oder Warnungen ist jeder Beamte berechtigt, der in bezug auf die Erledigung eines Amtsgeschäftes dem anderen Beamten gegenüber Anordnungen zu treffen berechtigt ist; zur Erteilung schriftlicher Ermahnungen und Warnungen zunächst der Vorstand der Behörde. § 1 der Bek. vom 22. Oktober 1909, die Dienstaufsicht und das Dienststrafrecht für nichtrichterliche Beamte betr. (GVBl. S. 737 ff.). Der Art. 103 BeamtG. findet auf richterliche Beamte keine Anwendung; für sie gelten Art. 69, 70 AGGVG. und Art. 3 des Richterdisziplinargesetzes (vgl. Art. 183 Abs. II Ziffer 7, 222, 224 BeamtG.). Im Falle des Art. 103 ist keine formelle Beschwerde vorgesehen. Das schließt jedoch nicht aus, daß, wie gegen jede Verfügung einer Verwaltungsbehörde überhaupt, die vorgesetzte Behörde um Würdigung der Angelegenheit vom Standpunkte der Dienstaufsicht angegangen werden kann. Der Gefängnisvorstand (Oberamtsrichter, Inspektor, Erster Staatsanwalt) kann also jedem Gefängnisbeamten seines Gefängnisses nach Art. 103 BeamtG. Ermahnungen und Warnungen erteilen; wegen der ständigen landgerichtlichen Aushilfsgefängnisse vgl. § 14. Diese Befugnis gegenüber den dem Gefängnisvorstande untergebenen Gefängnisbeamten steht aber auch dem Oberstaatsanwalt und dem StM. der Justiz kraft ihres Oberaufsichtsrechts unmittelbar zu. Wegen der Rechte des Oberstaatsanwalts aus Art. 103 gegen die Gefängnisvorstände selbst vgl. § 24 HO.; wegen der Rechte des Gefängniswärters aus Art. 103 gegen die ihm unterstehenden Beamten vgl. § 15.

b) Von größerer Bedeutung ist das Recht zur Verhängung von Ordnungsstrafen. Das Dienststrafrecht zerfällt in das Dienststrafrecht für unwiderrufliche aktive Beamte (Art. 105 bis 163 BeamtG.) und das Dienststrafrecht für andere Beamte (Art. 164 bis 169), wobei in Ansehung der Richter die Vorschriften des Art. 183 zu beachten sind. Die Dienststrafen sind für unwiderrufliche aktive Beamte: Ordnungsstrafen und Disziplinarstrafen (Art. 105 bis 108), für widerrufliche Beamte (abgesehen vom Falle des Art. 168) Ordnungsstrafen; für Richter, abgesehen vom Falle des Art. 3 RDG., Disziplinarstrafen nach Art. 7 a. a. O. Welche Ordnungs- und Disziplinarstrafen ausgesprochen werden können, darüber vgl. Art. 107, 108—110, 164, 168. Zur Verhängung der Ordnungsstrafen sind die vorgesetzten Behörden und Beamten zuständig. Nach § 16 der AllerhVO. vom 10. Dezember 1908, den Vollzug des Beamtengesetzes betr. (GVBl. S. 1041 und im Anhang) ist bei den Gerichtsgefängnissen zuständig:

α) wenn das Verfahren gegen einen Beamten der Klassen 14 bis 30 der Gehaltsordnung sich richtet und nicht eine höhere Strafe als Verweis oder Geldstrafe bis zum Betrage von 30 Mk. in Frage kommt: der Vorstand; also bei den Landgerichtsgefängnissen der Erste Staatsanwalt, bei den mit einem Inspektor besetzten Gefängnissen dieser, bei den ständigen Aushilfsgefängnissen (vgl. § 14) und bei den Amtsgerichtsgefängnissen und nicht ständigen Aushilfsgefängnissen der Oberamtsrichter; in Ansehung der ständigen Aushilfsgefängnisse ist das eine Abweichung vom § 2 Ziffer 3 der AllerhVO. vom 25. September 1875.

β) wenn das Verfahren gegen einen Beamten der Klassen 14 bis 30 sich richtet und eine höhere Strafe als eine Geldstrafe von 30 Mk. in Frage kommt, der Oberstaatsanwalt. (Daß das Verfahren gegen einen Beamten einer höheren Gehaltsklasse sich richtet, ist bei den unter den Gefängnisvorständen stehenden Beamten ausgeschlossen.)

Vgl. die Anlage I zu der AllerhVO. vom 22. Oktober 1909 (GVBl. S. 737 ff.). — Den Bestraften steht das Recht der Beschwerde zu; sie hat aufschiebende Wirkung; sie geht an den Oberstaatsanwalt bzw. das StM. der Justiz, je nachdem der Gefängnisvorstand usw. oder der Oberstaatsanwalt in erster Instanz entschieden hat. (Vgl. § 17 der AllerhVO. vom 10. Dezember 1908; Anmerkungen zu Art. 117 BeamtG. im Anhang.) Wegen der Rechte der vorgesetzten Behörde an Stelle der zunächst Berufenen zu entscheiden oder ein bei dieser anhängiges Verfahren an sich zu ziehen vgl. § 4 der VO. vom 22. Oktober 1909 bei Art. 117 BeamtG. Wegen der Ordnungsstrafen gegen die Gefängnisvorstände vgl. § 24.

2. a) Vgl. auch § 14 Satz 2. Die Hausordnung ist nicht zu verwechseln mit der Tagesordnung: § 72 HO. § 36 Abs. II bezieht sich nicht auf die Hausordnung des Vorstands. In der Hausordnung, die der Gefängnisvorstand erläßt, werden jene Angelegenheiten geordnet werden können, die z. B. in den §§ 41 Abs. II, 56 Abs. III, 64 Abs. III, 65, 66 Abs. III, 68, 70 Abs. II, 75, 78 Abs. IV, 79, 81 Abs. V S. 1, 87 Abs. I, 91 Abs. II, 101 Abs. II, und in den Weisungen über die Dienstführung und Diensteinteilung jene, die in den §§ 13 Abs. IV, 17 Abs. I Satz 2, 18 Abs. II, 20 Abs. II Satz 2, 22 Abs. IV, 25 Abs. IV Satz 2, 35 Abs. II Satz 3 u. a. erwähnt sind. In der Hausordnung werden besonders in größeren Gefängnissen noch eine Reihe anderer Angelegenheiten zu ordnen sein, z. B. wann bestellte Arbeiten abgeholt, wann das Brot, Fleisch und das Material zu den Arbeiten gebracht werden, wann Holz ausgefahren werden darf, wie Werkzeuge zu verwahren sind usw. Vgl. auch die ME. vom 15. Mai 1883 Nr. 6135.

b) Am vorteilhaftesten wohl in einem Aktenhefte, das im Zimmer des Gefängniswärters etwa in einem offenen Pulte verwahrt wird. Bei Besichtigungen wird der Oberstaatsanwalt von den Weisungen Einsicht zu nehmen und die Art der Aufbewahrung zu prüfen haben.

3. Er hat aber durch Aufklärung des Gefängniswärters über das Vorleben, den Charakter usw. des Gefangenen und sonstige Mithilfe das Seinige dazu beizutragen, daß den Vorschriften Genüge geschieht.

4. Vgl. § 31 ff., 39 ff., 61 ff.

5. § 122; es wird sich empfehlen, eine bestimmte Stunde festzusetzen und wenn irgend tunlich, die Meldung sofort entgegenzunehmen.

6. Insbesondere jede Verletzung beim Arbeitsbetrieb, Waffengebrauch, Flucht, Selbstmord, Selbstmordversuche usw. § 71. Vgl. auch § 13 Abs. IX.

7. Besichtigungen an Sonntagen nicht ausgeschlossen; vgl. aber § 15 Anm. 13b und § 32 Abs. III; bei den Besichtigungen wird es sich empfehlen, daß der Vorstand trotz der Vorschrift des § 32 Abs. III die sämtlichen Gefangenen, besonders die in Einzelhaft befindlichen, besucht und die sämtlichen Räume des Gefängnisses besichtigt; Besichtigungen empfehlen sich zu der Zeit der Verabreichung der Mahlzeiten. Wieweit die Besichtigungen bei Nacht in Ansehung des Besuchs der Gefangenen usw. auszudehnen sind, ist dem Ermessen des Vorstands überlassen. Vgl. auch § 18 Abs. III.

8. Nach den §§ 1 ff. der Bekanntmachung über die ökonomische Verwaltung werden auf Staatskosten angeschafft:

a) das Feuerungsmaterial (Holz, Kohlen, Torf, Coaks); vgl. § 15 Anm. 12;

b) die Beleuchtungsmaterialien nach Maßgabe des § 7 a. a. O. (Gas stets auf Staatskosten; vgl. aber unten; Petroleum und Lampendochte in den Gefängnissen mit Hilfsbediensteten (§ 12 Abs. IV HO.) auf Staatskosten; in den übrigen vom Gefängniswärter gegen eine jährliche Bauschvergütung. In vielen Gefängnissen ist die elektrische Beleuchtung eingerichtet; wegen des Verfahrens bei Einrichtung der elektrischen Beleuchtung, der Gasbeleuchtung oder einer ähnlichen zentralen Beleuchtung vgl. Bek. Nr. 3251 vom 5. Februar 1905 JMBl. S. 568 ff. und § 74 HO.).

c) Die Desinfektions- und Räucherungsmittel (§ 9 a. a. O.).

d) Die Anschaffung des Brotes und Fleisches für die Gefangenen (§ 10 a. a. O.).

In den Gefängnissen mit Regiebetrieb (München Strafvollstreckungsgefängnis, Nürnberg, Regensburg) gelten besondere Vorschriften.

Die Sorge des Vorstands für den Ankauf dieser Gegenstände wird darin bestehen, daß er (im Benehmen mit der Regierungsfinanzkammer) mit den Lieferanten die Verträge abschließt und die Lieferung überwacht. Vgl. auch § 15 Abs. I Ziff. 5; 23 Abs. III Ziff. 3 (Mitwirkung der Gefängniskommission). Gesuche von Lieferanten um Zuweisung der Lieferung von Brot und Fleisch, die oft an die Zentralstelle gerichtet werden, sind vom Vorstande zu bescheiden (§ 10 der Bekanntmachung über die ökonomische Verwaltung); Beschwerde ist zulässig.

9. Im September jedes Jahres ist nach § 19 der Bekanntmachung über die ökonomische Verwaltung ein Bedarfsvoranschlag für das nächste Jahr aufzustellen; was er zu enthalten hat, ist im § 19 aufgeführt. Dazu ist zu bemerken:

a) für den Anschlag des Bedarfs an Feuerungs- und Beleuchtungsmaterial wird der Verbrauch der letzten Jahre und der am Schlusse des Jahres voraussichtlich noch vorhandene Bestand (vgl. auch § 5 Abs. III der Bekanntmachung über ökonomische Verwaltung) maßgebend sein.

b) für die Ausbesserung der Inventarstücke empfiehlt sich die Einsetzung eines Bauschbetrags, da nicht alle notwendig werdenden Ausbesserungen vorhergesehen werden können. Es ist dabei zwischen den Arbeitsgerätschaften und den übrigen Gerätschaften zu scheiden und darauf Bedacht zu nehmen, ob für fremde Rechnung gearbeitet wird oder nicht. Inwieweit Kosten für Gerätschaften aus der Arbeitsverdienstkasse (Arbeitsfonds) zu decken, also nicht in den Anschlag einzustellen sind, ist in der Anm. 3 zu § 97 dargelegt. Zu den Inventarstücken gehört auch die Wäsche. Außer den Kosten, die der Arbeitsverdienstkasse zur Last fallen, sind nicht in den Anschlag einzustellen: Die Kosten, die dem Gebäudeunterhaltungsetat zur Last fallen (Ziff. I Kap. 6 § 2 des Etats), die nach Anfall zahlbaren Kosten (Ziff. I Kap. 6 § 1 des Etats), die Kosten für gänzliche Neuanschaffungen (also nur die Kosten für den Ersatz unbrauchbar gewordener Stücke, z. B. es werden 10 Bettdecken abgeschrieben und dafür 10 neue angeschafft, und die Kosten für die Ergänzung unzureichender Stücke, z. B. es sind neben den 10 noch 3 Decken nötig). Der Voranschlag wird von der Regierungsfinanzkammer im Benehmen mit dem Oberstaatsanwalt festgesetzt und hat die Bedeutung eines Etats, durch den der Vorstand berechtigt ist, die Anschaffungen vorzunehmen. Er darf das jedoch erst innerhalb des Jahres, für das der Anschlag festgesetzt ist. Anschaffungen, die vorher erfolgen sollen oder im Anschlage nicht vorgesehen sind, können nur auf Grund besonderer Ermächtigung des StM. der Justiz erfolgen; solche Anträge sind durch den Oberstaatsanwalt vorzulegen, der gegebenenfalls über technische Fragen die Regierung, K. des Innern, hört. Die Mittel werden auf den Etatstitel Ziffer I Kap. 1 H § 2 Tit. 2 übernommen. (Feuerlöschapparate auf Gebäudeunterhaltung.) — Abschreibungen von Inventar genehmigt der Oberstaatsanwalt im Benehmen mit der Regierungsfinanzkammer. Bek. vom 28. März 1866. JMBl. S. 65. — Wegen der Beteiligung der Gefängniskommission vgl. § 23 Abs. III Ziff. 3. Im Rahmen des Abs. VIII ist der Vorstand selbständig. Vgl. auch § 90 Abs. I Satz 2.

10. Unter Schilderung der Umstände und sofort. Vgl. § 24, 71. Auch über die Wiederergreifung eines Entflohenen ist zu berichten. Wegen der ansteckenden Krankheiten vgl. § 87.

§ 14.

In den Amtsgerichtsgefängnissen, die als ständige landgerichtliche Aushilfsgefängnisse dienen, stehen die in der Dienstaufsicht

liegenden Befugnisse gegenüber den Gefängnisbeamten auch dem Ersten Staatsanwalte bei dem Landgerichte zu.[1]) Der Vorstand erläßt die erforderlichen Weisungen über die Dienstführung, die Diensteinteilung und die Hausordnung im Benehmen mit dem Ersten Staatsanwalte. Dieser nimmt mindestens einmal in jedem Vierteljahr eine Besichtigung des Gefängnisses vor.[2]) Hierbei hat er die in Einzelhaft befindlichen Gefangenen zu besuchen.[3])

§ 9 DuHO.

1. a) Beruht auf § 2 Ziffer 3 und § 3 der AllerhVO. vom 25. September 1879. Also nur in den ständigen Aushilfsgefängnissen (§ 7 HO.), nicht in den nach § 8 Abs. II zu Aushilfsgefängnissen erklärten Gefängnissen. Nur die in der Dienstaufsicht liegenden Befugnisse gegenüber den Gefängnisbeamten stehen dem Ersten Staatsanwalt zu, nicht aber die Disziplinargewalt gegenüber den Gefangenen; letztere steht nur dem Vorstande zu. (§ 13 Abs. III HO.) Vorstand auch der ständigen landgerichtlichen Aushilfsgefängnisse ist nur der die Dienstaufsicht führende Oberamtsrichter.

b) Bereits zu § 13 Anm. 1 wurde ausgeführt, daß der Vorstand des ständigen landgerichtlichen Aushilfsgefängnisses, also der Oberamtsrichter, befugt ist, jedem Gefängnisbeamten mündliche und schriftliche Ermahnungen und Warnungen zu erteilen und nach Maßgabe des dort Gesagten Ordnungsstrafen zu verhängen. Hieran ändert auch der § 14 der HO. nichts, wenn er sagt, daß auch dem Ersten Staatsanwalt die in der Dienstaufsicht liegenden Befugnisse gegenüber den Gefängnisbeamten zusteht. § 14 verleiht dem Staatsanwalt nicht das Recht zur Verhängung von Ordnungsstrafen neben oder im Benehmen mit dem Oberamtsrichter; dieses Recht hat nur der Oberamtsrichter (vgl. Anlage I zur gemeinschaftl. Bek. vom 22. Oktober 1909, die Dienstaufsicht usw. betr.; nach § 10 Abs. 6 DuHO. hatte der Staatsanwalt früher die Disziplinargewalt). Wohl aber hat der Staatsanwalt die Befugnisse aus Art. 103 BeamtG.; bei schriftlichen Ermahnungen und Warnungen im Benehmen mit dem Oberamtsrichter; einigen sie sich nicht, entscheidet der Oberstaatsanwalt. Wegen der Beschwerde vgl. § 13 Anm. 1.

2. Nach § 152 GVG. darf den Staatsanwälten eine Dienstaufsicht über die Richter nicht übertragen werden. Wie sich das Recht des Staatsanwalts, die ständigen Aushilfsgefängnisse zu besichtigen, mit der Vorschrift des § 152 GVG. vereinbaren läßt, führt die ME. vom 3. April 1880 Nr. 3872 aus. Sie sagt: „Zunächst hat der Staatsanwalt nicht die Tätigkeit des Oberamtsrichters, sondern das Gefängnis und dessen Verwaltung durch den Gefängniswärter (gemeinschaftlich mit dem Oberamtsrichter) zu überwachen. Er hat deshalb den Oberamtsrichter beizuziehen usw. Es handelt sich daher gar nicht um eine Dienstesaufsicht über den Oberamtsrichter." Dann wird hervorgehoben, „daß die Tätigkeit des Oberamtsrichters im Gefängnisdienst gar keine richterliche Tätigkeit, auch nicht ein Teil der Strafvollstreckung (§ 483 StPO.) sei und daß übrigens der Richter als Strafvollstreckungsbeamter eine Tätigkeit der Justizverwaltung ausübe. Unter allen Umständen sei aber die Aufsicht in den Gefängnissen lediglich eine Justizverwaltungssache, die den Richtern gemäß § 4 des EGGVG. übertragen werden könne, so daß § 152 GVG. keine Anwendung finde". Diesen Ausführungen gegenüber ist hervorzuheben, daß der Staatsanwalt nach dem Inhalte des § 14 sich mit der Tätigkeit des Gefängnisvorstands überhaupt nur insoweit zu befassen hat, als es bei der Prüfung des ganzen Gefängnisbetriebes (Bücher usw.) unvermeidlich ist; er soll also den Vorstand gar nicht beaufsichtigen. Nimmt er Mängel wahr, die den Vorstand allein angehen, so kann er sich mit ihm benehmen, hat aber, sobald ein Benehmen abgelehnt wird, sich jeder weiteren Kritik und jedes weiteren Versuchs, den Vorstand zur Beseitigung der Mängel zu veranlassen, zu enthalten; er kann aber dem Oberstaatsanwalt über seine Wahrnehmungen berichten. Welche Schritte der Oberstaatsanwalt unternehmen kann, darüber vgl. § 24 HO.

3. Vgl. § 31 ff.

§ 15.

I Der Gefängniswärter hat die Aufsicht über die übrigen Beamten des Gefängnisses (§ 12 Abs. IV). Sie haben seinen Anordnungen Folge zu leisten.[1])

II Zu den Obliegenheiten des Gefängniswärters gehört insbesondere:

1. die Aufnahme und Entlassung der Gefangenen, die Bestimmung über ihre Verteilung in die Hafträume und die Vorbereitung für die Ablieferung von Gefangenen;[2])
2. der Verschluß der äußeren Zugänge zum Gefängnisse, der Abteilungen und Hafträume;[3])
3. die unmittelbare Beaufsichtigung der Gefangenen;[4])
4. die Sorge für die Reinlichkeit der Gefängnisräume und der Gerätschaften sowie die Sorge für die Reinlichkeit der Gefangenen selbst, ihrer Wäsche und ihrer Kleidungsstücke;[5])
5. die Sorge für die Erlangung von Arbeitsbestellungen für die Gefangenen, die Entgegennahme der Bestellungen und der von den Bestellern gelieferten Stoffe und Werkzeuge, die Ablieferung der fertigen Erzeugnisse, der Empfang des Arbeitsverdienstes und die Führung der Arbeitsverdienstkasse;[6])
6. die Sorge für Wartung erkrankter Gefangener;[7])
7. die Aufbewahrung der von den Gefangenen mitgebrachten oder für sie abgelieferten Sachen;[8])
8. die Leitung der Hauswirtschaft und die Aufstellung der Voranschläge und Rechnungen;[9])
9. die Führung der Verzeichnisse über die Gerätschaften, Bekleidungs- und Wäschestücke und Werkzeuge;[10])
10. die Führung der vorgeschriebenen Bücher und Listen sowie die Erstattung der Meldungen und Anzeigen.[11])

III Soweit die Anschaffungen und Leistungen für die Hauswirtschaft nicht unmittelbar auf Rechnung der Staatskasse erfolgen, hat sie der Gefängniswärter gegen die festgesetzten Vergütungen auf eigene Rechnung zu besorgen.[12])

IV Die Gefängniswärter der Amtsgerichtsgefängnisse, die nicht zugleich als ständige landgerichtliche Aushilfsgefängnisse dienen, haben sich nach Maßgabe des dienstlichen Bedürfnisses am gerichtlichen Botendienste zu beteiligen. Die näheren Anordnungen hierüber hat der Gerichtsvorstand zu treffen.[13])

§ 12 DuHO.

1. a) Die Aufsicht, aber nicht die Dienstaufsicht; diese hat nur der Vorstand. Vgl. § 12 und § 14. Der Gefängniswärter kann aber gemäß Art. 103 BeamtG. den ihm unterstehenden Beamten mündliche Ermahnungen und Warnungen erteilen. Vgl. Anm. zu Art. 103 BeamtG. im Anhang. Die Beamten können sich an den Vorstand wenden, wenn sie glauben, daß die Rüge nicht gerechtfertigt ist (vgl. § 12 Anm. 1 a).

b) Satz 2 des Abs. I ist eine Dienstvorschrift im Sinne des Art. 11, 105 BeamtG. Vgl. aber auch Art. 12 Abs. I Satz 2 BeamtG.

2. § 25 ff. (Aufnahme); § 108 ff. (Entlassung, Ablieferung); § 31 ff. (Verteilung in die Hafträume).

3. § 64 ff.; § 72 ff.

4. Insbesondere § 48 ff.; die Beaufsichtigung bei der Arbeit, bei der Bewegung im Freien wird er in größeren Gefängnissen durch die Aufsichtsbeamten besorgen lassen müssen; vgl. § 16 Abs. III.

5. § 73, 76 ff. Wegen der Sorge für die Reinhaltung usw. der Gefängniseinrichtung, insbesondere der Matratzen und Kopfpolster usw. (§ 76) vgl. ME. vom 21. Oktober 1883 Nr. 14949 und 28. Dezember 1884 Nr. 17800. Der Gefängniswärter hat auf diese Gegenstände sein besonderes Augenmerk zu richten; gegen Gefangene ist wegen Beschädigungen Einschreitung (disziplinäre, gegebenenfalls auch strafrechtliche) zu veranlassen. Zum Strafantrag berechtigt ist der Vorstand.

6. § 90 ff. Vgl. auch § 13 Abs. VIII.

7. § 88. In größeren Gefängnissen wird es sich empfehlen, einen oder mehrere Aufseher, die sich dazu eignen, ausschließlich mit der Wartung der Kranken zu betrauen. Vgl. § 88 Abs. III und IV, insbesondere wegen Aufnahme eines Krankenwärters bei ansteckenden Krankheiten.

8. § 30.

9. § 72 ff.; also insbesondere die Beköstigung, Besorgung der Wäsche usw., für die er die Vergütungen des § 11 der Bekanntmachung über die ökonomische Verwaltung enthält. Vgl. § 13 Abs. VII und VIII; § 19 der Bekanntmachung über die ökonomische Verwaltung; vgl. auch Abs. III.

10. Die Verzeichnisse hießen früher Inventare; vgl. § 12 Ziff. 10 und 105 Abs. 3 DuHO. Über die Arbeitsgeräte ist ein besonderes Verzeichnis zu führen, § 124 Abs. III. Wegen der Inventare vgl. Henle S. 204 ff.

11. § 115 ff.

12. Was auf Staatskosten angeschafft wird, darüber vgl. § 13 Abs. VI. Die Vergütungen sind in der Hauptsache in der Bekanntmachung über die ökonomische Verwaltung enthalten z. B. § 7 Abs. 2 a. a. O. Nach § 1 a. a. O. hatte der Gefängniswärter das Recht, seinen Hausbedarf an Feuerungsmaterial den Vorräten des Gefängnisses unentgeltlich zu entnehmen. Diese Vergünstigung ist seit dem Inkrafttreten des Beamtengesetzes weggefallen; es wird den Gefängniswärtern zwar der Bezug des Materials aus den Gefängnisbeständen noch gestattet, aber gegen eine angemessene (allerdings wohlwollend bemessene) Vergütung.

13. a) Die ME. vom 24. Dezember 1908 Nr. 52121 ordnet an:

Die bisherigen Amtsgerichtsdiener mit Gefängnisdienst haben den in der Gehaltsordnung vorgetragenen Titel Gefängniswärter, alle übrigen Diener der Amtsgerichte den Titel Amtsgerichtsdiener zu führen. Die Gefängniswärter der Amtsgerichtsgefängnisse, die nicht zugleich als ständige landgerichtliche Aushilfsgefängnisse dienen, haben sich deshalb an der Besorgung des Botendienstes zu beteiligen; ebenso haben die Amtsgerichtsdiener bei den Gerichten, bei denen nicht ein eigener Gefängnisverwalter aufgestellt ist, nach Maßgabe des dienstlichen Bedürfnisses Beihilfe im Gefängnisdienste zu leisten. Die näheren Vorschriften über die Verteilung des Dienstes werden vom Amtsgerichtsvorstande erlassen. Vgl. auch § 16 Abs. II.

b) Über den Urlaub bestimmt die ME. vom 21. November 1907 Nr. 44051:

Die bisherigen Amtsgerichtsdiener mit Gefängnisdienst (Gefängniswärter) sollen stets den ihnen zustehenden ganzen Urlaub erhalten; zu ihrer Vertretung sind die Hilfsbediensteten (II. Amtsgerichtsdiener, Amtsgerichtsdienergehilfen) heranzuziehen oder es ist eine geeignete Person gegen ein entsprechendes Tagegeld vom Präsidenten des Oberlandesgerichts im Benehmen mit dem Oberstaatsanwalte zur Aushilfe im Gefängnisdienst aufzunehmen. Die Kosten sind dem StM. der Justiz anzuzeigen. Auch sollen die Amtsgerichtsdiener mit Gefängnisdienst durch Heranziehung der II. Amtsgerichtsdiener usw. wenn irgend möglich jeden zweiten Sonn- und Feiertag einen ganzen Tag oder wenigstens einen Nachmittag vom Dienste befreit werden. Die II. Amtsgerichtsdiener usw. sollen in dem gleichen Maße vom Dienst befreit werden, wobei die Amtsgerichtsdiener mit Gefängnisdienst die Stellvertretung zu übernehmen haben. Bei jenen Gerichten, bei denen Hilfsbedienstete nicht vorhanden sind, wird sich für die Amtsgerichtsdiener mit Gefängnisdienst eine regelmäßige Dienstbefreiung an Sonn- und Feiertagen nicht ermöglichen lassen, weil die regelmäßige Heranziehung der Gerichtsvollzieher oder Gerichtsschreibereibediensteten zum Gefängnisdienste sich nicht empfiehlt. Es darf deshalb ein außerordentlicher Urlaub von einer Woche bewilligt werden. Diese Vorschriften gelten auch für die mit der Besorgung des Gefängnisdienstes betrauten Gerichtsvollzieher. Vgl. auch JMBl. 1910 S. 237 f. — Wegen des Urlaubs vgl. im übrigen Art. 22 BeamtG. im Anhang und die Anmerkungen.

c) Wegen der Stellvertretung im Gefängnis- und Botendienst vgl. § 17 HO. und ME. vom 29. Dezember 1906 Nr. 50577.

§ 16.

I Die Aufsichtsbeamten und technischen Beamten werden von dem Staatsministerium der Justiz beigegeben.[1]) In dringenden Fällen kann der Vorstand Hilfsaufseher und Hilfsaufseherinnen unter dem Vorbehalte der Genehmigung des Staatsministeriums der Justiz aufnehmen.[2])

II In den Amtsgerichtsgefängnissen, bei denen Aufsichtsbeamte nicht aufgestellt sind, haben die Amtsgerichtsdiener und Amtsgerichtsdienergehilfen nach Maßgabe des Bedürfnisses im Gefängnisse Dienste zu leisten. Die näheren Anordnungen hierüber trifft der Gefängnisvorstand.[3])

III Die Aufsichtsbeamten haben den Gefängniswärter bei der Erfüllung seiner Obliegenheiten zu unterstützen und sind vorzugsweise zu den in § 15 Nr. 2, 3, 4, 6, 7 bezeichneten Geschäften zu verwenden. Bei größeren Gefängnissen kann der Oberstaatsanwalt die Führung der Bücher und Listen durch einen Aufsichtsbeamten gestatten. Die Arbeitsverdienstkasse verwaltet stets der Gefängniswärter.[4])

IV Die technischen Beamten können, soweit sie nicht im Heizungs- und Beleuchtungsdienst unabkömmlich sind, zum Dienst im Gefängnis herangezogen werden.[5])

1. Vgl. § 12 Abs. IV und die Anmerkungen dazu; Art. 1 des BeamtG. und die Anmerkungen.

2. Auch für sie gilt das zu § 12 Abs. IV Anm. 4 d e Gesagte.

3. Vgl. § 15 Abs. IV und die Anmerkungen.

4. § 115 ff.; 97 ff.

5. Insbesondere zur Überwachung der Gefangenen bei der Arbeit, bei der Bewegung im Freien und zu ähnlichen Arbeiten.

§ 17.

I In den Gefängnissen, in denen Aufsichtsbeamte aufgestellt sind, sind diese zur ständigen Vertretung des Gefängniswärters berufen. Sind mehrere Aufsichtsbeamte vorhanden, so bestimmt der Gefängnisvorstand, wer die Vertretung zu übernehmen hat. Wenn nicht triftige Gründe eine Ausnahme rechtfertigen, ist hierbei der dienstälteste Oberaufseher, oder wenn ein Oberaufseher nicht vorhanden ist, der dienstälteste Aufseher zu bestimmen.[1])

II In den Amtsgerichtsgefängnissen, bei denen Aufsichtsbeamte nicht vorhanden sind, sind im Falle der Erkrankung oder sonstigen Verhinderung des Gefängniswärters oder während seiner Beurlaubung die Amtsgerichtsdiener und Amtsgerichtsdienergehilfen zur Vertretung heranzuziehen.

III Sind bei dem Gefängnis oder dem Gerichte geeignete Personen, denen die Vertretung übertragen werden kann, nicht vorhanden, so hat der Oberstaatsanwalt — erforderlichen Falles im Benehmen mit dem Präsidenten des Oberlandesgerichts — von einem anderen Gericht oder Gefängnis einen Vertreter abzuordnen oder es ist, vorbehaltlich der Vorschrift des § 16 Abs. I, bei dem Staatsministerium der Justiz die Genehmigung zur Aufnahme eines Hilfsaufsehers zu beantragen.[2])

§§ 11 und 13 DuHO.

1. Der Gefängnisbeamte, der nach Abs. I durch schriftliche Vorstandsweisung und die Person, die nach Abs. II oder III zur Vertretung des Gefängniswärters bestellt ist, haben insbesondere die im § 15 Abs. II aufgeführten Geschäfte selbständig wahrzunehmen und die erforderlichen Anzeigen zu erstatten.

2. § 17 regelt die Stellvertretung des Gefängniswärters. Die Stellvertretung des übrigen Gefängnispersonals (bei Erkrankung, Beurlaubung oder sonstiger Verhinderung) richtet sich nach der ME. vom 29. Dezember 1906 Nr. 50577. Für Stellvertretung ist in der Regel dadurch zu sorgen:

1. daß andere Beamte des Gefängnisses oder Gerichts nach Maßgabe der Anordnungen des Vorstands zur Aushilfe herangezogen werden (also auch bei den ständigen landgerichtlichen Aushilfsgefängnissen ohne Benehmen mit dem Ersten Staatsanwalt),
2. daß eine fremde Person gegen bestimmtes Tagegeld mit vorheriger oder in dringenden Fällen nachträglicher Genehmigung des StM. der Justiz aufgenommen wird,
3. daß ein Bediensteter von einem anderen Gefängnis oder Gericht zur Aushilfe vom Oberstaatsanwalt, gegebenenfalls im Benehmen mit dem Präsidenten des Oberlandesgerichts abgeordnet wird; geschieht das, ist an das StM. der Justiz zu berichten.

Vgl. wegen der Gerichtsvollzieher auch JMBl. 1910 S. 237, 238. Vgl. auch § 15 Abs. IV. § 16 Abs. I und II. § 20 Abs. II (Verwendung Angehöriger usw. zu einzelnen Leistungen).

§ 18.

I Der Dienst im Gefängnis ist nicht auf bestimmte Stunden beschränkt.[1])

II In den Gefängnissen, in denen Aufsichtsbeamte vorhanden sind, hat der Vorstand durch allgemeine Weisung den Dienst zu regeln und die dienstfreie Zeit des Personals festzusetzen. Das zum Dienste nötige Personal muß immer anwesend sein. Die Aufsichtsbeamten dürfen sich, wenn sie nicht dienstfrei haben, nur mit ausdrücklicher Erlaubnis des Gefängniswärters aus dem Gefängnis entfernen.[2])

III Während der Nachtzeit dürfen Gefängnisbeamte, die im Gefängnisgebäude wohnen, nur mit Erlaubnis des Vorstandes sich außerhalb des Gefängnisses aufhalten.[3])

§ 14 DuHO.

1. Vgl. § 15 Anm. 13b HO. wegen der Sonntagsruhe.

2. Vgl. § 13 Abs. I Satz 2. Es wird sich empfehlen, daß der Gefängniswärter sich sagen läßt, wo der Beamte sich während der Abwesenheit aufhält. Im Interesse des Dienstes sind an größeren Gefängnissen (Nürnberg, Regensburg, Frankenthal u. a.) den Beamten in besonderen Dienstwohngebäuden Dienstwohnungen bereitgestellt, die zum Teil die Oberstaatsanwälte vergeben dürfen (Bericht darüber an das StM. der Justiz). Die Beamten sind auf diese Weise auch nachts leicht erreichbar. Vgl. Art. 37 BeamtG.

3. Der Vorstand wird sich davon zu überzeugen haben, ob diese Vorschrift befolgt wird (nächtliche Besichtigungen § 13 Abs. VI). Wegen der Schlüssel vgl. § 64 Abs. II mit Anm. Abs. III bezieht sich insbesondere auch auf die Gefängnisse, bei denen kein Aufsichtsbeamter angestellt ist, also der Gefängniswärter allein den Dienst versieht. Vgl. für den Fall der Abwesenheit des Gefängniswärters (ohne daß eine Stellvertretung nach § 17 eintritt) § 20 Abs. II Satz 3 und 4. Diese Aushilfe darf auch in Ansehung der Vorschrift des Abs. II Satz 2 Platz greifen.

§ 19.

I Die Gefängnisbeamten haben alle Obliegenheiten ihres Amtes den Gesetzen,[1]) Verordnungen und Dienstvorschriften entsprechend gewissenhaft wahrzunehmen. Als Dienstvorschrift in diesem Sinne gilt für sie insbesondere, daß sie

1. in dem ihnen angewiesenen Wirkungskreis die Zwecke des Gefängnisses nach Kräften fördern,[2])
2. sich mit den Arbeiten, die im Gefängnisse betrieben werden, vertraut machen,[3])
3. die Dienstgeschäfte mit Treue, Fleiß und Ordnung besorgen,[4])
4. in allen dienstlichen Angelegenheiten strenge Verschwiegenheit beobachten,[5])
5. den Befehlen der Vorgesetzten pünktlich gehorchen.[5])

II Die Gefängnisbeamten sollen durch einen nüchternen, tadelfreien Lebenswandel, durch friedfertiges und dienstwilliges Verhalten untereinander und durch gewissenhafte Zurückhaltung im Verkehr mit den Gefangenen, namentlich gegenüber den weiblichen Gefangenen, sich der Achtung würdig erweisen, die ihr Beruf erfordert.[5]) Sie haben den Gefangenen gegenüber stets Ruhe, Ernst und Festigkeit zu bewahren, zu keiner Zeit und in keiner Lage die Gebote der Menschlichkeit außer acht zu lassen und nicht der kleinsten Ungerechtigkeit oder Bevorzugung eines Gefangenen sich schuldig zu machen.[6])

III Den Gefängnisbeamten ist jeder nicht dienstliche Verkehr mit den Gefangenen untersagt. Insbesondere dürfen sie keinerlei Geschäfte mit den Gefangenen eingehen, keine Aufträge der Gefangenen oder an diese vermitteln, kein Geld oder andere Sachen von den Gefangenen, deren Angehörigen oder Freunden als Geschenk, als Darlehen oder zur Verwahrung annehmen und keine Arbeiten von den Gefangenen für sich verrichten lassen.[7])

IV Den Gefängnisbeamten ist es auch untersagt, mit Lieferanten oder Arbeitsunternehmern des Gefängnisses oder mit entlassenen Gefangenen irgendwelche Geschäfte zu machen; insbesondere dürfen sie von Lieferanten oder Arbeitsunternehmern Waren nicht borgen oder um billigeren Preis beziehen.[7])

§§ 15, 16 DuHO.

1. Vgl. § 340, 331 StGB. § 11, 105, 164 BeamtG.

2. Sie haben also, wenn der übrige Dienst es erlaubt, Arbeiten vorzunehmen, die im Interesse des Gefängnisbetriebes nötig sind, ohne daß sie dadurch eine außergewöhnliche Leistung im Sinne des Art. 27 Abs. 3 BeamtG. vornehmen, z. B. Beteiligung an der Austünchung einer Zelle, Bereiten von Kleister, Feilen von Holzsägen, kleinere Reparaturen an Arbeitsgeräten, Heizanlagen u. a. Vgl. § 100 Anm. 5.

3. Um insbesondere die Gefangenen in ersprießlicher Weise bei der Arbeit beaufsichtigen und ihnen Anleitungen geben zu können.

4. Vgl. Art. 12 BeamtG.

5. Verfehlungen sind nach Art. 103 BeamtG. oder im Ordnungs- oder Disziplinarstrafverfahren zu ahnden. Vgl. § 13.

6. Abs. II Satz 2 ist besonders zu beachten, vor allem gegen Untersuchungsgefangene. Jede Züchtigung ist verboten. Vgl. § 340 StGB. Vgl. § 39 ff.; 62 Abs. V.

7. Die genaue Beachtung wird sich für die Gefängnisbeamten schon deshalb empfehlen, um den Verdacht der Bestechung zu vermeiden. § 331 StGB. Gegen Zahlung des tarifmäßigen Satzes darf der Gefängniswärter im Gefängnis wohl arbeiten lassen, ebenso wie der Vorstand des Gefängnisses. Vgl. § 51.

§ 20.

I Die Gefängnisbeamten haben darüber zu wachen, daß ihre Angehörigen und ihre Dienstboten sich jeder Einmischung in den Dienst und jedes Verkehrs mit den Gefangenen enthalten. Sie sind für jede Verletzung der Hausordnung verantwortlich, die von ihren Familienangehörigen, ihren Dienstboten oder von Personen, die zu ihnen oder ihren Angehörigen zu Besuch kommen, begangen wird.[1])

II Die Verwendung von minderjährigen Familienangehörigen oder Dienstboten zu dienstlichen Verrichtungen ist verboten.[2]) Volljährige Familienangehörige oder Dienstboten dürfen vorbehaltlich der Vorschrift des § 30 Abs. I nur mit Erlaubnis des Vorstandes zu einzelnen dienstlichen Verrichtungen verwendet werden. Die Gefängniswärter der Gefängnisse, in denen Aufsichtsbeamte nicht aufgestellt sind, dürfen im Falle ihrer Abwesenheit unverschiebliche Dienstgeschäfte, zu deren Vornahme ein Familienangehöriger oder ein Dienstbote sich eignet, durch diese besorgen lassen.[3]) In solchen Fällen bleibt aber der Gefängniswärter für die Handlungen oder Unterlassungen seiner Familienangehörigen oder Dienstboten haftbar.[4])

§ 17 DuHO.

1. Es ist hier zunächst die disziplinäre Verantwortlichkeit gemeint; wird also eine Verletzung der HO. durch solche Personen begangen, so kann gegen den Gefängniswärter vorgegangen werden; ob er gestraft wird, hängt von dem Ergebnis des Verfahrens ab. Abs. I bezieht sich auf die Fälle, in denen die Familienangehörigen usw. dienstliche Verrichtungen nicht vorzunehmen haben oder die Verletzung der HO. nicht bei Vornahme der dienstlichen Verrichtung begehen, die ihnen übertragen ist (anders Abs. II). Der Gefängniswärter kann aber für Verfehlungen seiner Angehörigen gegebenenfalls auch strafrechtlich verfolgt werden (er läßt z. B. die Schlüssel liegen und es an der nötigen Überwachung eines Angehörigen fehlen, von dem er weiß, daß er zu Gefangenen gerne in Beziehung tritt und fördert dadurch die Flucht eines Gefangenen. Der Angehörige ist, wenn er die Entweichung nur fahrlässig verschuldet hat und mit der Beaufsichtigung des Gefangenen nicht beauftragt war, nicht strafbar. § 121 StGB.; hat er sie vorsätzlich herbeigeführt, so ist er nach § 120 StGB. strafbar).

2. Also bis zum vollendeten 21. Lebensjahre. § 2 BGB., wenn nicht etwa eine Volljährigkeitserklärung erfolgt ist.

3. Der Vorstand wird die Verwendung schriftlich zu regeln (§ 13 Abs. I) und sie auch im Falle des Satzes 3 wenigstens in allgemeiner Weise zu gestatten haben; Satz 3 dürfte nur die Bedeutung haben, daß der Vorstand die Verwendung nicht verweigern darf. Er muß aber über die Verwendung informiert sein. Die Familienangehörigen usw., die nach der Vorschrift des § 30 Abs. I und des § 20 Abs. II zu dienstlichen Verrichtungen verwendet werden, dürften nicht, wie etwa die Hilfsaufseher (vgl. § 12 Abs. IV und § 16 Abs. I mit Anm.) zu den Personen des Art. 25 BeamtG. zu zählen sein, also insbesondere nicht als Beamte im Sinne des Strafgesetzbuchs gelten und nicht der Vorschrift des Art. 165 BeamtG. unterworfen sein; anders wenn die Frau oder Tochter als Hilfsaufseherin bestellt ist. Trotzdem wird sie der Vorstand auf eine gewissenhafte Diensterfüllung verpflichten können (nicht eidlich).

4. Vgl. Anm. 1.

§ 21.

I Die Dienstkleidung [1]) und die Bewaffnung [2]) der Gefängnisbeamten richten sich nach den bestehenden Vorschriften.

II Wann die Waffen zu tragen sind, bestimmt der Oberstaatsanwalt.[3])

§§ 18 und 41 DuHO.; § 69 HO. StrA.

1. Wegen der Dienstkleidung vgl. AllerhVO. vom 23. August 1879 (JMBl. S. 394), Bek. vom 29. Juli 1897 Nr. 20971 (JMBl. S. 165) und Weber, Anhangband S. 535. Bei einzelnen Gefängnissen dürfen statt der Dienströcke Blusen aus dunkelblauem Tuch nach dem für die Gendarmerie vorgeschriebenen Muster getragen werden. ME. vom 3. Mai 1902 Nr. 18763. Die Dienstkleidung muß der Beamte anschaffen. Ausnahmsweise können jedoch Kleidungsstücke auch auf Staatskosten angeschafft werden (auf den Fonds für Einrichtungsgegenstände), wenn ein zureichender Anlaß vorliegt z. B. Fahrhandschuhe für den Kutscher eines Gefängnisses, der weite Fahrten auszuführen hat. Diese Stücke sind als Inventar zu behandeln und dürfen nur im Dienst getragen werden. Sind Nachschaffungen nötig, so sind die notwendigen Kosten in den Bedarfsvoranschlag einzustellen (§ 19 der Bekanntmachung, die ökonomische Verwaltung der Gerichtsgefängnisse betr.), soferne nicht etwa § 97 Abs. I HO. einschlägt. Vgl. § 13 Anm. 9.

2. Als Waffen sind durch die ME. vom 2. Dezember 1883 Nr. 16867 Seitengewehre eingeführt worden. An die größeren Gefängnisse wurden damals Seitengewehre vom StM. der Justiz verteilt. Ob in Gefängnissen, in denen bis jetzt noch keine Seitengewehre eingeführt sind, solche einzuführen sind, bestimmt wie bisher der Oberstaatsanwalt; zur Anschaffung, die auf den Fonds für Gefängniseinrichtung erfolgt (Ziffer I Kap. 1 H § 2 Tit. 2), ist die Zustimmung des StM. der Justiz nicht mehr einzuholen. ME. vom 29. März 1910 Nr. 13052. Die Seitengewehre werden von der K. Gewehrfabrik in Amberg geliefert; die Kuppelriemen müssen von Privaten bezogen werden; früher wurden sie von den K. Artilleriewerkstätten in München geliefert. Zur Anschaffung anderer Waffen (Revolver, Gummiknüppel), die auf dem gleichen Etatstitel erfolgt, ist die Genehmigung des StM. der Justiz nötig. Ohne Wissen des Vorstands darf kein Beamter einen Revolver oder eine andere Waffe führen.

3. Die ME. vom 2. Dezember 1883 bestimmte auch, wann die Seitengewehre zu tragen sind. Diese Bestimmungen gelten nicht mehr. In der Regel wird es nicht nötig sein, in den Anordnungen über das Tragen der Waffen soweit zu gehen, wie die Entschließung. Die Bewaffnung ist im Dienste sogar manchmal hinderlich. Trägt der Beamte das Seitengewehr, so soll er sein Augenmerk auf es beim Verkehr mit den Gefangenen nicht außer acht lassen.

4. Wann die Beamten zum Gebrauch der Waffen berechtigt sind, bestimmt § 69.

§ 22.

I Den ärztlichen Dienst in den Landgerichtsgefängnissen versieht in der Regel der Landgerichtsarzt, in den Amtsgerichtsgefängnissen der Bezirksarzt oder der bezirksärztliche Stellvertreter. Ist für ein Gefängnis von größerem Umfang ein Hausarzt aufgestellt, so versieht dieser den ärztlichen Dienst.[1])

II Der Gefängnisarzt hat die kranken Gefangenen zu untersuchen und zu behandeln und über ihren Zustand[2]) Gutachten abzugeben. Er hat darüber zu wachen, daß im Gefängnisse den Anforderungen der Gesundheitspflege Rechnung getragen wird, besonders in Ansehung der Reinlichkeit, Lüftung, Heizung und Beköstigung.[3]) Er hat Vorschläge zur Abstellung von Mängeln zu machen.[4])

III Wenn die Vorschrift des Abs. II nicht öftere Besuche notwendig macht, soll der Gefängnisarzt die Landgerichtsgefängnisse an jedem Werktag einmal, die ständigen landgerichtlichen Aushilfsgefängnisse in jeder Woche einmal und die Amtsgerichtsgefängnisse in jedem Monat einmal besuchen.[5])

IV In Beziehung auf die Aufrechterhaltung der Hausordnung ist der Gefängnisarzt an die Anordnungen des Vorstandes gebunden.[6])

§ 22 DuHL.

1. a) Die Besorgung des gefängnisärztlichen Dienstes gehört zu der ordentlichen Geschäftsaufgabe der Landgerichtsärzte und Bezirksärzte und wird nicht besonders honoriert. Die Vergütungen, die einzelne Landgerichtsärzte (in Augsburg, Nürnberg, Regensburg u. a.) früher dafür erhielten sind mit dem Inkrafttreten des Beamtengesetzes weggefallen (Art. 26, 27, 211 Abs. 3 des Gesetzes). Am Strafvollstreckungsgefängnis München und am Gefängnis am Neudeck wirken besondere Hausärzte, die der Gehaltsklasse 12 angehören, ebenso wie die Hausärzte an den Strafanstalten. Dem Landgerichtsarzt kann ein Assistent beigegeben werden, der jedoch kein Stellvertreter im Sinne der VO. vom 3. September 1879 ist (§ 7—9). Eine Teilung des Dienstes zwischen Landgerichts- und Bezirksarzt ist nicht erlaubt, ME. vom 19. Oktober 1900 Nr. 38058.

b) Wegen der bezirksärztlichen Stellvertreter vgl. §§ 7 und 8 der K. AllerhVO. vom 3. September 1879, den ärztlichen Dienst bei den Gerichts- und Verwaltungsbehörden betr. (GVBl. S. 1081), dann die K. AllerhVO. vom 21. Juli 1884, die Vergütung für die gefängnisärztliche Tätigkeit der bezirksärztlichen Stellvertreter betr. (GVBl. S. 443), die gemeinschaftliche Bek. vom 30. Juli 1884 Nr. 10024 gleichen Betreffs und § 13 der AllerhVO. vom 17. November 1902, Gebühren für ärztliche Dienstleistungen bei Behörden betr. (GVBl. S. 715). Nach dem § 13 a. a. O. haben die Vergütungen der zuletzt genannten Verordnung nicht zur Anwendung zu kommen, insoweit die

Vergütung des bezirksärztlichen Stellvertreters für die gefängnisärztliche Tätigkeit durch die K. Allerh. VO. vom 21. Juli 1884 besonders geregelt ist; diese Regelung erstreckt sich z. B. nicht auf wundärztliche Verrichtungen; für solche sind die Bestimmungen der VO. vom 17. November 1902 maßgebend; neben der Gebühr für wundärztliche Verrichtungen kann auch die Besuchsgebühr, wenn sie nicht höher als 10 Mk. ist, verlangt werden. Entschl. des StM. der Finanzen vom 6. September 1906 Nr. 20395. Nach § 3 der VO. vom 21. Juli 1884 kann statt der im § 1 der Verordnung normierten Sätze ein Jahresaversum festgesetzt werden, das sich aber auch nur auf die im § 1 genannten Verrichtungen bezieht. Das Aversum des § 2 (60 Mk. für die Mitgliedschaft bei der Gefängniskommission und die Überwachung des Zustandes des Gefängnisses) wird neben einem Aversum nach § 3 gewährt. Im übrigen ist nach § 8 Abs. 3 Satz 1 und 2 der VO. vom 17. November 1902 stets zu unterscheiden, ob der bezirksärztliche Stellvertreter eine Remuneration bezieht oder nicht (§§ 7, 8 der VO. vom 3. September 1879) und welche amtsärztlichen Geschäfte ihm von der Regierung als besondere Dienstaufgabe zugewiesen sind, die er für die Remuneration zu leisten hat. Soweit die Dienstesaufgabe reicht, erhält er Gebühren nur nach Maßgabe des § 8 Abs. 3 Satz 2 der VO. vom 17. November 1902. Vgl. auch GVBl. 1910 S. 415.

c) In den größeren Gefängnissen sind den Ärzten besondere Zimmer mit den notwendigsten Instrumenten eingerichtet.

2. Auch über den Geisteszustand.

3. §§ 73, 74, 80 ff. HO.

4. Nicht nur als Mitglied der Gefängniskommissionen § 23 Abs. II und Abs. III Ziffer 2. An den Amtsgerichtsgefängnissen besteht in der Regel keine Gefängniskommission mehr.

5. An Sonn- und Feiertagen finden also Besuche nur in besonderen Fällen statt. Wegen des Besuches der einzeln verwahrten Gefangenen vgl. § 32 Abs. III.

6. a) Einigen Ärzten werden Aversen dafür gewährt, daß sie wegen weiter Entfernung zu den Gefängnissen fahren müssen.

b) Verletzt sich ein Arzt oder ein Bader bei der Vornahme eines Amtsgeschäftes z. B. Sektion, so ist der Staat (von ganz besonderen Umständen abgesehen) nicht ersatzpflichtig. Aus Billigkeitsgründen kann eine Entschädigung aus dem Etatstitel Ziffer I Kap. 3 § 1 gewährt werden.

c) Veröffentlichungen über Gefängnisse, die sich auf amtliches Material stützen, sind nur mit Genehmigung des StM. der Justiz erlaubt. ME. vom 13. Juli 1901 Nr. 27497.

§ 23.

I Für die größeren Gerichtsgefängnisse kann durch Anordnung des Staatsministeriums der Justiz eine Gefängniskommission gebildet werden.[1])

II Mitglieder der Gefängniskommission sind der Gefängnisvorstand, der Gefängnisarzt, der Rentamtmann oder ein anderer von der Regierungsfinanzkammer im Benehmen mit dem Oberstaatsanwalte bestimmter Beamter der Finanzverwaltung, ferner an Orten, an denen sich ein Landbauamt befindet, der mit der technischen Aufsicht über das Gefängnis betraute Beamte des Landbauamtes und bei den Landgerichtsgefängnissen ein von dem Präsidenten des Landgerichts bestimmter Richter.[2])

III Den Vorsitz in der Gefängniskommission führt der Gefängnisvorstand. Die Kommission tritt mindestens einmal in jedem Vierteljahr auf Berufung des Vorsitzenden zusammen.[3]) Sie hat folgende Obliegenheiten:[4])

1. die Kommission nimmt von dem Zustande des Gefängnisses und seiner Einrichtungen Einsicht und berät darüber;
2. sie überwacht die für die einzelnen Zweige des Gefängnisdienstes, insbesondere für die Sicherheit, den Arbeitsbetrieb, die Gesundheitspflege und die Aufbewahrung der Vorräte bestehenden Einrichtungen;
3. sie begutachtet die Voranschläge für die Hauswirtschaft, die Lieferungsverträge über die auf Staatskosten zu beschaffenden Verbrauchsgegenstände, die Vornahme von größeren Instandsetzungen der Einrichtungsgegenstände, die Anschaffung neuer und die Ausscheidung unbrauchbar gewordener Stücke.[5])

IV Die Wahrnehmungen bei der Besichtigung und das Ergebnis der Beratungen werden in einem fortlaufenden Protokoll[6]) aufgezeichnet. Das Ergebnis der Beratungen hat der Vorsitzende erforderlichen Falles dem Oberstaatsanwalt anzuzeigen. Die Anzeige wird bei denjenigen Amtsgerichtsgefängnissen, die als ständiges landgerichtliches Aushilfsgefängnis[7]) dienen, durch Vermittelung des Ersten Staatsanwalts bei dem Landgerichte vorgelegt.

§§ 19–21 DuHO.

1. Früher war bei jedem Gefängnis eine Gefängniskommission gebildet. Jetzt bestehen solche nur bei allen Landgerichtsgefängnissen einschließlich der Untersuchungs- und Strafvollstreckungsgefängnisse (ME. vom 20. Januar 1910 Nr. 3107), dann bei den ständigen Aushilfsgefängnissen in Pfarrkirchen, Rosenheim, Weilheim, Kronach, Neustadt a. S., Windsheim und Donauwörth und bei den Amtsgerichtsgefängnissen in Ingolstadt, Ludwigshafen und Pirmasens (ME. vom 15. März 1910). Für die Auswahl war maßgebend die durchschnittliche Tagesbelegung und die Größe des Arbeitsbetriebs.

2. a) Vgl. § 22. Der Amtsanwalt ist also bei den Amtsgerichtsgefängnissen kein Mitglied mehr. Daß ein Beamter des Landbauamts Mitglied ist, ist neu. Bei den Landgerichtsgefängnissen und Untersuchungsgefängnissen wird der Präsident zweckmäßigerweise einen Untersuchungsrichter, bei den Strafvollstreckungsgefängnissen einen anderen Richter bestimmen. Das StM. der Justiz kann außer diesen Mitgliedern noch weitere bestimmen; z. B. gehört beim Strafvollstreckungsgefängnis

München der zweite I. Staatsanwalt des Landgerichts München I, der auch der Vertreter des Inspektors ist, der Kommission an.

b) Ist am Orte des Gefängnisses kein Rentamt, so wird in der Regel ein Forstbeamter oder ein Beamter der Zoll- und Steuerverwaltung als Mitglied ernannt; an Regierungssitzen können auch Mitglieder der Regierungsfinanzkammer als Mitglieder bestimmt werden. Vgl. JME. vom 16. Juni 1883 Nr. 8360. Der Gerichtsschreiber kann nicht mehr Mitglied der Gefängniskommission werden (vgl. § 19 Abs. I Satz 2 DuHO.). Die Mitglieder der Kommission werden von ihrem Vertreter im Hauptberufe vertreten; auch der Vorstand; der Vertreter des Vorstands führt den Vorsitz, auch wenn er im Range Mitgliedern der Kommission nachsteht.

3. Die Einladungen zu der Kommission haben schriftlich zu erfolgen; der Zustellungsnachweis ist zu den Akten zu nehmen; ist ein Mitglied weggeblieben, so ist das im Protokolle zu konstatieren; liegt keine genügende Entschuldigung vor, so hat der Vorstand an den Oberstaatsanwalt und dieser an das StM. der Justiz zu berichten. ME. vom 17. Oktober 1893 Nr. 19602. An Sonn- und Feiertagen soll die Kommission in der Regel nicht zusammen treten.

4. Wo keine Gefängniskommission besteht, hat ihre Obliegenheiten der Vorstand allein. Die Obliegenheiten sind gegen früher eingeschränkt. Die Kommission bestimmt nicht mehr die Beschäftigungsarten, die in den Gefängnissen eingeführt werden sollen und nicht mehr den Tarif für die den arbeitenden Gefangenen aus der Arbeitsverdienstkasse zu gewährenden Belohnungen (§ 98 Abs. II); sie setzt die Bedingungen für die Annahme der Arbeitsbestellungen nicht mehr fest; genehmigt nicht mehr die Verträge mit den Arbeitgebern, die die Gefangenen dauernd beschäftigen (§ 13 Abs. VII mit Anmerkungen); sie macht keine Vorschläge mehr in Ansehung der Zusatznahrungsmittel. (§ 84 Abs. III.) Vgl. § 20 Abs. III DuHO.

5. Vgl. § 19 der Bekanntmachung über die ökonomische Verwaltung und die Anm. zu § 13 Abs. VII und VIII. Wo eine Gefängniskommission besteht, hat sie den Voranschlag, der im September nach § 19 a. a. O. aufzustellen ist, zu unterschreiben (Formular III zu der Bek.). Wo keine Kommission besteht, unterzeichnet der Vorstand künftig allein. Die Nachschaffung der Arbeitsgeräte besorgt der Vorstand allein, weil sie aus der Arbeitsverdienstkasse erfolgt (§ 97).

6. Ein Protokollführer ist nicht zuzuziehen, insbesondere nicht der Gerichtsschreiber.

7. Vgl. § 7.

8. Die Vorschrift des § 5 der Bekanntmachung über die ökonomische Verwaltung, daß beim Sturze des Feuerungsmaterials das der Finanzverwaltung angehörende Mitglied der Gefängniskommission beizuziehen ist, hat für die Gefängnisse, bei denen keine Gefängniskommission besteht, wohl vorerst (bis zur Aufhebung durch gesonderte Entschließung oder Änderung der ganzen Bekanntmachung) die Bedeutung, daß das bisherige Mitglied beizuziehen ist, obwohl ein Bedürfnis dazu nicht vorliegen dürfte.

§ 24.

Die Aufsicht über die Gerichtsgefängnisse des Oberlandesgerichtsbezirks übt der Oberstaatsanwalt aus.[1]) Er hat während zweier Jahre jedes Gefängnis des Bezirks mindestens einmal zu besichtigen, für die Abstellung von Mängeln zu sorgen und über wichtigere Wahrnehmungen dem Staatsministerium der Justiz zu berichten.[2]) Er entscheidet über Beschwerden gegen Verfügungen des Gefängnisvorstandes.[3])

§ 23 DuHO.

1. a) Vgl. § 1 der AllerhVO. vom 25. September 1879 im Anhang. Der Oberstaatsanwalt hat also auch die Gefängnisvorstände, die Richter sind, nach § 24 zu beaufsichtigen. Wie sich das mit § 152 GVG. verträgt, darüber vgl. § 14. Der Oberstaatsanwalt hat für die Beseitigung von Mängeln zu sorgen. Er hat also wegen solcher Mängel, die der Gefängnisvorstand (auch der richterliche) selbst verschuldet oder bei Untergebenen geduldet oder nicht bemerkt hat, dem Vorstande gegenüber das Nötige vorzukehren. Dem Oberstaatsanwalt steht jedoch keine Disziplinargewalt gegen richterliche Gefängnisvorstände zu (§ 152 GVG.). Wegen disziplinarischer Rügen hat sich der Oberstaatsanwalt deshalb an den Präsidenten des Landgerichts zu wenden, der einen Beschluß des Präsidiums herbeizuführen hat. Art. 69 AGGVG. (Ebenso für Preußen: Magunna, Der aufsichtsführende Richter. 1902. 3. Aufl. S. 170 Ziffer 3.) Wohl aber kann der Oberstaatsanwalt kraft seines Oberaufsichtsrechts auch dem richterlichen Gefängnisvorstand Weisungen (vgl. aber nächste Anmerkung) erteilen und seine Anordnungen außer Wirksamkeit setzen. Entspricht der richterliche Vorstand den Weisungen nicht, so macht er sich (von ganz besonderen Umständen abgesehen) einer Pflichtverletzung schuldig, die aber nur in der erörterten Weise verfolgt werden kann. Die Verfügungen des Richters gegenüber Untersuchungsgefangenen unterliegen dem Oberaufsichtsrechte des Oberstaatsanwalts nicht; gefährden aber die Verfügungen die Ordnung oder die Sicherheit des Gefängnisses, so hat sich der Oberstaatsanwalt, wenn der Richter sich nicht zu einer freiwilligen Änderung herbeiläßt, an den Präsidenten des Landgerichts zu wenden. Der Präsident hat andrerseits keine Dienstaufsicht über den richterlichen Gefängnisvorstand als Gefängnisbeamten und die Gefängniswärter der Amtsgerichtsgefängnisse und nichtständigen Aushilfsgefängnisse in ihrer Eigenschaft als Gefängnisbeamte; bei den Visitationen der Amtsgerichte hat er sich im Gegensatz zu früher, wo ihm auf Grund der §§ 6, 9 Abs. 3 der Vorschriften über die Visitationen vom 29. April 1881 Recht der Kenntnisnahme und Mitteilung an Oberstaatsanwalt zustand, nicht mehr mit dem Gefängnisdienst zu befassen.

b) In der ME. vom 28. September 1891 und mehreren früheren Entschließungen ist zum Ausdruck gebracht, daß die Befugnis des Oberstaatsanwalts, in bezug auf die Handhabung des gesamten Gefängnisdienstes von dem Anordnungs- und Verbietungsrechte (vorbehaltlich der Oberaufsicht des StM. der Justiz) Gebrauch zu machen, gegenüber dem richterlichen Gefängnisvorstand als Disziplinarrichter nicht besteht, daß der richterliche Gefängnisvorstand sich also Weisungen des

Oberstaatsanwalts über die Entscheidung einer Disziplinarsache nicht zu unterwerfen braucht, daß von ihm die Vorlegung des Disziplinarbeschlusses vor der Verkündung an den Verurteilten nicht verlangt werden kann u. a. m. Es fragt sich nun, wie ist das Verhältnis des Oberstaatsanwalts zu den Gefängnisvorständen im Falle des Art. 103 BeamtG. und im Ordnungsstrafverfahren nach neuem Recht? Daß der Oberstaatsanwalt in Fällen, in denen der Gefängnisvorstand nach Art. 103 oder zur Verhängung der Ordnungsstrafe berufen ist, zunächst selbst entscheiden und daß er, innerhalb gewisser Grenzen, ein beim Gefängnisvorstand anhängiges Ordnungsstrafverfahren an sich ziehen kann, darüber vgl. die Anm. zu Art. 117 BeamtG. § 4 der VO. vom 22. Oktober 1909, die Dienstaufsicht betr. (Die Befugnis in Ansehung des Art. 103 ergibt sich aus dessen Wortlaut und Sinn). Es werfen sich aber weiterhin folgende Fragen auf:

α) Kann der Oberstaatsanwalt den Gefängnisvorstand anweisen, gegen einen Gefängnisbeamten ein Ordnungsstrafverfahren durchzuführen und zwar in einem bestimmten Sinne? Diese Frage dürfte zu bejahen sein und zwar auch gegenüber den richterlichen Gefängnisvorständen. Wer eine Ordnungsstrafe ausspricht, übt keine richterliche Tätigkeit im Sinne des Art. 12 Abs. 3 BeamtG. aus; für ihn gilt also der Dienstbefehl des Vorgesetzten. Vgl. Sutner, Beamtengesetz. 1908. Anm. zu § 12. Der richterliche Gefängnisvorstand ist im Ordnungsstrafverfahren nur als Justizverwaltungsbeamter tätig. (Vgl. oben.) Ebenso gut, wie der richterliche Gefängnisvorstand es sich gefallen lassen muß, daß der Oberstaatsanwalt ihm befiehlt, Anordnungen über die Diensteinteilung, Hausordnung usw., die dem Oberstaatsanwalt nicht zweckmäßig scheinen, aufzuheben, usw., ebenso gut kann ihm der Oberstaatsanwalt den dienstlichen Befehl erteilen, ein Ordnungsstrafverfahren einzuleiten. Ob der Gefängnisvorstand es tut, ist eine andere Frage; tut er es nicht, so kann der Oberstaatsanwalt ihn selbst allerdings nicht zur Rechenschaft ziehen, er muß sich vielmehr an den Landgerichtspräsidenten wenden, weil der richterliche Gefängnisvorstand persönlich dem Oberstaatsanwalt nicht untergeordnet ist. Der Gefängnisvorstand, der einer solchen Weisung des Oberstaatsanwalts nicht nachkommt, macht sich (wenn nicht ganz besondere Umstände vorliegen) einer Pflichtverletzung schuldig.

β) Aus den gleichen Gründen kann der Oberstaatsanwalt verlangen, daß ihm der die Ordnungsstrafe verhängende Beschluß vor der Verkündung vorgelegt wird; er darf ihn korrigieren. Diese Tätigkeit ist eine ganz andere, als wenn der Oberstaatsanwalt das Verfahren an sich zieht. Im letzteren Falle erläßt der Oberstaatsanwalt den Beschluß, im ersteren der Vorstand. Dementsprechend ändert sich das Beschwerdeverfahren.

γ) Daß die Beschwerdeinstanz Beschlüsse der Vorinstanz aufheben kann, ist selbstverständlich. Darf der Oberstaatsanwalt aber auch Ordnungsstrafbeschlüsse, die von dem Bestraften nicht angefochten wurden, nach Ablauf der Beschwerdefrist oder der Frist, innerhalb deren er das Verfahren an sich ziehen kann, aufheben? Ja: wenn er den Beschluß für unbillig hält und eine geringere Strafe oder gar keine Strafe für angezeigt hält; nein: wenn er eine höhere Strafe für am Platze erachtet. Nach Ablauf der genannten Fristen muß der Bestrafte sicher sein, daß eine höhere Strafe gegen ihn nicht mehr ausgesprochen werden kann. Die gleichen Befugnisse hat das StM. der Justiz.

c) Neben dem Oberstaatsanwalt haben noch Aufsichtsrechte die Regierungsfinanzkammer im Benehmen mit dem Oberstaatsanwalt hinsichtlich des Inventars (FinME. vom 13. Juni 1883; vgl. auch § 15 Abs. II Ziff. 9 mit Anm.) und die Kreismedizinalräte in sanitätspolizeilicher Hinsicht. Die letzteren Beamten können die Gefängnisse unter Zuziehung des Vorstands und des Gefängnisarztes besichtigen (Titel III § 18 lit. d des organischen Edikts vom 8. September 1808 über das Medizinalwesen. Gem. Bek. vom 6. Oktober 1864 (JMBl. S. 245) und 7. November 1883 (JMBl. S. 357). Auch die Hausapotheken dürfen besichtigt werden. Die Wahrnehmungen sind dem Oberstaatsanwalt durch die Regierung mitzuteilen.

2. a) Es steht nichts im Wege, daß der Oberstaatsanwalt die Staatsanwälte durch allgemeine Anweisung oder einen Staatsanwalt in einem besonderen Falle anweist, gelegentlich ihrer Anwesenheit am Sitze eines Amtsgerichtsgefängnisses das Gefängnis zu visitieren und über das Ergebnis ihm zu berichten. Der Staatsanwalt darf dann auch die sämtlichen Aufschreibungen des Gefängnisvorstands über Besichtigungen des Gefängnisses usw. einsehen; er hat jedoch zu beachten, daß ihm nur das Recht zusteht, Kenntnis zu nehmen und die Wahrnehmungen mitzuteilen (ebenso wie früher den Landgerichtspräsidenten gelegentlich der Visitationen), aber keinerlei dienstaufsichtliche Befugnisse, also auch nicht das Recht zu Rügen usw. gegenüber Gefängnisbeamten (Art. 103 BeamtG.). Er ist nicht der Vertreter, sondern nur der Beauftragte des Oberstaatsanwalts. Seine Befugnisse sind andere als die des Ersten Staatsanwalts gegenüber den ständigen landgerichtlichen Aushilfsgefängnissen.

b) Wegen der Oberaufsicht des Oberstaatsanwalts über die Gefängnisgebäude vgl. Anhang.

c) Vgl. § 13 Abs. IX, 71. Die Anzeigen sollen, wenn irgend möglich, sofort erfolgen; insbesondere ist über jede Entweichung von Gefangenen zu berichten; dabei sind die Umstände zu schildern und anzugeben, ob die Gefängnisbeamten eine Schuld trifft.

3. Vgl. § 60.

3. Die Aufnahme der Gefangenen.

§ 25.

I Untersuchungsgefangene und Strafgefangene werden nur auf Grund einer schriftlichen Aufnahmeverfügung des Richters oder der Staatsanwaltschaft aufgenommen.[1]) Die Aufnahmeverfügung ist dem Gefängniswärter zu übergeben und von ihm bis zur Entlassung des Gefangenen aufzubewahren.[2])

II Personen, die zum Antritte der Strafe aufgefordert worden sind, werden, wenn die Aufnahmeverfügung dem Gefängniswärter noch nicht zugekommen ist, auf Vorzeigen der ihnen zugestellten Abschrift aufgenommen.[3])

III Vor der Aufnahme hat der Gefängniswärter zu prüfen, ob die sich meldende Person in der Tat die ist, welche die Strafe zu erstehen hat.[4])

IV Personen, die sich zum Strafantritte melden, werden in der Regel nur an Werktagen und zwar nicht vor sieben Uhr morgens und nicht nach sechs Uhr abends aufgenommen. Der Vorstand kann Ausnahmen zulassen. Insbesondere kann er die Aufnahme an einem Sonntag oder Feiertag erlauben.[5])

V Sonn- und Feiertagsschulpflichtige sollen, wenn sie sich zum Antritt einer Strafe melden, eine Bescheinigung der Schulbehörde vorzeigen, wonach diese der Straferstehung in der beabsichtigten Zeit zustimmt. Wenn eine solche Bescheinigung nicht beigebracht wird, darf die Aufnahme nur stattfinden, wenn entweder triftige Gründe für die sofortige Einleitung der Strafvollstreckung sprechen oder die Zurückweisung des sich zum Antritt der Strafe Meldenden mit unverhältnismäßigen Nachteilen für ihn verbunden wäre. Die Entscheidung trifft der Vorstand. Wenn eine unverzügliche Erkundigung bei der Schulbehörde ermöglicht werden kann, soll sie vor der Entscheidung eingeholt werden.[6])

§ 24 DuHO. §§ 8, 9 Grundsätze. § 1 HO. StrA.

1. a) Untersuchungsgefangene. In Ansehung ihrer wird oft gegen die Vorschrift gefehlt, weil der Richter den Annahmebefehl entweder nur mündlich erteilt oder den Gefängniswärter von dem in den Akten befindlichen schriftlichen Haftbefehl nur Kenntnis nehmen läßt. Der Gefängniswärter hat darauf zu bestehen, daß er eine gesonderte schriftliche Aufnahmeverfügung des Richters erhält; darüber, welcher Richter die Verfügung zu erlassen hat, vgl. § 40 Abs. VII. Der Staatsanwalt erläßt die Aufnahmeverfügung, wenn der Untersuchungsgefangene sofort in das Landgerichtsgefängnis eingeliefert wird und der Richter die Aufnahme nicht verfügt, weil er nicht am Orte ist oder zunächst nicht mehr mit der Sache befaßt ist (Ausschreibung zur Verhaftung). Der Gefängniswärter wird sich, wenn die Verfügung verweigert wird, an den Vorstand wenden; vgl. auch ME. vom 28. Februar 1908 Nr. 8660. In dem Annahmebefehl werden zweckmäßiger Weise aufzunehmen sein:

1. Angaben über besondere Gefährlichkeit oder sonstige besondere persönliche Eigenschaften des Gefangenen.
2. Angaben über etwaige im Gefängnis verwahrte Mittäter, Gehilfen usw., vgl. § 32 Abs. IV Ziffer 1.
3. Angaben nach Maßgabe des § 105 Abs. IV (vgl. dort).

Werden diese Angaben nicht gemacht, so hat der Gefängniswärter für eine richtige Behandlung keine Anhaltspunkte. — Die Vorschrift gilt nur für die Untersuchungsgefangenen, gegen die Haftbefehl vorliegt. Verbrecher werden von der Polizei in der Regel eingeliefert, ohne daß Haftbefehl vorliegt (§ 127 StPO.; vorläufig Festgenommene). In Ansehung ihrer wird trotz § 2 Satz 2 nach § 26 Abs. II zu verfahren sein; der Abs. 4 des § 24 der DuHO. bezog sich nicht bloß auf die Gefangenen des § 26 der HO. Wird Haftbefehl erlassen, dann ist die schriftliche Aufnahmeverfügung zu erteilen. Hat der Staatsanwalt die vorläufige Festnahme angeordnet, so wird er auch für die vorläufige Festhaltung eine Annahmeverfügung ausstellen.

b) Strafgefangene. Es ist zu scheiden zwischen Strafantrittsbefehl, der an den nicht verhafteten Gefangenen gerichtet wird, und Strafvollstreckungsbefehl, der an den Gefängniswärter ergeht. Wegen der Formulare in amtsgerichtlichen und schöffengerichtlichen Strafsachen; vgl. die §§ 70 ff. der Vorschriften über die schöffengerichtlichen Strafsachen. Wegen der übrigen Formulare vgl. JMBl. 1879 S. 1053 ff.; 1692 ff.; Beilage S. 173 ff. (vgl. auch Bek. vom 1. August 1879 JMBl. S. 358; JMBl. 1880 S. 281; 1903 S. 435; 1906 S. 53; 1910 S. 968). Ist eine Personalbeschreibung vorhanden, so ist sie im Hinblick auf Abs. III dem Gefängniswärter zu übersenden. Die Aufnahmeverfügung soll das enthalten, was der § 8 der Grundsätze (vgl. im Anhang) fordert; nur so erhält der Gefängniswärter die Grundlagen für eine richtige Behandlung des Gefangenen. Daß bei der Strafvollstreckung nach den „Grundsätzen" zu verfahren ist, ist in der ME. vom 27. Februar 1898 angeordnet worden. Ist der Gefangene der Landespolizeibehörde überwiesen, ist er besonders gefährlich usw., so soll auch das angegeben werden; geschieht es nicht, so muß es dem Gefängniswärter auf andere Weise möglichst bald mitgeteilt werden; vgl. § 31 Abs. I Ziffer 4, 32 Abs. IV Ziffer 3, § 34 Abs. III. Wird die Strafvollstreckung eingestellt, ist der Gefängniswärter sofort zu benachrichtigen; er hat den Vollstreckungsbefehl zurückzugeben. — Erläßt die Vollstreckungsbehörde Haftbefehl nach § 489 StPO., so ist trotzdem Annahmeverfügung zu erteilen; nur der Steckbrief gilt als Ersuchen um Strafvollstreckung.

c) Besondere Aufmerksamkeit ist bei solchen Gefangenen anzuwenden, die zu gerichtlichen Vernehmungen oder zu anderen Zwecken vorübergehend aus einem auswärtigen Gefängnis eingeliefert werden. Der Gefängniswärter muß auch hier eine besondere schriftliche Anweisung bekommen, wie lange er den Gefangenen zu verwahren hat und wie er den Gefangenen zu behandeln hat. Es ist wiederholt vorgekommen, daß der Haftgrund (Haftbefehl gegen Untersuchungsgefangene, Strafzeit) schon weggefallen war und der Gefangene immer noch in Haft behalten wurde, weil man annahm, der Haftgrund bestehe bei dem Gefängnis, von dem er überstellt wurde, noch fort. Die Behörden, die um Überstellung eines Gefangenen nachsuchen, werden also sorgfältig festzustellen haben, wielange der Haftgrund in der auswärtigen Sache besteht, werden gegebenenfalls für Anschlußhaftbefehl zu sorgen und den Gefängniswärter über die Verhältnisse durch genaue Weisung aufzuklären haben. Der Gefängniswärter anderseits wird, wenn ein solcher Gefangener eingeliefert und er mit der entsprechenden Aufnahmeverfügung nicht versehen worden ist, sofort die nötigen Schritte zu ergreifen haben, auf keinen Fall aber einen Gefangenen auf Geratewohl oder weil er annimmt oder vom Gefangenen gesagt bekommt, es liege Haftbefehl vor, den Gefangenen in Haft halten.

d) Bei der Vollstreckung von Haftstrafen im Forstrügeverfahren wird oft deshalb nicht genau nach den Vorschriften des § 25 HO. und des § 70 der Vorschriften über Behandlung der schöffengerichtlichen Strafsachen verfahren, weil die meisten Strafen durch Zahlung der Geldstrafe abgewendet werden und deshalb davon abgesehen wird, jeden Verurteilten einzeln wie bei gewöhnlichen Haftstrafen zu laden. Häufig wird folgendes Verfahren eingeschlagen: Der Gerichtsschreiber trägt aus dem „Umwandlungsverzeichnis" die Verurteilten gemeindeweise in tabellarische Verzeichnisse und fertigt zugleich zu jedem einzelnen Verzeichnisse und zu jedem Vortrag in diesem einen von ihm beglaubigten Auszug in der Form des Strafantrittsbefehls. Der Vollstreckungsbeamte leitet Verzeichnisse und Strafantrittsbefehle an den Gerichtsdiener und beauftragt ihn mit der Zustellung. Der Gefängniswärter wird mit dem Strafvollzug beauftragt, indem das Umwandlungsverzeichnis an ihn mit dem Auftrag geleitet wird, daß er die Haftstrafen vollstreckt und in Spalte 9 des Verzeichnisses die Zeitpunkte des Strafbeginns und der Entlassung zu vermerken und das Verzeichnis in möglichst kurzen Zwischenräumen, wenn nötig öfter im Tage, dem mit der Führung der Vormerkungsliste betrauten Beamten zum Zwecke der Ergänzung dieser Liste gegen sofortige oder tunlichst baldige Rückgabe vorzulegen hat. Wenn auch für jeden einzelnen Gefangenen auf diese Weise nicht eine besondere Aufnahmeverfügung erteilt wird, so dürfte den Vorschriften durch dieses Verfahren doch Genüge geleistet sein.

2. Die sorgfältige Aufbewahrung empfiehlt sich im eigenen Interesse des Gefängniswärters; vgl. § 345 ff. StGB.

3. Der Gefängniswärter hat aber dafür zu sorgen, daß ihm die Aufnahmeverfügung (Abs. I Satz 1) sobald als möglich überschickt wird. So oft eine Person nach Abs. II sich meldet, empfiehlt sich, wenn tunlich vor der Aufnahme, Anfrage bei der Strafvollstreckungsbehörde, ob die Strafvollstreckung ihren Fortgang nehmen soll. Die Anfrage ist notwendig, wenn der Vollstreckungsbefehl der Zeit nach vorliegen müßte. Es ist vorgekommen, daß der Verurteilte kurz vor der Vorladung zum Strafantritt ein Gnadengesuch gestellt hatte, daß Gnadengesuch und Vorladung zum Strafantritt sich kreuzten und der Verurteilte in der irrigen Annahme, das Gesuch werde nicht berücksichtigt, unter Vorweisung der Ladung sich zum Strafantritt stellte, während die Vollstreckungsbehörde als selbstverständlich angenommen hatte, daß er die Bescheidung des Gesuchs abwarte. — Ohne Annahmeverfügung (Abs. I Satz 1) und ohne Abschrift der Ladung (Abs. II) darf der Gefängniswärter keinen Strafgefangenen aufnehmen; § 345 StGB.

4. Indem er die ihm etwa übersandte Personalbeschreibung (vgl. § 38 Abs. I Satz 2 und Anm. 9 zu § 30), die Altersangabe usw. prüft. Zu weiteren Ermittelungen ist er nur verpflichtet, wenn sich ihm Zweifel ergeben. Versäumt er schuldhaft die Prüfung, so macht er sich straffällig nach § 345 StGB.

5. Abs. IV bezieht sich nur auf Strafgefangene, die sich freiwillig melden; vgl. auch Anm. 6.

6. Nach der VO. vom 4. Juni 1903 über die Schulpflicht kann der Sonntagsschulunterricht auch auf den Werktag verlegt oder durch den Besuch einer Fortbildungsschule ersetzt werden. — Es wird sich empfehlen, die Bestimmungen des Abs. IV und V im Strafantrittsbefehl kurz zu vermerken. — Vgl. Bek. vom 16. September 1882 JMBl.

S. 230. Bek. vom 14. Mai 1904 JMBl. S. 95. ME. vom 3. April 1905 Nr. 12416. JMBl. 1910 S. 952.

§ 26.

I Polizeigefangene und Schubgefangene werden auf Grund einer schriftlichen Aufnahmeverfügung der Polizei- oder Schubbehörde aufgenommen.

II Gefangene, die auf Anordnung einer öffentlichen Behörde oder durch Organe des Polizei- und Sicherheitsdienstes eingeliefert werden, sind auch ohne schriftliche Aufnahmeverfügung aufzunehmen. Die Aufnahme geschieht jedoch nur vorläufig. Sie muß unverzüglich dem Vorstand angezeigt werden. Der Vorstand bestimmt, ob der Gefangene in Haft behalten werden soll. Er kann die Entscheidung der zuständigen Behörde veranlassen. Bei Schubgefangenen, die mit Schubvorweis eingeliefert werden, ist die Anzeige nur zu erstatten, wenn dem Gefängniswärter die Aufnahmeverfügung der Schubbehörde nach Ablauf der gewöhnlichen Zeit nicht zugekommen ist.[1] [2])

§ 24 Abs. III DuHO.

1. Vgl. § 4 Abs. II; die Aufnahmeverfügung geht zurück; § 38 Abs. III; wegen der vorläufigen Aufnahme solcher Gefangener vgl. Abs. II.

2. Vgl. auch § 25 Anm. 1a am Ende wegen der vorläufig Festgenommenen. Abs. II war früher der Abs. 4 des § 24 DuHO. und bezog sich nicht bloß auf Polizeigefangene und Schubgefangene, sondern alle Gefangene. Wegen des Inhalts der Schubvorweise vgl. JMBl. 1867 S. 90.

§ 27.

I Die Zivilgefangenen[1]) werden dem Gefängniswärter von dem Gerichtsvollzieher, Gerichtsdiener, Schutzmann oder Gendarmen, der mit der Verhaftung oder Ablieferung beauftagt ist, übergeben.

II Wenn die Haft gemäß §§ 178, 179 und 182 des Gerichtsverfassungsgesetzes oder in Strafsachen[2]) angeordnet worden ist, so wird der Verhaftete auf Grund der schriftlichen Aufnahmeverfügung[3]) aufgenommen. Die Aufnahmeverfügung verbleibt in den Händen des Einliefernden[4]).

III In allen anderen Fällen wird der Verhaftete auf Grund des gerichtlichen Haftbefehls in das Gefängnis aufgenommen. Ist der Haftbefehl nicht von Amts wegen, sondern auf den Antrag einer Partei erlassen, so darf, abgesehen von dem Falle, daß der Partei das Armenrecht bewilligt ist, die Aufnahme nur stattfinden, wenn die von Monat zu Monat vorauszuzahlenden Kosten der

Haft mindestens für einen Monat gezahlt sind. Bei der Übergabe des Verhafteten sind dem Gefängniswärter der Haftbefehl und die Quittung des Gerichtsschreibers über die Zahlung der Haftkosten auszuhändigen. Ebenso ist ihm für den Fall der Erneuerung des Vorschusses die hierüber erteilte Quittung zu übergeben.[5])

§ 2 der Bek. vom 6. Dezember 1881, JMBl. S. 483; aufgehoben durch § 126.

1. Vgl. § 4 Abs. I; 9 Abs. II. Vgl. über das Verfahren JMBl. 1900 S. 724.

2. § 69 Abs. II, III; § 95 Abs. II StPO. soweit Zwangshaft in Frage steht; nicht im Falle des § 50 und 69 Abs. I StPO., da diese Strafe als Strafhaft zu vollstrecken ist.

3. Des Richters oder Staatsanwalts; die Haft verhängen kann allerdings nur der Richter, aber der Staatsanwalt kann für das Gericht in der Sitzung den Annahmebefehl erteilen.

4. Der Einliefernde setzt auf die Verfügung die Vollzugsanzeige.

5. Der Gefängniswärter hat also auf der Übergabe des Haftbefehls zu bestehen, wenn außer den im Abs. II erwähnten Fällen ein Zivilgefangener eingeliefert wird; vgl. auch § 118 Abs. II. Ob der Haftbefehl von Amts wegen oder auf Antrag einer Partei erlassen ist, muß aus ihm selbst erkenntlich sein; der Gefängniswärter hat wegen der Kosten der Haft sich jeweils darüber zu vergewissern, ob der Haftbefehl von Amts wegen oder auf Antrag erlassen und ob der Partei das Armenrecht bewilligt ist.

§ 28.

I Sind Personen, die in das Gefängnis aufgenommen werden sollen, anscheinend nicht gesund, so müssen sie sobald als möglich dem Gefängnisarzte vorgeführt werden. Der Gefängnisarzt entscheidet über ihre Aufnahmefähigkeit. Verneint er sie, so sind erforderlichen Falles die Weisungen der zuständigen Behörden, z. B. bei Untersuchungsgefangenen des Richters, zu erholen.[1])

II Schwangere sollen zur Strafvollstreckung nicht aufgenommen werden, wenn nach dem Gutachten des Gefängnisarztes zu erwarten ist, daß die Niederkunft während der Strafzeit erfolgt oder daß der Zustand der Schwangeren Unzukömmlichkeiten mit sich bringt. Von der Aufnahme einer Schwangeren ist die veranlassende Behörde unter Mitteilung des ärztlichen Befundes in Kenntnis zu setzen.[2])

§ 25 DuHO.

1. Früher war bestimmt, daß Personen mit epidemischen Krankheiten nicht aufgenommen werden sollen. Die neue Fassung geht weiter und überläßt die Entscheidung dem Hausarzte. Es werden viele Personen eingeliefert, die mit ansteckenden Krankheiten (Geschlechtskrankheiten, Krätze u. a.) behaftet sind, aber trotzdem in das Gefängnis aufgenommen werden können, weil die Übertragung der Krankheit ohne besonders einschneidende Maßnahmen verhindert werden kann. Es ist Sache des Arztes, im einzelnen Falle die Entscheidung und, wenn er die Aufnahme zuläßt, auch sofort die nötigen Anordnungen zu treffen (Behandlung, Isolierung, Kost). Der Arzt wird die Aufnahmefähigkeit in der Regel verneinen, wenn die Voraussetzungen des § 487 StPO. (vgl. im Anhang), insbesondere die des Abs. III vorliegen. Auch Personen, die anscheinend „geistig" nicht gesund sind, sind dem Arzte vorzuführen. Wegen der Behandlung kranker Gefangener vgl. § 88, insbesondere Abs. III und IV. Hat der Arzt der Strafvollstreckungsbehörde, dem Untersuchungsrichter, der Polizeibehörde usw. mitgeteilt, daß ein Gefangener nicht aufgenommen werden kann, so haben die Strafvollstreckungsbehörden nach Maßgabe der Vorschriften über Strafaufschub, Unterbrechung der Strafvollstreckung, gegebenenfalls auch Begnadigung das Weitere zu veranlassen; die übrigen Behörden haben zu verfügen, was mit dem Gefangenen geschehen soll. Soll der Gefangene in eine Heilanstalt verbracht werden, dann kommen die Vorschriften des § 88 Abs. IV in Betracht; hier ist jedoch, wenn der Vorstand entscheiden soll, Voraussetzung, daß bei Personen, die eine Freiheitsstrafe zu verbüßen haben, die Strafvollstreckung bereits eingeleitet ist; bei Untersuchungsgefangenen wird, wenn der Haftbefehl noch nicht vollzogen ist, dieser zu vollziehen und dann die Unterbringung anzuordnen sein.

2. Auch stillende Mütter sollen nicht aufgenommen werden; vgl. Anm. 1b zu § 29. Ihnen und den Schwangeren ist in der Regel Strafaufschub nach § 487 StPO. zu gewähren. § 28 gilt für alle Gefangene.

§ 29.

I Werden mit Erwachsenen auch Kinder eingeliefert, so sind sie nur solange im Gefängnisse zu belassen, bis die Polizeibehörde, die unverzüglich anzurufen ist, für anderweitige Unterbringung gesorgt hat.[1])

II Säuglinge, die von der Mutter nicht getrennt werden können, dürfen in das Gefängnis aufgenommen werden.[2])

§ 26 DuHO.

1. a) Kinder sind also in der Regel zurückzuweisen, gleichviel ob sie eingeliefert oder mitgebracht werden; ist aber auch über die Kinder die Polizeihaft verhängt (vgl. hierüber Anm. zu § 4 Abs. II), dann werden die Kinder aufzunehmen sein. Für die Unterbringung der Kinder, die nicht im Gefängnis bleiben, hat das Bezirksamt oder der Stadtmagistrat zu sorgen; die Kosten trägt die Armenpflege nach Art. 13, 14 des Armengesetzes; es sind Ersatzansprüche gegen die Heimatgemeinde oder den Staat zulässig. Art. 15, 16 a. a. O. Anzeigepflicht: Art. 31 a. a. O.

b) Nach der ME. vom 13. Januar 1897 Nr. 670 soll eine stillende Mutter mit ihrem Kinde nicht in Haft genommen werden, wenn nicht dringende Veranlassung dazu besteht; die Strafvollstreckung ist solange auszusetzen, bis das Kind von der Mutter getrennt werden kann, selbst dann, wenn die Mutter bittet, mit dem Kinde die Strafe verbüßen zu dürfen. Vgl. auch Ziffer II, Abs. 4 der Bek. vom 21. September 1879 (JMBl. S. 1170). § 29 gilt übrigens für alle Arten von

Gefangenen. Vgl. § 487 StPO. nebst Anm. Vgl. auch § 89 (Geburten im Gefängnis). Kann das Kind von der verhafteten Mutter getrennt werden, wird es der Familie oder Ortspolizeibehörde zur Pflege zu überweisen sein; ebenso wird zu verfahren sein, wenn eine Gefangene aufgenommen werden muß (Untersuchungsgefangene z. B.) und das Kind zurückgewiesen werden soll. Vgl. auch § 28 Abs. II.

2. Über die Verrechnung der Verpflegung der Kinder ist nichts bestimmt; es wird nichts im Wege stehen, sie als erwachsene Gefangene zu behandeln, da es auch Strafgefangene von 12 Jahren geben kann.

§ 30.

I Bei der Aufnahme werden die Gefangenen und ihre Sachen sorgfältig durchsucht, es müßte denn sein, daß sowohl Beruf, Bildungsgrad und Vorleben des Gefangenen als auch die Art der strafbaren Handlung, deren der Gefangene verdächtigt ist oder wegen deren er verurteilt wurde, es rechtfertigen, daß die Maßregel unterbleibt.[1]) Bei der Durchsuchung ist der Anstand zu wahren. Die Durchsuchung soll in einem besonderen Raume (Aufnahmezimmer)[2]) vorgenommen werden. Weibliche Gefangene werden von Aufseherinnen, und in den Gefängnissen, in denen solche nicht aufgestellt sind, von einer zuverlässigen Frau, wenn tunlich von der Frau oder einer anderen volljährigen Familienangehörigen des Gefängniswärters durchsucht.[3])

II Die Gefangenen sind zur Reinigung ihres Körpers anzuhalten.[4]) Gefangene, die mit Ungeziefer behaftet sind, müssen einer gründlichen Reinigung unterzogen und womöglich gebadet werden.[5])

III Werkzeuge, die zur Beförderung der Flucht dienen können, sind den Gefangenen abzunehmen.[6])

IV Außerdem werden dem Gefangenen alle während der Haft entbehrlichen Gegenstände, insbesondere Geld, Kostbarkeiten, Papiere, Schreibsachen, überflüssige Kleidungsstücke abgenommen. Der Vorstand, bei Untersuchungsgefangenen der Richter, kann jedoch anordnen, daß dem Gefangenen einzelne Gegenstände, welche Personen seines Standes zu benützen pflegen, zu belassen seien.[7])

V Gegenstände, die dem Zwecke der Reinlichkeit und der Körperpflege dienen (Zahnbürsten, Zahnpulver, Kämme, Haarbürsten) und Gegenstände, deren Gebrauch mit Rücksicht auf körperliche Gebrechen geboten ist (Bruchbänder, Suspensorien), sind den Gefangenen zu belassen. Arzneimittel, die ein Gefangener mitbringt, dürfen ihm nur belassen werden, wenn der Gefängnisarzt seine Zustimmung erteilt.[8])

VI **Von den Untersuchungsgefangenen wird bei der Aufnahme eine genaue Personalbeschreibung gefertigt.**[9])

§§ 27 DuHO. § 3 Grundsätze. §§ 2—4 HO. StrA.

1. Also alle Gefangenen. Vgl. § 15 Abs. II Ziffer 7.

2. Durch Vorstandsweisung nach § 13 Abs. I ist das Aufnahmezimmer zu bestimmen.

3. Bei der Durchsuchung sollen Personen anderen Geschlechts auch nicht in der Nähe sein. Es ist darauf zu achten, daß zu verbergende Gegenstände oft im Munde, in den Zehen, im Kopfhaar, in den Achselhöhlen usw. verborgen werden. Die Frau und die Familienangehörigen dürfen ohne Erlaubnis zu den Durchsuchungen verwendet werden. § 20 Abs. II Satz 2; Satz 4 a. a. O. gilt auch für die Durchsuchungen; sie haben umsonst zu geschehen. § 12 Abs. 4 Bek. über ökon. Verwaltung, also auch dann, wenn der Gefängniswärter eine fremde zuverlässige Frau zuziehen muß.

4. Sie sind, wenn möglich und nötig, zu baden.

5. Für die Reinigung des Gefangenen oder seiner Kleider von Ungeziefer oder der Kleider von außergewöhnlicher Beschmutzung erhält der Gefängniswärter eine Gebühr von 50 Pfg.; § 12 Abs. 2 Bek. über ök. Verw.; nicht für Bäder usw. — Es ist den Gefängniswärtern wiederholt größte Sorgfalt für die Reinigung der Gefangenen anempfohlen worden, vgl. ME. vom 3. September 1894 Nr. 19873 u. a. Er wird besonders bei Schubgefangenen aus eigenem Interesse darauf bedacht sein, weil ihm die Kosten der Reinigung auferlegt werden können, wenn der Gefangene an einem anderen Orte mit Ungeziefer behaftet, ankommt und gereinigt werden muß. Es ist also insbesondere auch bei der Entlassung auf Reinigung usw. bedacht zu nehmen. Vgl. hierzu § 111 Abs. II nebst Anmerkungen. Vgl. auch § 79 und § 15 Abs. II Ziff. 4. — Für die Tötung des Ungeziefers in den Kleidern und deren Desinfektion sind sog. Desinfektionsschränke im Gebrauch nach verschiedenen Systemen (für die größeren Gefängnisse eiserne Desinfektionsschränke, für die kleineren Dampfzylinder, die auf Waschkesselöfen aufgesetzt werden); Gutachten der Obersten Baubehörde vom 11. Dezember 1906. Die Anschaffung erfolgt auf den Etatstitel Ziffer I Kap. 1 H § 2 Tit. 2 (Gefängniseinrichtung); Antrag durch den Oberstaatsanwalt an das StM. der Justiz.

6. Insbesondere Sägen, Feilen, Messer, Pfropfenzieher, Bohrer usw.

7. Der Gefängniswärter hat also dem Gefangenen alle überflüssigen Sachen abzunehmen; der Vorstand bzw. der Richter bestimmt, was der Gefangene behalten darf. Dabei wird es auch von Bedeutung sein, ob der Gefangene in Einzelhaft oder Gemeinschaftshaft kommt. Mit den Sachen wird nach § 35 verfahren. Der Vorstand kann gestatten, daß der Gefängniswärter z. B. Trauringe, kleine Handspiegel u. a. den Gefangenen beläßt.

8. Die Entscheidung nach Satz 1 hat der Gefängniswärter. Zu den Arzneimitteln sind insbesondere auch die sog. Hausmittel (Hofmannstropfen u. a.) zu rechnen.

9. Die Beschreibung wird mit der über die Aufnahme zu erstattenden Anzeige zu den Akten gebracht. Vgl. § 38 Abs. I. Von den übrigen

Gefangenen wird eine Personalbeschreibung nicht aufgenommen; diese ist in amts- und schöffengerichtlichen Strafsachen (nicht bei Haftstrafen) durch den Gerichtsschreiber (§ 49 der Vorschriften), im landgerichtlichen Verfahren durch den Staatsanwalt zu fertigen. (Bek. vom 1. August 1879 JMBl. S. 358.) Ist eine Personalbeschreibung vorhanden, so ist sie dem Gefängniswärter mit dem Strafvollstreckungsbefehle mitzuteilen. Vgl. § 24 Abs. 5 Satz 3 DuHO. Anm. 4 zu § 25.

§ 31.

I Für die Verteilung der Gefangenen in die Hafträume sind folgende Grundsätze maßgebend:[1])

1. Wo eine Abteilung für weibliche Gefangene besteht, dürfen solche Gefangene nur dieser Abteilung zugeteilt werden. Wo eine solche Abteilung nicht besteht, dürfen weibliche Gefangene niemals mit männlichen in dem gleichen Haftraum verwahrt werden. Auch sonst ist die Trennung der weiblichen Gefangenen von den männlichen streng aufrecht zu erhalten.[2])
2. Gefangene, die das achtzehnte Lebensjahr nicht vollendet haben (jugendliche Gefangene), müssen unter allen Umständen von den erwachsenen Gefangenen getrennt verwahrt werden; jeder Verkehr zwischen ihnen und den erwachsenen Gefangenen muß verhütet werden; sie dürfen daher weder bei der Arbeit, noch bei der Bewegung im Freien oder in den Betsälen oder bei sonstigen Gelegenheiten mit erwachsenen Gefangenen oder mit solchen, von denen ein schlimmer Einfluß auf sie zu befürchten ist, in Berührung kommen.[3])
3. Die Zivilhaft wird in einem Raume vollstreckt, in dem nicht zugleich Untersuchungs- oder Strafgefangene sich befinden.[4])
4. Im übrigen sollen die Gefangenen nach der Art der Haft (Untersuchungshaft, einfache Haftstrafe, Haftstrafe nach § 362 Abs. 1 des Strafgesetzbuches, Gefängnisstrafe, polizeilicher Gewahrsam) von einander getrennt werden.[5])

II In den Gefängnissen, die auch zur Aufnahme von Polizeigefangenen und Schubgefangen dienen, sind hierzu im Benehmen mit dem Bezirksamte besondere Räume zu bestimmen. Solange diese Räume nicht mit solchen Gefangenen belegt sind, ist ihre Benützung zur Unterbringung anderer Gefangenen nicht ausgeschlossen.[6])

§ 31 DuHO. §§ 1, 3, 4, 16 Grundsätze.

1. Der Vorstand hat die Befolgung der Grundsätze sorgfältig zu überwachen und den Gefängniswärter über die persönlichen Verhältnisse der Gefangenen so weit aufzuklären, daß der Gefängniswärter den Vorschriften der §§ 31 ff. genügen kann; Aufschlüsse hat sich der Vorstand gegebenenfalls von der Strafvollstreckungsbehörde zu erholen; vgl. auch Anm. 1 zu § 32.

2. Jeder Verkehr zwischen männlichen und weiblichen Gefangenen muß also vermieden werden; vgl. Ziffer 2, Anm. 5 zu § 85; Anm. 7 zu § 95; Anm. 4 zu § 102.

3. Ziffer 2 ordnet zunächst die strengste Isolierung der jugendlichen von den erwachsenen Gefangenen, dann aber auch die strengste Isolierung von solchen jugendlichen Gefangenen an, von denen ein nachteiliger Einfluß zu besorgen ist; wegen der Einzelverwahrung vgl. § 32 Abs. II, IV Ziffer 2, 3. ME. vom 3. April 1905 Nr. 12416 und 17. Oktober 1893 Nr. 20083. Gestatten die räumlichen Verhältnisse des Gefängnisses die Befolgung der Vorschriften nicht und kann auch nach Maßgabe des § 33 Abs II nicht Abhilfe geschaffen werden, so ist an den Oberstaatsanwalt zu berichten, damit er gegebenenfalls nach Maßgabe des § 8 eingreift. Vgl. auch Art. 25 AGStPO.

4. Vgl. § 4, 9, 27; § 47 Abs. II; Zivilgefangene müssen nicht einzeln verwahrt werden; vgl. jedoch § 32 Abs. V; mit Polizei- und Schubgefangenen dürfen sie auf Grund des § 47 Abs. II nicht zusammen gebracht werden.

5. Ziffer 4 hat insbesondere Bedeutung für die Gemeinschaftshaft, in Ansehung der Untersuchungsgefangenen auch für das Zusammensein bei der Bewegung im Freien (§ 85), bei der Arbeit (§ 95), beim Gottesdienst (§ 102).

6. Schubgefangene sind nach § 4 Gefangene auf dem Transport; ist der auf Transport befindliche Gefangene jedoch Strafgefangener oder Untersuchungsgefangener, so ist er in Ansehung der Verwahrung nicht als Schubgefangener zu behandeln, weil sonst z. B. bei Untersuchungsgefangenen der Zweck der Haft gefährdet oder vereitelt werden kann. Bei Polizei- und Schubgefangenen ist die Einzelverwahrung nur nach Maßgabe des § 32 Abs. I, V anzuwenden. Vgl. Anm. 4 i zu § 4. Die Räume sind durch Vorstandsweisung zu bestimmen. § 13 Abs. I.

§ 32.

I Ist die nötige Zahl von Hafträumen vorhanden, so sind alle Gefangenen bei Tag und Nacht allein in einem Haftraume zu verwahren und von jedem Verkehre mit anderen Gefangenen abzuschließen (Einzelverwahrung).[1])

II Wenn der körperliche oder geistige Zustand eines Gefangenen es rätlich erscheinen läßt, kann er mit anderen Gefangenen in dem gleichen Raume untergebracht werden.[2])

III Der Vorstand und der Gefängnisarzt sollen die in Einzelverwahrung befindlichen Gefangenen öfters — bei längerer Dauer der Haft mindestens einmal im Monat — besuchen. Die Gefängnisbeamten haben in den Hafträumen mindestens dreimal täglich Nachschau zu halten.[3])

IV Einzeln zu verwahren sind[4]) insbesondere:

1. die Untersuchungsgefangenen, wobei Mitbeschuldigte in möglichst weit voneinander entfernten Hafträumen untergebracht werden;[5])
2. jugendliche Gefangene und Strafgefangene, die das fünfundzwanzigste Lebensjahr noch nicht vollendet haben;[6])
3. Gefangene, von denen ein nachteiliger Einfluß auf andere zu besorgen ist, oder die boshaft oder zu Ausschreitungen geneigt sind;[7])
4. Gefangene, die der Hausarzt zur Einzelverwahrung empfiehlt.[8])

V Wenn ein Gefangener um die Einzelverwahrung nachsucht, so soll ihm diese, wenn es ausführbar ist, gewährt werden.[9])

§§ 32, 33 DuHO. § 11, 13, 14 Grundsätze. § 18 ff. HO. StrA.

1. § 32 bezieht sich auf die Verwahrung in der Zelle; diese Einzelverwahrung in der Zelle ist keine Einzelhaft im Sinne des § 22 Abs. II StGB. (auch abgesehen davon, daß die Zeitbestimmung für die Gefängnisse nicht paßt) oder des § 18 HOStrA.; unter Einzelhaft ist die völlige Isolierung des Gefangenen von anderen Gefangenen sowohl in der Zelle als bei der Arbeit usw. zu verstehen; dafür, inwieweit die Gefangenen der Gerichtsgefängnisse auch außerhalb der Zelle zu isolieren sind, sind die Vorschriften des § 31 und der § 85, 95, 102 maßgebend. Wegen des Kubikinhalts eines Einzelhaftraums vgl. Anm. 1 zu § 34.

2. Also auch jugendliche Gefangene (nicht aber weibliche mit männlichen). Dabei ist jedoch nach § 33 und 34 zu verfahren.

3. Auch in den Tobzellen; vgl. auch § 13 Anm. 7. § 22 Abs. III.

4. Es heißt nicht „sollen"; vgl. auch Anm. 9; Anm. 3 a. E. zu § 31.

5. Zu ihnen gehören auch die vorläufig Festgenommenen; § 2 Satz 2. Die ME. vom 21. November 1892 Nr. 20058 ordnet an, daß dem Gefängniswärter oder den Schubbehörden mitgeteilt wird, wenn mehrere Gefangene als Mitbeschuldigte zu erachten sind, die gleichzeitig aufgenommen oder verschubt werden sollen. Auch Bettler und Landstreicher sind also bis zur Aburteilung einzeln zu verwahren. Vgl. aber § 40 Abs. II. Soll ein Untersuchungsgefangener mit anderen Gefangenen zusammen verwahrt werden, ist eine Anordnung des Richters notwendig.

6. Vgl. § 31 Abs. I Ziffer 2; Art. 25 Abs. 2 AGStPO.; beide Stellen schreiben nur die Absonderung von Erwachsenen, § 32 Abs. IV Ziff. 2 aber die Einzelverwahrung vor.

7. Vgl. § 31 Abs. I Ziffer 2.

8. Weil sie andere Gefangene anstecken könnten usw.

9. Zunächst sind aber die Vorschriften des Abs. IV zu beachten.

§ 33.

I Ist die zur Einzelverwahrung eines jeden jugendlichen Gefangenen nötige Zahl von Hafträumen nicht vorhanden, so dürfen jugendliche Gefangene mit anderen jugendlichen Gefangenen, aber nur mit solchen, in gemeinsame Verwahrung genommen werden.[1]) Sie müssen auch von anderen jugendlichen Gefangenen getrennt gehalten werden, wenn von diesen wegen der Art der begangenen strafbaren Handlungen, oder wegen schon früher erlittener Bestrafungen usw. zu besorgen ist, daß sie noch besserungsfähige jugendliche Gefangene nachteilig beeinflussen werden.[2])

II Wenn von diesen Vorschriften aus zwingenden Gründen abgegangen werden soll, so bedarf es hierzu einer schriftlichen Erlaubnis des Vorstands, bei Untersuchungsgefangenen des Richters. Hierbei sind die Gefangenen namentlich zu bezeichnen, mit denen der jugendliche Gefangene in Berührung gebracht werden darf.[3])

1. Vgl. jedoch § 34 Abs. I Satz 2 und 3.

2. Vgl. § 31 Abs. I Ziffer 2, § 32 Abs. IV Ziffer 3.

3. Nach Abs. II darf also ein Jugendlicher auch mit Erwachsenen zusammen verwahrt werden; vgl. jedoch § 34 Abs. I Satz 2 und 3.

§ 34.

I Die zur gemeinschaftlichen Haft bestimmten Räume[1]) sind in der Regel mit drei oder mehr Gefangenen zu belegen. Mit zwei Gefangenen darf ein Haftraum nur ausnahmsweise belegt werden, insbesondere dann, wenn es wegen Krankheit des einen Gefangenen nötig ist.[2]) Mit zwei jugendlichen Gefangenen oder mit einem jugendlichen und einem erwachsenen Gefangenen darf ein Haftraum nicht belegt werden.[3])

II Bei der Auswahl der Gefangenen, die einen Haftraum miteinander teilen sollen, ist auf deren persönliche Verhältnisse Rücksicht zu nehmen.[4])

III Gefangene, die sich im Besitze der bürgerlichen Ehrenrechte befinden und früher weder eine Zuchthausstrafe noch eine zwei Wochen übersteigende Gefängnisstrafe, noch eine geschärfte Haftstrafe verbüßt haben, sind von den Gefangenen anderer Art möglichst abzusondern.[5])

§ 34 DuHO. §§ 5, 7, 15, 16 Grundsätze. § 16 ff. HO. StrA.

1. a) In einem Einzelhaftraum, der zum Aufenthalt bei Tag und Nacht dient, soll auf einen Gefangenen 22 cbm Luftraum, in einem Gemeinschaftshaftraume, der zum gemeinschaftlichen Aufenthalt bei Tag und Nacht dient, 16 cbm Luftraum kommen. (Grundsätze des Bundesrats § 5. Die ME. vom 13. August 1894 rechnet mit 22 cbm und 15 cbm. Bei gemeinschaftlichen Schlafräumen: 10 cbm, bei gemeinschaftlichen Arbeitsräumen 8 cbm.) Sind also z. B. 80 cbm Luftraum da, so sollen — vorausgesetzt daß Gemeinschaftshaft überhaupt zulässig und eine so hohe Belegung notwendig ist — 5 Gefangene in dem Raume untergebracht werden. Können in dem Raume auch fünf Klappbettstellen oder eiserne Bettstellen oder hölzerne Lagerbänke aufgestellt bzw. angebracht werden, so ist der Raum bei der Feststellung der ordentlichen Belegbarkeit als Gemeinschaftsraum für 5 Personen zu zählen. Können nur weniger Klappbettstellen usw. angebracht werden, so bleibt ihre Zahl für die ordentliche Belegbarkeit maßgebend. — Einen solchen Raum in außerordentlicher Weise d. h. also mit drei oder mehr Gefangenen zu belegen, obwohl der Luftraum oder die Klappbettstellen usw. der Zahl der Gefangenen nicht entsprechen, ist nur bei vorübergehender plötzlicher Steigerung des Gefangenenstandes gestattet. Es sind dann Strohsäcke aufzulegen; auf den Luftraum, der auf den einzelnen Gefangenen kommt, braucht nicht in dem Maße wie bei der ordentlichen Belegung Rücksicht genommen zu werden. Außerordentliche Belegungen, besonders wenn sie längere Zeit dauern sollen, sind möglichst zu vermeiden; es empfiehlt sich, an den Oberstaatsanwalt zu berichten, damit er Abhilfe nach § 8 HO. trifft. Vgl. auch ME. vom 13. August 1894 und 20. Dezember 1881 Nr. 15986.

b) Die ordentliche Belegbarkeit, die Zahl der Einzelhafträume und Gemeinschaftshafträume ist auf dem Meldebuch festzustellen. Anlage 7.

c) Es gibt in vielen Gefängnissen Räume, die für eine ordentliche Belegung mit 2 Gefangenen eingerichtet sind und wegen des Kubikinhalts für eine Belegung mit drei Gefangenen nicht eingerichtet werden können. Diese Räume werden künftig bei der Feststellung der ordentlichen Belegbarkeit des Gefängnisses und der Zahl der Gemeinschaftshafträume und der Einzelhafträume als Einzelhafträume zu zählen sein. Das ergibt sich aus § 34 Abs. I Satz 1.

2. Zu Satz 2 vgl. auch § 31 Abs. I Ziffer 2 und § 33. HO. Hiernach sind Jugendliche überhaupt nur in Ausnahmefällen gemeinsam zu verwahren und zunächst nur mit Jugendlichen und nur unter ganz bestimmten Voraussetzungen und mit besonderer Erlaubnis des Vorstands oder Richters mit Erwachsenen. Die Vorschrift gilt nicht für die Personen, die zwar 18, aber noch nicht 25 Jahre alt sind, vgl. § 32 Abs. IV Ziffer 2.

3. Von Satz 3 gibt es keine Ausnahme, also auch nicht bei Krankheit (Satz 2) oder in den Fällen des § 33.

4. Alter, Stand, Bildung, Grund der Haft, Leumund, Vorstrafen. Über die persönlichen Verhältnisse ist der Gefängniswärter aufzuklären; vgl. Anm. 1 zu § 31.

5. Mit einander dürfen sie, soferne sie schon 25 Jahre alt sind (§ 32 Abs. IV Ziffer 2), sich nicht in Untersuchungshaft befinden oder § 32 Abs. IV Ziffer 3 oder 4 nicht zutrifft, gemeinschaftlich verwahrt werden. Der Abs. III gilt zunächst für die Verwahrung in den Zellen, aber auch für die Bewegung im Freien, die Arbeit und den Gottesdienst; im letzteren Falle wird es jedoch mit Rücksicht darauf, daß eine Beaufsichtigung stattfindet und die Gefangenen ohnedies sich nicht miteinander verständigen dürfen (§ 49, 54 Abs. II), schon genügen, wenn diese Gefangenen z. B. in dem geordneten Zuge (§ 85) in einem kleinen Abstande von den anderen Gefangenen geführt werden oder bei der Arbeit einen besonderen Platz erhalten.

§ 35.

I Die den Gefangenen abgenommenen[1]) und die für sie an das Gefängnis gelieferten Sachen[2]) werden in ein Verzeichnis[3]) eingetragen. Die Richtigkeit der Eintragung ist von dem Gefangenen unterschriftlich zu bestätigen.[4]) Bei Untersuchungsgefangenen sind die mitgebrachten Sachen unter Angabe der Nummer des Eintrags im Verzeichnisse auf der Anzeige über die Aufnahme des Gefangenen zu vermerken.[5])

II Die Sachen der Gefangenen werden — wenn nötig nach Reinigung — so verwahrt, daß sie vor Verderb und Diebstahl geschützt sind und daß sie mit den Sachen anderer Gefangener nicht verwechselt werden.[6]) Geld, Wertpapiere und Kostbarkeiten sind besonders sorgfältig aufzubewahren. Der Vorstand kann sie im Kassenschranke des Gerichts verwahren lassen.[7])

III Zur Deckung der Kosten des Strafverfahrens und der Strafvollstreckung werden Gelder und Wertpapiere nur in Anspruch genommen, soweit sie den Betrag von fünfzig Mark übersteigen. Zur Kostendeckung werden ferner nicht herangezogen die Sachen, die der Pfändung nicht unterworfen sind, sowie gewöhnliche Taschenuhren, außer wenn sie von Gold sind.[8])

IV Gegenstände, die sich nicht zur Aufbewahrung eignen, werden auf Anordnung des Vorstandes für Rechnung des Gefangenen verkauft, wenn der Gefangene damit einverstanden ist, oder dessen Angehörigen übersendet; wertlose Gegenstände werden vernichtet.[9])

§ 28 DuHO. §§ 3, 4, 27 HO. StrA.

1. § 30 Abs. I—III.
2. Während der Haft.
3. Vgl. § 115 Anlage 6.
4. Also auch in Ansehung der nachträglich gelieferten Sachen.
5. Vgl. § 38 Abs. I; § 30 Abs. VI.
6. Wo, das hat der Vorstand zu bestimmen.
7. Er wird bestimmen, bis zu welchem Betrage der Gefängniswärter Geld aufbewahren darf. Strafbestimmung für Unterschlagungen § 350 StGB. Bei der Verwahrung bei Gericht werden die Vorschriften über die Hinterlegung keine Anwendung zu finden haben.
8. Vgl. § 99 Abs. III. §§ 811, 850 ZPO.
9. Auf Affektionswerte ist billige Rücksicht zu nehmen; vor der Vernichtung ist deshalb der Gefangene zu hören.

§ 36.

I Jeder Gefangene ist bei der Aufnahme mit den für ihn wichtigen Vorschriften der Hausordnung bekannt zu machen und darauf hinzuweisen, daß er einen Auszug aus diesen Vorschriften im Haftraume vorfindet.

II In jedem Haftraum und in jedem Arbeitsraum ist ein Auszug aus den Vorschriften der Hausordnung anzuheften.[1])

§ 29 DuHO. § 37 Grundsätze. § 85 HO. StAr.

1. Die Auszüge aus den Vorschriften der HO. sind vom StM. der Justiz zusammengestellt und werden von ihm gerade wie bei der Einführung der DuHO. geliefert; der weitere Bedarf ist durch die Oberstaatsanwälte zu besorgen; die Gefängnisvorstände dürfen die Auszüge nicht selbst mittels Druck vervielfältigen lassen; die Auszüge werden von der J. G. Weiß'schen Buchhandlung in München hergestellt. Sie enthalten in der Hauptsache die Vorschriften, die dem Gefangenen sagen, wie er sich zu verhalten hat, also insbesondere die §§ 48 ff. Sie sind entweder auf starkem Pappendeckel aufzuziehen (das Aufziehen darf durch Gefangene besorgt werden, ME. vom 8. Oktober 1895 Nr. 21060) oder auf der Wand der Haftzelle selbst anzukleben; sie sollen so angebracht werden, daß der Gefangene sie lesen kann. Die Auszüge dürfen von den Gefangenen nicht beschädigt werden (vgl. § 58; ME. vom 3. August 1895 Nr. 17146) und sind in die Verzeichnisse der Einrichtungsgegenstände (Inventarien) einzustellen. ME. vom 28. Juni 1883 Nr. 9060. (Zum Abschreiben Genehmigung nötig; vgl. Anm. 9 zu § 13). — Durch die ME. vom 28. Juni 1883 Nr. 9060 sind auch die Formulare für die Tagesordnung (§ 72), die Zusatznahrungsmittel (§ 84) und die Verdienstanteile (§ 98) mitgeteilt worden; die Formulare sind durch die neue HO. nicht geändert worden; sie sind vom Oberstaatsanwalt zu beziehen. — Vgl. ME. vom 14. Juli 1910 Nr. 14119.

§ 37.

I In jedem Gefängnisse werden vier Gefangenenverzeichnisse[1]) geführt:

das Verzeichnis A für die Untersuchungsgefangenen (Anlage 1),
das Verzeichnis B für die Strafgefangenen (Anlage 2),
das Verzeichnis C für die Zivilgefangenen (Anlage 3),
das Verzeichnis D für die Polizeigefangenen und Schubgefangenen (Anlage 4).

Jeder Gefangene ist nach der Aufnahme[2]) unverzüglich in das für ihn bestimmte Verzeichnis einzutragen.

II Bei der Eintragung der Strafgefangenen (Verzeichnis B) ist das Ende der Strafzeit zu berechnen. Der Gefangene ist hiervon in Kenntnis zu setzen; die Entlassungszeit ist in den Kalender (Anlage 5) einzutragen.[3])

III Bei der Berechnung der Strafzeit werden der Tag zu vierundzwanzig Stunden, die Woche zu sieben Tagen, der Monat und das Jahr nach der Kalenderzeit gerechnet (§ 19 des Strafgesetzbuches). Die Strafzeit beginnt in der Regel mit der Aufnahme in das Gefängnis, es müßte denn sein, daß durch die zuständige Behörde etwas anderes bestimmt ist.[4])

IV Wenn die Entlassungszeit eines Zivilgefangenen (Verzeichnis C) schon bei der Aufnahme feststeht, so ist ebenso zu verfahren, wie es in Abs. II und III für Strafgefangene bestimmt ist.[5])

§ 30 DuHO. § 9 Grundsätze. § 7 HO. StrA.

1. Vgl. § 115 Abs. I. § 116—119.

2. D. h. auch dann, wenn sich die Untersuchungshaft in Strafhaft verwandelt oder der Strafgefangene z. B. nach einer Unterbrechung der Untersuchungshaft wieder in Untersuchungshaft genommen wird; vgl. Anm. 1 zu § 44.

3. Das Ende der Strafzeit ist also dem Gefangenen genauestens d. h. auf die Minute bekannt zu geben; die Bekanntgabe hat der Gefangene auf dem Strafvollstreckungsbefehl durch Unterschrift zu bestätigen. Vgl. auch § 121. Die Unterlagen für die Berechnung (vgl. auch Abs. III Satz 2; Anrechnung von Untersuchungshaft usw.) sind von der Strafvollstreckungsbehörde festzustellen; wenn es möglich ist, also in der Regel wenn der Gefangene verhaftet ist, wird auch sie schon das Ende der Strafzeit festsetzen, ebenso in allen zweifelhaften Fällen. Darüber, wie das Ende der Strafzeit zu berechnen ist, wenn eine im Vollzug befindliche Strafe während des Vollzugs mit einer neuen Strafe zu einer Gesamtstrafe zusammengefaßt wird, steht die Rechtsprechung des Reichsgerichts mit der des Obersten Landesgerichts in Widerspruch; das Reichsgericht rechnet von der Rechtskraft des ersten Urteils, das Oberste Landesgericht von der Rechtskraft des die Gesamtstrafe aussprechenden Urteils an. Die Anschauung des Reichsgerichts dürfte die richtige sein. Vgl. hierüber BayZfR. 1906 S. 80.

4. Vgl. Anm. 3; § 108 Abs. III (frühere Entlassung). § 19 StGB.

5. Das Ende wird feststehen in den Fällen der §§ 178, 179, 182 GVG., nicht aber bei der Zwangshaft; vgl. §§ 4, 27; vgl. über die Entlassung § 109 Abs. I.

§ 38.

I Die Aufnahme von Untersuchungsgefangenen wird dem Richter oder dem Staatsanwalte, der die Aufnahmeverfügung erlassen hat, bei Gefangenen, die dem Amtsrichter vorgeführt sind, diesem angezeigt. Der Anzeige ist eine genaue Personalbeschreibung des Gefangenen beizugeben.[1])

II Die Aufnahme von Strafgefangenen wird der Behörde, die die Aufnahmeverfügung erlassen hat, angezeigt. In der Anzeige ist die Berechnung der Strafzeit anzugeben.[2])

III Die Aufnahme von Polizeigefangenen und Schubgefangenen wird der Behörde, die die Aufnahme angeordnet hat, durch eine auf die Aufnahmeverfügung zu setzende Anzeige gemeldet.[3])

IV In der Anzeige über die Aufnahme werden die Nummer, unter der der Gefangene in das Gefangenenverzeichnis eingetragen, und die Nummer des Haftraums, in dem er untergebracht ist, angegeben.[4])

V Hat eine zum Antritte der Strafe aufgeforderte Person bis zum Ablaufe der gesteckten Frist die Strafe nicht angetreten, so ist dies der Behörde, die die Aufforderung erlassen hat, anzuzeigen.[5])

§ 30 DuHO.

1. Vgl. § 25; § 30 Abs. VI; in der Anzeige sind die mitgebrachten Sachen zu vermerken. § 35 Abs. I Satz 3; die Anzeige ist nicht auf die Aufnahmeverfügung zu setzen; § 25 Abs. I Satz 2.

2. Vgl. § 25. § 37 Abs. II, III; gesonderte Anzeige; vgl. Anm. 1.

3. Vgl. § 4 Abs. II; § 26.

4. Vgl. § 37 Abs. I; daß die Hafträume mit fortlaufender Nummer zu versehen sind, ist nicht mehr ausdrücklich vorgeschrieben, ergibt sich aber aus Abs. IV; vgl. § 73 Anm. 3.

5. Der Gefängniswärter erfährt die Grundlagen aus dem Strafvollstreckungsbefehl.

4. Behandlung der Gefangenen.

§ 39.

I Die Behandlung der Gefangenen richtet sich nach dem Zwecke der Haft.[1]) Mit der größten Sorgfalt ist dem Unterschiede zwischen Untersuchungsgefangenen und Strafgefangenen Rechnung zu tragen. Dem Strafgefangenen ist die Freiheit zur Strafe entzogen. Er muß daher mit fühlbarer Strenge behandelt werden. Bei der Behandlung der Untersuchungsgefangenen dagegen darf niemals außer acht gelassen werden, daß sie sich nur in Haft befinden, damit sie nicht entfliehen oder damit sie die Ermittelung der Wahrheit nicht erschweren können, daß aber der gegen sie bestehende Verdacht jeden Augenblick wegfallen kann. Die Untersuchungshaft ist daher mit möglichster Schonung der Person und der Ehre des Verhafteten zu vollstrecken. Es dürfen ihm nur solche Beschränkungen auferlegt werden, die zur Sicherung des Zweckes des Haft oder zur Aufrechterhaltung der Ordnung im Gefängnisse notwendig sind. Die Vorschriften der Hausordnung finden auf Untersuchungsgefangene insoweit Anwendung, als nicht vom Richter abweichende Anordnungen getroffen sind (§ 116 StPO.).[2])

II Im übrigen ist bei der Behandlung der Gefangenen auf die Gesamtheit der persönlichen Eigenschaften des einzelnen Gefangenen (Alter, Vorleben, Bildungsgrad, Beruf, Gesundheitsverhältnisse usw.) Bedacht zu nehmen. Gefangene über achtzehn Jahre sind mit „Sie" anzusprechen. Gefangene unter achtzehn Jahre können mit „Du" angesprochen werden.[3])

III Jede Beschimpfung oder Mißhandlung ist verboten.[4])

IV Es gehört zu den besonderen Obliegenheiten des Vorstandes, die richtige Behandlung der Gefangenen zu überwachen.[5])

§§ 97, 98 DuHO.

1. Der Zweck der Strafhaft ist in Ansehung des Gefangenen die Zufügung eines Übels und die Anstrebung der Besserung; der Zweck der Untersuchungshaft die Sicherung der Verurteilung und des Beweises. Der Zweck der Zivilhaft ist verschieden je nach der Art der Haft; vgl. Anm. 1, 2 zu § 4. Die Zivilgefangenen sind wie Untersuchungsgefangene zu behandeln; § 47 Abs. II. Die Behandlung der Schubgefangenen hat sich darnach zu richten, ob sie Straf-, Untersuchungs- oder Polizeigefangene sind. § 42. Der Zweck der Polizeihaft ist verschieden. Vgl. Abs. II und IV.

2. Vgl. § 116 StPO. im Anhang. Die Vorschriften über die Behandlung der Untersuchungsgefangenen sind besonders sorgfältig zu beachten. Der letzte Satz des Abs. I wirft die Frage auf, inwieweit der Untersuchungsrichter abweichende Anordnungen treffen kann. Nach dem Sinne des § 116 darf man sagen, daß er jede Beschränkung, die die HO. einem Untersuchungsgefangenen auferlegt, aufheben darf, wenn die Auferlegung der Beschränkung nicht zur Sicherung des Zweckes der Haft oder zur Aufrechthaltung der Ordnung im Gefängnis notwendig ist (§ 116 Abs. II StPO.); darüber, ob Bequemlichkeiten und Beschäftigungen dem Stande und den Vermögensverhältnissen des Verhafteten entsprechen und ob sie dem Zwecke der Haft entsprechen, entscheidet der Untersuchungsrichter; er entscheidet zunächst auch darüber, ob die Bequemlichkeiten und die Beschäftigungen weder die Ordnung im Gefängnisse stören noch die Sicherheit gefährden (§ 116 Abs. III). Der Untersuchungsrichter darf hiernach zweifellos erlauben, daß z. B. der Gefangene bei der Selbstbeköstigung mehr geistige Getränke sich verschafft als der § 81 Abs. III vorsieht; er darf auch Branntwein zulassen. Ist der Gefängnisvorstand der Anschauung, daß der Untersuchungsrichter diese Erlaubnis deshalb nicht erteilen darf, weil die Ordnung im Gefängnis gestört oder die Sicherheit gefährdet wird (§ 116 Abs. II, III), (daß der Zweck der Haft vereitelt würde, wird der Vorstand kaum geltend machen können), so kann er sich, wenn das Benehmen mit dem Untersuchungsrichter zu keinem Ziele führt, mit Beschwerde (Dienstaufsichtsbeschwerde; der Gefangene hat die Beschwerde nach § 346 StPO.) an den Landgerichtspräsidenten wenden und an den Oberstaatsanwalt berichten. In dem Beschwerdeverfahren muß dann die Entscheidung getroffen werden. Man wird sich kaum, obwohl es viel für sich zu haben scheint, auf den Standpunkt stellen können, daß das, was im Interesse der Ordnung und Sicherheit im Gefängnis notwendig ist, durch die HO. bestimmt ist und daß deshalb der Untersuchungsrichter sich an deren

Vorschriften halten muß; denn § 116 Abs. V Satz 1 bestimmt ausdrücklich, daß die nach Maßgabe der übrigen Bestimmungen des § 116 erforderlichen Verfügungen der Richter zu treffen hat, daß er sich also an die Verfügungen, die die HO. trifft, im Rahmen des § 116 nicht zu halten braucht. Diese Erwägungen sind auch maßgebend in Ansehung der Bestimmungen der HO. über die Fesselung eines Gefangenen, die Anlegung der Zwangsjacke und die Verbringung in eine Tobzelle (§ 68 Abs. III—V), kurz für alle Bestimmungen, in Ansehung deren sich das Bedürfnis herausstellen kann, daß zugunsten eines Untersuchungsgefangenen eine Milderung zugelassen wird. Dagegen wird man aus § 116 StPO. folgern dürfen, daß der Untersuchungsrichter schwerere Beschränkungen als sie die HO. vorsieht nicht verhängen darf; aber auch hier hat er auf Grund des § 116 das Recht, solche Beschränkungen anzuordnen; wenn sich der Vorstand oder der Gefangene beschwert, wird sich jedoch die Beschwerdeinstanz wohl auf den Standpunkt stellen, daß weitergehende Beschränkungen als sie die HO. vorsieht zunächst gewiß einmal nicht im Interesse der Aufrechterhaltung der Ordnung und der Sicherheit im Gefängnis, dann aber auch nicht zur Sicherung des Zweckes der Haft getroffen zu werden brauchen. Insoweit ist der Untersuchungsrichter z. B. an die Vorschriften über die Disziplinarstrafen gebunden. Hat sich ein Untersuchungsgefangener verfehlt und will der Untersuchungsrichter keine oder eine dem Vorstand nicht genügend erscheinende Strafe verhängen, so kann sich der Vorstand im Interesse der Ordnung und Sicherheit im Gefängnis beschweren. Vgl. auch § 40 Abs. V.

3. Über die persönlichen Eigenschaften und den Zweck der Haft sind die Gefängnisbeamten nötigenfalls aufzuklären; vgl. Anm. zu § 45.

4. Vgl. § 62 Abs. V.

5. Vgl. Anm. 3.

§ 40.

I Die Untersuchungsgefangenen sollen einzeln verwahrt [1]) und ohne ihre Zustimmung weder mit anderen Untersuchungsgefangenen, noch mit Strafgefangenen in demselben Raume untergebracht werden, es müßte denn sein, daß ein Fall des § 32 Abs. II vorliegt.

II Machen die Verhältnisse des Gefängnisses eine Ausnahme von der Regel des Abs. I notwendig,[2]) so dürfen Untersuchungsgefangene, die sich nicht im Besitz der bürgerlichen Ehrenrechte befinden oder wegen Verdachts einer nach § 361 Nr. 3–8 des Strafgesetzbuches strafbaren Übertretung in Haft sind,[3]) in einem Raume untergebracht werden.[4]) Muß dies noch in Ansehung anderer Gefangener geschehen, so ist auf deren Stand und Bildungsgrad möglichst Rücksicht zu nehmen.[5]) Der Vorstand des Gefängnisses hat dafür zu sorgen, daß die Umstände, die die Ausnahme veranlaßt haben, so rasch wie möglichst beseitigt werden.[6]) Ist dies der Fall, so ist unverzüglich wieder nach der Regel des Abs. I zu verfahren.

III Bequemlichkeiten, Beschäftigung und sonstige Erleichterungen darf der Untersuchungsgefangene sich auf seine Kosten verschaffen, sofern sie mit dem Zwecke der Haft vereinbar sind und weder die Ordnung im Gefängnisse stören noch die Sicherheit gefährden. Unter dieser Voraussetzung dürfen ihm insbesondere die Selbstbeköstigung (§ 81), der Gebrauch eigener Bettstücke (§ 76) und die Selbstbeschäftigung (§ 94) nicht versagt werden.[7])

IV Die Gefängnisbeamten sind verpflichtet, von den Anträgen und Wünschen der Untersuchungsgefangenen den Vorstand unverzüglich in Kenntnis zu setzen, damit dieser den Richter benachrichtige. Die Benachrichtigung hat auf dem kürzesten Wege (auch telephonisch oder telegraphisch) zu erfolgen. Die in dringenden Fällen notwendigen Anordnungen hat der Vorstand zu treffen. Sie sind unverzüglich zur Kenntnis des Richters zu bringen und unterliegen dessen Genehmigung.[8])

V Disziplinarstrafen sollen gegen Untersuchungsgefangene nur verhängt werden, wenn und soweit es zur Aufrechterhaltung der Ordnung im Gefängnis und der Sicherheit notwendig ist. Wenn die dem Verhafteten zur Last gelegte Tat ausschließlich mit Festungshaft bedroht ist, so sind gegen ihn nur die in § 62 Abs. I Nr. 1—7 bezeichneten Disziplinarmittel zulässig. Die Verhängung der Disziplinarstrafen steht dem Richter zu.[9])

VI Die Vorführung von Untersuchungsgefangenen zu Vernehmungen durch den Staatsanwalt oder durch Organe der Polizeiverwaltung darf nur mit Zustimmung des Richters stattfinden. Zu Vorführungen, die der Vorstand des Gefängnisses anordnet, bedarf es der Zustimmung des Richters nicht.[10])

VII Unter dem Richter ist bis zur Eröffnung des Hauptverfahrens der Untersuchungsrichter, wenn eine gerichtliche Voruntersuchung nicht eröffnet oder die Führung der Voruntersuchung dem Amtsrichter übertragen ist, der Amtsrichter, nach der Eröffnung des Hauptverfahrens der Vorsitzende des erkennenden Gerichts zu verstehen.[11])

§ 97 DuHO.

1. Vgl. § 32 Abs. I.

2. Z. B. bei momentaner Überfüllung, wenn eine größere Anzahl von Gefangenen zu gleicher Zeit eingeliefert wird (Streikvergehen, Landfriedensbruch usw.).

3. Vgl. § 46 Abs. I nebst Anm.

4. Vgl. die Ausführungen zu § 34 über die ordentliche und außerordentliche Belegung der Gemeinschaftshafträume und Hafträume überhaupt.

5. Unter den „anderen Gefangenen" sind alle Gefangenen zu verstehen mit Ausnahme von Untersuchungsgefangenen, die sich im Besitze der bürgerlichen Ehrenrechte befinden oder wegen Verdachts einer nur mit einfacher Haft strafbaren Übertretung verhaftet sind.

6. In der Regel wird an den Oberstaatsanwalt zu berichten sein (nötigenfalls auch telephonische Anfrage), damit er nach § 8 Abhilfe schafft.

7. Vgl. Anm. 2 zu §§ 39, 116 StPO. Anm. 3 zu § 52.

8. Vgl. § 116 Abs. 5 StPO. Die Anordnungen unterliegen der Genehmigung des Richters.

9. Vgl. § 61 ff. Strafbar sind an sich alle Verfehlungen gegen die § 48 ff. Der Untersuchungsrichter wird aber zu prüfen haben, ob es nötig ist, daß die Bestrafung im Interesse der Aufrechterhaltung der Ordnung im Gefängnis und der Sicherheit eintritt; von der Bestrafung ernst gemeinter Selbstmordversuche wird er hiernach wohl absehen können.

10. Es wird sich in der Regel nicht empfehlen, Organe der Polizeiverwaltung in das Gefängnis zu Vernehmungen zuzulassen; wegen der Vernehmung von Strafgefangenen vgl. Anm. 2 zu § 105; die Vernehmung kann durch den Richter oder Staatsanwalt geschehen. Der Staatsanwalt braucht, wenn er den Gefangenen in der Sache, in der er in Untersuchungshaft ist oder in einer anderen Sache vernehmen will, im Gefängnis oder bei Amt, die Erlaubnis des Richters. Ist der Haftbefehl von einem auswärtigen Gericht erlassen, so wird der Vorstand die Vorführung nach Satz 2 gestatten; ist der Richter am Ort, soll dessen Zustimmung nicht umgangen werden.

11. Ist das Hauptverfahren vor dem Schwurgericht eröffnet, also der Vorsitzende der Strafkammer des Landgerichts, bei dem das Schwurgericht gebildet ist, oder, nach dessen Ernennung, der Vorsitzende des Schwurgerichts. Bek. vom 6. August 1879 JMBl. S. 354.

§ 41.

I Solange das Hauptverfahren[1]) nicht eröffnet ist, ist den Untersuchungsgefangenen der mündliche und schriftliche Verkehr mit dem Verteidiger gestattet, es müßte denn sein, daß der Richter eine Beschränkung angeordnet hat (§ 148 StPO.).[2]) Nach der Eröffnung des Hauptverfahrens unterliegt der Verkehr des Verteidigers mit dem Untersuchungsgefangenen keiner Beschränkung.[3])

II Der Vorstand bestimmt[4]) den Raum, in dem die Unterredungen des Verteidigers mit dem Untersuchungsgefangenen stattzufinden haben. Er kann auch, insoweit es im Interesse der Aufrechterhaltung der Ordnung im Gefängnisse geboten ist, allgemein anordnen, zu welchen Tageszeiten die Besuche in der Regel stattfinden sollen.[5]) Wenn nach Lage des Falles mit öfteren Besuchen des Verteidigers zu rechnen ist, so soll ihm eine allgemeine Ermächtigung für die von ihm als notwendig erachteten Besuche — Dauersprechkarte[6]) — erteilt werden.[7])

§ 88 Abs. 4 DuHO.

1. Vgl. §§ 196 ff. StPO.

2. Solange das Hauptverfahren nicht eröffnet ist, kann der Richter nach § 148 Abs. II StPO. schriftliche Mitteilungen an den Verteidiger zurückweisen, falls deren Einsicht ihm nicht gestattet wird (gleichviel ob die Haft wegen Fluchtverdachts oder Kollusionsgefahr verhängt ist); über den schriftlichen Verkehr im übrigen vgl. Anm. 1 zu § 106; er kann ferner, wenn die Verhaftung nicht lediglich wegen Verdachts der Flucht verhängt ist (wenn sie also wegen Kollusionsgefahr verhängt ist und zwar zu der Zeit, wo die Unterredung stattfindet), anordnen, daß den Unterredungen mit dem Verteidiger eine Gerichtsperson (jeder, der bei Gericht in Eid und Pflicht steht) beiwohnt, die die Unterredung nötigenfalls abbrechen kann. Wegen der Zurückweisung der schriftlichen Mitteilungen vgl. Note 6 zu § 148 bei Löwe. Die DuHO. bestimmte, daß, solange das Hauptverfahren nicht eröffnet war, Besuche von Verteidigern erst zugelassen werden durften, nachdem der Richter darüber entschieden hatte, ob der Unterredung eine Gerichtsperson beiwohnen soll. Die Vorschrift ist in die neue HO. nicht aufgenommen. Der Verteidiger darf zugelassen werden, wenn feststeht, daß eine Beschränkung des Verkehrs vom Untersuchungsrichter nicht angeordnet ist. Das kann — auch in der Abwesenheit des Richters — aus den Akten konstatiert werden, eine besondere Entscheidung darüber, ob eine Gerichtsperson zuzuziehen ist, ist dann nicht nötig. Vgl. BayZfR. 1906 S. 268. Der Richter wird deshalb zweckmäßigerweise schon bei Erlaß des Haftbefehls die nötigen Anordnungen treffen.

3. Vgl. § 201 StPO. Abgesehen von den Vorschriften des Abs. II, die auch für die Besuche nach Satz 1 gelten. Nach der Eröffnung des Hauptverfahrens ist dem Richter (vgl. § 40 Abs. VII) eine Einsicht in die von einem Untersuchungsgefangenen an den Verteidiger gerichteten Briefe nicht gestattet, falls nicht Beschränkungen nach § 116 Abs. 2 StPO. (im Interesse der Sicherung des Zweckes der Haft oder zur Aufrechterhaltung der Ordnung im Gefängnis) auferlegt sind. Beschluß des Obersten Landesgerichts vom 24. November 1903.

4. Vgl. § 13 Abs. I Anm. 7; Anm. 8 zu § 105.

5. Die Stunde des Besuches wird nicht präzise vorzuschreiben sein.

6. Auf der, solange das Hauptverfahren nicht eröffnet ist, zu vermerken sein wird, ob Beschränkungen im Sinne des Abs. I angeordnet sind oder nicht.

7. Wegen der Besuche im übrigen vgl. § 105 HO.; § 41 gilt also nur für den Verkehr mit dem Verteidiger; insoweit gelten die Vorschriften des § 105 nicht; für den Besuch eines Rechtsanwalts, der nicht Verteidiger, sondern z. B. Prozeßbevollmächtigter in einer Zivilsache ist, ist § 105 maßgebend.

§ 42.

Die für die Behandlung der Untersuchungsgefangenen maßgebenden Vorschriften gelten auch für Untersuchungsgefangene, die gelegentlich der Verbringung an einen anderen Verwahrungsort vorübergehend in einem Gerichtsgefängnis untergebracht sind.

Die bezüglich der Behandlung der Untersuchungsgefangenen dem Richter zustehenden Anordnungen werden in diesem Falle von dem Gefängnisvorstande getroffen.

§ 97 Abs. III DuVO.

Wird der Untersuchungsgefangene vorübergehend auf dem Transport in einem Gerichtsgefängnis untergebracht, so kann nicht immer die Entscheidung des zuständigen Richters eingeholt werden. Die Bestimmung des Satzes 1 war deshalb nötig, weil Untersuchungsgefangene auf dem Transport an sich als Schubgefangene zu behandeln wären. § 4; vgl. auch § 81 Anm. 3. Die Bestimmung des Satz 2 ist deshalb kein Eingriff in die Rechte des Richters. — Man wird den Abs. II für bringende Angelegenheiten (z. B. Besprechungen mit dem Verteidiger) auch in dem Falle analog anwenden dürfen, daß der zuständige Richter (§ 40 Abs. VII) sich an einem anderen Orte z. B. am Sitze des Landgerichts, der Untersuchungsgefangene sich in einem Amtsgerichtsgefängnis befindet; der Vorstand wird jedoch in diesem Falle umgehend den Richter zu benachrichtigen haben; auch in dem Regelfalle des § 42 wird sich eine Benachrichtigung des Richters empfehlen. Vgl. § 40 Abs. IV.

§ 43.

Besteht die Gefahr, daß ein Untersuchungsgefangener während der Verbringung nach einem anderen Verwahrungsort die Flucht ergreift, so dürfen ihm Fesseln angelegt werden.[1]) Dabei sollen Untersuchungsgefangene nicht mit Strafgefangenen und Verhaftete,[2]) die im Besitze der bürgerlichen Ehrenrechte sind, nicht mit solchen, denen die bürgerlichen Ehrenrechte aberkannt sind, zusammengefesselt werden.

1. Vgl. § 68 Anm. 4. § 62 Abs. V Satz 2.
2. Verhaftete Untersuchungsgefangene und andere Gefangene.

§ 44.

I Wird ein Untersuchungsgefangener in einer anderen Sache zu einer Freiheitsstrafe verurteilt, so finden während der Vollstreckung dieser Strafe die Vorschriften über die Behandlung der Strafgefangenen Anwendung.[1]) Die Verwahrung richtet sich jedoch nach den Vorschriften des § 40. Zu Arbeiten, bei denen der Gefangene mit anderen Gefangenen in Berührung kommt, darf er nur mit Erlaubnis des Richters verwendet werden.[2])

II Ist gegen einen Gefangenen rechtskräftig auf eine Strafe erkannt, die in einem anderen Gerichtsgefängnis oder in einer Strafanstalt zu vollstrecken ist, so wird er beim Vorliegen der Voraussetzungen des § 482 der Strafprozeßordnung bis zur Überstellung an den Strafort als Strafgefangener behandelt.[3])

1. Die Untersuchungshaft wird manchmal — obwohl dies nicht ratsam ist (vgl. BayZfR. 1906 S. 121) — unterbrochen (die Unterbrechung **steht nur dem Richter zu**), um andere Strafen zu vollstrecken; während der Strafvollstreckung ist der Gefangene als Strafgefangener zu behandeln; die Verurteilung braucht nicht, wie nach Satz 1 anscheinend angenommen werden muß, während der Untersuchungshaft erfolgt zu sein. Vgl. Anm. 2 zu § 37.

2. Um den Zweck der Untersuchungshaft zu sichern; da § 40 Abs. 1 bestimmt, daß Untersuchungsgefangene einzeln zu verwahren sind, ist auch § 32 zu beachten und insbesondere auch Satz 2 des Abs. IV des § 85; vgl. auch Anm. 4 zu § 92, Anm. 3 zu § 102; auch § 49; Anm. 1 zu § 48. Soweit der Gefangene wegen der Strafsache, in der die Untersuchungshaft verhängt wurde, mit dem Verteidiger verkehren will, wird wohl § 41 maßgebend sein müssen; nach der Vollstreckung der Strafe, wird die Untersuchungshaft weiter geführt.

3. Nach § 482 (s. den Anhang) befindet sich der Gefangene noch in Untersuchungshaft; auch nach der konstanten Praxis des StM. der Justiz in Begnadigungssachen. Die Strafvollstreckung beginnt erst mit der Ablieferung an den Strafort. Gesuche um Entlassung aus der Haft sind deshalb nach wie vor, solange die Ablieferung nicht erfolgt ist, als Aufschubsgesuche, nicht als Unterbrechungsgesuche (Gnadensache) zu behandeln; wird ein Gnadengesuch gestellt, ist die Ablieferung, wenn dem Gesuche nicht vom Oberstaatsanwalt, in den zulässigen Fällen die aufschiebende Wirkung versagt wird, bis zur Bescheidung des Gesuchs aufzuschieben. Abs. II bestimmt nur für die Behandlung des Gefangenen im Gefängnis, daß er als Strafgefangener zu behandeln ist, obwohl er noch Untersuchungsgefangener ist. Es liegt eben in dem Augenblick, wo das Urteil vom Angeklagten nicht mehr angefochten werden kann, kein Grund mehr vor, ihn noch als Untersuchungsgefangenen zu behandeln. Alle Vergünstigungen, die der Untersuchungsgefangene als solcher hat, fallen deshalb weg: §§ 40 ff. Vgl. auch Art. 25 ff. AGStPO.

§ 45.

Der Strafgefangene soll mit Strenge, gleichwohl aber gerecht und menschlich behandelt werden. Die gebotene Rücksicht auf die Individualität des einzelnen Gefangenen erfordert, daß bei der Zuteilung der Arbeit, bei der Ernährung und bei der Bemessung der durch die Hausordnung zugelassenen Vergünstigungen in einer dem Bildungsgrade, den Kenntnissen und den Gesundheitsverhältnissen des Gefangenen möglichst angepaßten Weise verfahren, ferner daß die gegen den Gefangenen anzuwendende Strenge nach der Beschaffenheit der Tat, dem Vorleben des Gefangenen und seiner Führung im Gefängnisse bemessen wird. Jugendliche Strafgefangene sind mit besonderer Umsicht zu behandeln, weil bei ihnen der Zweck der Strafvollstreckung hauptsächlich auf die Besserung gerichtet sein muß.[1])

1. Die Vorschriften des § 45 sind besonders zu beachten; vgl. auch § 39 Abs. I. Der Vorstand hat darüber zu wachen, daß gegen die Vorschriften nicht gefehlt wird; er hat den Gefängnisbeamten den Sinn und die Bedeutung der Vorschriften gegebenenfalls dadurch verständlich zu machen, daß er selbst die nach Maßgabe der Vorschriften angezeigten Anordnungen erläßt. Eine individuelle Behandlung der Gefangenen setzt voraus, daß den Gefängnisbeamten nicht bloß der Befehl erteilt wird, gegen den Gefangenen eine Strafe von bestimmter Dauer zu vollstrecken, sondern daß sie über die im § 45 aufgeführten Gesichtspunkte (Bildungsgrad, Vorleben, Charakter usw.) aufgeklärt werden. Das kann oft durch einige Worte geschehen. Vgl. auch Anm. 2 zu § 93.

§ 46.

I Gefangene, die eine Gefängnisstrafe oder eine Haftstrafe nach § 362 Abs. 1 des Strafgesetzbuchs zu verbüßen haben, unterliegen einer strengeren Behandlung, wenn sie innerhalb fünf Jahren vor ihrer Einlieferung in das Gefängnis eine dieser Strafen oder eine Zuchthausstrafe erlitten haben.[1]) Das Gleiche gilt von Strafgefangenen, die aus anderen Gründen,[2]) insbesondere wegen ihres Vorlebens oder ihres Auftretens strenger Zucht bedürfen.[3]) Die strengere Behandlung wird vom Vorstand angeordnet.

II Die strenger zu behandelnden Gefangenen sollen während der ganzen Arbeitszeit zur Arbeit angehalten und mit schwereren Arbeiten, insbesondere auch mit den schwereren Hausarbeiten, beschäftigt werden.[4]) Zu Arbeiten im Gefängnishof und zu Arbeiten außerhalb des Gefängnisses sind sie nur zu verwenden, wenn sie im Innern des Gefängnisses nicht passend beschäftigt werden können.[5]) Die Erlaubnis, sich selbst zu beköstigen, darf ihnen nicht erteilt werden.[6]) Die Erlaubnis, aus dem Arbeitsverdienste sich Zusatznahrungsmittel oder Schnupftabak anzuschaffen, sollen sie nur ausnahmsweise bei besonders gutem Verhalten und nicht für mehr als einen Tag in der Woche erhalten.[7])

III Bei Verfehlungen gegen die Hausordnung sollen vorzugsweise die Disziplinarstrafen des § 62 Nr. 8 bis 10 gegen sie ausgesprochen werden.[8])

§ 98 DuHO.

1. Die HO. unterscheidet neben den Gefangenen des Satzes 1 (wenn sie innerhalb fünf Jahre usw.) noch Gefängnissträflinge, die im Besitze der bürgerlichen Ehrenrechte sind und eine Zuchthausstrafe noch nicht verbüßt haben. § 76 Abs. III; § 81 Abs. I; § 94 Abs. I. Diesen letzteren Gefangenen kann gestattet werden, eigene Bettwäsche zu haben, sich selbst zu beköstigen und sich selbst zu beschäftigen; aber unter diesen Gefangenen können strenger zu behandelnde Gefangene sein (Satz 1 des § 46). Diesen strenger zu behandelnden Gefangenen können die genannten Vergünstigungen nicht gewährt werden. Abs. II Satz 3 bestimmt, daß sie sich nicht selbst beköstigen dürfen. Daß sie sich nicht selbst beschäftigen dürfen, geht aus Satz 1 und 2 des Abs. II hervor. Daß sie keine eigenen Bettstücke haben dürfen, ist zwar nirgends bestimmt, ergibt sich aber daraus, daß sie strenger zu behandeln sind; vgl. auch Abs. III. In der DuHO. war es ihnen auch nicht gestattet. Vgl. Anm. zu § 76. Anm. 2 zu § 81. Anm. 2 zu § 94.

2. Z. B. wenn sie die strafbare Handlung in der nachgewiesenen Absicht begangen haben, in das Gefängnis zu kommen.

3. Auch für diese Gefangene gilt das in Anm. 1 Gesagte.

4. Vgl. Anm. 1. § 90 Abs. I (Hausarbeiten). Der Vorstand ist berechtigt, von dieser Maßnahme abzusehen, wenn er damit den Gefangenen statt der Strafe eine Wohltat erweisen würde; leichte Arbeiten werden oft lieber verrichtet als die Einzelhaft vertragen; es wird deshalb darauf zu sehen sein, daß die strenger zu behandelnden Gefangenen schwere Arbeiten zu verrichten haben.

5. Vgl. § 91 Abs. I.

6. Vgl. § 81 und oben Anm. 1.

7. Vgl. § 84.

8. Vgl. Anm. 1.

§ 47.

I Für die Vollstreckung der Strafen des gelinden, mittleren und strengen Arrestes (§ 4 Abs. I) sind die Vorschriften der §§ 24 bis 27 des Militärstrafgesetzbuches maßgebend.[1])

II Für die Behandlung der Zivilgefangenen finden die Vorschriften über die Behandlung der Untersuchungsgefangenen entsprechende Anwendung.[2])

§ 99 DuHO.

1. Vgl. § 4 Abs. I und im Anhang die einschlägigen Vorschriften des Militärstrafgesetzbuchs nebst Anmerkungen.

2. Vgl. § 4 Abs. I. § 27; insbesondere kommt hier § 116 Abs. 2 und 3 StPO. in Betracht; vgl. § 3 der durch § 126 aufgehobenen Bek. vom 6. Dezember 1881, JMBl. S. 483; vgl. jedoch die Abweichungen in § 105 Abs. IV Satz 4 (bei Besuchen keine Aufsicht) und § 106 Abs. I Satz 3 (keine Aufsicht über schriftlichen Verkehr).

5. Verhaltungsmaßregeln für die Gefangenen.

§ 48.

I Die Gefangenen haben außer den allgemeinen gesetzlichen Vorschriften die Hausordnung, die für das Gefängnis bestehenden besonderen Vorschriften und die ihnen von den Gefängnisbeamten erteilten Weisungen zu befolgen.[1]) Sie haben den Beamten des Gefängnisses mit Achtung zu begegnen.

II Die Gefangenen sind verpflichtet, die Fragen der Gefängnisbeamten wahrheitsgemäß zu beantworten. Insbesondere bei der Anbringung von Beschwerden und bei Vernehmungen haben sie sich streng an die Wahrheit zu halten.[2])

III Will sich ein Gefangener über eine erhaltene Weisung beschweren, so hat er sich vorschriftsmäßig (§ 60 Abs. I) zum Vorstande zu melden. Die Gehorsamleistung darf er aber nicht verweigern.

VI Die Gefangenen haben sich eines anständigen Benehmens zu befleißigen; Lärmen, Schreien, Singen, Pfeifen, Fluchen, Unanständigkeiten und sittenloses Betragen sind verboten.

§ 45 DuHO. § 83 Abs. I–III, XII HOStrA.

1. Die Vorschriften über die Verhaltungsmaßregeln sind im wesentlichen für die Gerichtsgefängnisse und die Strafanstalten dieselben. Es darf deshalb auf § 83 HOStrA. nebst Anm. Bezug genommen werden, soweit nicht eine besondere Bemerkung veranlaßt ist. Jede Verfehlung gegen die Vorschriften der §§ 48—59 ist disziplinär strafbar, auch wenn es nicht ausdrücklich wie in § 53 Abs. I, 58 Abs. III gesagt ist. Vgl. § 61. Die Vorschriften gelten für alle Gefangene; sie sind im Interesse der Ordnung und Sicherheit der Gefängnisse aufgestellt; wegen der Befugnisse des Untersuchungsrichters vgl. jedoch die Anm. zu § 39 Abs. I letzter Satz. Unter den besonderen Vorschriften sind insbesondere Vorstandsweisungen zu verstehen.

2. Beschwerden, denen erfundene Tatbestände zugrunde gelegt werden usw., können deshalb bestraft werden. Kaum aber wiederholte Beschwerden, auch wenn sie unbegründet sind, aber subjektiv als begründet von dem Gefangenen empfunden werden. Vgl. § 57 Satz 3 DuHO., der nicht in die HO. aufgenommen wurde. Anm. 3 zu § 60.

§ 49.

I Die Gefangenen dürfen sich weder untereinander noch mit Fremden durch Zeichen oder Geberden verständigen.[1]) Sie dürfen weder selbst noch durch Mittelspersonen sich mit der Außenwelt in Verbindung setzen, außer soweit ihnen der schriftliche oder mündliche Verkehr besonders erlaubt ist. Sie dürfen nicht aus den Fenstern sehen oder sprechen.[2])

II Ebenso ist ihnen verboten, mit fremden Personen, die in das Gefängnis kommen, zu reden, etwas von ihnen anzunehmen oder sonst mit ihnen in Verkehr zu treten.[3])

§ 46 DuHO. § 83 Abs. XI.

1. Vgl. Anm. 1 zu § 48. Also unter sich weder bei der Arbeit, beim Gottesdienst usw. noch von Zelle zu Zelle. Sprechen: § 54 Abs. II.

2. Vgl. § 105, 106 HO. Die Gefangenen dürfen insbesondere mit anderen Personen auch dann nicht in Verbindung treten oder von jemand

etwas annehmen, wenn die Sachen auch an sich harmlos sind, wenn sie Arbeiten außerhalb des Gefängnisses verrichten oder z. B. das im Gefängnis zerkleinerte Holz in die Wohnungen tragen. Die Gefängnisbeamten dürfen nicht gestatten, daß den Gefangenen irgendwelche Erfrischungen (insbesondere keine alkoholischen Getränke) zugebracht werden. Personen, die das ohne Erlaubnis der Aufsichtsbeamten tun, machen sich nach Art. 23 PStGB. strafbar (bis zu 15 Mark oder 3 Tage Haft). Die Erfrischungen, die bei der Verrichtung land- und forstwirtschaftlicher Arbeiten gereicht werden dürfen (vgl. § 91 Abs. I HO.), werden vom Arbeitgeber geliefert, sind aber womöglich vom Aufseher wie das Essen zu verabreichen. Vgl. § 67 Abs. III.

3. Die Vorschriften gelten insbesondere für Untersuchungsgefangene. Handwerker, Lieferanten usw. sind entsprechend zu beaufsichtigen; auch bei Besichtigungen der Gefängnisse durch Fremde ist Vorsicht geboten.

§ 50.

I Kein Gefangener darf im Gefängnis andere als die Sachen besitzen, die zu behalten ihm gestattet worden ist. Insbesondere ist der heimliche Besitz von Messern, Feilen, Hämmern und anderen Werkzeugen und Stoffen sowie von Schreibsachen, Geld und Kostbarkeiten untersagt.

II Die Gefangenen dürfen keinen Gegenstand heimlich oder ordnungswidrig aufbewahren, zurückhalten oder benützen. Sie haben jeden gefundenen Gegenstand unverzüglich einem Beamten auszuhändigen.[1])

§ 47 DuHO. § 83 Abs. XIX, XX HOStrA.

1. Vgl. § 48 Anm. 1. Daß keine Verfehlung nach § 50 eintritt bzw. dafür, daß sie möglichst bald entdeckt wird, hat die Aufsicht zu sorgen. Nachlässigkeiten sind disziplinär strafbar. § 15 Abs. II Ziff. 3 Vgl. hiezu § 30 Abs. III—V; auch 71 Anm. 6b.

§ 51.

Aller Geschäftsverkehr, insbesondere der Handel mit Kleidern und Lebensmitteln und alle Darlehensgeschäfte sowie das Geben und Annehmen von Geschenken, das Leihen oder Entleihen von irgendwelchen Gegenständen sind sowohl unter den Gefangenen als auch zwischen den Gefangenen und den Gefängnisbeamten oder deren Angehörigen verboten.[1])

§ 48 DuHO. § 83 Abs. XXI HOStrA.

1. Vgl. § 48 Anm. 1; § 19 Abs. III in Ansehung der Gefängnisbeamten; auch die Entleihung von Büchern, Zeitungen usw., die ein Gefangener nach § 104 Abs. I Satz 2 sich halten darf, ist den Gefängnisbeamten unbedingt verboten; anderen Gefangenen schon mit Rücksicht auf **Satz 3 a. a. O.**

§ 52.

I Karten-, Würfel- oder ähnliche Spiele sind untersagt. Andere Spiele kann der Vorstand zulassen.[1])

II Der Genuß von Branntwein und das Kauen von Tabak sind verboten. Auch dürfen die Gefangenen in der Regel nicht rauchen oder schnupfen.[2])

III Der Vorstand kann aber in widerruflicher Weise das Schnupfen und Gefangenen in Einzelhaft auch das Rauchen gestatten.[3])

IV Gefangene unter achtzehn Jahren dürfen Tabak in keiner Form genießen.

V Die Tätowierung ist verboten.

§ 49 DuHO. § 83 Abs. XIV HOStrA.

1. a) Vgl. § 48 Anm. 1.

b) Z. B. Schach-, Mühlbrett-, Dominospiele. Karten werden häufig aus Klosett- oder Dütenpapier, Würfel aus Holz gefertigt.

2. Vgl. § 81 Abs. III; 84 Abs. III.

3. Vgl. § 99; werden die Kosten für Schnupftabak und Zigarren usw. nicht aus dem Verdienstanteil bestritten, so sind sie von dem Gefangenen in anderer Weise zu bestreiten. Tabak ist kein Zusatznahrungsmittel (§ 99); er darf deshalb wie die Kost bei der Selbstbeköstigung auch von außen bezogen werden; doch darf ihn auch der Gefängniswärter liefern. (§ 81 Abs. V.) Feuerzeuge sind in der Zelle nicht zu dulden. § 74. Wo keine Bedenken bestehen, können Gefangenen, denen das Rauchen gestattet ist, immerhin einige Zündhölzer überlassen werden. Vgl. auch § 46 Abs. II Satz 4. Der Vorstand kann also auch Untersuchungsgefangenen das Rauchen gestatten; gestattet er es, so wird der Untersuchungsrichter dagegen nur eine Erinnerung erheben können, wenn der Zweck der Haft darunter leidet; gestattet es der Vorstand nicht, so kann es der Untersuchungsrichter gestatten; § 39. § 40 Abs. III, VII; er muß es sich aber gefallen lassen, wenn der Vorstand Bedenken erhebt, weil die Ordnung oder Sicherheit im Gefängnis gestört ist; vgl. Anm. 2 zu § 39. § 74 Abs. III mit Anm.

§ 53.

I Kein Gefangener darf sich der Aufsicht entziehen oder Vorbereitungen zur Flucht treffen. Flucht und Fluchtversuche[1]) sind als schwere Verstöße gegen die Hausordnung disziplinär strafbar.

II Die Gefangenen müssen sich jederzeit an den Plätzen aufhalten, die ihnen angewiesen sind. Sie dürfen diese Plätze nur in Notfällen verlassen. Die Lagerstätten[2]) dürfen sie nicht wechseln, verrücken oder mit einem anderen teilen. Der Abort[3]) darf immer nur von einem Gefangenen betreten werden. Die

Vorschriften über die Benützung und Reinhaltung der Aborte sind genau zu befolgen.

III Werden mehrere Gefangene miteinander geführt, so müssen sie die angewiesene Ordnung einhalten.[4])

§ 53 DuHO. § 83 Abs. XVI, XXIII; auch Anm. 1 zu § 48.

1. Auch Fluchtversuche, die außerhalb der Anstalt unternommen werden, sei es bei Arbeiten oder auf dem Transport. Selbstmordversuche werden in der Regel bestraft; es fehlt an einer besonderen Strafandrohung; die Strafe ist zum mindesten da am Platze, wo es sich um einen fingierten Versuch handelt; daß auch dann gestraft werden soll, wenn es dem Gefangenen ernst war, möchte ich nicht befürworten.

2. Vgl. § 76.

3. § 73 Abs. II.

4. Wegen der Fesselung, wenn mehrere Gefangene zu transportieren sind, vgl. § 68 Anm. 4. Bei der Bewegung im Freien Anm. 1 zu § 85.

§ 54.

I Die Gefangenen in gemeinschaftlicher Haft haben sich gegeneinander ruhig und friedfertig zu betragen und sich allen Neckens, Zankens und jeder Tätlichkeit zu enthalten; sie dürfen einander beim Gebete, bei der Arbeit, beim Lesen und bei der Nachtruhe nicht stören.

II Während des Gottesdienstes und auf dem Wege zu den Betsälen und zu Vorführungen ist den Gefangenen das Sprechen verboten. Während der Arbeitszeit darf nur gesprochen werden, was durch die Arbeit selbst geboten ist.[1])

§ 51 DuHO. § 83 Abs. XIII HOStrA.

1. Vgl. Anm. 1 zu § 48; §§ 34, 32, 33; § 102; § 95; 49 Abs. I.

§ 55.

I Zu Handlungen, die nach dem Gesetze, nach der Hausordnung oder nach besonderen Anordnungen der Vorgesetzten verboten sind, dürfen sich die Gefangenen weder verabreden noch verbinden.

II Kein Gefangener darf den Mitgefangenen Befehle geben, das Wort für sie ergreifen oder einen Einfluß über sie sich anmaßen.

III Kein Gefangener darf als Vertreter oder Beistand eines anderen Gefangenen auftreten.

IV Jede geheime oder selbst geschaffene Sprache ist verboten.[1])

§ 52 DuHO. § 83 Abs. XV, XVII HOStrA.

1. Vgl. Anm. 1 zu § 48.

§ 56.

I Der Gefangene muß sich des Morgens, wenn das Zeichen zum Aufstehen gegeben ist, sofort vom Lager erheben, die Lagerstätte in Ordnung bringen,[1]) Gesicht, Hals und Hände waschen, den Mund ausspülen, das Haar kämmen, die Kleider reinigen und sich ankleiden.[2])

II Am Abend haben die Gefangenen sich zu der bestimmten Zeit niederzulegen.[3])

III Der Vorstand kann Untersuchungsgefangene und Zivilgefangene von der Einhaltung der für das Aufstehen und Niederlegen bestimmten Zeit entbinden.[4])

IV Die Gefangenen sind zur Beobachtung der größten Reinlichkeit bezüglich ihres Körpers, ihrer Kleidung und ihrer Lagerstätte sowie der ihnen zum unmittelbaren Gebrauch überlassenen Geräte, Werkzeuge, Arbeitsstoffe, Bücher und sonstigen Gegenstände verpflichtet. Nach jeder Arbeit, bei der die Hände beschmutzt werden, müssen diese gewaschen werden, insbesondere muß dies vor dem Essen geschehen. Seife und Kämme sind den Gefangenen zu verabfolgen.[5])

§ 53 DuHO. § 80 HOStrA.

1. Vgl. Anm. 1 zu § 48; § 72; 76.

2. In jedem Haftraum muß für eine Waschgelegenheit gesorgt sein. Die Gefangenen brauchen nicht an den Brunnen zu gehen.

3. In der Regel müssen sich die Gefangenen bis auf das Hemd auskleiden.

4. Damit ist wohl nicht gesagt, daß das nur der Vorstand könnte. Der Untersuchungsrichter ist nach § 116 StPO., § 39 Abs. I, wohl zu der gleichen Anordnung befugt; aber zunächst kann der Vorstand entscheiden; gestattet er es, so kann der Richter es wohl nicht verbieten (§ 116 gestattet dem Richter, nur Erleichterungen, nicht Erschwerungen anzuordnen); gestattet es der Vorstand nicht, so kann der Richter es gestatten, wenn die Voraussetzungen des § 116 StPO. (Sicherung des Zweckes der Haft, Wahrung der Ordnung im Gefängnisse und der Sicherheit) gewahrt sind; vgl. Anm. 2 zu § 39 und Anm. 2 zu § 57.

5. Vgl. § 15 Abs. II Ziff. 4; 78; 79. Die Seife hat der Gefängniswärter zu stellen; Vergütung nach § 12 Abs. 6 Bekanntmachung über ökonomische Verwaltung. Mißbrauch der Seife (Schädigung des Gefängniswärters) ist zu bestrafen. § 61.

§ 57.

Die Gefangenen sind, soweit nicht eine Ausnahme durch den Vorstand zugelassen wird, verpflichtet, ihre Hafträume und die dazu gehörenden Gerätschaften[1]) zu reinigen. Die Zivilgefangenen

sind von dieser Verpflichtung befreit. Von Untersuchungsgefangenen kann die Reinigung der Zelle verlangt werden, wenn sie derartige Arbeiten auch in der Freiheit zu verrichten gewohnt sind. In Zweifelsfällen entscheidet der Vorstand.²) ³)

§ 54 DuHO.

1. Also insbesondere die Klosetteimer und Waschgeschirre; auch die Spucknäpfe; aus Gründen der Reinlichkeit und Gesundheitspflege soll in jedem Haftraum ein Spucknapf sein. Vgl. § 73. Nach dem Wortlaut des § 57 ist davon auszugehen, daß die Reinigung der Hafträume usw. nicht als Hausarbeit im Sinne des § 90 ff. aufzufassen ist, daß also die Vorschriften des § 92 nicht für sie gelten; vgl. aber Anm. 3; auch § 64 Abs. I Satz 2.

2. In Ansehung der Untersuchungsgefangenen entscheidet in Zweifelsfällen der Gefängnisvorstand. Die Entscheidung dürfte aber im Hinblick auf § 116 Abs. 2 und 5 StPO. und § 39 Abs. I nur insolange gelten, als der Gefangene sich dabei beruhigt und der Untersuchungsrichter nicht anderes bestimmt. Wenn der Vorstand bestimmt, daß der Untersuchungsgefangene n i ch t zu reinigen hat, dann ist seine Entscheidung definitiv, da § 116 StPO. dem Untersuchungsgefangenen nur Erleichterungen garantieren will. Wenn Satz 3 auch nur von der Reinigung der Zelle spricht, so kann von Untersuchungsgefangenen doch auch die Reinigung der Gerätschaften verlangt werden, wenn sie überhaupt zu solchen Arbeiten angehalten werden können. Anm. 4 zu § 56.

3. Soweit die Reinigung der Zellen usw. nicht durch Gefangene erfolgt, geschieht sie durch den Gefängniswärter. § 73. Nach § 57 kann von den Gefangenen die Reinigung verlangt werden, die infolge der Benützung der Zelle usw. durch die Gefangenen notwendig wird; wird sie infolge anderer Umstände z. B. bauliche Änderungen nötig, so ist die Reinigung als „Hausarbeit" anzusehen und von jenen Gefangenen zu verrichten, die zu Hausarbeiten angehalten werden können, gleichviel ob sie in der Zelle untergebracht waren oder nicht. Nach § 11 der Bekanntmachung über die ökonomische Verwaltung bekommt der Gefängniswärter eine Vergütung für die Reinigung der G e f ä n g n i s r ä u m e; für die Reinigung der H a f t r ä u m e nach § 57 (also z. B. der Zelle eines Untersuchungsgefangenen, der die Zelle nicht zu reinigen braucht) bekommt der Gefängniswärter nichts; auch für die Reinigung der Zellen durch Gefangene als Hausarbeit hat er nichts zu beanspruchen; wohl aber für solche Reinigungen, die als Hausarbeit auferlegt werden könnten, vom Gefängniswärter aber zu verrichten sind, weil geeignete Gefangene fehlen; er erhält eine angemessene Vergütung, die bei Bauvornahme auf die Baukosten zu verrechnen ist; in der Regel wird aber die Arbeit von Gefangenen verrichtet werden können.

§ 58.

I **Das Beschreiben, Beschmutzen und Beschädigen der Wände ist verboten.¹) Die Gefangenen haben mit Kleidern, Bettzeug, Geräten, Werkzeugen, Büchern usw. schonend umzugehen.**

II **In Bezug auf Feuer und Licht ist die größte Sorgfalt**

zu beobachten. Die Gefangenen haben die Vorschriften über die Benützung der Heizungs-, Beleuchtungs- und Wasserleitungseinrichtungen streng zu befolgen.[2])

III Für Beschädigungen aus Bosheit, Mutwillen oder Unachtsamkeit muß Ersatz geleistet werden.[3]) Überdies werden boshafte oder mutwillige Beschädigungen bestraft.[4])

IV Die Gefängnisbeamten haben bei Besichtigung der Hafträume und vor der Entlassung[4]) jedes Gefangenen nachzusehen, ob die Hafträume beschädigt oder beschmutzt wurden. Ist es der Fall, so haben sie es dem Vorstand anzuzeigen.

§ 55 DuHO. § 83 Abs. XVIII, XXIV HOStrA.

1. a) Vgl. § 48 Anm. 1.

b) Auch des Fußbodens; Ausspucken! (Es empfiehlt sich hierüber eine Vorstandsweisung; vgl. Anm. 1 zu § 57.) Vgl. auch § 36.

2. Vgl. § 74, 75. Vorstandsweisungen!

3. Ersatzansprüche werden nach § 99 Abs. III aus dem Verdienstanteil gedeckt; auch die für den Gefangenen verwahrten Sachen können hierzu verwendet werden (nicht aber zu den Kosten der Strafvollstreckung) vgl. § 35 Abs. III.

4. Gegebenenfalls auch strafrechtlich; § 61 Abs. II; zunächst aber disziplinär. Antragsberechtigt ist der Vorstand. Wird eine Beschädigung kurz vor der Entlassung entdeckt (die Gefangenen exzedieren kurz vor der Entlassung besonders gerne), so darf die Entlassung durch Einleitung eines Disziplinarverfahrens usw. nicht aufgehalten werden. Wird eine Disziplinarstrafe verhängt, so vgl. wegen des Vollzugs § 61 Anm. 1.

§ 59.

Bedarf ein Gefangener augenblicklicher Hilfe, so hat er dies durch Benützung der Läutvorrichtung, durch Klopfen an die Türe des Haftraumes oder durch Rufen anzuzeigen.[1])

§ 56 DuHO. § 83 Abs. XVIII, XXIV HOStrA.

1. a) In einer großen Anzahl von Gefängnissen sind elektrische Läutevorrichtungen angebracht; in anderen nur Glockenzüge; eine Läutevorrichtung ist überall da notwendig, wo sich Gefangene durch Rufen und Klopfen dem Gefängniswärter usw. nicht bemerkbar machen können. Die Einrichtung der Läutevorrichtungen ist als Bausache zu behandeln. § 4 Abs. 2 der Bek. vom 15. März 1910 (Anhang). Die Einrichtung erfolgt in der Regel auf den Etatstitel Ziffer I Kap. 1 II § 2 Tit. 2; dagegen bei Neubauten auf Neubaukredit.

b) Böswillige Benützungen werden durch Vorstandsweisung zu verbieten sein, wenn eine Bestrafung eintreten soll (§ 61 Abs. I).

§ 60.

I Die Gefangenen können sich mit Beschwerden, Anfragen und Bitten an den Vorstand wenden. Hierzu haben sie sich

durch den Gefängniswärter[1]) beim Vorstande melden zu lassen. In besonders dringenden Fällen können sie sich auch außer der bestimmten Zeit zum Vorstande melden. Wird das Gefängnis von dem Oberstaatsanwalt oder einem Kommissär des Staatsministeriums der Justiz besichtigt, so dürfen die Gefangenen ihre Gesuche und Beschwerden unmittelbar anbringen.[2]) Das Aufsichtspersonal darf die Gefangenen in keinem Falle nach dem Grunde der Beschwerdeführung fragen.[3])

II Beschwerden über die Art der Strafvollstreckung werden, soweit nicht die Vorschriften des § 490 der Strafprozeßordnung Platz greifen, von dem Oberstaatsanwalte verbeschieden. Gegen dessen Entscheidung findet weitere Beschwerde zum Staatsministerium der Justiz statt.[4])

§ 57 DuHO. § 83 Abs. III HOStrA. § 39 Grundsätze.

1. Oder einen Aufseher oder anderen Beamten, der den Gefängniswärter behufs Meldung an den Vorstand zu benachrichtigen hat. Die Gefangenen können aber dem Vorstand die Beschwerden bei Besichtigungen auch ohne Meldung vortragen. Vorstandsweisung.

2. Sei es gelegentlich der Besichtigung der Zelle oder im Wege der Meldung.

3. Abs. I Satz 3 des § 57 DuHO. bestimmte, daß wiederholte unbegründete Beschwerden Bestrafung nach sich ziehen. In der HO. fehlt es an einer solchen Strafbestimmung; es werden deshalb, um Bestrafung eintreten lassen zu können (vgl. § 61 Abs. I), entsprechende Vorstandsweisungen zu erlassen sein, die jedoch darauf Rücksicht zu nehmen haben werden, daß der Gefangene oft nicht einsieht, daß seine Beschwerde unbegründet ist; von der Bestrafung „leichtfertiger Beschwerden usw." wird wohl abzusehen sein. Anm. 2 zu § 48.

4. § 490 StPO. betrifft die Beschwerde über die Auslegung eines Strafurteils, die Berechnung der erkannten Strafe und die Zulässigkeit der Strafvollstreckung (es wird Verjährung geltend gemacht; es wird behauptet, daß der Gefangene nicht der Verurteilte sei usw.), nicht aber die Art der Strafvollstreckung z. B. der Gefangene behauptet, daß er nicht zur Arbeit außerhalb der Anstalt angehalten werden dürfe (§ 16 Abs. III StGB.), daß er zu Unrecht in Gemeinschaftshaft gehalten werde (Art. 25 Abs. II AGStPO.), daß er nicht gefesselt werden dürfe (Art. 27 Abs. IV AGStPO.; Fesselung ist keine Disziplinarstrafe); dazu kommen alle Beschwerden wegen Verletzung der Vorschriften der Hausordnung: ungenügende Kost; mangelhafte Bewegung im Freien; Versagung der Lektüre; des Briefschreibens usw.

6. Bestrafung.[1])

§ 61.

I Jede Handlung oder Unterlassung eines Gefangenen, die durch die Hausordnung oder eine andere Vorschrift[2]) verboten ist

oder einer erteilten Weisung[3]) zuwiderläuft, zieht Disziplinarstrafe nach sich.

II Begeht ein Gefangener eine nach den Strafgesetzen strafbare Handlung, so schließt die Einleitung des Strafverfahrens die disziplinäre Ahndung nicht aus.[4])

§ 58 DuHO.

1. Die Regelung der Bestrafung der Gefangenen ist für die Strafanstalten und Gerichtsgefängnisse, von einigen kleinen Unterschieden abgesehen, in der gleichen Weise erfolgt. Es kann deshalb in der Hauptsache auf die Anmerkungen zu § 90 ff. der HOStrA. verwiesen werden. Die dort aufgestellten Grundsätze über die Vollstreckung der Disziplinarstrafen nach der Beendigung der Haft, über die Bestrafung von Verfehlungen, die auf dem Transport begangen wurden usw. treffen auch für die Gerichtsgefängnisse zu. Im übrigen soll hier nur auf einzelne Abweichungen verwiesen werden. Wegen der Bestrafung der Untersuchungsgefangenen vgl. § 40 Abs. V.

2. Insbesondere Vorstandsweisungen; vgl. § 13 Abs. I.

3. Vgl. § 48 Abs. I Satz 1.

4. Z. B. Beschädigungen von Einrichtungsgegenständen; § 303 StGB.; vgl. § 76; § 58 Abs. III; Verletzungen anderer Gefangener; § 223 ff. StGB.; § 54 HO.

§ 62.

I Als Disziplinarstrafen sind zulässig:

1. Warnung;
2. Verweis;
3. Entziehung der Erlaubnis, über den Arbeitsverdienst[1]) zur Anschaffung von Zusatznahrungsmitteln oder Schnupftabak zu verfügen, oder der Erlaubnis der Selbstbeköstigung, der Selbstbeschäftigung, des Tragens eigener Kleider und der Benützung eigener Bettstücke, bis zur Dauer von sechs Wochen;[2])
4. Entziehung der Erlaubnis, Besuche zu erhalten und Briefe zu schreiben, bis zur Dauer von drei Wochen;[3])
5. Entziehung der Erlaubnis, Bücher und Druckschriften weltlichen Inhalts zu lesen, bis zur Dauer von vier Wochen;[4])
6. bei Einzelhaft Entziehung der Arbeit bis zur Dauer einer Woche;[5])
7. Ausschluß von der Bewegung im Freien bis zur Dauer einer Woche;[6])
8. Entziehung des Bettlagers bis zur Dauer einer Woche;[7])
9. Schmälerung der Kost, je bis zur Dauer einer Woche entweder durch Beschränkung der warmen Kost auf eine Mittagssuppe ohne Fleisch,

oder durch Entziehung der Hälfte der Brotportion,
oder durch Beschränkung auf Wasser und Brot je um den andern Tag;[8])

10. einsame Einsperrung bis zur Dauer von sechs Wochen.[9])

II Die Disziplinarstrafen unter Nr. 1 bis 9 — diese miteingeschlossen — können auch in Verbindung miteinander zur Anwendung gebracht werden.

III Die einsame Einsperrung kann geschärft werden:

a) durch die unter Nr. 3, 4, 5, 6, 7 und 8 bezeichneten Entziehungen,
b) durch Schmälerung der Kost,[10])
c) durch Verdunkelung der Zelle.[11])

Die Schärfungen werden einzeln oder in Verbindung miteinander für die ganze Dauer oder für einen Teil der Haft, die Schärfung durch Verdunkelung der Zelle jedoch nicht für mehr als vier Wochen verhängt. Dauert die einsame Einsperrung länger als eine Woche, so fallen die damit verbundenen Schärfungen der Entziehung des Bettlagers, der Schmälerung der Kost und der Verdunkelung der Zelle am vierten, achten und dann an jedem dritten Tage weg.[12])

IV Die Gefangenen, über die die einsame Einsperrung verhängt ist, sind vom Besuche des Gottesdienstes ausgeschlossen.[13])

V Die körperliche Züchtigung ist in allen Gefängnissen unbedingt verboten.[14]) Fesselung und Anlegung der Zwangsjacke dürfen als Disziplinarstrafe nicht angewendet werden.[15]) Gegen Gefangene, die das achtzehnte Lebensjahr noch nicht vollendet haben, ist die Schärfung der einsamen Einsperrung durch Verdunkelung der Zelle unzulässig.

§ 58 DuHO. § 91 HOStrA. und Anm. 1 zu § 61.

1. Gutgeschriebene Verdienstanteile können nicht entzogen werden; ebenso nicht das Recht, für erst zu leistende Arbeiten einen Verdienstanteil zu bekommen (§ 98 Abs. I; 99 Abs. I; 84).

2. § 81; 84; 94; 77. 76 Abs. III; bei den Strafanstalten ohne zeitliche Beschränkung.

3. § 105; 106.

4. § 104.

5. § 32.

6. § 85. Die Ausschließung nach § 85 Abs. II ist keine Disziplinarstrafe.

7. § 76. Es ist den Gefangenen in der Regel auch keine Decke zu belassen.

8. § 80. Die Mittagssuppe ohne Fleisch soll an Menge und Nahrungswert ¾ der warmen Kost ohne Fleisch betragen; daneben volle

Brotportion. ME. vom 15. Mai 1883 Nr. 6135. Bei Beschränkung auf Wasser und Brot wird also Wasser und Brot am 1., 3., 5. und 7. Tage gereicht. Hiermit ist die Strafe vollzogen.

9. Vgl. Abs. III und Abs. V Satz 3.

10. Nach Maßgabe der Ziffer 9.

11. Vgl. Abs. V Satz 3.

12. In der DuHO. war vorgesehen, daß die einsame Einsperrung mit Aufgabe einer Arbeit verhängt werden konnte, für die ein Verdienstanteil nicht gewährt wurde. § 58 Abs. I Ziff. 5. § 78 Abs. I Satz 3 DuHO. Die Aufgabe einer Arbeit in dem Sinne wie früher dürfte nicht mehr zulässig sein; dagegen kann die Arbeit nach Maßgabe des Abs. III lit. a entzogen werden; wird sie nicht entzogen, so dürfte der Gefangene Verdienstanteile zu beanspruchen haben, da eine besondere Bestimmung hierüber fehlt.

13. § 102.

14. § 39 Abs. III.

15. Sondern nur als Sicherungsmaßregel; vgl. § 68 Abs. III, IV; § 116 StPO.; vgl. auch zu Satz 1 und 2 Art. 27 Abs. 4 AGStPO. Vgl. aber § 91 Abs. I Ziff. 10 HOStrA.

§ 63.

I Die Disziplinarstrafen werden vom Vorstande,[1]) gegen Untersuchungsgefangene vom Richter[2]) verhängt. Vor der Verhängung der Strafe ist der Gefangene zu hören. Der Tatbestand wird in der Regel nur durch mündliche Ermittelung festgestellt. Der Strafbeschluß ist dem Gefangenen mündlich zu eröffnen. Wird eine der Disziplinarstrafen nach § 62 Nr. 9 oder 10 verhängt, so ist der Strafbeschluß schriftlich[3]) abzufassen. Im übrigen sollen das Ergebnis der Untersuchung und die verhängte Strafe lediglich im Strafbuche[4]) vermerkt werden.

II Die Aktenstücke über eine Disziplinaruntersuchung des Vorstandes werden als Beilagen des Strafbuchs[4]) in Sammelakten aufbewahrt. Die Aktenstücke über eine Disziplinaruntersuchung gegen Untersuchungsgefangene werden zu den Untersuchungsakten abgegeben.

III Die Strafen werden in der Regel sofort vollstreckt. Soweit es sich nicht um die Disziplinarmittel nach § 62 Nr. 1 bis 6 handelt, ist der Gefängnisarzt[5]) rechtzeitig zu benachrichtigen, damit er etwaige Bedenken geltend machen kann. Wenn die Vollstreckung der Strafe aus Gründen der Disziplin keinen Aufschub erleidet, so ist der Arzt nachträglich und zwar in kürzester Frist zu hören.

IV Gegen die Verhängung der in § 62 Nr. 9 und 10 bezeichneten Disziplinarstrafen und gegen die Art der Vollstreckunng

dieser Strafen steht dem Gefangenen das Recht der Beschwerde zu. Aufschiebende Wirkung hat die Beschwerde nur, wenn es der Vorstand — bei Untersuchungsgefangenen der Richter — verfügt.[6])

§ 59 DuHO. § 93, 94 HOStrA. Anm. 1 zu § 61.

1. Vgl. § 12 Abs. I und II.

2. Vgl. § 40 Abs. VII; wegen der Befugnisse des Richters Anm. 2 zu § 39.

3. Ist für die Strafanstalten nicht bestimmt: der Beschluß wird aber nur mündlich eröffnet, nicht zugestellt.

4. Vgl. § 123; 115 Abs. I.

5. Vgl. § 22.

6. Aber auch in den übrigen Fällen hat der Gefangene das Recht, gegen Verfügungen des Vorstands die Dienstaufsicht des Oberstaatsanwalts, gegen Verfügungen der Richter die Dienstaufsicht der vorgesetzten Behörde anzurufen. Im letzteren Falle liegt also keine Beschwerde nach § 346 StPO. vor, sondern nur in den Fällen, in denen § 63 die Beschwerde ausdrücklich zuläßt. Es hat deshalb nicht wie in den Fällen des § 346 die Strafkammer, sondern der Präsident im Benehmen mit dem Präsidium zu entscheiden. Die formelle Beschwerde gegen den Gefängnisvorstand geht wie die dienstaufsichtliche an den Oberstaatsanwalt. Früher war die Beschwerde allgemein zugelassen. Oberstaatsanwalt und StM. der Justiz können, auch wenn keine Beschwerde vorliegt, Disziplinarbeschlüsse des Vorstands aufheben oder ändern: das ergibt sich aus dem Oberaufsichtsrecht; dieselbe Befugnis steht der Dienstaufsichtsbehörde gegen den Richter zu.

7. Verschluß und Sicherung des Gefängnisses.

§ 64.

I Die Tore des Gefängnisgebäudes, die Türen, die die einzelnen Abteilungen des Gefängnisses abschließen, die Türen zu den Waschküchen, Holzlegen, Kellern und Speichern, insbesondere die Türen der Räume, in denen sich Gefangene befinden, und die in den Türen befindlichen Klappen müssen verschlossen gehalten werden. Nur während der Zeit, die die Gefangenen im Freien zubringen und während der Reinigung der Hafträume, die unter der Aufsicht eines Gefängnisbeamten stattfindet, bleiben die Türen geöffnet.[1]) Die Ofen- und Rauchfangtüren sind nach der Heizung stets wieder zu schließen.

II Auf die sichere Aufbewahrung der Schlüssel ist besondere Aufmerksamkeit zu verwenden. Sie dürfen nirgends stecken oder liegen bleiben,[2]) noch weniger einem Gefangenen, sei es auch nur zum Überbringen an einen Beamten, anvertraut werden. Die nicht im Gebrauche befindlichen Schlüssel sind in einem Behältnisse zu verschließen.[3]) Außer den für den persönlichen Gebrauch unentbehrlichen Tor- und Hausschlüsseln dürfen andere Schlüssel nicht aus dem Gefängnisse fortgenommen werden.[4])

III Für jedes Gefängnis hat der Vorstand eine allgemeine Weisung über den Verschluß von Türen und Toren und über die Aufbewahrung der Schlüssel zu erlassen. Der Vollzug ist bei den Besichtigungen zu überwachen.[5])

§ 35 DuHO.

Vorbemerkung zu § 64 ff. Die Beachtung der Vorschriften ist für die Gefängnisbeamten, von den disziplinären Folgen abgesehen, im Hinblick auf § 347 StGB. (Anhang) von besonderer Bedeutung. Zunächst trifft die Sorge für den Verschluß und die Sicherung des Gefängnisses den Gefängniswärter (§ 15 Abs. II Ziff. 2); verwendet er für diese Geschäfte Aufsichtsbeamte (§ 16 Abs. III Satz 1), so hat er deren Tätigkeit zu überwachen. Er kann nach Maßgabe des § 20 Abs. II Satz 3 auch Familienangehörige usw. für den Fall seiner Abwesenheit mit einzelnen Geschäften betrauen; er bleibt aber dann nach Satz 4 a. a. O. haftbar. Ist die Entweichung eines Gefangenen durch Fahrlässigkeit eines Gefängnisbeamten verursacht, so ist unnachsichtlich strafrechtliche Einschreitung zu veranlassen. ME. vom 17. November 1892 Nr. 20883 und 9. März 1906 Nr. 6839.

1. Auch dann sind die Türen wieder zu verschließen, wenn der Gefangene z. B. in das Verhörzimmer zu einer Vernehmung vorgeführt wird; es könnten sich andere Gefangene einschleichen usw. Wegen der Reinigung der Zellen vgl. § 57.

2. Also auch nicht im Dienstzimmer des Gefängniswärters oder in der Dienstwohnung.

3. Das Behältnis befindet sich am besten im Pförtnerzimmer; es muß den Gefängnisbeamten zugänglich sein und soll womöglich so eingerichtet sein, daß der Zweck der Schlüssel und das Fehlen von Schlüsseln sofort erkannt werden kann.

4. Früher wurde öfter angeordnet, daß keinem Aufseher beim Verlassen des Gefängnisses die Schlüssel zu den Eingängen des Gefängnisgebäudes überlassen bleiben dürfen, daß die Schlüssel vielmehr an einem sicheren Orte im Gefängnisse selbst aufbewahrt werden müssen und daß der Pförtner beim Ein- und Auspassieren der Aufseher die Eingangstüren zum Gefängnisse zu öffnen und zu schließen hat. Eine solche Vorstandsweisung wird in der Regel jetzt nicht mehr zulässig sein; man kann wohl nicht sagen, daß die Schlüssel entbehrlich sind, wenn der Pförtner die Türen öffnet und schließt. Aber auf Grund des § 68 Abs. I kann eine Weisung des besprochenen Inhalts erlassen werden, wenn ein besonderer Anlaß dazu vorliegt. Die Vorstandsweisung (§ 13 Abs. I) wird insbesondere auch den Verschluß der Wirtschaftsräume, die Benützung der Schlüssel durch Angehörige der im Gefängnis wohnenden Beamten, die Anwendung des einfachen und des doppelten Verschlusses der Zellen usw. zu berücksichtigen haben.

5. In einer Reihe von Gefängnissen werden von den Gefängniswärtern Hunde gehalten. Die Anschaffung solcher Hunde auf Staatskosten wird regelmäßig abgelehnt, weil die Hunde vor allem den persönlichen Interessen der Gefängniswärter (Schutz, Erleichterung der Überwachung des Gefängnisses) dienen. Dagegen wird den Gefängniswärtern in der Regel die für das Halten des Hundes zu entrichtende jährliche Gebühr auf Rechnung des Etatstitels Ziffer I Kap. 3 § 1 gezahlt. Nur in Regensburg und Nürnberg (Gefängnisse mit Regiebetrieb) wurden Hunde aus Staatsmitteln angeschafft. Bereits gezahlte Gebühren werden nicht vergütet. Militärisch bewacht wird das Gerichtsgefängnis am Neudeck in München; die militärische Bewachung des Untersuchungsgefängnisses in Augsburg wurde jüngst aufgehoben. Wegen der Wachmäntel für die Militärposten vgl. ME. vom 13. Oktober 1886 Nr. 13126.

§ 65.

Bei der Aufbewahrung und dem Gebrauche von Leitern, Seilen und anderen Gegenständen, die zur Flucht dienen könnten, ist die größte Vorsicht geboten. Im Gefängnishofe dürfen Holzvorräte nicht so aufgeschichtet werden, daß das Übersteigen der Gefängnismauer erleichtert wird. Brandleitern und Feuerhacken müssen stets angeschlossen sein.[1])

§ 36 DuHO.

1. Vgl. Vorbemerkung zu § 64. Wenn im Gefängnishof Holz aufgeschichtet wird, muß es stets in einem genügenden Abstand von der Mauer geschehen. Bei der Bewegung im Freien ist darauf zu achten, daß Gefangene sich nicht hinter Holzstößen verbergen. § 85. Wenn die Aufsicht über die Arbeit im Gefängnishof auch zunächst von einem Aufseher gehandhabt wird, so hat doch auch der Gefängniswärter die Pflicht, in angemessener Zeit Nachschau zu halten. Hat der Gefängniswärter die Aufsichtspflichten versäumt, so kann auch er gegebenenfalls aus § 347 StGB., jedenfalls aber disziplinär gestraft werden. Nach Schluß der Arbeitszeit ist im Arbeitshofe nachzusehen, ob nicht Leitern usw. herumliegen. Gegen § 65 wird oft gefehlt. ME. vom 9. März 1906 Nr. 6839. Dachrinnen und Blitzableiter sollen keine Kniee bilden.

§ 66.

I Die Gefängnisbeamten[1]) haben sich täglich zu verschiedenen Zeiten davon zu überzeugen, daß die Fenstervergitterungen, Türverschlüsse, Decken, Wände, Böden, Heizungs- und Beleuchtungseinrichtungen und Gerätschaften unbeschädigt sind, daß in den Winkeln, Gerätschaften und Bettstücken nicht Gegenstände versteckt sind, welche zu Angriffen oder Fluchtversuchen gebraucht werden könnten und daß keinerlei Vorbereitungen zu Angriffen oder Fluchtversuchen gemacht werden.[2]) Zum Nachsehen eignet sich am besten die Zeit, während der die Gefangenen sich in den Hafträumen nicht aufhalten.[3])

II Bei gefesselten Gefangenen muß von Zeit zu Zeit nachgesehen werden, ob die Fesseln sich noch in unversehrtem Zustande befinden.[4])

III Die Gefängnisbeamten müssen sich jeden Abend bei Schluß der „Tagesordnung" (§ 72) und jeden Morgen davon überzeugen, daß die ihrer Bewachung anvertrauten Gefangenen in dem Raume sich befinden, in dem sie sich aufhalten sollen. Bei Gefangenen, von welchen ein Fluchtversuch zu besorgen ist, muß auch während der Nacht mindestens einmal, erforderlichen Falles auch öfter, Nachschau gehalten werden. In den Gefängnissen, in denen mehr als zwei Aufsichtsbeamte vorhanden sind, ist — vorbehaltlich anderer Anordnung des Oberstaatsanwalts — ein ständiger Nachtdienst einzurichten.[5])

IV Ist ein Gefangener entflohen, so sind unter Benützung von Telegraph und Telephon[6]) möglichst schnell Maßregeln zu seiner Verfolgung zu ergreifen. Insbesondere ist die Sicherheitsmannschaft in Kenntnis zu setzen. Dabei ist die Personalbeschreibung des Gefangenen (§ 30 Abs. VI) zu verwerten.

§ 37 DuHO.

1. Vgl. Vorbemerkung zu § 64 und Anm. 1 zu § 65.

2. Die Gefangenen zeigen oft große Gewandtheit in der Verbergung von Gegenständen; Messer werden unter der Tischplatte verborgen, indem die Klinge zwischen Platte und Gestelle hineingeschoben wird, so daß man das Messer nur fühlt, wenn man unter der Platte mit den Händen entlang tastet; Waffen, Wertsachen, Beschädigungen in der Wand (Vorbereitung zu Öffnungen) werden hinter Arbeitsstoffen verborgen; es empfiehlt sich deshalb, diese von Zeit zu Zeit wegzuräumen. Füße von Klappbettstellen sind oft schon längere Zeit gelockert und sogar abgelöst gewesen, ohne daß es bemerkt wurde. Besondere Vorsicht ist nötig, damit die Gefangenen aus den Arbeitsräumen (Schlosserei, Tischlerei, Schuhmacherei usw.) keine Werkzeuge mit in die Zellen bringen, wenn es nicht nach § 95 Abs. VI gestattet ist.

3. Bei der Bewegung im Freien (§ 85), beim Gottesdienst, bei Vorführung zu Vernehmungen, beim Baden usw.

4. Vgl. § 62 Abs. V; 68 Abs. III und IV.

5. Zur Kontrolle der Gefängnisbeamten, die den Nachtdienst zu versehen haben, empfiehlt sich die Anschaffung von sog. Kontrolluhren, die an geeigneten Plätzen anzubringen und vom Gefängniswärter zu prüfen sind. Die Anschaffung erfolgt auf den Etatstitel Ziffer I Kap. 1 H § 2 Tit. 2 (Gerätschaften und Einrichtungsgegenstände); Antrag des Gefängnisvorstands an den Oberstaatsanwalt, der den Antrag dem StM. der Justiz vorlegt. Wo für den Nachtdienst das Tragen von Schußwaffen gestattet ist, ist dafür zu sorgen, daß ein Mißbrauch der Waffen durch unvorsichtige Handhabung oder unnötigen Gebrauch vermieden wird. Vgl. § 69.

6. Die Einrichtungen der Telephonanlagen, Nebensprechstellen, Weckvorrichtungen geschieht in der Regel durch die Telegraphenverwaltung unentgeltlich. Es sind dafür nur jährliche Gebühren zu entrichten, z. B. für einen Hauptanschluß eine Bauschgebühr oder eine Grundgebühr nebst Gesprächsgebühren für jede Verbindung im Ortsverkehre, mindestens jedoch für 400 Gespräche im Kalenderjahre. Teilnehmer, welche die Bauschgebühr zahlen, haben für Gesprächsverbindungen im Ortsverkehre keine besondere Gebühr zu entrichten; Teilnehmer, welche die Grundgebühr zahlen, für jede Verbindung im Ortsverkehr 5 Pfennig; für den Vororts- und Nachbarortsverkehr, Bezirksverkehr und Fernverkehr gelten besondere Vorschriften (vgl. die Bestimmungen für die Benützung der Anschlüsse an staatliche Ortstelephonnetze, im April 1906 von der Generaldirektion der K. B. Posten und Telegraphen herausgegeben). Für die Verrechnung der Telephongebühren sind die Vorschriften der Bek. vom 14. Mai 1909 Nr. 13064 (JMBl. S. 213) maßgebend, insbesondere § 7 (vgl. Ziffer III Kap. 3 des Justizetats); diese Vorschriften gelten nicht für die sog. Haustelephone, die nur den Verkehr innerhalb eines Gebäudes oder z. B. ohne Anschluß an die Staatsleitung vom Amtsgericht zum Gefängnis vermitteln; diese werden auf Baufonds einzurichten sein. Vgl. auch § 8 der Bek. vom 28. April 1901, die Vereinfachung des dienstlichen Verkehrs betr. (JMBl. S. 363 ff.) Die Einrichtung von Nebensprechstellen ist in der Regel billiger als die Einrichtung eines Haustelephons und bietet größere Vorteile.

§ 67.

I Die Gefängnisbeamten haben darüber zu wachen, daß die Gefangenen Gegenstände, die zu Angriffen oder Fluchtversuchen gebraucht werden könnten oder andere Gegenstände, die die Gefangenen nicht besitzen dürfen, nicht in ihren Kleidern oder sonstwie mit sich führen.[1]) Zu diesem Zwecke dürfen sie einen Gefangenen durchsuchen.[2]) Gefangene, die das Gefängnis zeitweise verlassen haben, sind bei ihrer Rückkehr stets zu durchsuchen.[2])

II Bei den Durchsuchungen sind die Vorschriften des § 30 Abs. I zu beachten.

III Die Gefängnisbeamten haben ferner sorgfältig darüber zu wachen, daß von einander getrennt gehaltene Gefangene nicht miteinander in Verkehr treten und daß die Gefangenen auch nicht nach außen, insbesondere nicht mit der Nachbarschaft, durch Rufen oder durch Zeichen verkehren. Auch ist darauf zu achten, daß die Gefangenen nicht mit den im Gefängnis beschäftigten freien Personen, z. B. Handwerkern oder deren Gehilfen, in Verkehr treten.[3])

§ 37, 38 DuHO.

1. Vgl. § 66 Anm. 1, 2.

2. Gerade so wie bei der Aufnahme; vgl. Abs. II und § 30; gleichgültig ist, zu welchem Zwecke (Termine, Außenarbeit) und auf wielange der Gefangene das Gefängnis verlassen hatte. Haben die Gefangenen beim Verlassen des Gefängnisses Brot oder andere Sachen mitbekommen,

so sind die Sachen, die sie zurückbringen, ihnen abzunehmen und zu durchsuchen.

3. Vgl. § 49; also auch nicht bei der Arbeit, beim Gottesdienst, bei der Bewegung im Freien. Dafür, daß kein Verkehr mit der Nachbarschaft usw. durch die Zellenfenster stattfinden kann, ist gegebenenfalls durch Anbringung von Blenden usw. zu sorgen (Bausache), wenn nicht die Lichtzufuhr zu sehr beschränkt wird. Besondere Vorsicht ist nötig, wenn die Gefangenen außerhalb des Gefängnisses beschäftigt werden. Wegen der Erfrischungen, die hiebei den Gefangenen oft angeboten werden, vgl. § 49. Wegen der Besichtigung der Gefängnisse vgl. § 101 Anm. 6. Wo Verträge mit Lieferanten geschlossen werden, empfiehlt sich die Aufnahme entsprechender Bedingungen.

§ 68.

I Der Vorstand ist jederzeit zu Anordnungen berechtigt, die es verhindern, daß die Ordnung und Sicherheit des Gefängnisses gefährdet wird.[1])

II Gefangenen, die als gefährliche bezeichnet oder als solche schon bekannt sind, ist besondere Aufmerksamkeit zu widmen. Von der Verwahrung einer größeren Zahl gefährlicher Gefangenen soll der Vorstand die Distriktspolizei in Kenntnis setzen, damit diese im Interesse der öffentlichen Sicherheit die nötigen Maßregeln rechtzeitig treffen kann.[2])

III Den gefährlichen Gefangenen können für die Nacht die Kleider genommen werden. Zur Sicherung der Gefängnisbeamten oder anderer Gefangenen können einem gefährlichen Gefangenen auch Fesseln angelegt werden. Die Fesselung ist ferner zulässig, wenn ein Gefangener einen Fluchtversuch oder einen Selbstmordversuch gemacht oder vorbereitet hat. Der Fesselung nach einem Selbstmordversuch soll womöglich der Gefängnisarzt beiwohnen.

IV Bei tätlicher Widersetzung, sowie bei Toben und Schreien dürfen zur augenblicklichen Bändigung Fesseln oder die Zwangsjacke angewendet werden, jedoch nicht länger, als bis der Widerstand gebrochen und der Zweck der Sicherung erreicht ist. Die Anlegung der Zwangsjacke darf nicht über sechs Stunden dauern. Wenn nicht Gefahr im Verzug ist, soll die Zustimmung des Gefängnisarztes eingeholt werden.[3])

V In Gefängnissen, in denen Tobzellen eingerichtet sind, kann statt der Anlegung der Zwangsjacke die Einsperrung in der Tobzelle angeordnet werden. Wenn nach vierundzwanzig Stunden keine Beruhigung eingetreten ist, soll über das längere Verbleiben des Gefangenen in der Tobzelle der Gefängnisarzt gehört werden.[4])

VI Welche der Maßregeln der Abs. III bis V anzuwenden

ist, bestimmt der Vorstand, bei Untersuchungsgefangenen der Richter. In Notfällen ist auch der Gefängniswärter oder dessen Vertreter zu ihrer Anwendung befugt. Der Gefängniswärter oder dessen Vertreter muß jedoch den Vorfall unverzüglich dem Vorstande melden.[5])

§ 39. 40 DuHO. Grundsätze § 36. HOStrA. § 96 ff.

1. Er kann also z. B. anordnen, daß Gefängnisbeamte, die dienstfrei hätten, wegen der Anwesenheit gefährlicher Gefangener Dienst zu machen haben: daß Hilfsaufseher eingestellt werden (§ 16 Abs. I Satz 2); daß ein Nachtdienst einzurichten ist, auch wenn die Voraussetzungen des § 66 Abs. III nicht vorliegen usw.

2. Die Vorschriften des Abs. II ff. sind zum Teil der ME. vom 11. Dezember 1886 Nr. 17475, die Meuterei im Gerichtsgefängnisse zu Neuburg a. D. betr., entnommen. Soweit die Entschließung noch gilt, wird sie hier abgedruckt:

1. Bei der Zu- und Abschubung gefährlicher Verbrecher in Gerichtsgefängnisse und von da zurück an den Ort der Strafvollstreckung oder in Untersuchungsgefängnisse ist die Schubbehörde von dem bevorstehenden Transporte von Seite der abliefernden Behörde so rechtzeitig in Kenntnis zu setzen, daß dieselbe für eine entsprechende Verstärkung der Bedeckungsmannschaft Sorge tragen kann.
2. Hinsichtlich des Transportes solcher Gefangener sind die Bestimmungen des § 153 der Dienstes-Instruktion für die Gendarmerie-Mannschaft vom 20. September 1879 maßgebend.
3. ersetzt durch § 68 Abs. II Satz 2.
4. Gefährliche Gefangene sind während der ganzen Dauer ihrer Anwesenheit im Gerichtsgefängnisse voneinander gesondert zu verwahren. Satz 2 (er machte die Anlegung von Fesseln bei Ungehorsam, Fluchtverdacht usw. obligatorisch) ist ersetzt durch Abs. III Satz 2 und 3.
5. Satz 1 (er machte die Wegnahme der Kleider für die Nacht obligatorisch) ersetzt durch Abs. III Satz 1. Während des Tages haben die Gefangenen Gefangenenkleidung mit Ausschluß jeder Kopfbedeckung zu tragen. Als Fußbekleidung erhalten solche außer Socken lederne Pantoffeln (vgl. § 77).
6. Solange sich in einem Gerichtsgefängnisse Gefangene der in Ziffer 1 bezeichneten Art befinden, sind die betreffenden Hafträume vor- und nachmittags mindestens zweimal, dann während der Nachtzeit mindestens zweimal und zwar vor und nach Mitternacht durch zwei bewaffnete Gefängnisbedienstete genau zu kontrollieren. Während des Visitationsgeschäfts haben die beiden letzteren im Haftraume zu bleiben. (§ 32 Abs. III Satz 2 bezieht sich auf das Nachschauen, ohne daß die Beamten bewaffnet sind; das nach § 32 notwendige dritte Nachschauen wird bei gefährlichen Gefangenen auch durch bewaffnete Beamte zu erfolgen haben.)
7. Ersetzt durch § 68 Abs. I mit § 16 Abs. I Satz 2.

3. a) Die Anlegung der Zwangsjacke wird in der neuesten Zeit von den Ärzten der Anlegung von Fesseln, die über die gekreuzten

Hände gelegt werden, vorgezogen; es wird sich empfehlen, darüber, ob Fesselung oder Anlegung der Zwangsjacke anzuwenden ist, jedesmal, wenn möglich, eine Entscheidung des Arztes einzuholen. Nach Selbstmordversuchen ist wohl nach dem Wortlaute des Abs. III und IV die Anlegung der Zwangsjacke nicht erlaubt.

b) Wegen der Fesselung von Gefangenen auf dem Transporte bestimmt die ME. vom 14. Januar 1903 Nr. 2010, daß beim Transporte von Gefangenen nach der Entschließung des StM. des Innern vom 10. Januar 1903 Nr. 29627 zu verfahren ist, wenn Gefangene ausnahmsweise durch Organe der Justizverwaltung transportiert werden. Die Entschließung des StM. des Innern ist bei § 4 Anm. 4 f. abgedruckt; vgl. dort. Wegen der Fesselung von Untersuchungsgefangenen auf dem Transport vgl. § 43 HO.

4. Tobzellen sind Hafträume mit glatten Wänden und unzerbrechlichen Fenstern ohne Einrichtungsgegenstände. Auch in der Tobzelle ist die im § 32 Abs. III angeordnete Nachschau zu halten; außerdem empfiehlt es sich, den Gefangenen öfter von außen zu beobachten.

5. Vgl. Art. 27 Abs. 4 AGStPO. Wegen der Untersuchungsgefangenen vgl. Anm. 2 zu § 39; § 40 Abs. VII. Vgl. auch § 71.

§ 69.

Die Gefängnisbeamten sind zum Gebrauche ihrer Waffen [1]) berechtigt:

1. bei Fluchtversuchen, wenn der Gefangene sich der Ergreifung tätlich oder durch gefährliche Drohungen widersetzt oder auf wiederholte Aufforderung von dem Fluchtversuche nicht abläßt; [2])
2. wenn Gefangene Handlungen begehen, die den Tatbestand der Meuterei (§ 122 StGB.) enthalten; [3])
3. wenn ein Gefangener auf Beamte des Gefängnisses oder auf andere Personen, insbesondere auch auf Mitgefangene einen tätlichen Angriff unternimmt. [4])

Dem Waffengebrauche hat, wenn es noch ausführbar ist, eine Aufforderung zum Gehorsam vorauszugehen. Der Waffengebrauch darf nicht weiter ausgedehnt werden, als zur Überwindung des Widerstandes oder zur Abwehr des Angriffs erforderlich ist. [5]) [6])

§ 41, 18 DuHO.

1. Als Waffen allgemein eingeführt sind nur die Seitengewehre. § 21 Abs. I. § 69 dürfte sich aber nicht nur auf den Gebrauch der Seitengewehre beziehen. Bei einzelnen Gefängnissen (z. B. Untersuchungsgefängnis in Augsburg wegen Aufgebung der militärischen Bewachung) ist den Gefängnisbamten auch das Tragen von Revolvern bei den nächtlichen Gängen gestattet. Den Gebrauch der Revolver (auch die Aufbewahrung, Behandlung usw.) wird der Vorstand besonders durch schriftliche Vorstandsweisung regeln; er kann sich dabei allerdings an den § 69 halten, wird aber ausführlichere Bestimmungen darüber zu treffen haben, wann vom Revolver Gebrauch gemacht werden darf. Die Beamten werden übrigens neben den Revolvern ihre Seitengewehre zu tragen haben und diese zunächst gebrauchen können. Schußwaffen sollen überhaupt erst dann gebraucht werden, wenn andere Waffen nicht zu Gebote stehen oder nicht zum Ziele führen; es ist nötig, dem Gefangenen den Gebrauch der Schußwaffe ausdrücklich anzudrohen. Wo keine Waffen eingeführt sind oder die eingeführten augenblicklich nicht zu Gebote stehen, darf der Beamte im Falle des § 69 auch andere geeignete Verteidigungsmittel als Waffen nach Maßgabe des § 69 anwenden. Die Bestimmungen gelten auch für den Waffengebrauch außerhalb der Anstalt.

2. Vgl. Anm. 1. Daß die Waffe auch dann gebraucht werden darf, wenn der Gefangene auf wiederholte Aufforderung vom Fluchtversuche nicht abläßt, ist neu; vgl. § 41 Ziff. 2 DuHO. Unter welchen Umständen auf einen fliehenden Gefangenen geschossen werden darf, ist besonders zu regeln; vgl. Anm. 1.

3. Vgl. Anhang § 122 StGB.

4. a) Also nicht, wenn nur mit dem Angriff gedroht wird. § 41 DuHO. Die Ziffer 3 deckt sich in der Hauptsache mit § 53 StGB. (Notwehr).

b) Der Waffengebrauch ist nicht mehr zulässig, wenn ein Gefangener sich im Besitze eines Werkzeugs befindet, das zu gefährlichen Angriffen dienen kann und der Aufforderung, es abzulegen, nicht nachkommt. § 41 Ziffer 3 DuHO.

5. Abs. II ist besonders zu beachten.

6. In jedem Falle des Waffengebrauchs ist dem Vorstande sofort Anzeige zu erstatten. § 71. Der Vorstand hat nach § 71 Abs. I Satz 2 zu verfahren. Vgl. auch § 13 Abs. IX, 24.

§ 70.

I Ist im Gefängnisgebäude ein Brand entstanden, der offenbar nicht sogleich unterdrückt werden kann, so ist so schnell als möglich für die Rettung der Gefangenen und für die Herbeirufung von Hilfe zu sorgen. Gefangene, bei denen Fluchtgefahr besteht, sind nach Möglichkeit in einen andern Gewahrsam zu bringen. Sie können auch gefesselt werden. Andere Gefangene dürfen in Freiheit gesetzt werden.[1])

II Für jedes größere Gefängnis ist vom Vorstand eine Feuerlöschordnung zu erlassen.[2])

§ 43 DuHO.

1. a) Für die Unterdrückung kleinerer Brände sind in den Gefängnissen teilweise Feuerlöschapparate (Minimax, Exzelsior u. a.) bereit gestellt. Damit die Apparate in der Stunde der Not gebrauchsfähig sind, ist sorgfältige Instandhaltung und periodische Nachprüfung nötig.

Die Anschaffung der Apparate erfolgt auf Gebäudeunterhaltungskosten (Ziffer I Kap. 6 § 2; event. Neubaukredit).

b) Die erste Sorge wird der Herbeirufung der Feuerwehr zu gelten haben.

c) Auch der Vorstand ist unverzüglich zu benachrichtigen. § 71. Vgl. § 13 Abs. IX, 24.

2. a) Durch schriftliche Vorstandsweisung § 13 Abs. I.

b) Soll die militärische Macht zur Bewachung der Gefangenen angerufen werden, so genügt — weil ein Notfall vorliegt — ein mündliches Aufgebot (Art. 1 des Gesetzes vom 4. Mai 1851).

§ 71.

I Über außerordentliche Ereignisse im Gefängnisse wie Flucht oder Fluchtversuche, Widersetzlichkeiten,[1]) Mißhandlungen und Verwundungen,[2]) Entdeckung eines Komplotts oder gefährlicher Werkzeuge im Besitze eines Gefangenen, Selbstmord, Selbstmordversuch, Brand[3]) oder Unglücksfälle ist dem Vorstand unverzüglich Anzeige zu machen. Im Falle des Waffengebrauchs[4]) hat der Vorstand unverzüglich den Tatbestand festzustellen. Außerordentliche Ereignisse, die Untersuchungsgefangene betreffen, sind auch dem Richter anzuzeigen.[5])

II Über jede Verletzung, die sich ein Gefangener beim Arbeitsbetrieb oder einer sonstigen Verrichtung zuzieht, ist ungesäumt dem Vorstand und dem Gefängnisarzte Mitteilung zu machen, auch wenn die Verletzung unerheblich ist.[6])

§ 44 DuHO

1. Vgl. § 68 Abs. IV, VI.
2. Vgl. Abs. II.
3. Vgl. § 70.
4. Vgl. § 69.
5. Vgl. auch § 13 Abs. IX, 24. Also die im Satz 1 genannten Ereignisse und daneben z. B. das Auffinden von Kassibern, verdächtige Äußerungen in bezug auf die Tat usw. Die Ereignisse sind auch dem Vorstande zu melden.
6. a) Es ist hervorzuheben, daß jede Verletzung anzuzeigen ist. Die kleinsten Verletzungen haben oft schwere Folgen. Die Aufnahme der Vorschrift erfolgte im Hinblick auf die Bestimmungen über die Unfallfürsorge für Gefangene; vgl. Anhang. Die Gefängniswärter, Krankenwärter usw. werden gewarnt, solche Verletzungen selbst zu behandeln, wenn der Arzt es nicht gestattet. Vgl. auch § 87 Abs. III Satz 2.

b) Es ist die Pflicht der Gefängnisbeamten, soweit es in ihren Kräften steht, dafür zu sorgen, daß Ereignisse, wie die im § 71 genannten nicht vorkommen. Sie haben also dafür zu sorgen, daß Personen, die fluchtverdächtig sind und Personen, die Selbstmordabsichten kundgeben usw., entsprechend verwahrt und überwacht werden; daß Waffen, gefährliche Werkzeuge usw. den Gefangenen nur solange belassen werden, als es nötig ist (Essen, Arbeit); wenn Arbeitsvorräte in der Zelle aufgestapelt sind, ist von Zeit zu Zeit Nachschau zu halten, ob sie keine Öffnungen in der Wand verbergen. Vgl. § 66 Anm. 1. Pflichtverletzungen der Gefängnisbeamten sind disziplinär event. strafrechtlich zu ahnden; vgl. Vorbemerkung zu § 64.

3. Vorschriften für die Hauswirtschaft.

§ 72.

I Für jedes Gefängnis erläßt der Vorstand eine „Tagesordnung“. Die Tagesordnung enthält die zur Durchführung der Hausordnung nötigen Zeitbestimmungen. Sie soll insbesondere entnehmen lassen:

wann die Gefangenen aufzustehen und wann sie sich zur Ruhe zu begeben,

wann und innerhalb welcher Zeit sie die Mahlzeiten einzunehmen,

wann und auf wie lange sie sich im Freien zu bewegen haben;

für Gefängnisse mit regelmäßigem Arbeitsbetrieb sind der Beginn und der Schluß der Arbeitszeit festzusetzen.[1])

II Der Vorstand kann anordnen, daß an Sonn- und Feiertagen eine Stunde später aufgestanden und eine Stunde früher zur Ruhe gegangen wird als an Wochentagen.

III Die Zeit zwischen dem Beginn und dem Schlusse der Arbeitszeit soll in angemessenen Zwischenräumen durch die Mahlzeit und die Bewegung im Freien unterbrochen werden. Außer der für die Mahlzeit und die Bewegung im Freien[2]) bestimmten Zeit können noch weitere Ruhezeiten angeordnet werden. Die regelmäßige Arbeitszeit darf nicht länger als bis sieben Uhr abends dauern.

IV Die Tagesordnung ist in jedem Haftraum anzuheften.[3])

§ 85 DuHO. § 37 der Grundsätze.

1. a) Vgl. §§ 13 Abs. I; 56; 80; 85; 90 ff.; 96. Die Tagesordnung unterscheidet sich in Ansehung des Inhalts, den sie haben soll, nicht von der früheren Tagesordnung. Das frühere Formular für die Tagesordnung enthielt keine Bestimmung über die Zeit und die Dauer der Bewegung im Freien; das Formular für die Tagesordnung ist im Anschlusse an die übrigen Verzeichnisse im Anhang mitgeteilt; es ist mit dem für die Verdienstanteile der Gefangenen und für die Zusatznahrungsmittel auf einem Blatt vereinigt. Darüber, von wem das Formular geliefert wird, vgl. § 36 Anm. Wenn der Vorstand zu dem Formular besondere Zusätze machen will, so kann er das. Vgl. Abs. IV.

b) In den Sommermonaten wird das frühe Schlafengehen lästig empfunden; es besteht kein Bedenken dagegen, daß den Gefangenen oder einzelnen Gefangenen gestattet wird, bei ruhigem Verhalten sich in den Zellen etwa bis 9 Uhr mit Lesen zu beschäftigen; eine Erschwerung des Dienstes des Personals soll jedoch möglichst vermieden werden. Vgl. § 56 Abs. II; vgl. § 15 Anm. 13b (Sonntagsruhe).

2. Vgl. § 85.

3. Vgl. §§ 36 wegen der Art der Befestigung; 98 Abs. VI; 84 Abs. III mit Anm. Und zwar so, daß jeder Gefangene sie lesen kann. Kann er nicht lesen, ist er zu belehren.

§ 73.

I In allen Räumen des Gefängnisses, auf den Gängen, Treppen und in den Höfen müssen stets Reinlichkeit und Ordnung herrschen. Die Hafträume, Gänge und Treppen sind täglich feucht zu kehren und wöchentlich einmal aufzuwaschen. Die Gerätschaften in den Hafträumen sind in ordentlichem Stande zu halten.[1])

II Besondere Aufmerksamkeit ist der ausgiebigen Lüftung der Gefängnisräume zu jeder Jahreszeit und der Reinhaltung der Aborte und Spülräume zuzuwenden. Die Klosetteimer müssen täglich ausgetragen und sorgfältig gereinigt werden.[2])[3])

§ 60 DuVO. § 35, 37 HOStrA.

1. Also auch in den Wirtschaftsräumen, Badezimmern, Spülzellen usw. Für die Reinigung der Gefängnisräume (nicht Hafträume vgl. § 57) erhält der Gefängniswärter die im § 11 Abs. VI der Bekanntmachung über die ökonomische Verwaltung aufgeführte Vergütung; die zur Reinigung erforderlichen Gerätschaften hat er selbst zu stellen; ebenda; die Reinigung der Gänge usw. (aber nicht die Reinigung der Zellen und der dazu gehörenden Gerätschaften § 57) gehört zu den Hausarbeiten, zu denen die Gefangenen herangezogen werden sollen; § 90 HO. Der Vorstand hat auch zu sorgen, daß die Hafträume genügend oft getüncht werden. Vgl. § 35 HOStrA.

2. Vgl. § 53 Abs. II Satz 4, 5. In Gemeinschaftshafträumen empfiehlt sich die Anbringung eines Vorhangs an einer gebogenen Stange in der Ecke, die dem Ofen am entferntesten liegt, damit sich die Gefangenen der Klosetteimer hinter dem Vorhang bedienen können. Zur Reinigung der Klosetteimer, Waschgeräte usw. sind die Gefangenen nach Maßgabe des § 57 HO. verpflichtet. Soweit sie nicht durch Gefangene geschieht, hat der Gefängniswärter dafür zu sorgen; er bekommt dafür keine besondere Vergütung. Es empfiehlt sich, die Eimer und Aborte von Zeit zu Zeit zu desinfizieren. Den Gefangenen ist Klosettpapier zu verabreichen. Die Eimer müssen stets gereinigt sein, wenn ein neuer Gefangener in die Zelle aufgenommen wird.

3. Daß die Hafträume mit fortlaufenden Nummern versehen werden, ist nicht ausdrücklich vorgeschrieben, aber nach wie vor notwendig. Vgl. § 38 Abs. IV.

§ 74.

I Die Heizung der Hafträume richtet sich vor allem nach ihrer Lage, ferner nach der Jahreszeit und den Witterungsverhältnissen.[1])

II Soweit es der Dienst der Gefängnisbeamten und die Durchführung der Hausordnung erfordern, wird das Gefängnis beleuchtet. Die Beleuchtung soll nicht vor fünfeinhalb Uhr morgens beginnen und nicht länger als bis acht Uhr abends dauern.[2])

III Ausnahmsweise kann einzelnen Gefangenen auf ihre Bitte vom Vorstande das Brennen von Licht in der Zelle, jedoch nicht länger als bis zehn Uhr abends, gestattet werden.[3]) Feuerzeuge sind in den Hafträumen nicht zu dulden.[4])

IV In größeren Gefängnissen sollen in der Regel die Gänge und die Treppen die ganze Nacht hindurch beleuchtet bleiben.[5])

§§ 61, 62 DuHO.

1. Vgl. §§ 1 ff. der Bekanntmachung über die ökonomische Verwaltung und § 13 HO. Anm. 8 und § 15 HO. Anm. 12. Die zur Beheizung erforderlichen Gerätschaften hat der Gefängniswärter selbst zu stellen, auch Zündhölzchen, Spähne; sie sind sein Eigentum, werden nicht als Inventar aufgenommen; er bekommt dafür die im § 11 Abs. 6 der Bekanntmachung über die ökonomische Verwaltung vorgesehene Vergütung. Die Heizung der Zellen muß soweit erfolgen, als es zur Erhaltung der Gesundheit der Gefangenen nötig ist. Das Einheizen ist als Hausarbeit zu betrachten (§ 90 HO.).

2. Die Hafträume werden in der Regel also nicht beleuchtet; vgl. Abs. III. Die Einrichtung der elektrischen Beleuchtung, der Gasbeleuchtung und anderer zentraler Beleuchtungen in den Staatsgebäuden ist in der Bek. vom 5. Februar 1905 Nr. 3251 (JMBl. S. 568) geregelt. Für die Gefängnisse gilt Folgendes: Bei Neubauten erfolgt die Einrichtung auf Neubaukredit (Ziffer I Kap. 6 § 3 des Etats oder außerordentliches Budget), sonst auf Gebäudeunterhaltung (Ziffer I Kap. 6 § 2 des Etats). In den Dienstwohnungen wird lediglich die Zuleitung bis zum Austritt aus der Wand- oder Deckenfläche (Verrechnung wie eben ausgeführt) und ebensoweit die Erweiterung und Änderung auf Staatskosten übernommen. Alle anderen Kosten, insbesondere die der Beleuchtungskörper und des Aufwands für Gas- und Stromverbrauch, hat der Nutznießer zu tragen (anders bezüglich der Wasserzinse Bek. vom 29. Dezember 1909 JMBl. 1910 S. 145, I, 3). Die Kosten der Anschaffung und Miete der Meßapparate geschah auch in den Dienstwohnungen bis zum 1. Januar 1910 auf Staatskosten (Abschn. III Ziff. 10 der Bek. vom 5. Februar 1905). Die Kosten der Miete der Gas- und Elektrizitätsmesser fällt aber von da an dem Nutznießer zur Last nach Abschn. VII Ziff. 4 der Bek. vom 29. Dezember 1909 JMBl. 1910 S. 145. Die Miete der Wassermesser in Dienstwohnungen erfolgt auf Staatskosten (Abschn. I Ziff. 3 der Bek.). Wo solche Gasmesser usw. auf Staatskosten angeschafft sind, ist jetzt natürlich keine Miete zu entrichten. Anschaffungen von Gasmessern usw. werden nur noch selten sein, da sie in der Regel gemietet werden.

3. a) Auch den Untersuchungsgefangenen zunächst vom Vorstand; versagt es der Vorstand, so kann es wohl der Richter, wenn die Ordnung und Sicherheit des Gefängnisses nicht leidet (also insbesondere dann, wenn es anderen Gefangenen gestattet ist) im Hinblick auf § 116 StPO. und § 39 Anm. 2 gestatten. Gefangene, denen Beleuchtung gestattet ist, sind in Einzelhaft zu halten. Vgl. § 52 Abs. III mit Anm.

b) Ausnahmen sind bei kranken Gefangenen zu machen. § 88 Abs. I Satz 3. Die Beleuchtung erfolgt im Falle des § 74 Abs. III und des § 88 Abs. I stets auf Staatskosten.

4. Selbstverständlich auch nicht bei den Gefangenen (in den Taschen usw.).

5. Ob das in Gefängnissen, in denen die elektrische Beleuchtung eingerichtet ist, notwendig ist, ist fraglich, weil jederzeit die Möglichkeit besteht, die Gänge usw. sofort zu beleuchten. Auch in Krankenhäusern werden, wenn elektrisches Licht vorhanden ist, die Säle nicht immer die ganze Nacht, sondern nur im Notfalle beleuchtet. Das elektrische Licht ist sehr teuer; der beste Ausweg wird sein, einige Flammen brennen zu lassen.

§ 75.

Jeden Abend nach Schluß der Tagesordnung muß ein Gefängnisbeamter sich davon überzeugen, daß das Feuer in der Küche und, wenn die Hafträume geheizt worden sind, auch in den Öfen erloschen ist. Wird in Hafträumen Licht gebrannt, so hat er sich auch zu überzeugen, daß die Lichter gelöscht sind.

§ 63 DuHO. § 72 HOStrA.

Wenn der Arzt Anordnungen nach § 88 Abs. I Satz 3 getroffen hat, sind sie zu beachten. Wo Petroleum gebrannt wird, sind die Lampen nach Schluß der Tagesordnung zu entfernen. Vgl. auch § 20 Abs. II (Angehörige); § 13 Abs. VI Satz 3.

§ 76.

I Jedem Gefangenen wird eine besondere Lagerstätte angewiesen. Die Lagerstätte besteht in der Regel aus einer Bettstelle, einer Matratze mit Seegrasfüllung, einem Kopfpolster mit Überzug, einem Leintuch und einer oder zwei wollenen Decken mit Überzug, je nach der Jahreszeit.[1]) Gefangene, von denen eine Verunreinigung des Bettes zu besorgen ist, erhalten Strohsäcke.[2]) Gefangenen, bei denen Fluchtgefahr besteht, ist Bettwäsche nicht zu verabreichen.

II Klappbettstellen werden während des Tages an die Wand angeschlossen. Aus den feststehenden Bettgestellen werden die

Bettstücke,[3]) sofern nicht die Raumverhältnisse eine Ausnahme unvermeidlich machen, am Tage entfernt.

III Zivilgefangene und Gefangene, die einfache Haft[4]) verbüßen, dürfen sich eigener Bettstücke[5]) bedienen, wenn diese rein und im ordentlichen Zustande sind. Untersuchungsgefangenen kann vom Richter, den zur Gefängnisstrafe verurteilten Gefangenen, die im Besitze der bürgerlichen Ehrenrechte sind und eine Zuchthausstrafe noch nicht verbüßt haben, vom Vorstande der Gebrauch eigener Bettstücke unter der gleichen Voraussetzung gestattet werden.[6]) Gefangene, denen der Gebrauch eigener Bettstücke gestattet ist, sind in Einzelhaft zu halten. Vor der Abgabe an die Gefangenen sind die Bettstücke mit Rücksicht auf die Vorschriften des § 49 Abs. I Satz 2 und des § 50 zu durchsuchen.[7])

§ 64 DuHO. § 28 HOStrA. § 25 Grundsätze.

1. a) Die DuHO. bestimmte nicht, woraus die Lagerstätte in der Regel besteht (wegen der Aufseherbetten vgl. unten). Zweischläfrige Bettstellen gab es schon beim Inkrafttreten der DuHO. nicht mehr. Ursprünglich waren nur Strohsäcke als Bettstücke in Verwendung, die jetzt nur im Falle des Abs. I Satz 3 des § 76 oder in den in Anm. 1a zu § 34 aufgeführten Ausnahmefällen verwendet werden. Die Lagerstätte hat die in Abs. I Satz 2 aufgeführten Bettstücke zu enthalten, wenn nicht eine Ausnahme nach der Vorschrift des Satzes 3 oder 4 oder deshalb eintritt, weil der Gefangene eigene Bettwäsche benützt oder krank ist.

b) Wegen der historischen Entwicklung vgl. bei Henle die Anmerkungen zu § 64 und die darin zitierten Entschließungen, die gegenüber den Vorschriften des § 76 nur noch teilweise Bedeutung haben. Wo die genügende Zahl von Bettstücken (insbesondere Überzüge werden zurzeit noch teilweise mangeln) usw. nicht vorhanden sind, sind diese anzuschaffen, indem die Kosten soweit zulässig (vgl. § 19 der Bekanntmachung über die ökonomische Verwaltung und Anm. 9b zu § 13) in den Bedarfsvoranschlag (etwa auf mehrere Jahre verteilt) eingestellt werden oder besonderer Antrag auf Rechnung des Etatstitels für Einrichtungsgegenstände (Ziffer I Kap. 1 H § 2 Tit. 2) durch den Oberstaatsanwalt beim StM. der Justiz gestellt wird. Letzteres muß immer geschehen, wenn es sich nicht um den Ersatz bereits vorhanden gewesener Stücke, sondern um Anschaffung ganz neuer Inventarstücke handelt. Bei Neuanschaffung von Matratzen empfiehlt sich die Anschaffung dreiteiliger Matratzen ME. vom 29. Dezember 1894 Nr. 29566.

c) Fast alle älteren Entschließungen ordnen an, daß die Gefängniswärter ihr besonderes Augenmerk der Sicherung und Reinhaltung der Matratzen usw. zuzuwenden und gegen Gefangene, die sich einer boshaften oder mutwilligen Beschädigung der Bettstücke schuldig machen, das Erforderliche zu veranlassen haben; sie haben dem Vorstande Meldung zu machen; dieser verfügt Disziplinarbestrafung oder Strafeinschreitung. Vgl. § 58 Abs. III, 61 Abs. II HO. Die Vorstände und der Oberstaatsanwalt haben den Zustand der Bettstücke und die Fürsorge der Gefängnisbeamten dafür bei den Besichtigungen besonders zu prüfen.

2. Dazu gehören nicht Frauenspersonen während der Menstruation; es sind Unterlagen zu verwenden; wohl aber betrunkene und bettnässende Gefangene. Vgl. ME. vom 21. Juni 1881 Nr. 6347, die hierher auch die mit Ungeziefer behafteten Gefangenen zählt. Das dürfte mit Rücksicht auf § 30 Abs. II Satz 2 HO. nur noch in seltenen Fällen zutreffen. Personen, bei denen Satz 3 zutrifft, erhalten natürlich Strohsäcke, wenn auch genügend Matratzen vorhanden sind, während im Falle der außerordentlichen Belegung eines Haftraums (§ 34) die Verwendung von Strohsäcken nur zulässig ist, wenn andere Lagerstätten nicht zur Verfügung stehen (im letzteren Falle werden die Strohsäcke auf dem Boden ausgebreitet). Ob Strohsäcke zu verwenden sind, bestimmt im Falle des § 76 Abs. I Satz 3 zunächst der Gefängniswärter. Der Gefangene kann sich an den Vorstand wenden (§ 60); auch der Untersuchungsgefangene. Bei der außerordentlichen Belegung (§ 34) entscheidet zunächst der Vorstand. Es ist gleich, ob offene oder geschlossene Strohsäcke verwendet werden. Will der Gefängniswärter aber die Gebühr nach § 11 der Bekanntmachung über die ökonomische Verwaltung (3 Pfennig für die Nacht) berechnen, so muß ein offener Strohsack verwendet werden und die Verwendung vom Vorstand genehmigt sein. Die Gebühr wird nicht für die Füllung, sondern die Verwendung pro Nacht bezahlt. Vgl. § 78 Abs. I Satz 5.

3. Alle Bettstücke; zu jeder Jahreszeit. Dabei sind die Bettstücke schonend zu behandeln (Matratzen nicht biegen). Kranke Gefangene dürfen sich mit Erlaubnis des Arztes auch unter Tags der Lagerstätten bedienen; die Klappbettstellen sind deshalb nicht anzuschließen und die Bettstücke sind in den feststehenden Bettgestellen zu belassen. An welchem Orte die Bettstücke aufzubewahren sind, bestimmt der Vorstand (§ 13 HO.). Die Matratzen usw. sollen womöglich auf Gestellen gelagert werden, die ein Ausdünsten und Durchlüften ermöglichen. Vgl. § 73 HO. Die Gefangenen sollen in der Handhabung der Klappbettstellen unterwiesen werden.

4. Also keine Haft nach § 362 Abs. 1 StGB.

5. Nur Bettstücke, nicht aber Bettstellen; also auch Federbetten, Federkissen usw.

6. Vgl. § 81 Abs. IV. § 99 Abs. I Satz 2. § 25 der Grundsätze; vgl. jedoch wegen der strenger zu behandelnden Gefangenen Anm. 1 zu § 46; § 40 Abs. VII.

7. a) Bezüglich der Aufseherbetten bestimmt die ME. vom 18. April 1904 Nr. 15182: „Die Anschaffung von Federbetten für die Aufseher kann für die Zukunft aus hygienischen Gründen nicht mehr gestattet werden. Die Aufseherbetten sollen — wie das auch in den meisten Strafanstalten der Fall ist — aus einer eisernen Bettstelle, entweder einer sog. Militärbettstelle (feststehende eiserne Bettstellen) oder einer Rohrbettstelle mit Drahteinlage (nach dem im Zellengefängnis Nürnberg hergestellten Muster) bestehen, und mit einer dreiteiligen Matratze und einem Kopfpolster mit crins d' Afrique-Füllung, dann einem Leintuche und zwei wollenen Decken, von denen eine einen weißen oder farbigen Überzug erhält, ausgestattet sein." Das Aufseherzimmer soll außerdem enthalten einen Tisch mit einem oder zwei Stühlen, einen Kleiderschrank, eine Waschvorrichtung mit einem kleinen Spiegel, einen Spucknapf. Die Aufseherbetten werden, wenn die Kosten nicht in den jährlichen Bedarfsvoranschlag (§ 19 ökonomische Verwaltung) aufgenommen werden können, aus dem Etatstitel: Ausgaben für Gerätschaften usw. gezahlt.

b) Klappbettstellen (System Kraus) und Rohrbettstellen fertigt das Zellengefängnis Nürnberg an; ebenso Klosetteimer; Stoff zu Überzügen die Gefangenanstalt Amberg. Der Staatsbedarf soll womöglich durch Gefängnisarbeit gedeckt werden. Der Stoff zu den Überzügen soll in den Gefängnissen (wenn möglich) verarbeitet werden.

§ 77.

I Die Gefangenen tragen in der Regel ihre eigene Kleidung[1]) und Wäsche, sofern sie ausreichend und reinlich ist.[2]) Mehr als einen vollständigen Anzug soll ein Gefangener nicht zur Verfügung haben. Gefangene, denen es an ordentlicher Kleidung und Wäsche fehlt, werden mit Gefängniskleidern versehen.[3]) Untersuchungsgefangene haben, auch wenn sie mit gehöriger Kleidung versehen sind, auf Anordnung des Richters[4]) Gefängniskleider zu tragen. Zum Gebrauche bei der Arbeit können Gefängniskleider abgegeben werden. Bei Untersuchungsgefangenen ist dafür zu sorgen, daß sie auf Verlangen des Richters in den Kleidern vorgeführt werden, die sie bei der Einlieferung getragen haben.[5])

II Filzschuhe, Holzschuhe und andere Schuhe sowie Pantoffel werden nach Bedarf auf Anordnung des Vorstands abgegeben.[6])

III Jeder Gefangene erhält ein Handtuch.[7])

§ 65 DuHO. § 25 Grundsätze. § 28 HOStrA.

1. Im Gegensatz zu den Gefangenen der Strafanstalten.

2. Der Vorstand kann, auch wenn die Kleider ausreichend und reinlich sind, aber ein anderer Anlaß z. B. Fluchtgefahr besteht, anordnen, daß der Gefangene Gefängniskleider zu tragen hat; vgl. auch Satz 3. Wenn der Gefangene Gefängniskleider erhält, ist mit seinen eigenen Kleidern nach §§ 35, 110 zu verfahren (nicht, wenn sie bloß gereinigt werden).

3. Für die Kleider, die nach § 77 verabreicht werden, wird nichts berechnet. Eine Berechnung findet aber statt im Falle des § 110 Abs. II und des § 14 Abs. I und IV der Bekanntmachung über ökonomische Verwaltung. § 14 Abs. I behandelt die Bekleidung von Untersuchungsgefangenen, die nicht in Gefängniskleidern vor Gericht erscheinen sollen und eigene genügende Kleider nicht haben. Sie bekommen Kleider nach Maßgabe des § 14. — § 110 Abs. II und § 14 Abs. I Satz 2 handelt von der Bekleidung zu entlassender gerichtlicher Gefangener (§ 110 Abs. II auch von der Bekleidung von Polizei- und Schubgefangenen). Auch sie erhalten die nötigen Kleider. Für die Kosten haftet das Vermögen des Gefangenen (Arbeitsverdienst § 99 Anm. 3), die Unterhaltspflichtigen und die Armenpflegen. Von der Geltendmachung von Ersatzansprüchen gegen die Armenpflegen wird aber Abstand genommen; ebenso von der Rückforderung der an gerichtliche Gefangene übergebenen

Kleidung, die der Schubbehörde zum Transport übergeben worden sind, wenn die Kleidung sich zur Abschreibung eignet; ebenso wird davon abgesehen im Verkehr der Bundesstaaten und im Verkehr mit dem Ausland bei Gegenseitigkeit. — Für die Bekleidung der Polizei- und Schubgefangenen hat die Verwaltungsbehörde zu sorgen (§ 110 Abs. II; hier gilt § 14 nicht). — Ausbesserungen werden als Verpflegungskosten behandelt, wenn sie den Betrag von 1 Mark nicht übersteigen und sind dann nicht zu ersetzen (§ 14 Abs. IV, § 22 der Bekanntmachung über ökonomische Verwaltung; Voraussetzung ist, daß die Ausbesserung nicht durch Gefangene erfolgt [§ 90 HO.] und daß ein Fall des § 14 Abs. I Satz 1 oder des § 110 Abs. II vorliegt).

4. Vgl. § 40 Abs. VII. Der Vorstand kann bestimmen, daß an Untersuchungsgefangene, die arbeiten oder mit den nötigen Kleidern nicht versehen sind, Gefängniskleider verabreicht werden; er wird den Richter benachrichtigen. ME. vom 14. Oktober 1903 Nr. 38600.

5. Vgl. § 14 Abs. I Satz 1 der Bekanntmachung über ökonomische Verwaltung und Anm. 3.

6. Die Schuhe gehören zum Inventar, ebenso die Handtücher (Abs. III). Es ist deshalb dafür zu sorgen, daß die nötige Anzahl stets vorhanden ist; vgl. § 13 Anm. 9b. Wenn der Gefangene Gefängnisschuhe erhält, so sind seine Schuhe aus dem Haftraum zu entfernen. Barfußgehen ist nicht erlaubt; es erleichtert auch die Überkletterung von Mauern usw. Im Interesse der Vermeidung von Fußkrankheiten wird mit der Abgabe von Pantoffeln nicht zu sparen sein.

7. Auch in den Gemeinschaftshafträumen jeder Gefangene.

§ 78.

I Die Leibwäsche und die Handtücher der Gefangenen sind wöchentlich zu wechseln. Die Bettwäsche wird jeden Monat gewechselt. Die waschbaren Kleidungsstücke werden, so oft es erforderlich ist, gewaschen. Die wollenen Decken sind monatlich mindestens einmal im Freien auszuklopfen und von Zeit zu Zeit zu walken. Die Füllung der Strohsäcke muß, so oft es erforderlich ist, erneuert oder ergänzt werden. Die Strohsackgefäße sind, so oft die Reinlichkeit es verlangt, zu waschen.[1])

II Die den Gefangenen belassene eigene Wäsche und Kleidung dürfen nur im Gefängnis oder durch Vermittelung des Gefängniswärters gereinigt werden.[1])

III Die Handtücher und die von einem Gefangenen gebrauchte Leibwäsche[2]) dürfen an einen anderen Gefangenen nur ausgegeben werden, wenn sie vorher gewaschen wurden. Die von einem kranken oder krankheitsverdächtigen Gefangenen benutzte Bettwäsche[2]) ist unverzüglich zu waschen. Schadhafte Stücke müssen vor der Ausgabe ausgebessert sein.[3])

IV Die nicht im Gebrauche befindlichen Bestände an Kleidern

und Wäsche sind in einem trockenen, möglichst luftigen Raume aufzubewahren.[4])

§ 66 DuHO. § 29 HOStrA.

1. Nach § 11 Abs. VI der Bekanntmachung über die ökonomische Verwaltung hat der Gefängniswärter die „Wäsche" zu besorgen; er erhält dafür die a. a. O. aufgeführte Vergütung. Er hat also waschen zu lassen: die Leibwäsche der Gefangenen, die Handtücher (vgl. § 77 Abs. III) der Gefangenen, die Bettwäsche (§ 76), die waschbaren Kleidungsstücke. Er hat auch, wenn es nötig wird, die Strohsackgefäße, die Matratzengefäße und die wollenen Decken (sie gehören zur Bettwäsche) waschen zu lassen, ohne etwas anderes beanspruchen zu können als die im § 11 der Bekanntmachung über die ökonomische Verwaltung genannte Gebühr. Das Ausklopfen der wollenen Decken ist ohne Entschädigung (durch Gefangene) zu besorgen. Das Walken wird vom Staate gezahlt; es kann in der richtigen Weise in kleinen Gefängnissen gar nicht vorgenommen werden. ME. vom 18. Oktober 1884 Nr. 14675. Auch die eigenen Wäsche- und Kleidungsstücke der Gefangenen (vgl. § 77) sind zu waschen, wenn es nötig ist; sie dürfen nur durch Vermittelung des Gefängniswärters außer dem Gefängnis gereinigt werden. (Abs. II.) Werden sie im Gefängnis gewaschen, hat die Wäsche der Gefängniswärter zu besorgen wie bei Gefängniskleidern. Die Wäsche außerhalb des Gefängnisses erfolgt auf Kosten des Gefangenen; es ist besondere Vorsicht bei der Hinausgabe und dem Empfang der Wäsche zu üben (§§ 49, 50 HO.), besonders, wenn sie bei Angehörigen erfolgt. Bei Untersuchungsgefangenen, die hier besonders in Betracht kommen, ist der Richter zu benachrichtigen, wenn die Wäsche außerhalb des Gefängnisses gewaschen wird. Wegen der Strohsäcke vgl. § 76 Anm. 2.

2. Benützte Leibwäsche darf ungewaschen nicht verabfolgt werden. Bettwäsche, die von anderen (nicht kranken oder krankheitsverdächtigen) Gefangenen benützt wurde, darf nur ausgegeben werden, wenn sie sich in reinlichem Zustande befindet; es ist Sache des Vorstands dafür zu sorgen, daß der Gefängniswärter keine unangebrachte Sparsamkeit entwickelt.

3. Vgl. § 90 Abs. I Satz 2.

4. Den Raum hat der Vorstand zu bestimmen.

§ 79.

Aus Gesundheitsrücksichten und aus Gründen der Reinlichkeit[1]) soll jedem Gefangenen mindestens alle Monat ein Vollbad oder ein Brausebad verabreicht werden. Ermöglichen es die Einrichtungen im Gefängnis, daß die Gefangenen öfter gebadet werden, so soll das geschehen. Außerdem sollen die Gefangenen mindestens alle vierzehn Tage und, wenn sie Arbeit im Freien verrichten, jede Woche ein Fußbad erhalten.[2])

§ 27 Abs. 2 DuHO.

1. Wegen der Reinigung der Gefangenen bei der Einlieferung vgl. § 30 Abs. II; bei der Ablieferung auf Transport § 111 Abs. II.

2. a) Es ist eine besondere Pflicht des Gefängniswärters, die Vorschriften des § 79 zu beachten. Besondere Vergütungen erhält er für die im § 79 aufgeführten Verrichtungen nicht. Vgl. § 30 Abs. II.

b) Die Einrichtung besonderer Baderäume wird in den Amtsgerichtsgefängnissen mit beschränktem Betrieb und den kleineren Amtsgerichtsgefängnissen nicht nötig sein, da Gefangene auch ohne besondere Einrichtungen, wenn es nötig sein sollte (Dauer der Strafe!), in der Waschküche gebadet werden können.

§ 80.

I Die Gefangenen erhalten die durch die Kostordnung [1]) bestimmte Kost. Die Kost soll so beschaffen sein, daß die Gesundheit und Arbeitsfähigkeit der Gefangenen erhalten bleibt. Sie kann mit Rücksicht auf die von dem Gefangenen zu leistende Arbeit verschieden sein, ist im übrigen aber für alle Gefangenen gleicher Art die gleiche.[2])

II Ob zur Erhaltung der Gesundheit und Arbeitsfähigkeit einzelner Gefangener Abweichungen von der allgemeinen Kost einzutreten haben, wird auf Gutachten des Gefängnisarztes vom Vorstande bestimmt. Dabei sind die Vorschriften über die Krankenkost zu beobachten. Die Anordnung wird in das für die Anordnungen über die Beköstigung kranker Gefangener bestimmte Buch eingetragen.[3])

III Das Getränke der Gefangenen ist Wasser, das täglich mindestens dreimal frisch verabreicht wird.[4])

§ 67 DuHO. § 23 Grundsätze. § 30 ff. HOStrA.

1. a) Die Kostordnung, die in der Küche anzuschlagen ist, wird vom Oberstaatsanwalt im Benehmen mit den beiden Kammern der Kreisregierung festgesetzt. Die Kostordnungen sind also in den einzelnen Regierungsbezirken verschieden. Die Gefängnisvorstände dürfen ohne Genehmigung von der Kostordnung nicht abweichen. Die Kostordnung soll so bemessen sein, daß ein erwachsener Gefangener täglich 85 gr Eiweiß, 30 gr Fett, 300 gr Kohlehydrate erhält; das ist nach einem Gutachten des Obermedizinalausschusses zur Erhaltung des Kräftezustands nötig. Man kann drei Arten (Verrechnung! Anm. 1 b) der Verköstigung unterscheiden:

a) eine Verköstigung, die nur durch Fleisch und Brot geschieht (volle Fleischportion = 280 gr, volle Brotportion = 560 gr);
b) Verköstigung ohne Fleisch; es wird eine Kost ohne Fleisch, dafür aber noch eine Abendsuppe und Brot verabreicht;
c) die gemischte Kost; Fleisch, Zukost, Brot. Die gemischte Kost empfiehlt sich am meisten; es sollen bei ihrer Anwendung 170 gr frisches Fleisch (14 gr Knochen, 15 gr Fett, 141 gr Fleisch) und außerdem soviel an anderen Nahrungsmitteln (Suppeneinlagen, Gemüsen, Salate) gereicht werden, daß der volle Bedarf gedeckt wird. Ein Teil der neben dem Fleisch zu verabreichenden Nahrungsmittel darf auch als Morgensuppe gereicht werden.

Wird kein Fleisch verabreicht, ist eine Abendsuppe zu geben. An den Freitagen sollen keine Fleischspeisen verabreicht werden. Es ist auf möglichste Abwechslung Bedacht zu nehmen.

Zu der Abendsuppe, die bei der Kost ohne Fleisch gegeben wird, darf nicht ein Teil der für den Abend bestimmten Brotportion verwendet werden; die Brotportion ist neben der Abendsuppe ganz zu verabreichen. Ein Teil der Portion darf zu einer Abendsuppe aber dann verwendet werden, wenn eine Morgensuppe von ausreichendem Gehalte gegeben wird (also bei der Kost mit Fleisch). Vgl. § 13 der Bek. vom 4. Dezember 1881, der durch § 28 Abs. II der Bekanntmachung über die ökonomische Verwaltung nicht aufgehoben ist; JMBl. S. 456. ME. vom 7. August 1882 Nr. 10697 und 6. Januar 1884 Nr. 12444.

b) Der Gefängniswärter wird auch bei Verabreichung der gemischten Kost nur nach § 10, 11 der Bekanntmachung über die ökonomische Verwaltung entschädigt d. h. für die volle Tagesverpflegung werden ihm 280 gr Rindfleisch und 560 gr Roggenbrot entschädigt. Hat er nur 170 gr Rindfleisch (bei der gemischten Kost) gebraucht, so hat er für den Wert von 110 gr die Zukost zu bereiten. Salz und sonstige Zutaten hat er selbst zu liefern, da er dafür nach Maßgabe des § 11 Abs. VI a. a. O. entschädigt wird. ME. vom 6. Februar 1883 Nr. 863 und vom 6. Januar 1884 Nr. 12444.

2. a) Bisher galt der Grundsatz, daß an alle Gefangene, gleichviel ob sie arbeiten oder nicht, die gleiche Kost, nämlich die durch die Kostordnung festgesetzte zu verabreichen sei. ME. vom 3. Januar 1908 Nr. 44640. Jetzt kann für die arbeitenden Gefangenen eine andere Kost als für die nichtarbeitenden festgesetzt werden; aber sie muß durch die Kostordnung bestimmt sein und für alle arbeitenden Gefangenen die gleiche sein. Es wird sich die gemischte Kost nebst Abendsuppe für arbeitende Gefangene empfehlen. Den arbeitenden Gefangenen war eine kräftigere Beköstigung früher nur dadurch möglich, daß sie mit ihrem Verdienstanteil sich Zusatznahrungsmittel kaufen konnten (§ 84). ME. vom 21. Juli 1904 Nr. 25669.

b) Es besteht kein Bedenken dagegen, daß den Gefangenen Gelegenheit geboten wird, zu der Kost Salz aus besonderen Gefäßen sich zu nehmen, die sofort wieder entfernt werden. ME. vom 13. Dezember 1901.

3. Z. B. bei Gefangenen, die nach ihrer Körperbeschaffenheit und ihrer bisherigen Lebensweise, ohne daß sie krank sind, die gewöhnliche Gefangenenkost nicht vertragen. Vgl. die Anm. zu § 88 Abs. II. Für das Buch ist ein besonderes Formular nicht vorgeschrieben. Vgl. auch § 122 Abs. III Satz 6.

4. Vgl. § 84 Abs. I und III.

§ 81.

1 Den Untersuchungsgefangenen, den Strafgefangenen, die einfache Haftstrafen[1]) verbüßen, den Zivilgefangenen[2]) und den Polizeigefangenen, die nicht der Landespolizeibehörde überwiesen sind,[3]) ist auf Verlangen zu gestatten, daß sie sich auf eigene Kosten beköstigen. Die Bewilligung wird vom Vorstande, bei den Unter-

suchungsgefangenen vom Richter erteilt.[4])[5]) Den zur Gefängnisstrafe verurteilten Gefangenen kann, wenn sie im Besitze der bürgerlichen Ehrenrechte sind und eine Zuchthausstrafe noch nicht verbüßt haben, vom Oberstaatsanwalte gestattet werden, sich selbst zu beköstigen.[3]) Anderen Gefangenen darf Selbstbeköstigung nicht gestattet werden.

II Wird die Erlaubnis zur Selbstbeköstigung mißbraucht, so kann sie entzogen werden.[6])

III Die Beköstigung muß sich innerhalb der Grenzen eines mäßigen Genusses halten. An geistigen Getränken ist nicht mehr als $^1/_2$ Liter Bier oder $^1/_4$ Liter Wein für den Tag zuzulassen. Der Genuß von Branntwein ist ausgeschlossen.[7])

IV Gefangene, denen Selbstbeköstigung gestattet ist, sind in Einzelhaft zu halten.[8])

V Die Beköstigung soll in der Regel aus einem vom Vorstande zu bezeichnenden Speisehause[9]) bezogen werden. Der Vorstand kann gestatten, daß sie von Angehörigen des Gefangenen geliefert oder im Gefängnisse selbst zubereitet wird.[10])

VI Die von außen bezogenen Lebensmittel und die Geschirre, in denen sie sich befinden, sind mit Rücksicht auf die Vorschrift des § 49 Abs. I Satz 2 vor der Verabfolgung an den Gefangenen zu untersuchen. Backwaren sind zu durchschneiden.

§ 68 DuHO. § 24 Grundsätze. § 34 HOStrA.

1. Also nicht den Gefangenen, die eine Haftstrafe nach § 362 Abs. I StGB. verbüßen. Vgl. § 31 Abs. I Ziffer 4; § 46. § 84 Anm. 1.

2. Vgl. § 4 Abs. I; § 27; § 76 Abs. III; § 92 Abs. II.

3. Vgl. § 4 Abs. II; die Überweisung liegt wohl nicht erst mit der Rechtskraft des Urteils, sondern schon dann vor, wenn sie überhaupt einmal ausgesprochen ist; ist das Urteil rechtskräftig, so werden solche Polizeigefangene in der Regel sofort verschubt.

Gefängnissträflingen durfte bisher die Selbstbeköstigung nicht gestattet werden. § 68 Abs. I Satz 4 DuHO. Auch jetzt ist sie bei den strenger zu behandelnden Gefängnissträflingen und den Gefängnissträflingen, auf die die Voraussetzungen des Satzes 3 nicht zutreffen, nicht zulässig. § 46 Abs. I und II. Anm. 1 zu § 94. Anm. 6 zu § 76.

4. Vgl. § 12 Abs. I, II. § 40 Abs. VII.

5. Schubgefangene sind in Abs. I nicht erwähnt; ein Recht auf Selbstbeköstigung wird man aber wohl solchen Schubgefangenen einräumen müssen, die vorübergehend z. B. weil sie als Zeugen zu vernehmen sind, in einem Gefängnis untergebracht werden, wenn sie die Anforderungen des Abs. I erfüllen, sie also in dem Gefängnis, aus dem sie kommen, Selbstbeköstigung verlangen können. Für die Untersuchungsgefangenen ist das in § 42 ausdrücklich bestimmt. Die Selbstbeköstigung gestattet hier der Vorstand.

6. Die Entziehung nach Abs. II ist keine Disziplinarstrafe. Vgl. § 62 Abs. 1 Ziffer 3.

7. Bisher 1 Liter Bier und 1/2 Liter Wein. § 68 Abs. II DuHO. Auch die Strafgefangenen dürfen also geistige Getränke bekommen. Anders § 68 Abs. II Satz 4 DuHO. Vgl. auch § 52 Abs. II.

8. Ist neu. Vgl. § 76 Abs. III Satz 3. § 94 Abs. I Satz 2.

9. In der Regel eine Wirtschaft in der Nähe des Gefängnisses. Daß die Kost im Gefängnis zubereitet werden darf, ist neu.

10. Es fragt sich, ob der Untersuchungsrichter weitergehende Vergünstigungen gestatten kann, als wie sie in dem Abs. III festgesetzt sind oder ob er auch entgegen einer Bestimmung des Vorstands z. B. die Lieferung der Kost durch Angehörige gestatten kann (Abs. V). Man wird das im Hinblick auf § 116 StPO. und § 39 Abs. I HO. wohl annehmen müssen, vorausgesetzt, daß die Ordnung und Sicherheit des Gefängnisses nicht leidet. Vgl. hierzu die Ausführungen in Anm. 2 zu § 39 HO.

§ 82.

Für israelitische Gefangene darf während ihres Osterfestes eine nach den Vorschriften ihrer Religion zubereitete Kost zugelassen werden. Die Kost soll in der Regel aus einem israelitschen Speisehause bezogen werden. Der Vorstand kann gestatten, daß sie von den Glaubensgenossen der Gefangenen geliefert wird.[1])

§ 68 DuHO. § 31 HRStrA. § 24 Grundsätze.

1. Ohne Unterschied, welche Strafe sie verbüßen usw. vgl. § 81 Abs. I Satz 1, 3, 4. Bei Gefängnissträflingen ist also nicht die Genehmigung des Oberstaatsanwalts nötig. Die Kost darf von den Glaubensgenossen auch dann geliefert werden, wenn diese die Kosten tragen. Ziffer 5 der ME. vom 15. Mai 1883 Nr. 6135. Soweit im übrigen ein jüdischer Gefangener nach Maßgabe des § 81 sich selbst beköstigen darf, darf ihm wohl auch eine nach den Vorschriften seiner Religion zubereitete Kost gestattet werden; soweit er sich nicht selbst beköstigen darf, darf er dagegen eine rituelle Kost auch nicht an anderen Festtagen usw. beziehen. § 82 stellt sich nicht als eine Einschränkung, sondern als eine Erweiterung gegen § 81 dar. Gegenüber der bisherigen Praxis, die für den Bezug einer rituellen israelitischen Kost jeweils eine besondere Genehmigung des StM. der Justiz verlangte, läßt sich allerdings auch eine andere Ansicht vertreten, obwohl bei der Selbstbeköstigung nach § 81 ohne Zweifel auf die religiösen und persönlichen Anschauungen der Gefangenen (Fasten während der Fastenzeit, Vegetarianer) Rücksicht genommen werden darf, wenn das ohne Schwierigkeit geschehen kann.

§ 83.

I Die für die Gefangenen bestimmten Eß- und Trinkgeräte müssen stets rein gehalten werden.

II Gefangenen von besonderer Gefährlichkeit kann verboten werden, beim Essen Messer und Gabeln zu gebrauchen. Im Falle einer solchen Anordnung muß dem Gefangenen das Fleisch gehörig zerkleinert werden.[1])

III Die Eßgerätschaften sind nach der Mahlzeit sofort aus den Hafträumen zu entfernen.

§ 69 DuHO.

1. a) Die Eß- und Trinkgeräte sind in das Inventar einzustellen. (Nr. 4 der ME. vom 27. September 1883 Nr. 13477.) Früher wurden hölzerne Gabeln, jetzt werden auch Metallgabeln verabreicht. Anträge auf Anschaffung von Eß- und Trinkgeräten sind entweder in den Voranschlag nach § 19 der Bekanntmachung über die ökonomische Verwaltung aufzunehmen (also insbesondere Ersatznachschaffungen) oder es ist, wenn das Bedürfnis nach Aufstellung der Voranschläge eintritt, gesonderter Antrag an den Oberstaatsanwalt zu richten; die Anschaffung erfolgt dann auf den Etatstitel Ziffer I Kap. 1 H § 2 Tit. 2 (Gerätschaften und Einrichtungsgegenstände). Die Gefangenen haben mit den Geräten schonend umzugehen. (Nr. 5 der zit. ME.) § 58 Abs. I. Den anderen Gefangenen sind Messer und Gabeln ohne Verlangen zu verabfolgen.

b) Die Eß- und Trinkgeräte sollen womöglich aus Gefängnissen oder Strafanstalten bezogen werden.

§ 84.

I Den Gefangenen, die gemäß § 80 beköstigt werden, ist gestattet, sich aus ihrem Arbeitsverdienste Zusatznahrungsmittel anzuschaffen. Gefangenen, bei denen Selbstbeköstigung zulässig ist, kann vom Vorstande gestattet werden, sich neben der hausordnungsmäßigen Kost Zusatznahrungsmittel zu kaufen.[1])

II Der Verkauf oder die Besorgung der Zusatznahrungsmittel darf nur durch den Gefängniswärter geschehen.

III Für jedes Gefängnis ist ein Verzeichnis der gestatteten Zusatznahrungsmittel [2]) und ihrer Preise aufzustellen. Die Aufstellung erfolgt durch den Oberstaatsanwalt auf den Vorschlag des Vorstandes.[3]) Bier darf nur bis zu $^1/_2$ Liter, Wein nur bis zu $^1/_4$ Liter für den Tag gestattet werden.[3])

§ 70 DuHO. §§ 76, 87 HOStrA.

1. Gefangene, bei denen keine Selbstbeköstigung zulässig ist, können sich also Zusatznahrungsmittel nur verschaffen, wenn sie arbeiten und der Verdienstanteil zur Anschaffung ausreicht; die Gefangenen nach Satz 2 können sich Zusatznahrungsmittel nur kaufen, wenn sie sich nicht selbst beköstigen, sondern die hausordnungsmäßige Kost beziehen. Die Kosten können sie aus dem Arbeitsverdienst (vgl. auch § 94 Abs. II Satz 2) oder aus eigenem Gelde bestreiten. Die strenger zu behandelnden Gefangenen (§ 46) sind nach der Vorschrift des § 46 Abs. II Satz 4 zu behandeln.

2. Als Zusatznahrungsmittel kommen nach der ME. vom 15. Mai 1883 Nr. 6135 in Betracht: Bei arbeitenden Gefangenen Fettstoffe

(Butter, Schmalz, Speck); dann Bier, Milch, Kaffe, Obst, Käse, Salat usw. Auch Abendsuppen sind in der Entschließung angeführt; wegen der Abendsuppen auf Grund der Kostordnung und wegen der Kost der arbeitenden Gefangenen vgl. § 80 Anm. Es liegt nicht im Sinne der Entschließung, daß in dem Tarif Nahrungsmittel von so hohem Preise aufgenommen werden, daß der Gefangene sie nur erwerben kann, wenn er den Verdienstanteil einer größeren Zahl von Tagen zusammennimmt. Die in den Tarif aufgenommenen Zusatznahrungsmittel sind nur für die Gefangenen des Abs. I bestimmt. ME. vom 6. Mai 1905. Nr. 17387.

3. Der Vorstand wird vor dem Vorschlag den Arzt hören. Wegen des Formulars vgl. § 36; es ist in jedem Haftraum anzubringen. Es empfiehlt sich statt des Bieres möglichst viel Milch zu verabreichen. Bei landwirtschaftlichen Arbeiten außerhalb der Anstalt dürfen in die Verträge Bestimmungen des Inhalts aufgenommen werden, daß auf Kosten der Unternehmer mehr als ½ l Bier verabreicht wird. Vgl. Anm. 1 zu § 91.

§ 85.

I Die Gefangenen, die nicht durch Krankheit gehindert oder mit Arbeiten im Freien beschäftigt sind, sollen vorbehaltlich der Vorschrift des § 62 Abs. 1 Nr. 7 täglich eine Stunde zur Bewegung in den Gefängnishof geführt werden, und zwar alle gleichzeitig oder in Abteilungen.[1]) Ist die Bewegung im Freien nicht möglich, so soll den Gefangenen Bewegung in offenen Hallen oder Gängen gestattet werden.[2])

II Die Ausschließung von der Bewegung im Freien wegen Fluchtgefahr wird vom Vorstande, bei den Untersuchungsgefangenen vom Richter verfügt.[3])

III Der Vorstand kann anordnen, daß in Gefängnissen, in denen kein oder nur ein Aufsichtsbeamter vorhanden ist, die Bewegung im Freien an Sonntagen und Feiertagen ausnahmsweise unterbleibt; er kann dabei bestimmen, daß dann am darauffolgenden Werktage die Bewegung im Freien länger als eine Stunde dauert. Er kann auch einzelnen Gefangenen, insbesondere Jugendlichen, einen längeren Aufenthalt im Freien gestatten.[4])

IV Während des Aufenthalts im Freien müssen die Gefangenen ununterbrochen überwacht werden. Die Vorschriften über die Trennung der Gefangenen (§§ 31—34) sind genauestens zu beachten. Bei Untersuchungsgefangenen ist, wenn nicht der Richter eine Abweichung gestattet, dafür zu sorgen, daß sie nicht mit Gefangenen in Berührung kommen, von denen sie in der Zelle getrennt gehalten werden.[5])

V Die Bewegung im Freien soll nicht vor Eintritt der Tageshelle, nicht nach Eintritt der Dunkelheit und an heißen Sommertagen nicht nachmittags zwischen zwölf und drei Uhr stattfinden.[6])

§ 84 HuGO. § 31 Grundsätze. § 42 HOStrA.

1. Es ist insbesondere auch im Winter die Bewegung im Freien so oft als irgend möglich vorzunehmen; nötigenfalls kann einzelnen Gefangenen durch Verabreichung von Gefängniskleidern Schutz gegen die Kälte gewährt werden. Die Gefangenen sind nur auf ärztliche Anordnung von der Bewegung zu entbinden. Sie müssen im geordneten Zuge geführt werden und sich andauernd bewegen; Herumstehen, Teilen in Gruppen (soweit nicht Abs. IV Satz 2 eine Ausnahme nötig macht) ist nicht erlaubt.

2. Z. B. Arbeitshallen; nötigenfalls auch in den Gefängnisgängen; vgl. § 64. Die Vorschrift, daß strenger zu behandelnde Gefangene zur Bewegung im Freien in der ersten Woche der Strafzeit nicht zuzulassen sind, gilt nicht mehr. Vgl. § 46 HO. § 98 Abs. II Satz 5 DuHO.

3. Die Ausschließung nach Abs. II ist keine Disziplinarstrafe; vgl. § 62 Abs. I Nr. 7 und Abs. I Satz 1.

4. Die Anordnungen nach Abs. III haben durch schriftliche Vorstandsweisung zu erfolgen. § 13 Abs. I; vgl. auch § 12 Abs. IV; 15 Abs. IV, 16 ff. — Der Satz 2 des Abs. III gilt auch für andere Gefängnisse als die des Satzes 1.

5. Es sind also insbesondere die Vorschriften des § 31 Abs. I Ziffer 1, 2 zu beachten; Anm. 7 zu § 95, Anm. 4 zu § 102; ebenso die Vorschriften über den Verschluß der Gefängnistüren usw. § 64. Anm. 1 zu § 65. Der Satz 2 des Abs. II ist besonders im Falle des § 44 zu befolgen; § 49; Anm. 1 zu § 48.

6. Vgl. § 72.

§ 86.

I Den männlichen Gefangenen werden Kopf- und Barthaar nach Bedarf geschnitten. Auf Wunsch sind sie wöchentlich einmal zu rasieren.[1])

II Bei Untersuchungsgefangenen kann der Richter[2]) anordnen, daß Haar- und Bartwuchs unverändert so erhalten werden, wie sie bei der Aufnahme des Gefangenen waren.

§ 71 DuHO. § 26 Grundsätze. § 40 GOStrA.

1. Vgl. § 12 Abs. I der Bek. über die öf. Verwaltung. Dafür sind nur Gründe der Reinlichkeit und Schicklichkeit maßgebend.

2. § 40 Abs. VII.

§ 87.

I Die Anordnungen, die auf den Antrag des Gefängnisarztes vom Vorstand oder von der Aufsichtsbehörde bezüglich der allgemeinen Gesundheitsverhältnisse im Gefängnis und der Verhütung und Bekämpfung ansteckender Krankheiten[1]) für notwendig erachtet werden, sind sorgfältig auszuführen.

II Räume, in denen kranke Gefangene sich aufgehalten haben, sind ebenso wie die von ihnen benützten Betten, Kleider, Geräte usw. nach Anordnung des Gefängnisarztes zu desinfizieren.[2])

III Gefangene, die sich krank fühlen, haben sich zum Arzte zu melden. Erleidet ein Gefangener eine Verletzung oder eine Beschädigung, so ist er verpflichtet, sich unverzüglich zum Arzte zu melden.[3]) Bei ernsteren Erkrankungen ist der Gefängnisarzt und in besonders dringlichen Fällen, wenn dieser nicht erreichbar ist, ein anderer Arzt herbeizurufen. Von bedenklichen Erkrankungen ist dem Vorstande, bei Untersuchungsgefangenen auch dem Richter und bei Schubgefangenen der Schubbehörde sowie außerdem den nächsten Angehörigen des Gefangenen Nachricht zu geben.[4])

IV Untersuchungsgefangene können sich mit Genehmigung des Richters[5]) auf ihre Kosten der Hilfe eines anderen Arztes bedienen. Anderen Gefangenen kann es der Vorstand gestatten.

§ 92 DuHO. §§ 38, 43 HOStrA.

1. Über ansteckende Krankheiten vgl. Reichsgesetz vom 30. Juni 1900 (RGBl. S. 306); Bek., betr. die Desinfektionsanweisung für gemeingefährliche Krankheiten vom 11. April 1907 (RGBl. S. 95); AllerhVO. vom 22. Juli 1891, betr. die Verpflichtung der Medizinalpersonen zur Anzeige ansteckender Krankheiten (GVBl. S. 229); vgl. auch JMBl. 1905 S. 38. Über ansteckende Krankheiten ist dem Oberstaatsanwalt zu berichten; § 13 Abs. IX; über Cholera dem StM. der Justiz; Entschließung vom 16. August 1884 Nr. 11 720. Beim Ausbrechen von Blattern ist in § 43 der HOStrA. die Impfung der Gefangenen angeordnet; über Maßregeln gegen Genickstarre vgl. die den Oberstaatsanwälten am 9. Juni 1905 mitgeteilte Anweisung. Vgl. auch JMBl. 1872 S. 287, 1873 S. 126, 166, 222, 226 ff., 1866 S. 34, 35.

2. Vgl. die Desinfektionsanweisung des StM. des Innern, Anm. 5 zu § 88.

3. Über Verletzungen bei der Arbeit vgl. § 71 Abs. II. Zuwiderhandlungen sind disziplinarisch zu ahnden, § 61 Abs. I.

4. Bei Lebensgefahr ist für geistlichen Beistand zu sorgen, § 101 Abs. I Satz 4. In Notfällen darf ein anderer Arzt als der Gefängnisarzt gerufen werden; die Kosten trägt der Staat.

5. § 40 Abs. VII.

§ 88.

I Kranke Gefangene sind womöglich in abgesonderten Räumen[1]) zu behandeln. Gefangene, die einzeln verwahrt werden, können in ihren Zellen behandelt werden. Die Hafträume kranker Gefangener sind auf Anordnung des Gefängnisarztes während der Dunkelheit zu beleuchten.[2])

II Die ärztlichen Anordnungen sind streng zu beobachten. Die vom Gefängnisarzte verordneten Arzneien werden in ein Arzneibuch eingetragen. Bei den Anordnungen für die Beköstigung erkrankter Gefangener sind die Vorschriften über die Krankenkost zu beachten. Diese Anordnungen werden gleichfalls in ein besonderes Buch eingetragen.[3])

III Zur Wartung kranker Gefangener können auf Anordnung des Vorstandes geeignete Gefangene desselben Geschlechts, die zu Hausarbeiten[4]) angehalten werden können oder sich freiwillig erbieten, verwendet werden. Die Verwendung von Untersuchungsgefangenen ist nicht zulässig. Zur Wartung eines kranken Untersuchungsgefangenen darf ein anderer Gefangener nur verwendet werden, wenn es der Richter genehmigt. Den zur Krankenwartung verwendeten Gefangenen kann eine Belohnung bis zu dreißig Pfennig für den Tag bewilligt werden, die in ihrem vollem Betrage zur Anschaffung von Zusatznahrungsmitteln verwendet werden darf.

IV Können die Gefängnisbeamten die erforderliche Wartung[5] nicht leisten und kann diese auch nicht durch Gefangene geleistet werden, so hat der Vorstand die Aufnahme eines Krankenwärters anzuordnen. Bei ansteckenden Krankheiten ist ein solcher stets aufzunehmen.

V Kranke Gefangene können, wenn es nach den Umständen geboten und eine Behandlung im Gefängnisse selbst nicht möglich ist, in eine nur für erkrankte Gefangene bestimmte Anstalt oder in eine vom Gefängnisse getrennte Heilanstalt, die der Oberstaatsanwalt bestimmt, verbracht werden. Untersuchungsgefangene werden auf Anordnung des Richters in eine Heilanstalt verbracht, andere Gefangene auf Anordnung des Vorstandes, der die Strafvollstreckungsbehörde oder diejenige Behörde, die die Verwahrung im Gefängnis angeordnet hat, unverzüglich in Kenntnis setzt.[6])

§ 92 DuHO. § 44 ff. HOStrA.

1. Die Räume hat der Vorstand zu bestimmen. § 13 Abs. I.

2. Vgl. § 74 Abs. II, III. § 8 Abs. I Bek. über öf. Verw.

3. Ein Formular ist für das Arzneibuch und das in Satz 4 erwähnte Buch nicht vorgeschrieben. In der Regel ist eine Kostordnung für Kranke aufgestellt.

4. Vgl. § 90 über die Hausarbeiten; wegen der Verwendung des Verdienstanteils zur Anschaffung von Zusatznahrungsmitteln vgl. §§ 99, 84.

5. Wegen der Wartung Kranker durch Gefängnisbeamte vgl. § 15 Abs. II Z. 6. Dem Krankenwärter darf der ortsübliche Lohn gewährt werden. § 12 Abs. 3 der Bek. über öf. Verw. Wenn ein Gefängniswärter, ein Krankenwärter oder ein Gefangener durch einen kranken Gefangenen angesteckt wird, können ihm beim Vorliegen genügender Gründe die Auslagen ersetzt werden (Etatstitel Ziffer I Kap. 7) obwohl den Staat eine Ersatzpflicht (von ganz besonderen Umständen abgesehen) nicht trifft. Wegen der Desinfektion der Eß- und Trink-

geschirre usw. bei übertragbaren Krankheiten vgl. die im MABl. des Innern vom Jahre 1909 S. 287 veröffentlichte Desinfektionsanweisung (um 5 Pf. von der Akademischen Buchdruckerei von Straub in München zu beziehen. Die Kosten sind auf den Etatstitel Ziffer I Kap. 1 H § 2 Tit. 1 zu verrechnen). Wo Desinfektionsapparate vorhanden sind, dürfen sie für andere Zwecke als für die des Gefängnisses nicht verwendet werden; auch die Verleihung an Behörden ist nicht gestattet.

6. Vgl. § 493 StPO. § 28 Abs. I HO. § 15 Bek. über ök. Verwaltung. In der Regel werden die Kranken wegen Mangels an Anstalten, die nur zur Aufnahme erkrankter Gefangener bestimmt sind, in die städtischen oder distriktiven Krankenhäuser, mit deren Verwaltungen wegen der Aufnahme zweckmäßigerweise Verträge abgeschlossen werden, oder in die Kreisirrenanstalten aufgenommen. Die Strafvollstreckung wird durch die Verbringung des Gefangenen in die Anstalt nicht unterbrochen, vgl. § 108 Abs. II Satz 2 HO.; die Kosten des Aufenthalts trägt zunächst der Staat; vgl. aber § 3 der Bek. vom 3. Dezember 1881, die Kosten der Haft usw. betr. Dauert die Verpflegung über das Ende der Strafzeit hinaus, so haftet gegebenenfalls die Armenpflege, ebenso wie wenn die Verpflegung z. B. wegen Lebensgefahr im Gefängnisse über die Strafzeit dauert. Die Krankenhausverwaltungen verlangen oft, daß das Personal im Falle der Entweichung eines Gefangenen nicht zur Verantwortung vor den Strafrichter gezogen wird (§ 121 StGB.). Eine solche Zusicherung kann nicht erteilt werden; jedoch braucht wohl das Personal in dieser Beziehung keine zu ernsten Befürchtungen zu hegen. Es darf zunächst die Überwachung des Kranken, der in der Regel schwer krank sein wird (nur beim Vorliegen eines zureichenden Anlasses soll die Verbringung in die Anstalt stattfinden), e i n e r Person übertragen werden; alle anderen sind dann von der Verantwortung frei (außer im Falle des § 120 StGB.). Der Kranke kann in einem sicheren Raume untergebracht und nötigenfalls schon zur Zeit der Wiedergenesung in das Gefängnis zurückgebracht werden. Vor der Einleitung eines Strafverfahrens haben die Staatsanwälte genauestens nach den Vorschriften der ME. vom 31. Juli 1901 Nr. 32119 zu verfahren, die u. a. auch hervorhebt, daß daraus, daß das Personal mit der Übernahme des Gefangenen die Verpflichtung übernimmt, eine förmliche Sicherheitsaufsicht zu üben (Entsch. des RG. Bd. XIX S. 330), nicht ohne weiteres gefolgert werden kann, daß es den gleichen Grad von Sorgfalt anzuwenden hat, der etwa von einem mit der Verwahrung des Gefangenen betrauten Gefängniswärter verlangt werden kann (die Klage wird also in der Regel nur bei grober Fahrlässigkeit zu erheben sein). Die Staatsanwälte und Amtsanwälte haben in der Regel vor der Anordnung von Ermittlungen durch die Polizei usw. den Sachverhalt p e r s ö n l i c h festzustellen. Vgl. auch ME. vom 17. Januar 1901 Nr. 42800. Zur Verbringung von Gefangenen in Irrenanstalten sind in der Regel Ziviltransporteure und nur ausnahmsweise uniformierte Transporteure (München!) zu verwenden. ME. vom 22. Juni 1906 Nr. 13446. — Wenn ein Gefangener in einem öffentlichen Krankenhaus untergebracht wird, so kann der Amtsarzt für die Behandlung, wenn nicht besondere Vereinbarungen getroffen sind (Zugeständnisse in Ansehung der Erhöhung des Tagesverpflegungssatzes sind nicht ausgeschlossen, ME. vom 17. Januar 1901 Nr. 42800), nur nach dem im Tarife aufgestellten Satze entlohnt werden. — Wenn ein Angeklagter, der in einer Irrenanstalt war, verurteilt wird, so ist das Gutachten der Anstalt an den Vorstand des Gerichtsgefängnisses usw. mitzuteilen; ihm ist auch in allen anderen Fällen, in denen ein Gutachten vorliegt, davon Mitteilung zu machen. ME. vom 31. Oktober 1903 Nr. 40956. — Die Verbringung des Kranken ordnet der Vorstand bzw. der Richter an; die Bestimmung der Heilanstalt durch den Oberstaatsanwalt (Satz 1) kann durch allgemeine Weisung für alle Fälle im voraus erfolgen; er kann gegebenenfalls auch eine private Heilanstalt, die die entsprechenden Garantien bietet, auswählen, wird aber in der Regel öffentliche Anstalten wählen. Eine Verbringung zu Angehörigen, Privaten usw. ist, abgesehen von dem eben erwähnten Falle, nicht gestattet.

§ 89.

Geburten im Gefängnisse hat der Vorstand dem Standesbeamten anzuzeigen (§ 20 des Gesetzes über die Beurkundung des Personenstandes und die Eheschließung, Entschließung des Staatsministeriums des Innern vom 13. Dezember 1875, JMBl. 1876 S. 73). War bei der Geburt eine Hebamme oder ein Arzt zugegen, so soll der Vorstand sie ersuchen, die Anzeige zu erstatten und hierbei dafür sorgen, daß der Arzt, der die Anzeige macht, nicht als Gefängnisarzt und das Gefängnis nur nach Straße und Hausnummer, nicht als Gefängnis bezeichnet werden.[1])

§ 93 DuHO.

1. a) Es genügt eine schriftliche Anzeige in amtlicher Form. Nach § 19 a. a. O. kann aber die Anzeige auch mündlich von dem Verpflichteten selbst oder durch eine andere aus eigener Wissenschaft unterrichtete Person gemacht werden. Erfolgt die Eintragung auf Grund einer schriftlichen amtlichen Anzeige, so ist aus der Geburtsurkunde zu ersehen, daß sich die Mutter des Kindes zur Zeit seiner Geburt im Gefängnisse befunden hat. Hieraus können sich für das Kind im späteren Leben Unzuträglichkeiten ergeben. Um das zu vermeiden, wurde die Bestimmung im Satz 2 getroffen. Der Arzt hat sich bei der Erstattung der Anzeige nicht als Anstaltsarzt zu bezeichnen. MBek. vom 3. Dezember 1904 Nr. 32915 JMBl. S. 294.

b) Vgl. § 29 HO. Wird die Strafvollstreckung gegen die Mutter nicht unterbrochen (vgl. ME. vom 21. September 1879, JMBl. S. 1170, Ziffer II Abs. 4; ME. vom 13. Januar 1897 Nr. 670), was zweckmäßig vor der Entbindung geschieht, so wird das Kind, sobald es angeht, der Familie oder der Ortspolizeibehörde zur Pflege zu überweisen sein. Die Abwartung einer Entbindung im Gefängnis ist aber prinzipiell nicht ausgeschlossen und kann insbesondere bei Untersuchungsgefangenen nötig sein; Entbindende sind nur unter besonderen Umständen Kranke im Sinne des § 88; die Verbringung in eine Anstalt wird sich bei Untersuchungsgefangenen nur selten empfehlen.

c) Vgl. § 113 HO.

9. Arbeit.

§ 90.

I Die Hausarbeiten im Gefängnis und in den dazu gehörenden Höfen, Gärten usw. sind durch Gefangene zu verrichten. Ebenso sollen die Anfertigung und Ausbesserung der Kleider, der Wäsche und der Gerätschaften, dann die Vornahme kleinerer Bauarbeiten, z. B. das Tünchen der Hafträume, die Ausbesserung geringfügiger baulicher Schäden, wenn möglich, durch Gefangene geschehen.[1])

II Außerdem sind in allen Landgerichtsgefängnissen, in den als ständige landgerichtliche Aushilfsgefängnisse dienenden Amtsgerichtsgefängnissen, und soweit tunlich auch in den übrigen Amtsgerichtsgefängnissen passende, mit der Ordnung und Sicherheit im Gefängnisse verträgliche und die Gesundheit nicht gefährdende Arbeiten einzuführen.[2])

III Die Verwertung der Arbeitskraft der Gefangenen ist so zu regeln, daß die Interessen des freien Gewerbes möglichst geschont werden. Der Arbeitsbetrieb soll auf zahlreiche Geschäftszweige verteilt und die Unterbietung der freien Arbeit unter Berücksichtigung der besonderen Verhältnisse der Gefängnisarbeit vermieden werden.[2])

IV Arbeit auf Vorrat ist nur für Staatszwecke innerhalb des regelmäßigen sicheren Bedarfs gestattet. Im übrigen darf nur auf Bestellung gearbeitet werden. Die Stoffe sind in der Regel vom Besteller zu liefern.[3])

Vgl. § 72 DuHO. §§ 17—22 Grundsätze. §§ 64 ff. HOStrA.

1. Man unterscheidet drei Arten von Arbeiten: die Hausarbeiten, die Arbeiten für den eigenen Bedarf des Gefängnisses und die Arbeiten auf fremde Bestellung (vgl. Zeitschrift für Rechtspflege 1910 Nr. 7 S. 129 ff. Abschn. 9):

a) Zu den Hausarbeiten gehören die Reinigung der Gefängnisräume (nicht der Zellen vgl. § 57), Treppen und Gänge, das Abladen des Holzes, das für den Gefängnisbedarf in das Gefängnis geliefert wird, das Tragen und Setzen des zerkleinerten Gefängnisholzes (nicht das Zerkleinern selbst vgl. unten Anm. b und Ziff. 6 der FinME. vom 13. Juni 1883 Nr. 8249); die Entfernung der Küchenabfälle, Wassertragen, Wasserpumpen, Fensterputzen, Schneeschaufeln, kurz alle die Arbeiten, die in einem Haushalte vom Gesinde verrichtet zu werden pflegen. Hofräume, die abgeschlossen sind, gehören zum Gefängnis; die Reinigung ist also Hausarbeit, zu der die Gefangenen verpflichtet sind. Zur Beschäftigung der Gefangenen in solchen Hofräumen war deshalb keine Genehmigung nach § 73 Abs. 2 DuHO. nötig, selbst wenn man durch den Hof z. B. in das Amtsgericht gehen konnte. Es ist auch jetzt die Erlaubnis nach § 91 Abs. II Satz 2 nicht nötig. § 16 StGB. spricht von der Anstalt, nicht vom Haus. ME. vom 23. März 1906.

b) Zu den Arbeiten für den eigenen Bedarf des Gefängnisses zählen neben den im Satz 2 des Abs. I aufgeführten Arbeiten das Zerkleinern des Gefängnisholzes, das Feilen der Holzsägen, die Bereitung von Kleister und ähnliche Arbeiten. Die Anfertigung neuer Einrichtungsgegenstände und die Vornahme größerer Reparaturen (so z. B. der starker Abnützung unterliegenden Klosetteimer) erfolgt nur in den größeren Gefängnissen. In den Gefängnissen, in denen der Regiebetrieb eingeführt ist (München, Nürnberg und Regensburg) werden außerdem die zur Bereitung der Gefangenenkost erforderlichen Gartenfrüchte in den zu den Gefängnissen gehörenden Gärten selbst in einem Umfang gebaut, daß der volle Bedarf in der Regel gedeckt ist. Die Hausarbeiten und die Arbeiten für den eigenen Bedarf des Gefängnisses sind gleichartig zu behandeln; sie sind in der Regel unentgeltlich zu verrichten. FinME. vom 13. Juni 1883 Nr. 8249. Jedoch kann den Gefangenen nach § 98 Abs. I Satz 2 HO. (vgl. dort) auch für die Hausarbeiten (und dazu zählen auch im Sinne des § 98 Abs. I Satz 2 die Arbeiten für den eigenen Bedarf) eine Belohnung gewährt werden. Für das Zerkleinern des Gefängnisholzes (nicht für das Tragen und Setzen) erhalten die Gefangenen, abgesehen von der Vorschrift des § 98 Abs. I Satz 2 eine Vergütung nach Maßgabe des § 3 der Bekanntmachung vom 23. April 1883 über die ökonomische Verwaltung der Gerichtsgefängnisse. Die Gefängniswärter erhalten die Vergütung nach § 3 a. a. O. seit dem Inkrafttreten des Beamtengesetzes nicht mehr. Art. 26, 27 des Beamtengesetzes. Zerkleinern von Holz für die Räume des Amtsgerichts oder für den Privatgebrauch des Gefängnisvorstands oder des Oberamtsrichters ist Arbeit auf fremde Bestellung.

c) Arbeiten auf fremde Bestellung. An erster Stelle steht das Zerkleinern von Holz für den Bedarf der Gerichte, anderer Behörden und in manchen Gefängnissen (nicht in vielen) auch von Privaten; außerdem kommen an ständigen Arbeiten vor: Anfertigung von Papierdüten, Umschlägen, Aktentaschen usw., Schneiderei, Schuhmacherei, Näh- und Strickarbeiten, Anfertigung von Schachteln, insbesondere Zündholzschachteln, Nachtlichterstecken, Entrippen von Tabak, Roßhaarzupfen, Hopfenzupfen, Seilerei, Falzen von Papierservietten und Klosettpapier usw. Als nicht ständige Arbeiten kommen vor: Schreibarbeiten, Auslesen von Kaffee, Erbsen und Linsen, Sortieren und Einpacken von Kräutern, Pulvern und Gewürzen, Flicken und Zeichnen von Säcken, Schälen von Weiden, Korbflechten usw. Wegen der landwirtschaftlichen Arbeiten vgl. § 91.

2. a) Das StM. der Justiz hat stets darauf gesehen, daß auch in kleinen Gefängnissen gearbeitet wird und zwar nicht so fast wegen des Ertrages, als wegen des Nutzens der Arbeit für den Gefangenen. Maschinelle Einrichtungen werden deshalb in der Regel entbehrt werden können. Bei der Einführung eines neuen Arbeitsbetriebes soll in der Regel auf Erhebungen darüber, ob dadurch nicht etwa eine größere Beeinträchtigung der freien Gewerbe oder der Erwerbsverhältnisse der freien Arbeiter verursacht wird, nicht verzichtet werden. Bei Einwendungen von seiten der Gemeindebehörden oder Privater wird es sich

empfehlen, mit den Beteiligten, wenn möglich, mündlich zu verhandeln. Die Arbeitstarife des Gefängnisses sollen den Löhnen der freien Arbeiter möglichst angeglichen werden. Ganz erreichen werden sie die Löhne der freien Arbeiter wohl nur selten können. ME. vom 29. Juni 1908 Nr. 25218.

b) Die Gewerbeordnung kann an und für sich nicht auf die Gefängnisarbeit angewendet werden. Fiskalische Betriebe unterliegen der Gewerbeordnung nur, wenn sie auf die Gewinnung von Einnahmen abzielen (z. B. Staatsbergwerke), nicht aber, wenn sie öffentlichen Zwecken dienen. Der Arbeitsbetrieb in den Gefängnissen bezweckt nicht Einnahmen, sondern eine Beschäftigung der Gefangenen; daß sich dabei auch Einnahmen ergeben, kommt nicht in Betracht. Ein arbeitender Gefangener ist kein gewerblicher und kein land- und forstwirtschaftlicher Arbeiter (Landmann-Rohmer Bd. II S. 86). Der Titel VII der Gewerbeordnung greift jedoch insoferne über ihre sonstigen Bestimmungen hinaus, als die Arbeiterschutzbestimmungen auch für jene Staatsbetriebe gelten sollen, die einen öffentlich-rechtlichen Charakter haben, aber fabriktechnische Einrichtungen aufweisen (Gewehrfabriken, Werkstätten für Eisenbahnverwaltungen, Regiebauten).

c) Die Sicherheit der Gefangenen bei der Arbeit kann dadurch gefördert werden, daß der Vorstand die Gewerbeaufsichtsbeamten ersucht, die Einrichtungen des Gefängnisses zu prüfen. Die Inspektion der Arbeitsbetriebe der Strafanstalten usw. gehört an sich nicht zur Dienstesaufgabe der Fabrikinspektoren, weil die Beschäftigung von Gefangenen nicht als ein Gewerbebetrieb anzusehen ist. Wenn jedoch der Vorstand einer Strafanstalt oder eines Gerichtsgefängnisses den Beamten ersucht, den Arbeitsbetrieb oder einen Teil desselben darauf zu prüfen, ob die Arbeitsräume, Maschinen und Gerätschaften so eingerichtet sind, daß die Gefangenen gegen Gefahr für Leben und Gesundheit nach Möglichkeit geschützt sind, so hat der Gewerbeaufsichtsbeamte dem Ersuchen zu entsprechen. Über den Befund hat er dem Vorstand auf dessen Ersuchen ein kurzes schriftliches Gutachten zu erstatten. In Fällen, in denen kein wirkliches Bedürfnis besteht, sollen die Gewerbeaufsichtsbeamten nicht behelligt werden. Bek. vom 15. Oktober 1907, JMBl. S. 371. Im Jahresbericht der Aufsichtsbeamten werden die Inspektionen nicht erwähnt.

3. a) In der DuHO. § 72 Abs. 4 war bestimmt, daß Ausnahmen von dem Grundsatze, daß nur auf Bestellung gearbeitet werden darf, nur mit Genehmigung des StM. der Justiz zulässig sind. In der HO. sind solche Ausnahmen nicht vorgesehen, werden also auch kaum genehmigt werden. Insbesondere ist es unzulässig, daß z. B. der Gefängniswärter Holz auf eigene Rechnung kauft und es nach der Zerkleinerung unter Berechnung des Ankaufpreises und des Arbeitslohnes für das Zerkleinern veräußert. ME. vom 4. März 1883 Nr. 2561; vgl. Henle Note 6 zu § 72 DuHO.

b) Bei jeder Arbeit auf fremde Bestellung (auch bei Arbeiten für den Gefängnisvorstand oder das Amtsgericht) ist nach §§ 97, 124 Abs. I Ziff. 2 HO. zu verfahren.

c) § 72 Abs. 5 DuHO. bestimmte, daß für Beschädigungen, welche an den von den Bestellern gelieferten Stoffen oder Werkzeugen durch bösen Willen, Unachtsamkeit oder Ungeschicklichkeit der Gefangenen oder

der Gefängnisbediensteten entstehen, vorbehaltlich des Rückgriffs Ersatz geleistet wird. In der HO. ist diese Bestimmung nicht mehr enthalten. Der Staat wird aber nach wie vor für solche Beschädigungen haften, da er, als der Arbeitgeber sich der Gefangenen und Gefängnisbeamten zur Erfüllung seiner Verbindlichkeiten bedient. § 278 BGB. Für Handlungen der Gefängnisbeamten, die unter § 839 BGB. fallen, haftet der Staat gemäß § 60 AGBGB. Wegen des Rückgriffs auf den Gefangenen vgl. § 99 Abs. III HO.

d) Es empfiehlt sich, die Beschäftigung der Gefangenen durch Verträge mit Arbeitgebern zu sichern, die die Gefangenen dauernd beschäftigen; vgl. § 72 Abs. 6 DuHO. 13. Abs. VII, 15. Abs. II Z. 5.

§ 91.

I Die Gefangenen können[1]) auch zu Arbeiten außerhalb des Gefängnisses, insbesondere zu land- und forstwirtschaftlichen Arbeiten und zu Kulturarbeiten[2]) für Behörden und Private verwendet werden; dabei müssen sie jedoch von freien Arbeitern getrennt gehalten werden.

II Die Verwendung von Gefangenen zur Reinigung der Gehsteige und Straßenstrecken vor den Gefängnissen, dann zur Verbringung von Lasten, die für das Gefängnis bestimmt sind oder aus diesem weggeführt werden sollen, kann vom Vorstand angeordnet werden, wenn nach den örtlichen Verhältnissen anzunehmen ist, daß sie kein Aufsehen verursachen und auch sonst nicht zu Unzukömmlichkeiten führen wird. Im übrigen muß zur Beschäftigung von Gefangenen mit Arbeiten außerhalb des Gefängnisses die Genehmigung des Oberstaatsanwalts eingeholt werden.

§ 73 DuHO.

1. Vgl. jedoch § 92 (Zustimmung der Gefängnissträflinge und der zu einfacher Haft Verurteilten. §§ 16, 18 StGB.; Ausschluß der Untersuchungsgefangenen); vgl. ferner § 93 Abs. III Satz 2, § 46 Abs. II, § 95 Abs. IV S. 2.

2. Die Verwendung der Gefangenen zu landwirtschaftlichen Arbeiten wurde vom StM. der Justiz stets befürwortet. Es ist in den letzten Jahren damit auch in Neuburg, Eichstätt, Weiden und Landshut ein günstiger Erfolg erzielt worden. Bei vielen Gefängnissen fehlt es an einem nahe gelegenen Arbeitsplatz und an geeigneten Gefangenen. Wo solche Arbeiten eingeführt werden, empfiehlt es sich mit den Arbeitgebern einen Vertrag abzuschließen und darin insbesondere die Haftung für Unfälle (§§ 2—5, 7 des Gesetzes vom 30. Juni 1900 im Anhang) usw. zu regeln. Wegen der Genehmigung der Arbeiten vgl. Abs. II Satz 2; vgl. auch Anm. 3 zu § 84 wegen der Verabreichung von Bier auf Kosten des Arbeitgebers. Auch die einer strengeren Behandlung unterliegenden Gefangenen dürfen nach Maßgabe des § 46 Abs. II zu land- und forstwirtschaftlichen Arbeiten außerhalb des Gefängnisses verwendet werden. Natürlich sind nur geeignete Gefangene (Fluchtgefahr usw.) auszuwählen. ME. vom 23. März 1906. Wegen der Überwachung vgl. § 95 Abs. IV Satz 2.

3. Die Reinigung der Gehsteige und Straßenstrecken und die Verbringung von Lasten sind Hausarbeiten, vgl. § 90 Anm. 1, § 98 Abs. I Satz 2. Als Wegbringung von Lasten wird wohl auch das Ausfahren des im Gefängnis zerkleinerten Holzes zu Behörden und Privaten betrachtet werden dürfen, so daß eine Genehmigung des Oberstaatsanwalts (früher des StM. der Justiz) nicht nötig ist; im übrigen fällt darunter die Wegführung verarbeiteter Stoffe, Schuttmaterials bei Bauten usw. Wegen der Auswahl der Gefangenen vgl. § 93 Abs. III Satz 3.

§ 92.

I Die zur Gefängnisstrafe und die nach Vorschrift des § 361 Nr. 3 bis 8 des Strafgesetzbuchs zu Haft verurteilten Gefangenen sind zur Arbeit anzuhalten, wenn die Möglichkeit einer angemessenen Beschäftigung gegeben ist.[1]) Außerhalb des Gefängnisses dürfen die zur Gefängnisstrafe Verurteilten nur mit ihrer Zustimmung verwendet werden (§ 16 des Strafgesetzbuchs).[2])

II Bei den übrigen Gefangenen findet ein Zwang zur Arbeit nicht statt. Auf ihr Verlangen können sie bei den im Gefängnisse betriebenen Arbeiten beschäftigt werden.[3])

III Untersuchungsgefangene dürfen sich nur mit Erlaubnis des Richters an den Arbeiten beteiligen. Zu Arbeiten außerhalb des Gefängnisses dürfen sie nicht verwendet werden.[4])

§ 74 Abs. 1—3 DuHO. § 17 ff. Grundsätze. § 65 ff. HOStrA.

1. Vgl. § 46, § 362 Abs. 1 StGB. Beim Vorliegen besonderer Umstände kann der Vorstand Ausnahmen gestatten. Angemessen ist nicht bloß eine erlernte oder früher betriebene Beschäftigung. Vgl. auch § 93 Abs. I.

2. Vgl. Anm. 1 zu § 91. § 16 im Anhang.

3. Vgl. § 16 Abs. II StGB. Bei einfacher Haft dürfen die Gefangenen mit ihrer Zustimmung sowohl in dem Gefängnis als außerhalb beschäftigt werden, nicht bloß auf ihr Verlangen; wegen der Beschäftigung außerhalb der Anstalt bei verschärfter Haft vgl. § 46 Abs. II. Es dürfen also gegebenenfalls auch Zivilgefangene beschäftigt werden.

4. Bettler und Landstreicher sollten schon in der Untersuchungshaft zu Arbeiten angehalten werden, jedoch nur in der Anstalt. Arbeiten im Gefängnishof wird der Richter wohl nur dann erlauben, wenn keine Kollusionsgefahr besteht. Ordnet der Richter Absonderung von anderen Gefangenen bei diesen Arbeiten an, ist der Gefangene besonders sorgfältig zu überwachen. Vgl. § 44 Abs. I Satz 3 und § 85 Anm. 5; § 49; Anm. 1 zu § 48.

§ 93.

I Bei der Zuteilung der Arbeit ist auf den Gesundheitszustand, den Bildungsgrad und den Beruf der Gefangenen sowie auf deren Fähigkeiten und späteren Erwerbsverhältnisse Rücksicht zu nehmen. Den Arbeitszweig, in dem der Gefangene beschäftigt wird, bestimmt der Gefängniswärter.[1]) Etwaige Wünsche des Gefangenen sind tunlichst zu berücksichtigen. Bei jugendlichen Gefangenen soll die erzieherische Wirkung der Arbeit möglichst gefördert werden.[2])

II Über die Angemessenheit der Beschäftigung, die dem Gefangenen angewiesen wird, entscheidet erforderlichenfalls der Vorstand.

III Arbeiten, bei denen Werkzeuge gebraucht werden, die zur Flucht oder zu Angriffen mißbraucht werden können, dürfen nur solchen Gefangenen übertragen werden, von denen ein Mißbrauch nicht zu besorgen ist.[3]) Zu Arbeiten außerhalb des Gefängnisses sind nur Strafgefangene zu verwenden, bei denen weder Fluchtgefahr noch Gefahr des unerlaubten Verkehrs mit Fremden besteht.[4]) Das Fortschaffen von Lasten außerhalb des Gefängnisses darf nur durch erwachsene Männer geschehen.[5])

§ 74 Abs. 4—6 DuVO.

1. Vgl. jedoch Abs. II.

2. Die Auswahl der Arbeit soll also mit besonderer Sorgfalt erfolgen, so daß die Freude an der Arbeit und das Verlangen geweckt wird, etwas zu leisten. Abstoßende Arbeiten usw. sind deshalb nicht zuzuteilen. Vgl. auch § 45 Satz 2.

3. Beile, Hämmer usw.

4. Vgl. § 91 Abs. I nebst Anm. § 92 Abs. I Satz 2, Anm. 3, Abs. III Satz 2.

5. Vgl. § 91 Abs. II Satz 1 und Anm. 3.

§ 94.

I Gefängnissträflingen,[1]) die im Besitze der bürgerlichen Ehrenrechte sind und eine Zuchthausstrafe noch nicht verbüßt haben, kann mit Genehmigung des Oberstaatsanwalts, anderen Gefangenen, die nicht zu einer der im Gefängnis eingeführten Arbeiten angehalten werden können[2]), mit Genehmigung des Vorstandes, Untersuchungsgefangenen mit Genehmigung des Richters in widerruflicher Weise gestattet werden, sich selbst zu beschäftigen. Solche Gefangene sind stets in Einzelhaft[3]) zu halten. Die Beschäftigung muß mit der Ordnung und Sicherheit des Gefängnisses vereinbar sein. Sie unterliegt der Aufsicht des Vorstandes, bei Untersuchungsgefangenen der Aufsicht des Richters.[4])

II Die Gestattung der Selbstbeschäftigung kann bei Strafgefangenen von der Zahlung einer Entschädigung an die Arbeitsverdienstkasse[5]) abhängig gemacht werden, deren Höhe[6]) nach Vernehmung des Vorstandes durch den Oberstaatsanwalt festgesetzt wird. Im übrigen verbleibt der Ertrag der Selbstbeschäftigung dem Gefangenen.

§ 83 DuVO. § 17 Abs. II und III Grundsätze. § 71 HOStrA.

1. Es besteht kein Recht auf Selbstbeschäftigung wie bei einzelnen Gefangenen auf Selbstbeköstigung; vgl. § 81. Gefängnissträflingen, die im Besitze der Ehrenrechte sind und eine Zuchthausstrafe noch nicht verbüßt haben, darf die Selbstbeschäftigung aber dann nicht gestattet werden, wenn sie zu den strenger zu behandelnden Gefangenen gehören, vgl. § 46 Abs. I und Anm. 1 zu § 46; vgl. auch Anm. 2 zu § 81. Anm. 6 zu § 76.

2. Nicht zur Arbeit angehalten werden können die zu einfacher Haft verurteilten Gefangenen, die Polizei-, die Schub- und Zivilgefangenen; vgl. § 92.

3. Vgl. § 81 Abs. IV, § 76 Abs. III Satz 3.

4. Die Tätigkeit der Untersuchungsgefangenen darf vom Vorstand und den Gefängnisbeamten wohl auch insoweit beaufsichtigt werden, als es bei Abwesenheit des Richters ein besonderer Anlaß im Hinblick auf die Ordnung und Sicherheit im Gefängnis nötig macht. — Vgl. auch § 95 Abs. III.

5. Vgl. § 97.

6. Vielleicht ein Drittel oder die Hälfte des Ertrages der Selbstbeschäftigung. Wird keine Zahlung an die Arbeitsverdienstkasse verlangt, gehört der Verdienst dem Gefangenen. Wirft die Arbeit keinen Verdienst ab (z. B. bei Studium, literarischen Arbeiten), so kann eine Entschädigung trotzdem verlangt werden; sie ist unter Berücksichtigung der persönlichen Verhältnisse des Gefangenen, insbesondere seines Vermögens, festzusetzen; es können Beträge von 20—30 Pf. bis zu 3 und 5 Mk. angemessen sein. Das, was den Gefangenen nach Satz 2 verbleibt, können sie nach §§ 84, 81, zur Anschaffung von Zusatznahrungsmitteln verwenden, wenn bei ihnen Selbstbeköstigung zulässig ist und sie sich nicht selbst beköstigen. Verdienstanteile werden den Gefangenen nicht gutgeschrieben, da ihr Arbeitsverdienst nie ganz in die Arbeitsverdienstkasse fließt. Daß die eingezahlten Beträge als Arbeitsverdienst (Ertrag der Arbeit § 98 Abs. II) anzusehen sind, ist nicht bestimmt.

§ 95.

I Die tägliche Arbeitszeit soll in der Regel die Dauer von zehn Stunden nicht überschreiten. Den Beginn und den Schluß der Arbeitszeit bestimmt der Vorstand.[1])

II Jeder zur Arbeit verwendete Gefangene erhält eine nach der Dauer der Arbeitszeit und seiner Leistungsfähigkeit bemessene Aufgabe, die er innerhalb der Arbeitszeit zu erledigen hat. Die Erledigung der Aufgabe befreit nicht von der Fortsetzung der Arbeit bis zum Schlusse der Arbeitzeit.

III Der Vorstand kann Gefangenen in Einzelhaft, die nach ihrem Bildungsgrad und ihrer Führung eine Berücksichtigung verdienen, Freistunden zu geistiger Beschäftigung gewähren.[2])

IV Die Arbeit wird von den Gefängnisbeamten überwacht und geleitet.[3]) Gefangene, die außerhalb des Gefängnisses beschäftigt werden, müssen von einem Gefängnisbeamten begleitet sein, der sie ununterbrochen beaufsichtigt.[4]) Die arbeitenden Gefangenen haben den Weisungen des die Arbeit leitenden Beamten pünktlichst Gehorsam zu leisten.[5]) Gefangenen darf die Überwachung und Leitung der Arbeit nicht übertragen werden.[6])

V Auch bei Arbeiten im Gefängnishof oder außerhalb des Gefängnisses dürfen Gefangene verschiedenen Geschlechts oder jugendliche und erwachsene Gefangene nicht miteinander in Berührung kommen.[7])

VI Am Schlusse der Arbeitszeit werden den Gefangenen die Stoffe zur Arbeit, die Werkzeuge und die Arbeitserzeugnisse abgenommen. Ausnahmsweise kann der Vorstand jedoch, wenn keine Gefahr des Mißbrauchs besteht, gestatten, daß die Stoffe und Werkzeuge in den Hafträumen belassen werden und daß die Erzeugnisse in angemessenen Zeitabschnitten abgenommen werden.[8])

§ 75 DuHO. § 20 Grundsätze. § 72 HGStrA.

1. Vgl. § 72 über die Tagesordnung; § 72 Abs. III über die Unterbrechung der Arbeit durch Mahlzeiten usw. Der Vorstand kann für die Wintermonate eine kürzere Arbeitszeit als für die Sommermonate und für die Zeit der Ernte usw. bei landwirtschaftlichen Arbeiten (§ 91) für einzelne Tage eine längere Arbeitszeit festsetzen; vgl. jedoch auch § 20 der Grundsätze.

2. Vgl. § 32ff. Diese Beschäftigung ist keine Selbstbeschäftigung im Sinne des § 94.

3. Vgl. § 15 Abs. II Z. 3, § 16 Abs. III. Die Überwachung darf auch auf kurze Zeit nicht unterbrochen werden; auch bei Arbeiten in Holzlegen, Waschküchen usw. ist die Überwachung nötig.

4. Vgl. §§ 91, 92, 93 Abs. III.

5. Vgl. § 48.

6. Nicht ausgeschlossen ist, daß geübte Gefangene andere unter der Aufsicht des Gefängnisbeamten anleiten. Vgl. § 55 Abs. II.

7. Bisher wurde es wegen der Beaufsichtigung für zulässig gehalten, daß jugendliche mit erwachsenen Gefangenen bei der Arbeit im Gefängnishof oder außerhalb der Anstalt zusammen kamen. Vgl. § 31 Abs. I Ziff. 1, 2, § 85 Abs. IV, § 102 Abs. IV.

8. Vgl. § 15 Abs. II Z. 5. Es ist dann aber besondere Vorsicht geboten; vgl. Anm. 2 zu § 66.

§ 96.

I An Sonntagen, Feiertagen[1]) und Allerhöchsten Namens- und Geburtsfesten ruht die Arbeit mit Ausnahme der notwendigen Hausarbeiten.[2])

II Israelitische Gefangene sollen am Sabbat und an folgenden Feiertagen ihres Bekenntnisses: Passah (an den beiden ersten und den beiden letzten Tagen), Wochenfest (zwei Tage), Neujahrsfest (zwei Tage), Versöhnungsfest (ein Tag), Laubhüttenfest (an den beiden ersten und den beiden letzten Tagen) sowie am Fasttag „Zerstörung Jerusalems" nicht wider ihren Willen zur Arbeit angehalten werden.[3]) Gefangene, die auf Grund dieser Vorschrift von der Arbeit befreit werden, können dagegen an den Sonntagen und den christlichen Feiertagen mit geräuschlosen leichten Arbeiten beschäftigt werden.

§ 76 DuHO. § 56, 81 HOStrA.

1. Wohl nicht nur an den allgemeinen Feiertagen, sondern auch an jenen, die für den betreffenden Strafort ein Feiertag sind; die Arbeit wird allgemein zu ruhen haben; zum mindesten sind die Gefangenen, für die der Feiertag nicht gilt, mit geräuschlosen leichten Arbeiten zu beschäftigen und von den anderen Gefangenen zu trennen.

2. Vgl. § 90 Abs. I; auch § 72 Abs. II.

3. Sie sind wohl von den anderen Gefangenen zu trennen.

§ 97.

I Der Ertrag der Arbeit[1]) fließt in die Arbeitsverdienstkasse.[2]) Aus dieser werden die Kosten des Arbeitsbetriebs, insbesondere die Auslagen für Anschaffung von Hilfsstoffen, für die Anschaffung und Instandhaltung der Arbeitsgeräte[3]) und der Bücher[4]) für den Arbeitsbetrieb gedeckt. Von dem Reinertrage wird ein Teil zur Belohnung der arbeitenden Gefangenen verwendet[5]), der Rest wird an den Arbeitsfonds für die Gerichtsgefängnisse abgeliefert.[6])

II Die Arbeitsverdienstkasse steht unter der Verwaltung des Gefängniswärters. Die Kassenbestände müssen unter sicherem Verschluß aufbewahrt und dürfen nicht mit den eigenen Geldern des Gefängniswärters vermischt werden.[7])

§ 77 DuHO. § 21 Grundsätze. § 74 HOStrA.

1. Der ganze Ertrag; für die Überwachung der Arbeit dürfen den Gefängnisbeamten von den Bestellern keine Tantiemen gewährt werden. In die Arbeitsverdienstkasse fließt jeder Ertrag aus der Arbeit auf fremde Bestellung, also auch der Arbeit für den Gefängnisvorstand usw. (vgl. § 90 Anm. 1 lit. c., § 3 der Bek. über

die öf. Verw. und § 100 Anm. 6), selbst wenn die Arbeit nur vorübergehend ist. Die Belohnung der Gefängniswärter nach § 3 der Bek. über die öf. Verw. ist seit dem Inkrafttreten des Beamtengesetzes weggefallen; wo eine Arbeitsverdienstkasse besteht, wird die Belohnung, die nach § 3 a. a. O. den Gefangenen gewährt wird, der Arbeitsverdienstkasse zugewiesen. Die vom Staate zu zahlende Vergütung dürfte sich um $^1/_3$ zu mindern haben, weil die Gefängniswärter nichts mehr beziehen.

2. Es ist zu scheiden zwischen Arbeitsverdienstkasse (Einrichtung des einzelnen Gefängnisses) und Arbeitsfonds (Zentralfonds, der vom StM. der Justiz und StM. der Finanzen verwaltet wird). Vgl. die Bek., den Arbeitsfonds für die Gerichtsgefängnisse betr., vom 16. April 1883 im Anhang. § 100 Abs. II.

3. Satz 2 hat zur Voraussetzung, daß bereits ein Arbeitsbetrieb eingerichtet ist; soll ein Arbeitsbetrieb erst neu eingeführt werden, so sind die im Satz 2 genannten Ausgaben nicht aus der Arbeitsverdienstkasse, die ja noch nicht vorhanden ist, und nicht aus dem Arbeitsfonds zu decken, sondern auf Rechnung des Etatstitels Ziffer I Kap. 1 H § 2 Tit. 2 (Ausgaben für Gerätschaften und Einrichtungsgegenstände) zur Verfügung zu stellen. In den Bedarfsvoranschlag nach § 19 der Bek. über die öf. Verwaltung dürfen diese Kosten nicht eingestellt werden. (In den Anschlag werden nur die Kosten für Ausbesserung der Gerätschaften und die Kosten für den Ersatz und die Ergänzung vorhandener Gerätschaften, nicht die Kosten für gänzliche Neuanschaffungen aufgenommen; vgl. § 13 Anm. 9). Ist ein Arbeitsbetrieb eingeführt, so fallen die Kosten für die Reparaturen und den Ersatz der vorhandenen Arbeitsgeräte (es sind z. B. zwei Sägen unbrauchbar geworden) und für die Ergänzung der Arbeitsgeräte (es sind z. B. neben den vorhandenen noch zwei Sägen nötig, es soll in der Schuhmacherei, Schneiderei eine Nähmaschine eingeführt werden), der Arbeitsverdienstkasse, die Kosten für Neuanschaffung bei Einführung eines neuen Arbeitszweiges (neben der bisher betriebenen Holzzerkleinerung soll auch Schuhmacherei eingeführt werden) dem Arbeitsfonds zur Last. (Antrag durch den Oberstaatsanwalt an das StM. der Justiz). Die Kosten für Reparaturen, Ersatz und Ergänzung von Arbeitsgeräten dürfen in den Voranschlag gestellt werden, wenn keine Arbeitsverdienstkasse vorhanden ist, also nicht auf fremde Rechnung, sondern nur für den Bedarf des Gefängnisses gearbeitet wird. Auch da wo auf fremde Bestellung gearbeitet wird, dürfen die Kosten für Reparatur usw. der zum Zerkleinern des Gefängnisholzes benützten Arbeitsgeräte in den Voranschlag eingestellt werden. (Etatsposition Ziffer I Kap. 1 H § 2 Tit. 2). Reicht die Arbeitsverdienstkasse nicht aus, so fallen die Kosten, insoweit sie von der Arbeitsverdienstkasse zu tragen wären, dem Arbeitsfonds zur Last; größere Anschaffungen sind überhaupt auf den Arbeitsfonds zu übernehmen; vgl. § 100 Abs. III. Aus der Arbeitsverdienstkasse sind auch, soweit sich eine Ausscheidung treffen läßt, die Kosten der bei der Arbeit nötigen Beleuchtung zu decken, ebenso Portoauslagen.

4. Die Kosten der Bücher (vgl. § 115 Abs. II, 124, 125 Abs. II) wurden früher aus dem Arbeitsfonds, nicht aus der Arbeitsverdienstkasse gedeckt. § 105, 106 Abs. 2 DuHO.

5. Vgl. § 98.

6. Vgl. § 100. Früher wurde aus dem Ertrage der Arbeit dem Gefängniswärter der sog. Verdienstanteil gewährt, der mit dem Inkrafttreten des Beamtengesetzes weggefallen ist; der Gefängniswärter hatte einen Anspruch auf den Verdienstanteil. Vgl. § 27 Abs. II, 80. DuHO. § 100 Anm. 5, 6 HO. BayZfR. Nr. 1 1907 S. 10 ff.

7. Vgl. § 16 Abs. 3 Satz 3 und § 350 StGB.

§ 98.

I Den Gefangenen, deren Arbeitsverdienst in die Arbeitsverdienstkasse fließt, wird ein Teil des Reinertrags der Arbeit — Verdienstanteil — als Belohnung gutgeschrieben.[1]) Auch den mit Hausarbeiten beschäftigten Gefangenen kann eine solche Belohnung gewährt werden.[2])

II Die Verdienstanteile der Gefangenen bestimmen sich für die einzelnen Arten von Arbeiten nach dem Tarife. Der Tarif wird von dem Vorstande nach Anhörung des Gefängniswärters aufgestellt. Für Arbeiten, die im Tarife nicht vorgesehen sind, wird der Verdienstanteil nach den für die Aufstellung des Tarifs geltenden Grundsätzen vom Vorstande bestimmt.[3])

III Der Verdienstanteil ist je nach der Art der Arbeit entweder für den Arbeitstag (Taglohn) oder für eine bestimmte Arbeitsleistung (Stücklohn) festzusetzen. Er soll so bemessen werden, daß der Tagesverdienst eines während der regelmäßigen Arbeitszeit mit gehörigem Fleiße und der erforderlichen Geschicklichkeit arbeitenden Gefangenen den Betrag von fünfundzwanzig Pfennig nicht übersteigt.[4])

IV Bei den Arbeiten, bei denen der Verdienstanteil für den Arbeitstag festgesetzt ist, bestimmt der Gefängniswärter für den einzelnen Gefangenen nach Maßgabe seiner Arbeitsleistung den gutzuschreibenden Betrag im Rahmen des Tarifs. Wird hiernach mit Rücksicht auf die Leistungen des Gefangenen nicht der ganze Taglohn des Tarifs, sondern nur ein Teil zugebilligt, so kann der Gefangene die Entscheidung des Vorstands anrufen.

V Bei den Arbeiten, für die der Verdienstanteil sich nach der Größe der Arbeitsleistung bestimmt, ist bei der Abnahme der Erzeugnisse sofort der Stücklohn zu berechnen und dem Gefangenen bekannt zu geben.[5])

VI Der Tarif ist in jedem Arbeitsraum anzuheften.[6])

§ 78 DuHO. § 21 Grundsätze. § 74 f. HOStrA.

1. Vgl. § 97 und § 100 Abs. I Satz 2.

2. Vgl. § 90 Abs. I; § 62 Anm. 1; Voraussetzung ist jedoch, abgesehen vom Falle des § 3 der Bek. über ök. Verw. (vgl. Anm. 1 zu § 97), daß ein Arbeitsbetrieb eingeführt ist; für die Arbeiten ist ein Tarif aufzustellen; die Belohnungen sind genau zu behandeln wie die Verdienstanteile (Beschwerde Abs. IV); statt Belohnungen dürfen keine Naturalien gereicht werden; von den Belohnungen dürfen Zusatznahrungsmittel, Porto bestritten werden. § 99 Abs. I.

3. Vgl. § 36 über das Formular und Abs. VI.

4. Für außerordentliche Leistungen dürfen die Belohnungen wohl erhöht werden. Vgl. auch Abs. IV und V. Die Beschränkung, daß nicht mehr als 40 % des Reinertrages (§ 97) zur Belohnung der Gefangenen verwendet werden dürfen, ist weggefallen (vgl. § 78 Abs. III DuHO.).

5. Im Falle des Abs. IV (Taglohn) wird der Verdienstanteil täglich gutgeschrieben, im Falle des Abs. V (Stücklohn) nach der Fertigstellung der Arbeit; vgl. § 124 Ziff. 3 und Anlage 11 über die Führung des Buches für die Verdienstanteile.

6. Vgl. § 36.

§ 99.

I Gefangene, die arbeiten, obwohl sie zur Arbeit nicht angehalten werden können (§ 92 Abs. 2), dürfen über den gutgeschriebenen Verdienstanteil zur Anschaffung von Zusatznahrungsmitteln, von Schnupftabak, von Briefpapier und zur Bestreitung von Porto verfügen. Den übrigen Gefangenen kann der Vorstand gestatten, zu diesem Zwecke über die Hälfte des Verdienstanteils zu verfügen.[1])

II Ein Rechtsanspruch auf die Herausgabe des Verdienstanteils steht den Gefangenen nicht zu.[2])

III Ersatzansprüche wegen Beschädigungen, die aus Bosheit, Mutwillen, Unachtsamkeit oder bei der Flucht aus dem Gefängnis oder bei einem Fluchtversuch verursacht sind, werden aus dem Verdienstanteile des Gefangenen gedeckt. Kosten des Strafverfahrens oder der Strafvollstreckung dürfen aus ihm nicht gedeckt werden.[3])

IV Am Schlusse jedes Monats und beim Austritte wird dem Gefangenen die Abrechnung über seinen Verdienstanteil bekannt gegeben. Über Beanstandungen entscheidet der Vorstand.[4])

V Der während der Haft nicht verbrauchte Teil des Verdienstanteils wird dem Gefangenen bei der Entlassung ausgezahlt und bei der Ablieferung an eine andere Behörde dieser überschickt.[5])

VI Wenn ein Gefangener im Gefängnisse stirbt, so wird der Verdienstanteil zugunsten der Arbeitsverdienstkasse wieder abgeschrieben.[6])

§ 79 DuHO. § 21 Grundsätze. § 76 ff. HOStrA.

1. Es ist nicht ausgeschlossen, aber nur unter besonderen Umständen zu gestatten, daß ein Gefangener, der voraussichtlich noch längere

Zeit arbeitet, in den Grenzen des Abs. I auch über den erst zu erwerbenden Verdienstanteil verfügt. Vgl. § 52, 84, 106 Abs. II Satz 2, Abs. III Satz 2. Die Erlaubnis nach Abs. I kann entzogen werden. § 62 Abs. I Ziff. 3.

2. Der Verdienstanteil kann hiernach nicht gepfändet werden; wohl aber der dem Gefangenen nach Abs. V übergebene Verdienstanteil; der an eine andere Behörde überschickte Verdienstanteil wird pfändbar sein; vgl. auch Abs. III. Bisher wurde die Pfändung für zulässig gehalten.

3. Vgl. § 58; Unachtsamkeit ist etwas anderes als Ungeschicklichkeit. § 90 Anm. 3c. Ist ein Untersuchungsgefangener entflohen oder hat er einen Fluchtversuch gemacht, so können die Ersatzansprüche wohl aus dem Verdienstanteil gedeckt werden, den er sich in der unmittelbar darauffolgenden Strafhaft verdient; bei Unterbrechung der Haft wird ein Rückgriff nicht mehr zulässig sein. Zur Deckung der Kosten des Strafverfahrens und der Strafvollstreckung werden ferner nicht herangezogen die im § 35 Abs. III erwähnten Gegenstände. Der Verdienstanteil wird auch zur Deckung der Kosten für Bekleidung des Gefangenen nach § 110 Abs. II HO. und § 14 der Bek. über ök. Verw. verwendet. Vgl. Anm. 3 zu § 77.

4. Der Gefangene hat dabei über verwendete und ausbezahlte Beträge zu quittieren; vgl. § 124 Ziffer 3.

5. Soferne nicht vom Rechte der Zurückbehaltung Gebrauch gemacht wird; vgl. Abs. II; soferne ferner die Höhe des Verdienstanteils überhaupt feststeht (die Abrechnungen mit den Arbeitgebern können die Feststellung verzögern). Die Zurückbehaltung wird vielleicht in Frage kommen, wenn der Gefangene voraussichtlich den Verdienstanteil sofort vergeuden würde; der Verdienstanteil, der nach Abzug etwaiger Ersatzverbindlichkeiten verbleibt, sollte jedoch den Gefangenen, wenn irgend tunlich, ausgehändigt werden. Wird der Verdienstanteil eines entflohenen Gefangenen eingezogen, so ist er zugunsten der Arbeitsverdienstkasse abzuschreiben (vgl. Abs. VI) und wird wohl am Schlusse des Vierteljahres (§ 100) mit dem Reinertrage an das Rentamt für Rechnung des Arbeitsfonds abgeliefert. Der Gefangene kann sich, wenn die Ablieferung erfolgt ist, an das StM. der Justiz mit der Bitte um Auszahlung wenden; mit der Auszahlung muß das StM. der Finanzen einverstanden sein. Vgl. Anm. 2 zu § 97. § 100 Abs. II.

6. Vgl. Anm. 5.

§ 100.

I Am Schlusse jedes Vierteljahrs ist der Rest[1]) des Reinertrags für Rechnung des Arbeitsfonds an das Rentamt abzuliefern. Dabei ist jedoch der zur Fortführung des Arbeitsbetriebs erforderliche Betrag, der von dem Vorstand im Benehmen mit dem Rentamte festgesetzt wird, zurückzubehalten. Für größere Gefängnisse kann der Vorstand im Benehmen mit dem Rentamte monatliche Ablieferungen anordnen.

II Die Verfügung über den Arbeitsfonds steht dem Staatsministerium der Justiz im Benehmen mit dem Staatsministerium der Finanzen zu.[2])

III Der Arbeitsfonds dient zunächst als Reserve für Ersatzleistungen[3]) und Verluste, die sich bei dem Arbeitsbetrieb ergeben haben. Außerdem dürfen aus dem Arbeitsfonds Mittel zur Förderung der Arbeit in den Gefängnissen und zur Verbesserung der mit dem Arbeitsbetriebe zusammenhängenden Gefängniseinrichtungen[4]), sowie zur Belohnung der Gefängnisbeamten für besondere Leistungen im Arbeitsbetriebe verwendet werden.[5]) Die hierfür jährlich zur Verfügung gestellten Beträge verteilt der Oberstaatsanwalt im Benehmen mit den Gefängnisvorständen.[6])

§§ 80 und 81 der DuHO. und § 97 HO. nebst Anmerkungen.

1. Der Rest d. h. derjenige Betrag, der nach der Bestreitung der im § 97 Abs. I Satz 2 bezeichneten Ausgaben, übrigbleibt. Vgl. auch Ziffer 6 Satz 2 der Bekanntmachung den Arbeitsfonds betreffend im Anhang.

2. Das StM. der Justiz kann deshalb Ausgaben auf Rechnung des Arbeitsfonds nur im Einverständnisse mit dem StM. der Finanzen gestatten. Um die Gestattung nachzusuchen, ist Sache des Gefängnisvorstands, der den Antrag dem Oberstaatsanwalt vorlegt; wenn technische Fragen in Betracht kommen, ist ein Gutachten des Landbauamts und gegebenenfalls der Kreisregierung, Kammer des Innern, zu erholen. Bei dem StM. der Justiz wird jede, auch die kleinste Ausgabe, verbucht. Der Betrag wird im Falle der Genehmigung auf den Arbeitsfonds übernommen; der Oberstaatsanwalt tritt dann mit der Regierungsfinanzkammer wegen der Zahlung ins Benehmen.

3. Ersatzleistungen: z. B. Eine Unfallrente, die einem Gefangenen für einen bei der Arbeit erlittenen Unfall auf Rechnung des Arbeitsfonds gewährt wird.

4. Wegen der Anschaffung von Gerätschaften (Arbeitsgerätschaften) vgl. § 97 Anm. 3. Auch bauliche Änderungen, die im Interesse der Förderung des Arbeitsbetriebs notwendig sind, dürfen auf Rechnung des Arbeitsfonds vorgenommen werden; z. B. Anlegung oder Pflasterung eines Arbeitshofs; Einrichtung, Erweiterung oder Verbesserung von Arbeitshallen, Holzlegen, Lagerhallen, Abschlußmauern, Kellern; daß diese Anlagen auch zu anderen Zwecken z. B. der Arbeitshof zur Bewegung der Gefangenen im Freien, die Lagerräume zum Aufhängen der Wäsche benützt werden, schließt nicht aus, daß ihre Kosten aus dem Arbeitsfonds gedeckt werden. Alle diese Einrichtungen usw. dürfen aber nur mit Genehmigung des StM. der Justiz geschehen; die Kosten dürfen nicht etwa wie in den Fällen des § 97 aus der Arbeitsverdienstkasse entnommen werden. Die Mittel werden gewöhnlich in der Anlage C zu dem jährlich vorzulegenden Gebäudeunterhaltungsetat ausgewiesen.

5. Die Verdienstanteile der Gefängniswärter, die sich auf Grund des § 80 der DuHO. nach dem jährlichen Reinertrag bestimmten, sind mit dem Inkrafttreten des Beamtengesetzes weggefallen, weil die Sorge

für den Arbeitsbetrieb zur ordentlichen Dienstesaufgabe der Gefängniswärter gehört. Ebenso werden die Belohnungen nicht mehr gewährt, die früher nach Maßgabe des § 21 der Bekanntmachung, die ökonomische Verwaltung der Gerichtsgefängnisse betreffend, an die Gefängniswärter verteilt worden sind, auch die Vergütungen nach § 3 der Bekanntmachung sind weggefallen. Ebenso die Belohnungen der Gefängnisbediensteten nach § 81 Abs. 2 DuHO. Dagegen können jetzt sowohl den Gefängniswärtern als auch den übrigen Gefängnisbeamten, die sich durch besondere Leistungen um die Förderung des Arbeitsbetriebs verdient gemacht haben, Belohnungen nach Maßgabe des Art. 27 Abs. 3 des Beamtengesetzes gewährt werden. Dabei ist jedoch zu beachten, daß die Tätigkeit der Aufsichtsbeamten in der Regel sich darauf beschränken wird, daß sie die Arbeit der Gefangenen innerhalb der gewöhnlichen Dienststunden überwachen, während den Gefängniswärtern viel häufiger Gelegenheit geboten sein wird, sich im Sinne des Art. 27 Abs. 3 des Beamtengesetzes auszuzeichnen. Ihnen obliegt die Leitung der Gefängnisarbeit; sie erfordert von ihnen große Hingabe; sie können sich durch Ermittelung neuer Geschäftszweige unter möglichster Schonung der freien Gewerbe, durch die Sorge für die Sicherheit der Gefangenen bei der Arbeit, durch die Förderung des Ertrages der Arbeit oder auf andere Weise hervortun. Vgl. auch § 19 Anm. 3. Noch weniger als den Aufsichtsbeamten wird den technischen Beamten Gelegenheit geboten sein, sich um den Arbeitsbetrieb in außergewöhnlicher Weise verdient zu machen. Allein auch bei den Gefängniswärtern sind bei der Würdigung von Gesuchen um Gewährung von Belohnungen oder bei Vorschlägen deshalb stets die außergewöhnlichen Leistungen ausdrücklich festzustellen. Auch die dienstliche und außerdienstliche Führung der Gesuchsteller wird zu beachten sein, da Beamte, deren Geschäftsführung zu Beanstandungen Anlaß gegeben hat, nicht zu berücksichtigen sein werden, auch wenn im übrigen die Voraussetzungen dazu vorliegen. Die Zahl der Belohnungen wird sich also wohl sehr vermindern. Vgl. Anm. 2 zu § 19. ME. vom 13. November 1909 Nr. 44407 und 4. März 1910 Nr. 7401. Die Belohnungen der Gefängniswärter auf Grund des § 21 der Bek. über die ökonomische Verwaltung der Gerichtsgefängnisse wurden nicht aus dem Arbeitsfonds gezahlt, sondern früher auf den Etatstitel Ziffer IX B Kap. 2 übernommen. Die Verdienstanteile der Gefängniswärter wurden nach Maßgabe des Art. 211 des Beamtengesetzes bei der Neufestsetzung der Gehälter berücksichtigt. In Betracht gezogen wurden dabei die Ergebnisse der Rechnungsjahre 1905, 1906 und 1907. Wurde ein Arbeitsbetrieb erst im Jahre 1908 eingeführt, war er aber am 1. Januar 1909 als ein ständiger anzusehen, so war der Verdienstanteil des Gefängniswärters nach Maßgabe des Art. 211 Abs. 4 am Ende l. c. in den neuen Gehalt einzurechnen. Die Belohnungen, die den Gefängniswärtern und Gefängnisbediensteten früher gewährt worden sind, konnten selbstverständlich bei der Neufestsetzung der Gehälter nicht berücksichtigt werden; weder die nach § 3 noch die nach § 21 der Bek. über die ök. Verw. noch die nach § 81 Abs. 2 DuHO.

6. Die Beträge werden im Hinblick auf Art. 27 wohl kaum mehr in der Höhe wie früher zur Verfügung gestellt; wenn Beträge zur Verfügung gestellt werden, wird die Verteilung wie bisher durch die Oberstaatsanwälte nach Maßgabe des Gesagten zu geschehen haben.

10. Seelsorge.

§ 101.

I Keinem der Gefangenen darf der Zuspruch eines Geistlichen [1]) seines Bekenntnisses versagt werden. Den Gefangenen ist auf Verlangen im Gefängnisse Gelegenheit zum Empfange der kirchlichen Heilsmittel [2]) zu geben. Ein Zwang zur Teilnahme hieran findet nicht statt.[3]) Befindet sich ein erkrankter Gefangener in Lebensgefahr, so ist für geistlichen Beistand zu sorgen.[4])

II Wo der Seelsorger regelmäßig ins Gefängnis kommt, setzt der Vorstand im Benehmen mit ihm und unter möglichster Berücksichtigung seiner Wünsche die Besuchszeiten fest. Der Besuch der Gefangenen steht jedoch dem Seelsorger auch außerhalb der festgesetzten Zeit frei. Für den Besuch einzelner Untersuchungsgefangener können vom Richter Beschränkungen angeordnet werden. In Beziehung auf die Aufrechterhaltung der Hausordnung ist der Seelsorger an die Anordnungen des Vorstands gebunden.[5])

III Über die Zulassung von Mitgliedern charitativer Vereinigungen zu regelmäßigen Besuchen der Strafgefangenen entscheidet nach Vernehmung des Vorstands und des Seelsorgers der Oberstaatsanwalt.[6])

§ 86 DuHO. § 28 der Grundsätze.

1. Den geistlichen Zuspruch hat bei den Gefängnissen, bei denen Hausgeistliche angestellt sind (Nürnberg; GVBl. 1908 S. 907), der Hausgeistliche, bei den Gefängnissen, bei denen mit den Pfarrämtern wegen der Seelsorge besondere Verträge abgeschlossen sind (38 größere Gefängnisse), der mit der Seelsorge betraute Geistliche; bei den übrigen Gefängnissen der Seelsorger des Pfarrbezirks, in dem das Gefängnis liegt, zu gewähren. Erbittet der Gefangene den Zuspruch eines anderen Geistlichen, so ist dem zunächst Berufenen zuerst Gelegenheit zu einer Rücksprache mit dem Gefangenen zu geben. Die Hausgeistlichen in Nürnberg gehören in die Gehaltsklasse 12; deren Gehalt und die Remunerationen der Seelsorger bei den größeren Gerichten werden aus dem Etatstitel Ziffer I Kap. 1 H § 1 Tit. 1 (im Etat 1908/09 Tit. 1 b) gezahlt; der Zuspruch des Seelsorgers des Pfarrbezirks wird nicht honoriert.

2. Die österliche Beichte findet in mehreren Gefängnissen, in denen keine Betsäle vorhanden sind, im Verhörzimmer statt.

3. Wegen des Zwangs zur Teilnahme am Gottesdienste vgl. § 102 Abs. II.

4. Der Abs. I bezieht sich auf alle Gefangenen, insbesondere auch die Untersuchungsgefangenen und auf alle Bekenntnisse. Wenn also einem Gefangenen, der einer Privatreligionsgesellschaft angehört, der Zuspruch eines Geistlichen seines Bekenntnisses zuteil werden kann, so ist das zuzulassen. Ist der Geistliche einverstanden, können solche Gefangene auch zu den katholischen oder protestantischen Gottesdiensten usw. auf ihren Wunsch zugelassen werden. Bei Gefangenen, die sich als konfessionslos bezeichnen, ist zu prüfen, ob sie vorschriftsmäßig ausgetreten sind. Ist das nicht der Fall, sind sie zu behandeln, als ob sie dem Bekenntnisse noch angehören; ist es der Fall, können sie nur mit Zustimmung des Geistlichen zur Teilnahme an Gottesdiensten zugelassen werden. Den Bekenntniswechsel grundsätzlich zu verhindern, wäre unzulässig; jedoch wird bei der kurzen Dauer der Strafen der Gefangene sich bis zur Freilassung bescheiden müssen. Auf jeden Fall ist ihm Gelegenheit zu geben, mit dem Seelsorger zu sprechen. Wegen der israelitischen Gefangenen vgl. § 103 Anm. 2.

5. Wenn den Seelsorgern Schlüssel zum Gefängnis überlassen werden, ist ihnen die sorgfältigste Verwahrung zur Pflicht zu machen. ME. vom 8. März 1906 Nr. 9924. Ob ein Anlaß zur Überlassung besteht, ist besonders zu prüfen. Der Vorstand kann für den Besuch des Seelsorgers bestimmte Stunden festsetzen, damit die Ordnung nicht gestört wird; er wird sich jedoch vorher mit dem Geistlichen zu benehmen haben.

6. Schon durch die ME. vom 30. Januar 1907 Nr. 3083 war den Oberstaatsanwälten gestattet worden, solche Gesuche von Frauenvereinigungen, die sich mit charitativen Zwecken, insbesondere mit der Fürsorge für entlassene weibliche Strafgefangene befassen, im Benehmen mit den Gefängnisvorständen und nach Anhörung der mit der Seelsorge befaßten Hausgeistlichen zu bescheiden und, wenn sie einem Gesuche stattgeben, die Bedingungen festzusetzen, unter denen die Besuche stattfinden dürfen. Die Erlaubnis, die Gefangenen allein d. h. unter Ausschluß der Beaufsichtigung der Unterredung durch das Aufsichtspersonal, zu sprechen (vgl. § 105 Abs. IV HO.) darf erteilt werden, wenn nach Lage der Verhältnisse, insbesondere im Hinblick auf die in Frage kommenden Persönlichkeiten, genügende Sicherheit gegen eine etwaige Gefährdung der Interessen des Strafvollzugs gegeben ist. Über die Erteilung der Erlaubnis zum Besuche ist Anzeige zu erstatten. — Die Entschließung bezog sich nur auf Gesuche von Frauenvereinigungen und weibliche Strafgefangene; der Abs. III ist ganz allgemein gehalten. Der Besuch von Untersuchungsgefangenen richtet sich nach der Vorschrift des § 105 Abs. I Satz 2. — Wegen des Besuchs der Mitglieder der Hauptstelle für Jugendfürsorge in Nürnberg vgl. ME. Nr. 45296 vom 22. Nov. 1909. — Im übrigen dürfen Besichtigungen der Gefängnisse nur mit Genehmigung des StM. der Justiz gestattet werden. Mit den Besichtigungen ist immer eine Störung des Gefängnisbetriebes verbunden. Den Studierenden der Universitäten wird der Besuch der Gefängnisse nur unter der Führung von Dozenten gestattet; zwischen männlichen und weiblichen Studierenden wird dabei kein Unterschied gemacht. Die Vorstellung von Gefangenen hat in jedem Falle zu unterbleiben.

§ 102.

I In größeren Gefängnissen sind an Sonn- und Feiertagen regelmäßige Gottesdienste abzuhalten; soweit dies nicht ausführbar ist, sollen Andachtsübungen stattfinden.[1])

II Auch in den kleineren Gefängnissen ist auf die Seelsorge für die Gefangenen nach Möglichkeit Bedacht zu nehmen.[2])

III Die Strafgefangenen haben dem Gottesdienst und den Andachtsübungen ihres Bekenntnisses beizuwohnen, wenn sie nicht krank sind oder wenn sie der Vorstand nicht aus besonderen Gründen von der Teilnahme entbunden hat. Untersuchungsgefangene dürfen dem Gottesdienste beiwohnen, es müßte denn sein, daß der Richter etwas anderes bestimmt hat.[3]) Den übrigen Gefangenen steht die Teilnahme frei.

IV Auch bei Gottesdiensten und Andachtsübungen müssen die weiblichen von den männlichen und die jugendlichen von den erwachsenen Gefangenen getrennt sein.[4])

§ 86 DuHO. § 28 Grundsätze.

1. Zur Einrichtung regelmäßiger Gottesdienste in den Gerichtsgefängnissen besteht kein sehr dringendes Bedürfnis. Es werden nur kurzzeitige Freiheitsstrafen vollstreckt, so daß die Gefangenen, auch wenn im Gefängnis kein Gottesdienst stattfindet, dem Gottesdienste doch nicht allzulange fern zu bleiben brauchen. Untersuchungsgefangene können zur Teilnahme an den Gottesdiensten nicht gezwungen werden und dürfen, selbst wenn sie teilnehmen wollen, es nur mit Erlaubnis des Richters tun. Den übrigen Gefangenen steht der Besuch des Gottesdienstes frei. Die Zahl der Teilnehmer wird also, von den größeren Gefängnissen abgesehen, in der Regel nicht sehr bedeutend sein. Demgemäß sind im Laufe der letzten Jahre in einer nicht unerheblichen Zahl von Gerichtsgefängnissen Betsäle zur gemeinschaftlichen Benützung zu Andachtsübungen für die Angehörigen der christlichen Glaubensgenossenschaften eingerichtet worden. Nötigenfalls können die Betsäle auch zur Abhaltung von Gottesdiensten verwendet werden. Bei Neubauten oder Erweiterungsbauten wurde stets dafür gesorgt, daß auch entsprechende Räume für gottesdienstliche Zwecke zur Verfügung gestellt werden. Bei dem Strafvollstreckungsgefängnis München befinden sich zwei Betsäle und eine Kirche.

Die Pfarrämter, die den Gottesdienst besorgen, ordnen in der Regel gegen eine Vergütung auch die Ministranten ab. Es wird ihnen dafür auch der Betrag für den Ministranten in der Regel aus dem Etatstitel Ziffer I Kap. 1 H § 1 Tit. 1 zur Verfügung gestellt. Es ist dafür zu sorgen, daß die Ministranten mit den Gefangenen nicht verkehren. Im Notfalle besteht kein Bedenken dagegen, daß Gefängniswärter ministrieren; ihre Vergütung ist aus Ziffer I Kap. 1 H § 1 Tit. 2 zu zahlen. ME. vom 28. Januar 1909 Nr. 4368. Die Vergütung der Organisten wird in der Regel auf Ziffer I Kap. 3 § 1 des Etats übernommen. Vor der Einführung regelmäßiger Gottesdienste ist an das StM. der Justiz zu berichten. Die Anschaffung der zur Abhaltung der Gottesdienste nötigen Paramente, Meßgeräte usw. erfolgt auf den Etatstitel Ziffer I Kap. 1 H § 2 Titel 2 (Ausgaben für Gerätschaften und Einrichtungsgegenstände). Überlassen die Seelsorger die Geräte usw. selbst, so wird ihre Vergütung zu erhöhen sein. Die Anschaffung des Kommunionweins, der Wachskerzen, Hostien usw. wird auf Kosten des

Etats Ziff. I Kap. 3 § 1 zu erfolgen haben. Wegen der Gebetbücher vgl. § 104.

2. Durch Abhaltung von Andachtsübungen, Besuche der Geistlichen usw.

3. Hat der Untersuchungsrichter überhaupt nichts bestimmt, darf der Gefangene teilnehmen; es ist jedoch sorgfältigst darauf zu achten, daß er nicht mit anderen Gefangenen, insbesondere Mitbeschuldigten sich verständigt; vgl. § 32, 40, Anm. 2 zu § 44. § 85 Abs. IV Satz 2; Anm. 4 zu § 92; § 49. Anm. 1 zu § 48.

4. Vgl. § 31 Abs. I Ziffer 1 und 2. § 85 Abs. IV. § 95 Abs. V.

§ 103.

Israelitischen Gefangenen [1]) ist, wo nicht räumliche Hindernisse entgegenstehen, zu gestatten, am Sabbat und an den in § 96 Abs. II bezeichneten Feiertagen gemeinschaftliche Gebetsübungen [2]) abzuhalten. Auch die Untersuchungsgefangenen dürfen sich hieran beteiligen, es müßte denn sein, daß der Richter etwas anderes bestimmt hat. Der Abs. IV des § 102 findet auch hier Anwendung.[3])

§ 86 Abs. IV DuHO.

1. § 101 bezieht sich auch auf israelitische Gefangene. Der israelitische Seelsorger hat also die gleichen Befugnisse wie die Seelsorger der christlichen Konfessionen. ME. Nr. 11589 vom 24. August 1889.

2. Die Gebetsübungen werden nicht in dem Betsaale abgehalten werden dürfen, sondern in einem anderen geeigneten Zimmer; vgl. § 102 Anm. 1.

3. Vgl. Anm. 4 zu § 102.

II. Bücher und Schriften. Besuche. Briefwechsel. Vernehmungen und Zustellungen.

§ 104.

I Bücher und Schriften erhalten die Gefangenen in der Regel nur aus der Sammlung [1]) des Gefängnisses. Untersuchungsgefangene, Zivilgefangene und Gefangene, die nur Haftstrafe verbüßen, können sich auch anderweit Bücher, Schriften und Tageszeitungen [2]) verschaffen. Doch unterliegt die Auswahl bei den Untersuchungsgefangenen der Aufsicht des Richters, bei den übrigen Gefangenen der Aufsicht des Vorstandes. Der Vorstand kann ausnahmsweise auch anderen Strafgefangenen das Lesen von Büchern und Schriften, die nicht zur Sammlung des Gefängnisses gehören, sowie von Zeitungen [2]) gestatten.

II Bei der Zuteilung der Bücher ist auf die Persönlichkeit der Gefangenen und ihre Wünsche nach Möglichkeit Rücksicht zu nehmen.[3]) Unter den Gefangenen in gemeinschaftlicher Haft soll für die freie Zeit das Vorlesen passender Schriften tunlichst gefördert werden. Die Ausleihung und die Behandlung der Bücher sind zu überwachen.[4])

III Die Oberstaatsanwälte können über die Benützung der Büchersammlungen der Gefängnisse nähere Vorschriften erlassen.

§ 87 DuHO. § 30 Grundsätze. § 62 f. HOStrA.

1. Bei den sämtlichen Gefängnissen befinden sich kleinere oder größere Büchersammlungen. Darüber, wann diese begründet wurden usw. vgl. Henle Note 1 zu § 87 DuHO. Die Ausgaben für die Büchersammlungen werden in die Spezialetats der Gefängnisse eingestellt und auf den Etatstitel Ziffer I Kap. 1 H § 2 Tit. 1 (früher Ziffer IX lit. B Kap. 3 § 2) verrechnet. Neben den Oberstaatsanwälten (§ 104 Abs. III) können auch die Gefängnisvorstände über die Benützung der Büchersammlungen besondere Vorstandsweisungen erlassen. Es kann z. B. angeordnet werden, daß Lesebücher nur an Sonn- und Feiertagen und nur an Gefangene abgegeben werden, die eine Strafe von längerer Dauer als z. B. einer Woche zu verbüßen haben. Es dürfte sich aber empfehlen, die Benützung der Büchersammlungen nicht weiter als notwendig einzuschränken; vgl. Abs. II. Aus den Mitteln, die für die Anschaffung neuer Bücher zur Verfügung gestellt werden, darf wohl auch das eine oder andere Buch angeschafft werden, das für den Vorstand oder den Seelsorger von Bedeutung ist. Auch darf wohl das Abonnement für die eine oder andere geeignete Zeitschrift daraus bestritten werden. Daß Gebetbücher für die Gottesdienste angeschafft werden dürfen, ist selbstverständlich. Welche Bücher sich zur Anschaffung besonders eignen, ist dem im Verlage der Universitätsbuchhandlung Karl Winter in Heidelberg erschienenen Bücherverzeichnisse für Gefängnisse, Arbeitshäuser, Korrektionshäuser und ähnliche Anstalten ersichtlich, das der Verein deutscher Strafanstaltsbeamten herausgegeben hat. Das Verzeichnis wurde vor einigen Jahren an die größeren Gefängnisse verteilt. Ob Schenkungen von Büchern angenommen werden dürfen, hängt von der Genehmigung des StM. der Justiz ab. Die Bücher gehören zum Inventar des Gefängnisses und sind als solches zu behandeln.

2. Daß die Lektüre von Zeitungen (parteipolitische nur in besonderen Fällen) gestattet ist bzw. gestattet werden kann, wird von den Gefangenen besonders freudig begrüßt werden; bisher war es nicht gestattet; die Zeitungen können gehalten, wohl auch von Angehörigen in das Gefängnis geliefert werden; vgl. Anm. 3.

3. Der Gefangene hat mit den Büchern schonend umzugehen, § 58 Abs. I; (Ersatzansprüche aus Beschädigungen: § 99 Abs. III). Er darf das Buch, das er erhalten hat, nicht an einen anderen Gefangenen überlassen, vor allem darf er an andere Gefangene keine Tageszeitungen abgeben. Es empfiehlt sich, das ausdrücklich zu bestimmen, um eine Handhabe nach § 61 HO. zu haben.

4. Zum mindesten muß für den Vorstand jederzeit erkenntlich sein, welche Bücher und an wen sie ausgeliehen sind (Empfangsbescheinigungen). Wo Hausgeistliche vorhanden sind, werden sie die Bibliothekgeschäfte übernehmen können.

§ 105.

I Zum Besuche der Gefangenen dürfen vorbehaltlich der Vorschriften der § 41 [1]) und des § 101 Abs. III [1]) Personen, die nicht vermöge ihres Amtes mit den Gefangenen zu verkehren haben,[2]) nur auf Grund besonderer Erlaubnis zugelassen werden. Die Erlaubnis zum Besuche der Untersuchungsgefangenen erteilt der Richter,[3]) zum Besuche der übrigen Gefangenen der Vorstand. Die Erlaubnis soll schriftlich erteilt werden und eine Angabe über die Dauer des Besuchs enthalten.[4])

II Den Strafgefangenen ist es erlaubt, den Besuch eines Rechtsanwalts[5]) zu empfangen. Außerdem soll ihnen nur der Empfang von Besuchen Angehöriger (Eltern, Großeltern, Kinder, Geschwister und Ehegatten) und zwar in der Regel nur einmal im Monat gestattet werden. Ausnahmsweise kann der Vorstand auch andere Besuche zulassen, wenn ein ernstes Interesse an der Unterredung[6]) dargelegt wird.[7])

III Die Besuche sollen in dem dazu bestimmten Raume oder in dem Zimmer für gerichtliche Vernehmungen oder in dem Geschäftszimmer des Gefängniswärters und nur ausnahmsweise in der Zelle stattfinden. Kranke Gefangene dürfen unverschiebliche Besuche im Krankenzimmer empfangen.[8])

IV Die Unterredung des Besuchers mit dem Gefangenen darf bei Untersuchungsgefangenen nur im Beisein der von dem Richter bestimmten Gerichtsperson oder, wenn eine solche nicht bestimmt ist, eines Gefängnisbeamten,[9]) bei Strafgefangenen und Polizeigefangenen nur im Beisein eines Gefängnisbeamten stattfinden. Sie muß so geführt werden, daß sie von der Aufsichtsperson verstanden werden kann.[10]) Der Vorstand kann ausnahmsweise gestatten, daß ein Strafgefangener ohne Beaufsichtigung einen Besuch erhält, insbesondere den seines Rechtsanwalts.[11]) Bei Besuchen, die Zivilgefangenen abgestattet werden, ist die Anwesenheit eines Gefängnisbeamten nicht erforderlich.[12]) Der Besucher darf ohne besondere Erlaubnis weder dem Gefangenen etwas übergeben noch von ihm etwas in Empfang nehmen.[13])

V Wird die Besuchserlaubnis mißbraucht, so ist der Besucher sofort zu entfernen. Überdies kann dem Gefangenen die Erlaubnis zum Empfange von Besuchen entzogen werden.[14])

§ 88 DuHO. § 32 Grundsätze. § 23 HOStrA.

1. § 105 gilt nicht für die Besuche des Verteidigers bei dem Untersuchungsgefangenen, dafür ist nur § 41 maßgebend; für die Besuche der Mitglieder charitativer Vereinigungen gilt § 101 Abs. III.

2. Zu den Personen, die vermöge ihres Amtes mit den Gefangenen zu verkehren haben, gehört der Gefängnisarzt, der Seelsorger, der Ermittelungsrichter und Untersuchungsrichter, der Staatsanwalt, der eine Sache gegen den Gefangenen betreibt, der Oberstaatsanwalt, wohl auch der Schubkommissär und die Organe der Polizeiverwaltung; nicht aber der Prozeßbevollmächtigte eines Gefangenen; wegen des Verteidigers des Untersuchungsgefangenen vgl. Anm. 1 und § 41. Die genannten Personen brauchen keine Erlaubnis; für sie gilt nicht Abs. III und IV; vgl. jedoch wegen der Vorführung von Untersuchungsgefangenen zu Vernehmungen durch den Staatsanwalt oder Polizeiorgane Anm. 10 zu § 40. Nach § 105 Abs. 1 dürften Organe der Polizeiverwaltung Strafgefangene, die sie vernehmen sollen, besuchen; der Vorstand wird sich jedoch die Erlaubnis dazu zweckmäßiger Weise vorbehalten.

3. Vgl. § 40 Abs. VII.

4. Die schriftliche Erteilung der Erlaubnis ist, um Verwechslungen vorzubeugen, auch dann vorzuziehen, wenn der Gefängniswärter mündlich oder telephonisch benachrichtigt werden kann.

5. Der Rechtsanwalt braucht aber eine Erlaubnis, vgl. Anm. 2; hierher wird auch ein Rechtsanwalt zu zählen sein, der Konkursverwalter im Konkurse über das Vermögen des Gefangenen ist.

6. z. B. Geschäftsteilhaber, Konkursverwalter, der nicht Rechtsanwalt ist; vgl. Anm. 5.

7. Abs. II bezieht sich nur auf Strafgefangene; welche Personen der Untersuchungsrichter zum Besuche der Untersuchungsgefangenen zulassen will, richtet sich nach Abs. I. Die HO. schreibt also darüber im einzelnen nichts vor.

8. Abs. III bezieht sich auf alle Besuche, nicht bloß die des Abs. II; vgl. Anm. 7. Das Zimmer, in dem die Besuche stattzufinden haben, hat der Vorstand nach § 13 Abs. I zu bestimmen; vgl. auch § 41 Abs. II Satz 1.

9. Abgesehen von dem Falle, daß der Untersuchungsrichter nach § 41 Abs. I HO., § 148 Abs. III StPO. für Unterredungen mit dem Verteidiger die Anwesenheit einer Gerichtsperson nicht angeordnet hat, muß also bei allen Besuchen, die ein Untersuchungsgefangener erhält, eine Gerichtsperson oder ein Gefängnisbeamter anwesend sein; man wird jedoch annehmen müssen, daß der Untersuchungsrichter nach § 116 StPO. erlauben kann, daß eine solche Person nicht anwesend zu sein braucht. Hat der Richter nichts bestimmt, so ist bei Besuchen nach § 105 (nicht § 41) ein Gefängnisbeamter beizuziehen; vgl. auch Satz 3.

10. Die Aufsichtsperson hat den Besucher, wenn er die Vorschrift nicht befolgt, auf sie aufmerksam zu machen und nötigenfalls die Unterredung durch Abführung des Gefangenen und Entfernung des Besuchers zu beenden; vgl. Abs. V.

11. Vgl. Anm. 5, 6, 9.

12. Eine Ausnahme von § 47 Abs. II; Überwachung kann aber verfügt werden.

13. Der Untersuchungsrichter wird das Mitbringen von Sachen für einen Untersuchungsgefangenen nicht allgemein, sondern nur von Fall zu Fall, wenn feststeht, was mitgebracht werden soll, gestatten können; vgl. Anm. 2 zu § 39; Anm. 10 zu § 81; auch Abs. V.

14. Diese Entziehung ist keine Disziplinarstrafe; die Entziehung kann aber auch als Disziplinarstrafe verhängt werden, und zwar auch dann, wenn der Gefangene die Erlaubnis, daß er Besuche empfangen darf, selbst mißbraucht; vgl. z. B. Abs. IV Satz 2; § 61 Abs. I; § 62 Abs. I Ziffer 4.

§ 106.

I Der schriftliche Verkehr der Untersuchungsgefangenen unterliegt, soweit nicht schon die Vorschriften des § 41 Platz greifen, der Aufsicht des Richters.[1]) Der schriftliche Verkehr der Strafgefangenen unterliegt der Aufsicht des Vorstandes.[2]) Der schriftliche Verkehr der Zivilgefangenen bleibt ohne Aufsicht.[3])

II Den Strafgefangenen dürfen Schreibsachen nur mit Erlaubnis des Vorstandes verabfolgt werden. Der Aufwand für die Schreibsachen und die Portogebühr können aus dem Verdienstanteile des Gefangenen bestritten werden.[4]) Die Briefe und Eingaben der Strafgefangenen sind unverschlossen dem Vorstande vorzulegen. Sie dürfen nur befördert werden, wenn der Vorstand auf dem Schriftstücke die Erlaubnis hierzu unter Beifügung seiner Unterschrift vermerkt hat. Eingaben an die Gerichte, die Staatsanwaltschaft, die Aufsichtsbehörde oder andere Behörden dürfen nicht zurückgehalten werden.[5])

III Den Untersuchungsgefangenen dürfen Schreibsachen geliefert werden, wenn der Richter[6]) es gestattet. Untersuchungsgefangenen, die den Aufwand für die Schreibsachen und die Portogebühr nicht aus ihrem Verdienstanteile[7]) bestreiten können und sich auch sonst nicht im Besitze von Mitteln befinden,[8]) ist das Papier zu Eingaben an den Richter und zu Briefen an den Verteidiger kostenlos zu liefern. Wünscht ein Untersuchungsgefangener, daß seine Eingabe an den Richter verschlossen an diesen gelange, so ist ihm ein mit der Adresse des Richters versehener Briefumschlag zu verabfolgen, der von dem Gefangenen mit der Bezeichnung des Absenders versehen und verschlossen werden kann. Ein derartig verschlossener Briefumschlag darf nur von dem Richter geöffnet werden. Im übrigen sind die Briefe und Eingaben der Untersuchungsgefangenen unverschlossen dem Richter vorzulegen und nur zu befördern, wenn dieser auf dem Schriftstücke die Erlaubnis hierzu unter Beifügung seiner Unterschrift vermerkt hat. Eingaben der Untersuchungsgefangenen an die Gerichte, die

Staatsanwaltschaft, die Aufsichtsbehörden oder andere Behörden dürfen nicht zurückgehalten werden.[9])

IV Die für Gefangene eingehenden Briefe, Telegramme und sonstigen Sendungen werden von dem Gefängniswärter in Empfang genommen, es müßte denn sein, daß der Vorstand eine andere Anordnung getroffen hat.[10]) Mit Portogebühr oder Nachnahme belastete Sendungen sind zurückzuweisen, sofern nicht der Gefangene bereit und imstande ist, den Betrag vor der Eröffnung zu entrichten. Portogebühren oder Nachnahmen können auch aus dem Verdienstanteil[11]) entrichtet werden. Die eingehenden Sendungen[12]) sind uneröffnet dem Vorstande, bei Untersuchungsgefangenen dem Richter zur Einsicht vorzulegen. Die Erlaubnis zur Abgabe an den Gefangenen wird von dem Vorstand oder Richter auf dem Briefe unter Beifügung seiner Unterschrift vermerkt.[13]) Briefe, die an den Gefangenen nicht abgegeben werden, sind bis zur Entlassung für ihn aufzubewahren.[14]) Abgegebene Briefe dürfen dem Gefangenen nur mit Erlaubnis des Vorstands oder Richters belassen werden; wird die Erlaubnis nicht erteilt, so sind sie ihm, sobald er sie gelesen hat, abzunehmen und bis zur Entlassung für ihn aufzubewahren.

V Wird ein Brief an den Gefangenen nicht abgegeben oder wird ein Brief oder eine Eingabe des Gefangenen zurückgehalten, so ist ihm hiervon unter Angabe des Grundes Kenntnis zu geben.

§ 90 DuHO. § 33 Grundsätze. §§ 25, 26 HOStrA.

1. Vgl. Anm. 2 zu § 41, der sich nur auf den schriftlichen Verkehr mit dem Verteidiger bezieht, solange das Hauptverfahren nicht eröffnet ist; ist es eröffnet und für den übrigen Verkehr gilt § 106, vgl. § 40 Abs. VII. Zu den Untersuchungsgefangenen gehören die vorläufig Festgenommenen, § 2. Vorstand und Richter bestimmen, wie oft der Gefangene schreiben darf.

2. Vgl. § 12.

3. Eine Ausnahme von § 47 Abs. II. Schreibmaterialien, die zu zahlen sind, sind Zivilgefangenen nicht zu verweigern.

4. Unentgeltlich werden sie nicht verabfolgt. Die Vorschrift bestimmt nur, daß der Verdienstanteil verwendet werden darf; vgl. § 98. Die Kosten sind also, wenn kein Verdienstanteil da ist, aus mitgebrachtem Gelde usw. zu decken; vgl. Anm. 8.

5. Auch wenn sie beleidigenden Inhalt haben; doch kann der Gefangene darauf aufmerksam gemacht werden, ob er die Eingabe nicht zurückziehen will. Die Erlaubnis zum Schreiben solcher Eingaben kann nicht entzogen werden; § 62 Ziff. 4.

6. Vgl. § 40 Abs. VII. Will der Gefangene ein Rechtsmittel einlegen und kann wegen Mangels an Zeit die Erlaubnis des Richters nicht eingeholt werden, so kann die Erlaubnis zum Schreiben (im Falle an den Verteidiger geschrieben werden soll, vgl. § 41) vom Vorstande erteilt werden; es ist die nachträgliche Genehmigung des Richters einzuholen, § 116 Abs. V StPO. Die Schrift soll nichts enthalten als das, was sich auf die Einlegung des Rechtsmittels bezieht. Vgl. aber auch § 107 Abs. I Satz 2.

7. Vgl. § 92 Abs. III; §§ 97, 98.

8. Vgl. Anm. 4.

9. Vgl. Anm. 5.

10. Der Vorstand kann im Benehmen mit der Postbehörde eine andere Anordnung treffen.

11. Vgl. Anm. 4.

12. Alle Sendungen; Briefe, Telegramme, Pakete usw.

13. Hat der Brief einen teilweise bedenklichen Inhalt, so kann die betreffende Stelle, wenn der Brief an den Gefangenen abgegeben werden soll, unleserlich gemacht oder, wenn er nicht abgegeben werden soll, bei der Bekanntgabe des Inhalts übergangen werden. Zum Zwecke der Beschlagnahme darf der Vorstand oder Richter von dem Inhalt der Sendungen der zuständigen Behörde Kenntnis geben.

14. Bei der Entlassung sind sie ihm auszuhändigen; vgl. aber Anm. 13 Satz 2.

§ 107.

I **Erbittet sich ein Untersuchungsgefangener oder ein anderer bei einem Strafverfahren beteiligter Gefangener[1]) eine Vernehmung durch den Richter, so ist dieser zu benachrichtigen. Wenn ein Gefangener in einem Strafverfahren um die Aufnahme einer Erklärung oder eines Antrages durch den Gerichtsschreiber nachsucht, insbesondere wenn er ein Rechtsmittel (Beschwerde, Berufung, Revision) gegen eine Entscheidung einlegen oder eine sonstige prozessuale Erklärung abgeben will, so ist der Gerichtsschreiber hiervon unverzüglich zu benachrichtigen.[2])**

II **Die Vernehmungen fluchtverdächtiger Gefangener und Vernehmungen zur Nachtzeit sollen im Gefängnisse stattfinden. Dies gilt in der Regel auch für andere Vernehmungen.[3])**

III **Die Zustellungen an Gefangene erfolgen im Gefängnis in Gegenwart eines Gefängnisbeamten.[4])**

§ 89, 91 DuHO.

1. Der Gefangene kommt z. B. in dem Verfahren gegen einen anderen Gefangenen als Zeuge in Betracht.

2. Der Gerichtsschreiber hat sich rechtzeitig in das Gefängnis zu begeben; vgl. Anm. 6 zu § 106.

3. Die Gefangenen sollen also nur ausnahmsweise (Konfrontationen usw.) außer dem Gefängnis vernommen werden; wegen der Vorführung von Untersuchungsgefangenen vgl. § 40 Abs. VI.

4. Also nur, wenn eine förmliche Zustellung notwendig ist; die übrigen Mitteilungen werden gegen Empfangsbescheinigung übergeben oder vorgezeigt. Wegen des Verfahrens bei Zustellungen vgl. Bek. vom 2. März 1910 Nr. 10001 JMBl. S. 221 ff.

12. Entlassung. Ablieferung. Ableben von Gefangenen.

§ 108.

I Untersuchungsgefangene dürfen nur auf Grund einer schriftlichen Verfügung [1]) des Richters [2]) oder Staatsanwalts entlassen oder abgeliefert werden. Strafgefangene werden mit Ablauf der Strafzeit [3]) oder auf Grund einer besonderen Verfügung [1]) entlassen oder abgeliefert. In der Verfügung soll der Grund der Entlassung oder Ablieferung angegeben sein. Die Entlassung kann auch durch ein Telegramm der zuständigen Behörde,[4]) nicht aber durch das Telephon verfügt werden.

II Strafgefangene sind, wenn ihre Strafzeit abgelaufen ist, durch den Gefängniswärter ohne besondere Anweisung zu entlassen oder, wenn die Ablieferung an eine andere Behörde angeordnet ist, dem mit der Übernahme beauftragten Beamten zu übergeben. Ist der Gefangene während der Strafvollstreckung in eine von dem Gefängnisse getrennte Krankenanstalt verbracht worden,[5]) ohne daß die Unterbrechung der Haft angeordnet wurde, so wird die Dauer des Aufenthalts in der Krankenanstalt in die Strafzeit eingerechnet; das Gegenteil kann nur durch Entscheidung des Gerichts (§ 493 der Strafprozeßordnung) oder des Gerichtsherrn (§§ 451, 460, 464 der Militärstrafgerichtsordnung) angeordnet werden.

III Fällt das Ende der Strafzeit in die Zeit zwischen sieben Uhr abends und sieben Uhr morgens, so ist der Gefangene schon um sieben Uhr abends zu entlassen. Auf seinen Wunsch kann er jedoch bis zum nächsten Morgen im Gefängnisse verbleiben.[6])

IV Über die Entlassung oder Ablieferung der Untersuchungsgefangenen und der Strafgefangenen ist eine schriftliche Anzeige zu erstatten, die, wenn die Entlassung durch eine schriftliche Verfügung angeordnet ist, auf diese gesetzt wird. [7])

V Polizeigefangene werden auf schriftliche Verfügung der Polizeibehörde entlassen. Über die Entlassung wird eine auf die Verfügung zu setzende Anzeige erstattet. Schubgefangene werden auf Verfügung der Schubbehörde dem zu ihrer Verbringung an einen anderen Verwahrungsort Beauftragten übergeben.

§ 94 DuHO. § 107 ff. HOStrA.

1. Vgl. hierher § 25 Abs. I; es ist also stets darauf zu bestehen, daß diese Verfügung vorgelegt wird. Zu beachten ist, daß Untersuchungsgefangene, gegen die der Haftbefehl in der Sitzung aufgehoben ist, nicht mehr als Untersuchungsgefangene behandelt werden dürfen; es ist ihnen freizustellen, ob sie ins Gefängnis zurückgehen oder ihre Sachen später abholen wollen, der Staatsanwalt hat in der Sitzung das Organ, das den Gefangenen vorgeführt hat, zu belehren und dem Gefängniswärter eine schriftliche Mitteilung zu machen, wenn es nicht schon nach § 116 Abs. I Satz 5 geschieht.

2. § 40 Abs. VII.

3. Vgl. § 37 Abs. II, III.

4. Z. B. das StM. der Justiz bei Begnadigungen.

5. Vgl. § 88 Abs. V.

6. Vgl. wegen Führung des Kalenders der Entlassungszeiten § 121 Abs. I Satz 4, 5. Der Gefangene ist zu belehren.

7. Die Anzeige geht bei Untersuchungsgefangenen an den Richter (§ 40 Abs. VII); bei Strafgefangenen an die Strafvollstreckungsbehörde; über die Entlassung von Zivilgefangenen vgl. § 109; von Polizei- und Schubgefangenen § 108 Abs. V.

§ 109.

I Zivilgefangene werden entlassen,

wenn es die zuständige, richterliche oder staatsanwaltschaftliche Behörde anordnet,

wenn die in dem Beschlusse nach §§ 178, 179 und 182 des Gerichtsverfassungsgesetzes bestimmte Zeit abgelaufen ist,

wenn die Partei, auf deren Betreiben die Haft vollstreckt wird, die Entlassung bewilligt,

wenn die Partei die Vorauszahlung der Kosten der Haft einschließlich der Verpflegungskosten nicht rechtzeitig erneuert oder

wenn die Haft die Dauer von sechs Monaten erreicht hat.[1])

II Die Dauer der Haft und die Zeit, für die die Kosten vorausgezahlt sind, werden in gleicher Weise wie die Dauer der Freiheitsstrafen berechnet.[2])

III Über die Vollstreckung der Haft hat der Gefängniswärter sofort nach deren Beendigung und, wenn die Kosten vorausgezahlt sind, auch am Schlusse jedes Monats eine Anzeige zu erstatten. Wurde die Haft von einer Behörde von Amts wegen verfügt, so geht die Anzeige an diese Behörde; wurde die Haft auf Betreiben einer Partei vollstreckt, so geht die Anzeige an den Gerichtsschreiber des Gerichts, das den Haftbefehl erlassen hat. Die Anzeige soll den Namen, den Stand und den Wohnort des Verhafteten, die Zeit der Aufnahme und der Beendigung der Haft, die Zahl der Hafttage und den Grund der Entlassung enthalten. Wird die Haft durch eine schriftliche Verfügung der Behörde aufgehoben, die sie angeordnet hat, so wird die Anzeige auf das Schriftstück gesetzt, das die Entlassung verfügt. Ist dies nicht der Fall, so soll die Anzeige auch die betreibende Partei, den Grund der Verhaftung sowie weiter ersehen lassen, wann und von welcher Behörde der Haftbefehl oder die Aufnahmeverfügung erlassen wurde.[3])

IV Wird im Falle einer auf Betreiben einer Partei zu vollstreckenden Haft die Entlassung des Verhafteten von dem Gerichte verfügt, so ist außer der in Abs. I[4]) vorgeschriebenen Anzeige an den Gerichtsschreiber auch an das Gericht eine Anzeige über die Entlassung zu erstatten.

§ 6 der aufgehobenen Bek. vom 6. Dezember 1881, die Vollstreckung der Zwangs- und Sicherheitshaft betr.

1. Vgl. § 4, § 27.
2. Vgl. § 37 Abs. II, III; § 108.
3. Vgl. § 27 Abs. II Satz 2, Abs. III. § 118 Abs. I; vgl. auch Abs. IV.
4. Soll heißen Abs. III.

§ 110.

I Den zu entlassenden Gefangenen werden ihre Kleidungsstücke, ihr Geld, ihre sonstigen Sachen und ihr Verdienstanteil gegen Empfangsbestätigung übergeben. Geld und sonstige Sachen sind der den Gefangenen übernehmenden Behörde zu übergeben oder, wenn der Gefangene in eine Strafanstalt oder ein Arbeitshaus abgeliefert wird, der Verwaltung der Anstalt zu übersenden.[1])

II Gefangene, welche die mit Rücksicht auf die Gesundheit und den Anstand erforderliche Kleidung nicht besitzen, müssen vor der Entlassung oder Ablieferung mit dem Nötigen versehen werden. Schadhafte Kleider sind rechtzeitig auszubessern. Die Ausbesserung soll womöglich durch Gefangene (§ 90 Abs. I) ausgeführt werden. Für gehörige Bekleidung der aus dem Gefängnis austretenden Gefangenen hat bei gerichtlichen Gefangenen, die auf freien Fuß gesetzt oder der Schubbehörde zur Ablieferung übergeben werden, der Vorstand, bei Polizeigefangenen und Schubgefangenen die Polizeibehörde oder die Schubbehörde zu sorgen. Der Gefängniswärter hat, wenn die Kleidung eines Gefangenen mangelhaft ist, dies dem Vorstand anzuzeigen, damit dieser die erforderlichen Anordnungen trifft.[2])

III Bei der Entlassung ist den Gefangenen auf ihr Verlangen vom Gefängniswärter eine Bescheinigung über den Grund und die Beendigung der Haft zu erteilen. Bei Strafgefangenen ist darin die strafbare Handlung anzuführen, wegen deren sie die Strafe erlitten haben.[3])

IV Der Vorstand soll der Fürsorge für die entlassenen Gefangenen die größte Aufmerksamkeit zuwenden und insbesondere mit den Obsorgevereinen eifrig zusammenwirken. Denjenigen zur Entlassung kommenden Gefangenen, die dessen bedürftig sind, ist bei Zeiten die Möglichkeit zu geben, sich zur Erlangung eines

Fortkommens an Angehörige oder sonstige Fürsorger, an den einschlägigen Obsorgeverein oder Arbeitsnachweis, an eine Arbeiterkolonie oder an die öffentliche Armenpflege zu wenden.[4])

§ 95 DuHO. § 10 Grundsätze. § 104, 105, 111 HOStrA.

1. Vgl. § 15 Abs. II Ziff. 7; § 30; § 35; vgl. Anm. 4.

2. Vgl. Anm. 3 zu § 77.

3. Die Bescheinigung ist für den Gefangenen auch deshalb von Bedeutung, weil er sich dadurch dem Verdachte der Landstreicherei usw. wenigstens für die Zeit der Strafverbüßung entziehen kann.

4. Vgl. die ME. vom 23. Dezember 1908 Nr. 52037 über die Errichtung der Hauptstelle für Gefangenenobsorge in Nürnberg; vgl. auch Zeitschrift für Rechtspflege 1909 S. 77 ff. Auf Grund des Abs. IV wird der Vorstand gegebenenfalls mit dem Arbeitsverdienste des Gefangenen nach Maßgabe der Vorschrift des § 107 Abs. IV lit. d HOfStrA. verfahren, wenn insbesondere die Befürchtung besteht, der Gefangene werde den Betrag, der ihm nach Abs. I auszuhändigen ist, sofort vertrinken.

§ 111.

I **Gefangene, die nach einem anderen Gefängnis oder einer Anstalt befördert werden sollen, sind zur Feststellung ihrer Beförderungs- und Aufnahmefähigkeit vorher einer ärztlichen Untersuchung zu unterwerfen, wenn bezüglich ihres Gesundheitszustands irgend ein Bedenken vorliegt oder wenn der Gefangene behauptet, wegen Krankheit nicht beförderungsfähig zu sein.**[1])

II **Bei der Übergabe des Gefangenen ist festzustellen und im Vorweis ausdrücklich zu vermerken, daß der Gefangene frei von Ungeziefer und von Hautkrankheiten übergeben worden ist.**[2])

§ 96 DuHO.

1. z. B. Irrenanstalt (vgl. § 110 Abs. II nebst Anm.); Arbeitshaus; § 22.

2. Der Gefangene ist also gegebenenfalls erst zu reinigen. Vgl. auch § 30 Abs. II nebst Anm.; § 79. Die Beachtung der Vorschriften des Abs. II ist durch die ME. vom 3. September 1894 Nr. 19873 besonders eingeschärft worden, weil mehrere Klagen einliefen, daß Gefangene, die mit Ungeziefer und Hautkrankheiten behaftet waren, in fremde Anstalten eingeliefert wurden. Die Kosten der Reinigung, die in dem fremden Orte oder auf einer Zwischenstation notwendig wird, können vom Gefängnisvorstand dem Gefängniswärter auferlegt werden. ME. vom 20. Dezember 1852. GemME. vom 10. Juni 1863. § 111 bezieht sich auf alle Gefangene, auch Polizeigefangene. Wegen der Vergütung des Gefängniswärters vgl. § 30 Abs. II Anm. Eine Entschuldigung mit Mangel an Zeit wird, auch wenn sie auf den Vorweis gesetzt ist, nur unter besonderen Umständen entschuldigen.

§ 112.

I **Stirbt ein Gefangener, so hat vor allem der Gefängnisarzt die Todesursache festzustellen.**

II Die Eltern oder der Gatte oder eines der Kinder oder eines der Geschwister des Verstorbenen sind unverzüglich von dem Todesfalle zu benachrichtigen und aufzufordern, binnen einer Frist von vierundzwanzig Stunden zu erklären, ob sie die Auslieferung der Leiche oder die Beerdigung auf ihre Kosten wünschen. Hierbei ist ihnen zu bemerken, daß andernfalls die Leiche zur Sektion und darauffolgenden kirchlichen Beerdigung einer Landesuniversität überwiesen wird. Lehnen sie die Übernahme der Leiche oder der Beerdigungskosten ab oder geht binnen der Frist eine Antwort nicht ein, so ist die Leiche an eine Landesuniversität abzuliefern. Die Kosten, die durch die Ablieferung der Leiche entstehen, hat das anatomische Institut zu tragen.[1]

III Andere als die im Abs. II bezeichneten Personen sind nicht berechtigt, die Auslieferung der Leiche zu verlangen. Der Vorstand kann jedoch auch anderen Personen die Leiche gegen die Erlegung oder die Sicherstellung der Kosten ausliefern lassen, wenn nach seiner Anschauung besonders berücksichtigenswerte Umstände dafür sprechen.[2][3]

§ 93 DuHO. § 113 ff. HOStrA.

1. Vgl. hierher die ME. vom 21. Januar 1899, betr. die Überlassung von Leichen an die Landesuniversitäten; die wichtigste Voraussetzung ist neben der Zustimmung der Angehörigen, daß die zuständige Behörde die Erlaubnis zur Beerdigung der Leiche erteilt hat; soll die Leiche an die Universität übersandt werden, ist die Übersendung möglichst zu beschleunigen.

2. Wird die Leiche nicht von den Angehörigen übernommen und nicht an die Universität abgeliefert, ist die Ortspolizeibehörde um die Veranstaltung der Beerdigung zu ersuchen.

3. Vgl. im übrigen die Anm. zu § 113 HOfStrA.

§ 113.

Beim Ableben eines Gefangenen sind die Vorschriften genau zu beachten, die bezüglich der Totenschau und der etwa sonst veranlaßten Vorkehrungen bestehen (§ 4 der Oberpolizeilichen Vorschriften über die Leichenschau vom 20. November 1885). Der Vorstand hat den Todesfall dem Standesbeamten anzuzeigen (§ 58 des Gesetzes über die Beurkundung des Personenstandes und die Eheschließung). Er kann jedoch, wenn es nach den Umständen des Falles wünschenswert ist, veranlassen, daß die Anzeige durch eine dritte hierzu berechtigte Person in der für die Anzeige von Geburten bestimmten Weise (§ 89 Satz 2) erstattet wird.[1]

§ 93 DuHO.

1. Vgl. ME. vom 3. Dezember 1904, JMBl. S. 294. Die An-

zeige an das Nachlaßgericht hat der Standesbeamte zu erstatten. Bekanntmachung vom 20. März 1903 JMBl. S. 112. Vgl. jedoch § 114. Vgl. die Anm. zu § 114 HOStrA.

§ 114.

Wegen der Verfügung über den in dem Gefängnisse verwahrten Nachlaß eines Gefangenen hat sich der Vorstand mit dem Nachlaßgericht ins Benehmen zu setzen.[1])

§ 93 Abs. I DuHO.

1. Vgl. Anm. zu § 113.

13. Führung der Verzeichnisse und Bücher.

§ 115.

I In jedem Gefängnisse werden außer den vier Gefangenenverzeichnissen (§ 37) ein Kalender der Entlassungszeiten [1]) (Anlage 5), ein Verzeichnis der in Verwahrung genommenen Sachen der Gefangenen [2]) (Anlage 6), ein Meldebuch [3]) (Anlage 7) und ein Strafbuch (Anlage 8)[4]) geführt.

II In den Gefängnissen, in denen der Arbeitsbetrieb eingeführt ist, hat der Gefängniswärter ein Arbeitenbuch[5]) (Anlage 9), ein Kassebuch[5]) (Anlage 10) und ein Buch für die Verdienstanteile der Gefangenen [5]) (Anlage 11) zu führen.

III Die Gefangenenverzeichnisse, das Verzeichnis der in Verwahrung genommenen Sachen und das Strafbuch sind in einer für mehrere Jahre ausreichenden Stärke anzulegen. Sie werden gebunden. In der Spalte für die jährlich fortlaufenden Nummern wird der Nummer 1 die Jahreszahl vorangestellt. Die übrigen Bücher werden für je ein Jahr angelegt und in einen starken Umschlag geheftet.[6]) [7])

IV In den Büchern darf nicht radiert werden. Notwendige Änderungen sind so vorzunehmen, daß der ursprüngliche Eintrag lesbar bleibt.[8])

V Die nicht mehr in Gebrauch befindlichen Bände und Hefte sind fünf Jahre lang aufzubewahren.[9])

§ 100 DuHO.

1. Vgl. §§ 121, 40ff.
2. Vgl. §§ 30, 35.
3. Vgl. § 122; das Meldebuch hieß früher Rapportbuch.
4. Vgl. § 123.
5. Vgl. § 124.
6. Die Bücher mit Ausnahme des Strafbuchs (§ 123, 63 Abs. I) werden vom Gefängniswärter geführt (§ 15 Abs. II Ziff. 10); wegen der

Bücher, die der Gefängniswärter außerdem noch zu führen hat, vgl. z. B. § 88 Abs. II (Arzneibuch); dann die durch die Bek. über die ökonomische Verwaltung vorgeschriebenen Bücher; die Inventarien usw. (§ 15 Abs. II Ziff. 9, § 124 Abs. III). Der Vorstand kann die Führung weiterer Bücher und Verzeichnisse anordnen; in einzelnen Gefängnissen werden Bücher über die Vormerkung und Löschung von Anschlußhaftbefehlen, dann alphabetische Namensverzeichnisse für Untersuchungs- und Strafgefangene, Manualien über Ankauf und Verbrauch von Rohstoffen bei Arbeit auf Vorrat, Briefjournale usw. geführt.

7. Also nur in einen Aktendeckel eingenäht. Die Vorschrift, daß die Bücher in den Gefängnissen, welche zugleich Amtsgerichts- und Landgerichts- oder landgerichtliche Aushilfsgefängnisse sind, nur einfach geführt werden (Abs. 2 des § 100 DuHO.), ist in die HO. nicht mehr aufgenommen worden; es dürfte die einfache Führung genügen.

8. Vgl. § 271 StGB.

9. Früher zehn Jahre; Abs. 6 des § 100 DuHO.

§ 116.

I In dem Verzeichnisse der Untersuchungsgefangenen [1]) (Anlage 1) werden die Spalten 1 bis 12 und 18 sofort nach der Einlieferung des Gefangenen ausgefüllt, und zwar bei den Spalten 2 bis 6 und 9 bis 11 auf Grund der Aufnahmeverfügung.[2]) Fehlen einzelne Angaben über die persönlichen Verhältnisse, so ist der Gefangene darüber zu befragen. Bei vorläufig Festgenommenen, die ohne Aufnahmeverfügung eingeliefert sind,[3]) werden die Spalten 9 bis 11 nachträglich ausgefüllt, sobald der Haftbefehl dem Gefängniswärter zukommt. Die Einträge in den Spalten 13 bis 17 werden sofort nach Beendigung der Haft gemacht. Wird der Gefangene bei einer gerichtlichen Verhandlung in Freiheit gesetzt, so hat der Vorsitzende oder Richter für Benachrichtigung des Gefängniswärters zu sorgen.[4])

II In der Spalte 4 sind, wenn es sich um einen Ort handelt, der nicht zum Bezirke des Landgerichts gehört und nicht eine allgemein bekannte Stadt ist, das Bezirksamt, bei nicht bayerischen Orten der Staat, die Provinz und der Verwaltungsbezirk, bei Gefangenen, die keinen ständigen Aufenthalt haben, die Heimat anzuführen. In den Spalten 8 und 13 werden Tag und Stunde angegeben. Dabei werden die Stunden von Mitternacht bis zwölf Uhr mittags als Vormittagsstunden mit „v", die Stunden von zwölf Uhr mittags bis Mitternacht als Nachmittagsstunden mit „n" bezeichnet. In der Spalte 14 wird der zutreffende Grund durch einen senkrechten Strich in der Unterspalte ersichtlich gemacht. In die Unterspalte e gehören insbesondere die Verbringung des Gefangenen in eine Krankenanstalt[5]) und die Ablieferung in ein anderes Untersuchungsgefängnis. Die Einträge in dieser Unterspalte werden in der Spalte 19 näher erläutert. In den Spalten 15 und 16 wird, wenn die Untersuchungshaft dadurch endigt, daß der Gefangene seine Strafe in dem nämlichen Gefängnis antritt, der Strafvollstreckungsbefehl bezeichnet. Bei den Einträgen in die Spalte 17 wird der Tag des Eintritts für voll gerechnet, der Tag der Beendigung der Untersuchungshaft wird nicht mitgezählt. Wenn der Gefangene sich die Beköstigung auf eigene Kosten beschafft, so ist dies in der Spalte 19 zu bemerken. Bei Mitbeschuldigten ist in dieser Spalte auf die Nummern zu verweisen, unter welchen die übrigen Mitbeschuldigten eingetragen sind.[6])

III Wird ein Gefangener, der in eine Krankenanstalt verbracht oder entwichen war, wieder eingeliefert, so ist er unter einer neuen Nummer einzutragen;[7]) in der Spalte 19 ist bei dem neuen Eintrag auf den früheren und bei dem früheren auf den neuen zu verweisen.[8])

§ 101 Ziff. 1 DuHO.

1. Zu ihnen gehören auch die vorläufig Festgenommenen. Vgl. § 2 HO.

2. Vgl. § 25 HO.

3. Vgl. § 26 Abs. II HO.

4. Es ist nicht bloß an eine Hauptverhandlung zu denken, sondern auch Verhör, Augenschein usw. Wird der Gefangene in der Hauptverhandlung enthaftet, so wird der Staatsanwalt dem Beamten, der den Gefangenen vorgeführt hat, die entsprechende Anweisung für den Gefängniswärter mitgeben, wenn es der Vorsitzende unterlassen sollte.

5. Vgl. § 88 Abs. V.

6. Vgl. § 32 Abs. IV Ziff. 1.

7. Ebenso wenn der Gefangene einer anderen Behörde abgegeben war und zurückgeliefert wird; auch hier ist auf die früheren Einträge zu verweisen.

8. Es ist darauf zu achten, daß die Umschreibung in die anderen Verzeichnisse sofort erfolgt, wenn der Grund der Haft sich ändert, wenn also z. B. die Untersuchungshaft sich in Strafhaft verwandelt oder unterbrochen wird, um eine Strafe zu vollstrecken; vgl. § 117 Satz 2 HO.; ebenso wenn z. B. die Untersuchungshaft beendet, der Gefangene aber sofort in Polizeihaft genommen wird.

§ 117.

In dem Verzeichnisse der Strafgefangenen[1]) (Anlage 2) werden die Spalten 1 bis 16 und 21 sofort nach dem Eintritte, die Spalten 17 bis 20 beim Austritte[2]) des Gefangenen ausgefüllt. Wird an einem bisher in Untersuchungshaft gewesenen Gefangenen in dem nämlichen Gefängnis eine Freiheitsstrafe vollstreckt, so wird er beim Beginne der Strafvollstreckung in dieses Verzeichnis eingetragen.[3]) Gefangene, an denen mehrere Strafen nacheinander zu vollstrecken sind, werden nur einmal eingetragen, wenn die Vollstreckungen auf Grund des nämlichen Strafvollstreckungsbefehls erfolgen; sind die Strafen verschiedener Art (Spalten 8 bis 10), so werden für jede Strafart Einträge in die Spalten 7 bis 10 und 15 bis 18 gemacht. In der Spalte 7 ist auch der Tag des Urteils oder des Strafbefehls, z. B. U. 26. II. 9 oder Str. 26. II. 9, anzugeben. In den Spalten 8 bis 10 wird die Strafzeit so, wie sie in dem Urteile oder Strafbefehle bestimmt ist, angegeben; ist die Anrechnung einer Untersuchungshaft verfügt, so ist dies in dem Eintrage zu bemerken. In der Spalte 13 wird bei den vom Staatsanwalte bei dem Landgericht erlassenen Strafvollstreckungsbefehlen das Urteilsbuch für landgerichtliche Sachen mit I, das Urteilsbuch für schwurgerichtliche Sachen mit Ia, die Vormerkungsliste[4]) über die auf Ersuchen zu vollstreckenden Freiheitsstrafen mit II bezeichnet. In der Spalte 15a wird als der Zeitpunkt, von dem an die Strafzeit zu berechnen ist, der des Eintritts angegeben, wenn nicht ein anderer Zeitpunkt durch besondere Anordnung bestimmt ist. In der Spalte 19 genügt bei Entlassungsbefehlen derselben Behörde, die den Strafvollstreckungsbefehl erlassen hat, die Angabe des Datums. Bei Gefangenen, die nach Ablauf der Strafzeit nicht auf freien Fuß zu setzen, sondern zur Vollstreckung einer weiteren Strafe oder einer Untersuchungshaft im Gefängnisse zu behalten oder in ein anderes Gefängnis oder eine Strafanstalt oder an eine Polizeibehörde abzuliefern sind, ist dies in der Spalte 22 zu bemerken. In dieser Spalte wird ferner bei Gefangenen, für die strengere Behandlung (§ 46) angeordnet ist, diese Anordnung vermerkt und bei den in § 4 Abs. I genannten Arreststrafen die Art des Arrestes (gelinder, mittlerer, strenger Arrest) angegeben. Im übrigen finden die in § 116 gegebenen Vorschriften entsprechende Anwendung.

§ 101 Ziff. 2 DuHO.

1. Vgl. § 37 HO. Das nach § 77 Abs. 2 der Vorschriften über die Behandlung der schöffengerichtlichen Strafsachen vorgeschriebene Tagebuch wird nicht mehr geführt.

2. Also dann, wenn der Gefangene wirklich austritt, nicht vorher und nicht nachher; die Zeit des Austritts wird dagegen im Falle des § 121 schon beim Eintritt eingetragen. Wird ein Gefangener, der nach § 108 Abs. III zu behandeln ist, morgens um 7 Uhr entlassen, so ist im Falle des § 121 schon beim Eintritt einzutragen: z. B. 1. Mai 1910 v. 7; beim Austritt ist diese Zahl zu unterstreichen; im Falle des § 117 ist beim Eintritt über den Austritt nichts einzutragen, beim Austritt dagegen: 2. Mai 1910 v. 7.

3. Vgl. Anm. 8 zu § 116. Es haben sich vielfach Zweifel ergeben, ob in der Spalte 16 der Zeitpunkt der Rechtskraft des Urteils oder der Zeitpunkt, in dem der Vollstreckungsbefehl dem Gefängniswärter zugeht, oder der Zeitpunkt, in dem der Vollstreckungsbefehl vollzogen wird, einzutragen ist. Die Praxis verfährt verschieden. Der Gefängniswärter handelt nur auf Anweisung; der Zeitpunkt des Vollzuges des Vollstreckungsbefehles dürfte der richtige sein! Tatsächlich wird die Untersuchungshaft (Anlage 1 Spalte 13) ja auch erst beendet, wenn der Gefangene in Strafhaft genommen wird, was nur auf Anweisung geschieht. Vgl. auch Anm. 3 zu § 44 Abs. II; der Gefängniswärter wird hiernach einen Gefangenen, gegen den ein rechtskräftiges Urteil, aber kein Strafvollstreckungsbefehl vorliegt, einstweilen als Strafgefangenen behandeln, ihn in das Verzeichnis der Strafgefangenen aber erst auf Anweisung aufnehmen.

4. Vgl. MBek. vom 3. September 1879, JMBl. S. 568, Formular VII.

§ 118.

I In dem Verzeichnisse der Zivilgefangenen [1]) (Anlage 3) sind die Spalten 1 bis 8 bei der Aufnahme auszufüllen, die Ausfüllung der Spalten 9—11 erfolgt sofort nach Beendigung der Haft. Die laufenden Nummern der Spalte 1 beginnen mit jedem Geschäftsjahre neu. Oberhalb der Nummer 1 wird die Jahreszahl angegeben. In der Spalte 3 sind die betreibende Partei nach Namen, Stand und Wohnort und der Prozeßbevollmächtigte (Rechtsanwalt) zu bezeichnen. Bei einer von Amtswegen angeordneten Haft sind die Worte „von Amtswegen" einzutragen. In der Spalte 4 ist die Verfügung, auf Grund deren die Aufnahme erfolgt ist, durch Angabe der Behörde, die sie erlassen hat, und des Datums der Erlassung zu bezeichnen. Bei einer gemäß §§ 178, 179 und 182 des Gerichtsverfassungsgesetzes angeordneten Haft wird auch die in dem Beschlusse bestimmte Dauer der Haft vermerkt. In den Spalten 7 und 9 wird die Zeit der Aufnahme und der Beendigung der Haft durch Anführung des Tages und der Stunde angegeben. In der Spalte 8 ist bei der Angabe des Zeitraumes, für den die Haftkosten vorausgezahlt sind, auch der Zeitpunkt zu bezeichnen, in dem, falls der Vorschuß nicht erneuert wird, gemäß § 27 und § 109 die Entlassung zu erfolgen hat. Im Falle der Erneuerung des Vorschusses wird in dieser Spalte ein neuer Eintrag gemacht. Der Eintrag in der Spalte 10 ist, wenn die Entlassung auf Grund mündlicher Bewilligung der betreibenden Partei oder ihres Bevollmächtigten erfolgt, von diesem zu unterschreiben. In der Spalte 11 wird die Zahl der Hafttage in der Art angegeben, daß der Tag der Aufnahme für voll gerechnet, der Tag der Beendigung der Haft nicht mitgezählt wird. Wenn der Verhaftete sich die Beköstigung selbst beschafft, so ist dies in der Spalte 12 anzuführen.

II Die dem Gefängniswärter übergebenen Haftbefehle und Quittungen werden als Beilagen des Verzeichnisses in einem Umschlage aufbewahrt. Auf jeder Beilage werden das Geschäftsjahr und die laufende Nummer des Verzeichnisses (Spalte 1) angegeben. In gleicher Weise wird mit sonstigen bei dem Gefängniswärter verbleibenden Schriftstücken, die sich auf die Vollstreckung der Haft beziehen, verfahren.

III Wird ein schon Verhafteter nachverhaftet (vgl. § 73 der Bekanntmachung vom 30. September 1879, JMBl. S. 551),[2]) so ist die Nachverhaftung sofort in der Spalte 12 des Verzeichnisses zu vermerken. Die infolge der Nachverhaftung zu vollstreckende Haft beginnt mit der Beendigung der früheren Haft. Bei dem Beginne der neuen Haft ist der Verhaftete neuerdings unter Ausfüllung der Spalten 1 bis 8 einzutragen.[3])

§ 5 der Bek. vom 6. Dezember 1881, die Vollstreckung der Zwangs- und Sicherheitshaft betr.; § 100 Ziff 3 DuHO.

1. Vgl. §§ 4, 27 HO.

2. Soll heißen, § 183 der Bek. vom. 28. April 1900, JMBl. S. 621 ff., vgl. JMBl. S. 1133 ff.; 1910 S. 231.

3. Wegen der Kosten der Anschaffung vgl. § 125.

§ 119.

In dem Verzeichnisse der Polizeigefangenen und Schubgefangenen (Anlage 4)[1]) werden die Spalten 1 bis 8, 12 bei der Einlieferung, die Spalten 9 bis 11 beim Austritte des Gefangenen ausgefüllt. In der Spalte 5 ist anzugeben, ob der Gefangene Polizeigefangener oder Schubgefangener ist; bei Polizeigefangenen sind der Grund der Haft, bei Schubgefangenen die Art der Haft, und wenn es sich um einen auf dem Transporte befindlichen Strafgefangenen handelt, auch die Strafart (Zuchthausstrafe, Gefängnisstrafe usw.) zu bezeichnen. In den Spalten 6 und 9 sind die Aufnahmeverfügung und die Entlassungsverfügung durch Angabe der Behörde und des Datums zu bezeichnen. Bei Schubgefangenen bedarf es jedoch der Anführung der Ablieferungsverfügung nicht, wenn die Ablieferung auf Grund einer in der Aufnahmeverfügung getroffenen Anordnung erfolgt. In den Spalten 7 und 10 werden nur bei Schubgefangenen Einträge gemacht. In der Spalte 11 wird bei diesen, wenn sie im Gefängnisse nur die Mittagsbeköstigung erhalten oder nur übernachtet haben, $^1/_2$ Hafttag angegeben. Ein Aufenthalt, bei dem der Schubgefangene weder Mittagsbeköstigung noch Nachtlager erhalten hat, wird in dieser Spalte nicht gezählt. Im übrigen finden die Vorschriften des § 116 auch hier Anwendung.

§ 101 Ziff. 3 DuHO.

1. Vgl. § 4 Abs. II HO. Wielange ein Schubgefangener oder Polizeigefangener verwahrt wird, ist gleichgültig. Wegen der Berechnung der Haftdauer (Spalte 11) vgl. § 11 Abs. 7 der Bek. über die ökonomische Verwaltung.

§ 120.

I Ist in einem anderen Buch auf die Nummer zu verweisen, unter der ein Gefangener in einem der Gefangenenverzeichnisse eingetragen ist, so wird das Verzeichnis der Untersuchungsgefangenen mit A, das der Strafgefangenen mit B, das der Zivilgefangenen mit C, das der Polizeigefangenen und Schubgefangenen mit D bezeichnet.[1])

II Die in dem Gefangenenverzeichnis angegebene Zahl der Hafttage ist in der Anzeige über die Entlassung des Gefangenen oder über die anderweite Beendigung der Haft anzuführen.[2]) Hat der Gefangene sich die Beköstigung auf eigene Kosten beschafft, so ist auch dies in der Anzeige zu erwähnen.[3])

§ 101 Abs. II und III.

1. Vgl. jedoch § 121 Abs. I Satz 2.
2. Vgl. § 108 Abs. IV und V.
3. Vgl. § 81.

§ 121.

I In dem Kalender der Entlassungszeiten (Anlage 5)[1]) wird der Zeitpunkt, in dem die im § 37 Abs. II und IV bezeichneten Gefangenen zu entlassen sind, sogleich bei der Aufnahme vermerkt. Bei der Anführung der Nummer des Gefangenenverzeichnisses ist bei Strafgefangenen die Beifügung der Buchstabenbezeichnung B des Verzeichnisses nicht erforderlich. In der für die Stunde der Entlassung bestimmten Spalte werden die Stunden in derselben Weise wie in den Gefangenenverzeichnissen (§ 116) bezeichnet. In den Fällen des § 108 Abs. III ist als Stunde der Entlassung 7 Uhr abends einzutragen. Wenn dem Gefangenen das Verbleiben im Gefängnis bis zum nächsten Morgen gestattet wurde, ist dies durch Unterstreichung der eingetragenen Stunde kenntlich zu machen.[2]) Nach Entlassung oder anderweitem Austritte des Gefangenen wird sein Name durchstrichen. Wird der Gefangene ohne Unterbrechung der Strafzeit in eine Krankenanstalt verbracht, bleibt der Eintrag der Entlassungszeit bestehen.

II Der Kalender ist so anzulegen, daß nötigenfalls auch eine größere als die gewöhnliche Zahl von Entlassungen eingetragen werden kann.

§ 102 DuHO.

1. Wegen der Kosten der Anschaffung vgl. § 125.
2. Vgl. Anm. 3 zu § 117.

§ 122.

I Das Meldebuch (Anlage 7) ist dazu bestimmt, für jeden Tag eine Übersicht über den Zu- und Abgang von Gefangenen, über Zahl, Geschlecht, Alter der an jedem Tag in Haft gewesenen Gefangenen, über den Grund der Haft, die Art der Verwahrung [1]) und die Beschäftigung sowie über die Zahl der kranken Gefangenen zu geben. Es soll außerdem ersehen lassen, wie viele Gefangene an jedem Tag die gewöhnliche Gefangenenbeköstigung erhalten haben. [2]) Der Tag wird dabei von nachts zwölf Uhr des einen bis nachts zwölf Uhr des nächstfolgenden Kalendertages gerechnet. Die Einträge für jeden Tag werden am Morgen des nächstfolgenden gemacht.

II Das Meldebuch besteht aus einem Titelbogen und sechs Einlagebogen. Für die Einträge jedes Tages ist eine Zeile bestimmt; die Einträge eines Monats füllen zwei gegenüberstehende Seiten. Für die täglichen Einträge dienen auf der linken Seite siebzehn, auf der rechten vierzehn Zeilen. Die Einträge auf jeder Seite werden zusammengezählt; am Schlusse des Monats wird auf der rechten Seite die Monatssumme gezogen. Am Schlusse des Jahres werden auf der Seite 26 des Meldebuches in den ersten zwölf Zeilen die einzelnen Monatssummen und dann die Jahressumme eingetragen. Hierbei werden die Einträge in den Spalten 2 und 7 nicht zusammengezählt, sondern es werden in der Spalte 2 der Stand am Anfange des ersten Tages und in der Spalte 7 der Stand am Schlusse des letzten Tages angegeben. [3])

III Bei der Ausfüllung der Spalten 3 bis 6 gilt die Zeit vor dem Mittagessen als Vormittag, die Zeit nach ihm als Nachmittag. In den Spalten 8 bis 17 werden Gefangene, die vor dem Mittagessen eingetreten, und Gefangene, die nach dem Mittagessen ausgetreten sind, mitgezählt, später eingetretene und früher ausgetretene Gefangene dagegen weggelassen. Zivilgefangene und Polizeigefangene werden hier bei den Untersuchungsgefangenen mitgezählt. In der für Bemerkungen bestimmten Spalte wird die Zahl der Zivilgefangenen unter Beifügung des Buchstabens Z, die der Polizeigefangenen unter Beifügung des Buchstabens P angegeben. Als krank (Spalte 17) werden nur die in ärztlicher Behandlung (§ 88 Abs. I) befindlichen Gefangenen vorgetragen. Bei den Schubgefangenen wird in den Spalten 18 und 19 die Zahl derjenigen, die die Mittagsbeköstigung erhalten haben, in den Spalten 20 und 21 die Zahl derjenigen, die im Gefängnis übernachtet haben, angegeben. Die Zahl der Gefangenen, die aus irgend einem

Grunde (Selbstbeköstigung, Krankheit, Vorstandsweisung gemäß § 80 Abs. II, Disziplinarstrafe, mittlerer oder strenger Arrest) nicht die gewöhnliche Gefangenenbeköstigung erhalten haben, wird in der für Bemerkungen bestimmten Spalte unter Beifügung des Buchstabens K vermerkt. In dieser Spalte wird ferner die Zahl der Gefangenen, für die Strohsäcke verwendet worden sind (§ 76 Abs. I), unter Beifügung der Buchstaben St angegeben.

§ 103 DuHO.

1. Vgl. § 34 Anm. 1 b.
2. Das Formular scheidet nur zwischen: „Untersuchungs-", „Strafgefangenen" und „Schubgefangenen"; zu ersteren sind die vorläufig Festgenommenen, die Zivilgefangenen und Polizeigefangenen mitzuzählen.
3. Vgl. § 115 Abs. III Satz 4 (Anlegung für ein Jahr usw.), § 115 Abs. IV (Rasuren), Abs. V (Aufbewahrung), § 125 (Kosten).

§ 123.

Das Strafbuch (Anlage 8) wird vom Vorstande geführt. Strafverfügungen gegen Untersuchungsgefangene sind von dem Richter, der die Verfügung erlassen hat, dem Vorstande zur Eintragung mitzuteilen. In der Spalte 6 sind die Behörde, die den Strafbeschluß erlassen hat und das Datum des Beschlusses, in der Spalte 7 die verfügte Strafe anzugeben. In den Fällen, in denen nach § 63 der Strafbeschluß nicht schriftlich abgefaßt wird, soll in die Spalte 5 eine kurze Beschreibung der bestraften Handlung mit Angabe von Zeit und Ort eingetragen werden. Erforderlichen Falles ist auch zu bemerken, welcher Beamte die Handlung angezeigt hat. In der Spalte 9 wird auf die zu den Beilagen des Strafbuches genommenen Aktenstücke (§ 63 Abs. II) hingewiesen.

II Die Bescheinigung der Vollstreckung (Spalte 8) wird von dem Gefängniswärter eingetragen und unterschrieben. Ist die Strafe in einem anderen Gefängnisse vollstreckt worden, so trägt es der Vorstand auf Grund des eingelangten Vollstreckungsnachweises ein.

§ 104 DuHO.

§ 124.

I Die Bücher für den Arbeitsbetrieb werden nach folgenden Grundsätzen geführt.

1. In dem Arbeitenbuche (Anlage 9) sind auf der linken Seite die Bestellungen in zeitlicher Reihenfolge aufzuzeichnen. Auf der rechten Seite werden die gelieferten Arbeiten der Bestellung, zu deren Ausführung sie geliefert sind, gegenübergestellt. Bei Bestellungen, deren Erledigung voraussichtlich nicht auf einmal

erfolgen wird, ist so viel Raum frei zu lassen, daß die Ablieferungen untereinander eingetragen werden können. In der Spalte 7 ist bei der Bezeichnung der gelieferten Arbeit auch der Satz für die Berechnung des Preises anzuführen. Bei größerem Arbeitsbetriebe können für die Bestellungen einzelner Arbeitgeber, welche die Gefangenen dauernd mit Arbeiten derselben Art beschäftigen, besondere Blätter bestimmt werden. In diesem Falle werden die laufenden Nummern in der Spalte 1 für jedes Blatt gesondert gezählt und die Blätter mit Buchstaben (A, B u. s. w.) bezeichnet, die bei der Anführung der Nummer des Arbeitenbuches mit anzugeben sind. Die am Schlusse des Jahres nicht erledigten Bestellungen werden als aus dem Vorjahre übergegangen in das Arbeitenbuch des neuen Jahres übertragen.

2. In dem Kassebuche (Anlage 10) wird auf der Titelseite die Zahl der Blätter vom Vorstande vermerkt. Der Faden, mit dem das Buch geheftet ist, wird neben diesem Vermerk mit dem Amtssiegel belegt.

Die Einnahmen und Ausgaben müssen, sobald sie gemacht sind, eingetragen werden. Die den Gefangenen als Verdienstanteile ausbezahlten oder für sie verwendeten Beträge werden nur mit der Monatssumme vorgetragen. Unter den Ausgaben werden auch die für die Arbeitsfonds an das Rentamt abgelieferten Beträge aufgeführt. Die Ausgabebelege werden mit fortlaufenden Nummern versehen und als Beilagen des Kassebuches in einem besonderen Umschlag aufbewahrt.

Das Kassebuch ist jeden Monat abzuschließen. Das Ergebnis des Abschlusses ist in der Spalte 11 zu vermerken; dabei ist der wirkliche Kassebestand anzuführen. Dieser Vermerk ist von dem Gefängniswärter unter Angabe des Datums zu unterschreiben. Am Schlusse des Jahres sind auf der letzten Seite der Reinertrag und der zum Arbeitsfonds fließende Betrag zu berechnen. Der zur Fortführung des Arbeitsbetriebes zurückbehaltene Betrag ist auf das neue Jahr zu übertragen.

3. In dem Buche für die Verdienstanteile der Gefangenen (Anlage 11) werden die in jedem Monate gutgeschriebenen Beträge in der für den Tag der Gutschreibung bestimmten Spalte aufgezeichnet. Werden die Verdienstanteile täglich gutgeschrieben, so ist an den Tagen, an denen der Gefangene nicht gearbeitet hat, zu vermerken, daß er unbeschäftigt war. Bei der am Schlusse jedes Monats und beim Austritte des Gefangenen stattfindenden Abrechnung (§ 99 Abs. IV und V) hat dieser über den verwen-

deten oder ihm ausbezahlten Betrag zu quittieren. Die verwendeten oder ausbezahlten Beträge werden am Schlusse des Monats zusammengezählt; dabei wird in der Spalte 9 auf die Nummer des Kassebuchs verwiesen. Die einzelnen während der Haft verwendeten Beträge werden in einem gesonderten Heft oder auf einzelnen Blättern aufgezeichnet.

II Die Bücher sind am Ende des Jahres abzuschließen und in der ersten Hälfte des Monats Januar des folgenden Jahres mit den Beilagen des Kassabuchs an das Rentamt abzuliefern. In dem Arbeitenbuch ist vor der Ablieferung die Richtigkeit der Sätze für die Preisberechnung der Arbeiten von dem Vorstande zu bescheinigen. Die Bücher vertreten die Stelle der Rechnung über die Arbeitsverdienstkasse.

III Die dem Arbeitsbetriebe dienenden Werkzeuge und sonstigen Gerätschaften sind gesondert zu verzeichnen.

§ 105 DuHO.

§ 125.

I Die Oberstaatsanwälte haben für die Herstellung der Verzeichnisse und Bücher zu sorgen und sie nach Bedarf an die Gefängnisse abzugeben. [1])

II Die Kosten der in § 124 bezeichneten Bücher werden aus der Arbeitsverdienstkasse bestritten. [2]) Die übrigen Kosten werden auf den Regieetat der Gerichtsgefängnisse verrechnet. [3])

§ 106 DuHO.

1. Ausgenommen waren früher das Verzeichnis der Zivilgefangenen und der Kalender für Entlassungstermine. Jetzt sorgt für alle der Oberstaatsanwalt.

2. Früher aus dem Arbeitsfonds; jetzt keine Genehmigung des StM. der Justiz nötig.

3. Ziff. I Kap. 1 H § 2 Tit. 1.

§ 126.

Die vorstehende Hausordnung tritt am 1. Februar 1910 in Kraft. Von diesem Tage an sind die Dienst- und Hausordnung für die Gerichtsgefängnisse vom 10. April 1883 und die Bekanntmachung vom 6. Dezember 1881, die Vollstreckung der Zwangs- und der Sicherheitshaft betr., aufgehoben.

München, den 3. Januar 1910.

Dr. von Miltner.

Anlage 1.

gerichtsgefängnis

A.

Verzeichnis

der

Untersuchungsgefangenen.

Geschäftsjahre 19 bis 19

Jährlich fortlaufende Nummer	Name des Gefangenen	Stand (Gewerbe)	Wohnort oder Heimat	Alter	Religion	Eingeliefert von	Zeit der Einlieferung	Aufnahmeverfügung	
								Behörde	Datum
1	2	3	4	5	6	7	8	9	10

Strafbare Handlung, deren der Gefangene verdächtig ist	Nummer des Haftraumes	Zeit der Beendigung der Untersuchungshaft	Grund der Beendigung der Untersuchungshaft 14					Entlassungsbefehl		Zahl der Hafttage	Nummer des Verzeichnisses der verwahrten Sachen	Bemerkungen
			Entlassung	Strafantritt	Tod	Entweichung	Andere Gründe	Behörde	Datum			
11	12	13	a	b	c	d	e	15	16	17	18	19

Anlage 2.

gerichtsgefängnis

B.

Verzeichnis

der

Strafgefangenen.

Geschäftsjahre 19 . . bis 19 . .

Jährlich fortlaufende Nummer	Name des Gefangenen	Stand (Gewerbe)	Wohnort oder Heimat	Alter	Religion	Strafbare Handlung Tag des Urteils (Strafbefehls)	Strafe		
							Gefängnis	Einfache Haft (Arrest)	Haft nach § 362 StGB.
1	2	3	4	5	6	7	8	9	10

Strafvollstreckungsbefehl		Nummer der Vormerkungsliste (des Urteilsbuchs)	Nummer des Haftraumes	Berechnung der Strafzeit		Zeit der Einlieferung oder des Eintritts	Zeit des Austritts	Grund des Austritts 18					Entlassungsbefehl	Zahl der Hafttage	Nummer des Verzeichnisses der verwahrten Sachen	Bemerkungen
Behörde	Datum			Beginn	Ende			Ablauf der Strafzeit	Begnadigung, Strafunterbrechung	Tod	Entweichung	Andere Gründe				
11	12	13	14	15a	15b	16	17	a	b	c	d	e	19	20	21	22

Anlage 3.

gerichtsgefängnis

C.

Verzeichnis

der

Zivilgefangenen.

Geschäftsjahre 19 . . bis 19 . .

Jährlich fortlaufende Nummer	Name, Stand und Wohnort des Gefangenen	Betreibende Partei	Haft- oder Aufnahmeverfügung	Grund oder Zweck der Haft	Bezeichnung des Einliefernden	Zeit der Aufnahme	Zeitraum, für den die Haftkosten gezahlt sind	Zeit der Beendigung der Haft	Grund der Beendigung der Haft	Zahl der Hafttage	Bemerkungen
1	2	3	4	5	6	7	8	9	10	11	12

Anlage 4.

gerichtsgefängnis

D.

Verzeichnis

der

Polizeigefangenen und Schubgefangenen.

Geschäftsjahre 19 . . bis 19 . .

Jährlich fortlaufende Nr.	Name des Gefangenen	Stand (Gewerbe)	Wohnort oder Heimat	Polizei-gefangener oder Schub-gefangener	Zeit der Ein-lieferung und Aufnahme-verfügung
1	2	3	4	5	6

Eingeliefert von	Nummer des Haftraumes	Zeit des Austritts und Entlassungs-befehl	Abgeliefert nach	Zahl der Hafttage	Nummer des Verzeichnisses der verwahrten Sachen	Bemerkungen
7	8	9	10	11	12	13

Anlage 5.

gerichtsgefängnis

Kalender der Entlassungszeiten.

Geschäftsjahr 19 . .

Nr. des Gef.-Verz.	Name des Gefangenen	Stunde der Entlassung	Nr. des Gef.-Verz.	Name des Gefangenen	Stunde der Entlassung
	1. Januar			4. Januar	
	2. Januar			5. Januar	
	3. Januar			6. Januar	

Anlage 6.

gerichtsgefängnis

Verzeichnis

der

in Verwahrung genommenen Sachen der Gefangenen.

Geschäftsjahre 19 . . bis 19 . .

Jährlich fortlaufende Nummer	Name und Stand des Gefangenen	Nummer des Gefangenenverzeichnisses	Tag der Übernahme	Bezeichnung der in Verwahrung genommenen Sachen		Unterschrift des Gefangenen
				Geld *M*	Andere Sachen	
1	2	3	4	5	6	7

Bezeichnung der abgegebenen Sachen		Tag der Abgabe	Empfangsbescheinigung	Bemerkungen
Geld *M*	Andere Sachen			
8	9	10	11	12

Anlage 7.

. . . . gerichtsgefängnis . . . . . .

Meldebuch

für das

Geschäftsjahr 19 . .

Das Gefängnis ist eingerichtet für eine ordentliche Belegung mit . . . . .
Gefangenen.

Zahl der Hafträume . . . .

darunter

für gemeinschaftliche Haft . . . .

für Einzelverwahrung . . . . . .

Monat*) . . . . . .

Monatstag	Untersuchungs- und Strafgefangene: Zu- und Abgang: Stand am Anfang	zu: vormittags	zu: nachmittags	ab: vormittags	ab: nachmittags	Stand am Schlusse	Tageszahl: Unters.-Gef.: männlich	Unters.-Gef.: weiblich	Straf-Gef.: männlich	Straf-Gef.: weiblich	im ganzen	darunter jugendliche	einzeln verwahrt	beschäftigt: mit Hausarbeit	beschäftigt: mit anderer Arbeit	krank	Schubgefangene: mittags: männlich	mittags: weiblich	nachts: männlich	nachts: weiblich	Bemerkungen
1	2	3	4	5	6	7	8	9	10	11	12	13	14	15	16	17	18	19	20	21	22
1																					
2																					
3																					
4																					
5																					
6																					
7																					
8																					
9																					
10																					
11																					
12																					
13																					
14																					
15																					
16																					
17																					
																					Summe I

*) Das Formular ist in der amtlichen Ausgabe in der gleichen Weise bis zum Ende des Monats fortgeführt. In der Spalte 22 wird am Schlusse die Monatssumme gezogen.

Anlage 8.

. . . . gerichtsgefängnis . . . .

Strafbuch.

Geschäftsjahre 19 . . bis 19 . .

Jahr	Jährlich fort-laufende Nummer	Name und Stand des Gefangenen	Nummer des Gefangenen-Verzeich-nisses	Bezeichnung der bestraften Handlung
1	2	3	4	5

Strafbeschluß		Vollstreckungs-bescheinigung	Beilage (§ 63/VI)*)	Bemerkungen
wann und von wem erlassen	Strafe			
6	7	8	9	10

*) Soll heißen: § 63 Abs. II.

Anlage 9.

gerichtsgefängnis

Arbeitenbuch

für das

Geschäftsjahr 19

Bestellungen				
Lfde. Nummer	Zeit des Eingangs	Name, Stand und Wohnort des Bestellers	Bezeichnung der bestellten Arbeit	Bezeichnung der gelieferten Stoffe
1	2	3	4	5

Gelieferte Arbeiten					Bemerkungen
Zeit der Ablieferung	Bezeichnung der gelieferten Arbeit	Preis		Nummer des Kassebuchs	
		ℳ	₰		
6	7	8		9	10

Anlage 10.

gerichtsgefängnis

Kassebuch

für das Geschäftsjahr 19

Das Kassebuch enthält . . Blätter, die mit einem mit dem Amtssiegel belegten Faden geheftet sind.

. . . . . den . . . . 19 . .

Der Gefängnisvorstand.

Laufende Nummer	Datum	Einnahmen	Betrag		Nummer des Arbeitenbuchs
			M	₰	
1	2	3	4		5

Laufende Nummer	Datum	Ausgaben	Betrag		Nummer der Belege	Bemerkungen
			M	₰		
6	7	8	9		10	11

Anlage 11.

gerichtsgefängnis

Verdienstanteile der Gefangenen

im Geschäftsjahre 19

Monat

Nummer des Gef.-Verz.	Name des Gefangenen	Art der Arbeit	Guthaben aus dem Vormonate		Gutgeschriebene															
			ℳ	₰	1	2	3	4	5	6	7	8	9	10	11	12	13	14	15	16
1	2	3	4		5															

. . . . . .

Beträge															Summe		Empfangen oder verwendet		Rest		Unterschrift des Gefangenen
17	18	19	20	21	22	23	24	25	26	27	28	29	30	31	ℳ	₰	ℳ	₰	ℳ	₰	
5															6		7		8		9

Bekanntmachung Nr. 1488 vom 11. Januar 1910, die ständigen landgerichtlichen Aushilfsgefängnisse betreffend.

Königliches Staatsministerium der Justiz.

Auf Grund des § 7 der Hausordnung für die Gerichtsgefängnisse vom 3. Januar 1910 werden mit Wirkung vom 1. Februar d. Js. an als ständige landgerichtliche Aushilfsgefängnisse bestimmt:

1. für den Bezirk des Oberlandesgerichts München die Amtsgerichtsgefängnisse in Pfarrkirchen, Rosenheim und Weilheim,

2. für den Bezirk des Oberlandesgerichts Bamberg die Amtsgerichtsgefängnisse in Kronach, Lohr und Neustadt a. S.

3. für den Bezirk des Oberlandesgerichts Nürnberg die Amtsgerichtsgefängnisse in Neunburg v. W. und Windsheim,

4. für den Bezirk des Oberlandesgerichts Augsburg die Amtsgerichtsgefängnisse in Aichach und Donauwörth.

Der Absatz 1 der Nummer II der Bekanntmachung vom 25. September 1879, die Verwaltung der Landgerichts- und Amtsgerichtsgefängnisse betreffend (JMBl. S. 1272), und die Bekanntmachung vom 9. Dezember 1902, das Amtsgerichtsgefängnis in Rosenheim betreffend (JMBl. S. 1075), sind vom gleichen Tag an aufgehoben.

München, den 11. Januar 1910.

Dr. v. Miltner.

B. Die Hausordnung für die bayerischen Strafanstalten.

A. Einleitung.

1.*)

a) In dem Stande der bayerischen Strafanstalten sind seit dem Beginn dieses Jahrhunderts einschneidende Änderungen eingetreten. Es wurden die Strafanstalten in München, Würzburg, Wasserburg, Kaiserslautern, Sulzbach und das Zuchthaus Plassenburg aufgelassen, die Strafanstalten in Straubing, Landsberg und Aichach neu errichtet. Gegenwärtig besitzt Bayern 12 Strafanstalten, nämlich die Zuchthäuser Ebrach, Kaisheim und Straubing, die Strafanstalt Aichach, das Zellengefängnis Nürnberg, die Gefangenanstalten Amberg, Landsberg, Laufen, Lichtenau, Niederschönenfeld, St. Georgen-Bayreuth und Zweibrücken. Aichach ist die einzige Weiberstrafanstalt in Bayern und dient zur Vollstreckung von Zuchthaus- und von Gefängnisstrafen gegen Erwachsene und gegen Jugendliche. In Niederschönenfeld werden nur Strafen gegen männliche jugendliche Gefangene (§ 17 HO.) vollstreckt.

b) Die oberste Leitung und Beaufsichtigung der Strafanstalten liegt gemäß der Verordnung vom 27. November 1869 (RBl. S. 2139) dem Staatsministerium der Justiz ob. Diesem unterstehen die Strafanstalten unmittelbar. Es ist die in der Hausordnung häufig genannte Aufsichtsbehörde.

c) Zu den etatsmäßigen Beamten der Strafanstalten zählen
1. die Direktoren (Vorstände der größeren Strafanstalten), Klasse VII der Gehaltsordnung vom 6. September 1908, Gehalt 6000—8400 Mk.,
2. die Inspektoren (Vorstände der kleineren Strafanstalten), Klasse IX, 4800—7200 Mk.,
3. die Assessoren,
4. die Hausgeistlichen,
5. die Hausärzte,

} Klasse XII, 3000—6000 Mk.,

*) Die HO. für die Strafanstalten regelt in der Hauptsache nur die Behandlung und das Verhalten der Gefangenen; es wird deshalb nicht unwillkommen sein, wenn an dieser Stelle in aller Kürze auf die Organisation der bayerischen Strafanstalten, die Verhältnisse der Strafanstaltsbeamten und das Etats- und Rechnungswesen bei den Strafanstalten eingegangen wird.

6. die Hauslehrer, Klasse XV, 2400—4800 Mk.,
7. die Hauslehrerinnen, Klasse XVII, 1800—3600 Mk.,
8. die Buchhalter, Klasse XVIII, 2250—3150 Mk.,
9. die Hausverwalter, } Klasse XIX, 2100—3000 Mk.,
10. die Obermaschinisten, }
11. die Baupaliere, Klasse XXI, 1800—2700 Mk.,
12. die Maschinisten,
13. die Werkführer,
14. die Oberkrankenwärter,
15. die landwirtschaftlichen Assistenten, } Klasse XXII, 1800—2400 Mk.,
16. die Küchenmeister,
17. die Waschmeister,
18. die Oberaufseher, } Klasse XXIV, 1700—2300 Mk.,
19. die Oberaufseherinnen, }
20. die Kanzlei- und Rechnungs-Assistenten Klasse XXVI, 1200—2100 Mk.,
21. die Werkaufseher,
22. die Küchenaufseher,
23. die Waschaufseher, } Klasse XXVII, 1400—2000 Mk.,
24. die Gartenaufseher,
25. die Werkaufseherinnen,
26. die Aufseher, Klasse XXVIII, 1300—1900 Mk.,
27. die Aufseherinnen, Klasse XXIX, 1200—1800 Mk.

Von diesen Beamten werden die Direktoren, Inspektoren, Assessoren, Hausgeistlichen und Hausärzte nach einer etatsmäßigen Dienstzeit von drei Jahren unwiderruflich (Art. 6 II BG.); ihre Ernennung erfolgt durch den König (Art. 4 I BG., Verordnung vom 10. Dezember 1908, den Vollzug des Beamtengesetzes betr., GVBl. S. 1041 § 2). Das Dienstverhältnis der übrigen Beamten ist nach einer etatsmäßigen Dienstzeit von 10 Jahren unwiderruflich (Art. 6 III BG.). Militäranwärtern mit einer mindestens acht jährigen Militärdienstzeit ist die Hälfte der Militärdienstzeit bis zum Höchstbetrage von sechs Jahren auf die Zeit der Widerruflichkeit anzurechnen (Art. 7 BG., § 3 der VollzVO. vom 10. Dezember 1908). Als Militäranwärter im Sinne dieser Vorschrift gelten alle Inhaber des Zivilversorgungsscheins, gleichviel ob sie vor oder nach Inkrafttreten des Beamtengesetzes im Zivildienst angestellt wurden. Es kommt deshalb die Vergünstigung auch den aus dem Stande der Militäranwärter hervorgegangenen Beamten zugute, die bereits vor dem 1. Januar 1909 statusmäßig angestellt und nach Maßgabe des Art. 208 BG. als etatsmäßige Beamte übergeleitet wurden (Bekanntmachung vom 29. Oktober 1909, JMBl. S. 506).

Sämtliche etatsmäßige Beamte führen zu ihrem Amtstitel die Bezeichnung „Königlich" (§ 2 III der VollzVO. vom 10. Dezember 1908).

Die juristisch vorgebildeten bezahlten Hilfsarbeiter bei den Verwaltungen der Strafanstalten und die funktionierenden Hausärzte, Hauslehrer und Hauslehrerinnen der Strafanstalten sind durch die Bekanntmachung vom 8. Juni 1909 (GVBl. S. 386) als (nichtetatsmäßige) Beamte im Sinne des Art. 1 BG. erklärt.

Während der ihnen vor der etatsmäßigen Anstellung auferlegten Probedienstleistung sind die Kanzlei- und Rechnungsassistenten, die Aufseher und die Aufseherinnen, als einer in der Gehaltsordnung aufgeführten Beamtenklasse angehörend, Beamte im Sinne des Art. 1 BG.

Die Hilfsaufseher, zu deren Aufnahme die Verwaltungen der Strafanstalten vom Staatsministerium der Justiz ermächtigt werden, sind im Sinne des Art. 25 BG. Personen, die, ohne als Beamte im Sinne des Art. 1 BG. erklärt zu sein, mit den Verrichtungen solcher Beamter ständig oder vorübergehend betraut sind.

Die eidliche Verpflichtung der Beamten (Art. 23 BG.) hat nach § 8 der VollzVO. vom 10. Dezember 1908 zu erfolgen.

Hinsichtlich der Pflichten der Beamten wird auf die Art. 11 ff. BG. verwiesen. Zu den Klassen von Beamten, die zur Eingehung der Ehe der Erlaubnis der zuständigen Dienstbehörde bedürfen (Art. 17 II BG.), gehören nach § 6 der VollzVO. vom 10. Dezember 1908 die weiblichen Beamten und die Aufseher der Strafanstalten. Die übrigen Beamten, die eine Ehe einzugehen beabsichtigen, haben dies rechtzeitig der zuständigen Dienstbehörde anzuzeigen. Als zuständige Dienstbehörde ist in beiden Fällen das StM. der Justiz zu erachten, dem also sowohl die Gesuche um die Erteilung der Erlaubnis zur Eingehung der Ehe als die Anzeigen von der beabsichtigten Verheiratung durch die Verwaltung vorzulegen sind.

Der Urlaub der etatsmäßigen Beamten ist geregelt durch die Bekanntmachung vom 14. Juli 1909 (GVBl. S. 427). Nach § 3 dieser Bekanntmachung haben Anspruch auf einen jährlichen Urlaub

1. die Direktoren in der Dauer von sechs Wochen,
2. die Inspektoren in der Dauer eines Monats, nach zurückgelegtem 50. Lebensjahre in der Dauer von fünf Wochen,
3. die Assessoren, Hausgeistlichen und Hausärzte in der Dauer eines Monats,
4. die Hauslehrer in der Dauer von drei Wochen, nach vollendetem 50. Lebensjahre in der Dauer von vier Wochen,
5. die Hauslehrerinnen in der Dauer von zwei Wochen, nach vollendetem 40. Lebensjahre in der Dauer von drei Wochen,
6. die Buchhalter, Hausverwalter, Obermaschinisten und Baupaliere in der Dauer von zwei Wochen, nach vollendetem 45. Lebensjahre in der Dauer von drei Wochen,
7. die Maschinisten, Werkführer, Oberkrankenwärter, landwirtschaftlichen Assistenten, Küchenmeister, Waschmeister, dann die Oberaufseher und die Oberaufseherinnen in der Dauer von zehn Tagen, nach vollendetem 45. Lebensjahre in der Dauer von zwei Wochen,
8. die Kanzlei- und Rechnungsassistenten, Werkaufseher, Küchenaufseher, Waschaufseher, Gartenaufseher, Werkaufseherinnen, dann die Aufseher und Aufseherinnen in der Dauer einer Woche, nach vollendeten 50. Lebensjahre in der Dauer von zehn Tagen.

Für Beamte, die im Laufe des Jahres von einer Klasse in eine andere überführt werden, bemißt sich von dem Zeitpunkte der Überführung an die Dauer des Erholungsurlaubs nach der für die neue Klasse geltenden Bestimmung. Wird nach dem Genusse des Erholungsurlaubs ein Dienstgrad oder ein Lebensalter erreicht, die zu einer längeren Urlaubsdauer berechtigen, so kann für dieses Jahr der Urlaub entsprechend ergänzt werden.

Außer dem Erholungsurlaub kann den etatsmäßigen Beamten in besonders wichtigen persönlichen Angelegenheiten oder beim Vorliegen sonstiger dringender Gründe Dienstbefreiung bis zur Dauer einer Woche im Jahr ohne Anrechnung auf den Erholungsurlaub bewilligt werden (§ 4 der Bekanntmachung).

Die Beurlaubung kann zurückgenommen werden, wenn außergewöhnliche Verhältnisse dies notwendig machen (§ 6 der Bek.).

Eines Urlaubs bedarf der Beamte nicht, wenn er durch Krankheit an der Verrichtung seines Dienstes verhindert ist, oder wenn er zu einer militärischen Übung einberufen wird. Er hat jedoch von der Erkrankung und deren Beendigung, sowie von der Einberufung zu einer militärischen Übung oder von der Inaussichtstellung einer solchen dem Vorstande Anzeige zu erstatten.

Zur Bewilligung des Urlaubs sind zuständig

1. für die Direktoren und Inspektoren das StM. der Justiz,
2. für die übrigen Beamten die Vorstände der Strafanstalten. Soweit für diese Beamten ausnahmsweise ein die regelmäßige Dauer übersteigender Erholungsurlaub bewilligt werden soll, bedarf es hierzu der Genehmigung des StM. der Justiz. (§ 11 der Bek.)

Beamten, denen in der Vergangenheit ein längerer Urlaub eingeräumt war, kann dieser Urlaub mit Genehmigung des Ministeriums für ihre Person gewährt werden. Dies geschah auch für die Strafanstaltsbeamten durch die Bek. des StM. der Justiz vom 20. Juli 1909 (JMBl. S. 334).

Hinsichtlich des Diensteinkommens der etatsmäßigen Beamten, der Versetzung dieser Beamten in den Ruhestand, der Fürsorge für ihre Hinterbliebenen, der vorläufigen Dienstenthebung, der Unfallfürsorge muß auf die einschlägigen Vorschriften des BG. und die hierzu ergangenen Bekanntmachungen verwiesen werden. (Bek. vom 28. Juni 1909, die Mietentschädigungen und Mietzinse für die den Beamten vom Staate eingeräumten Wohnungen und Zimmer und die Pachtentschädigungen für Dienstgärten und sonstige Grundstücke betr. JMBl. S. 266, Bek. des StM. der Finanzen, die Auszahlung der Gehalte der etatsmäßigen Beamten betr. vom 9. Juli 1909, JMBl. S. 300, gem. Bek. vom 22. Oktober 1909, die Versetzung etatsmäßiger Beamter in den Ruhestand, dann die Verabfolgung des Sterbegehalts und die Festsetzung und Anweisung der Witwen- und Waisengelder ihrer Hinterbliebenen betr., GVBl. S. 781, Bek. vom 16. April 1910, die Festsetzung der Bezüge der Hinterbliebenen der pensionierten Beamten und Bediensteten betr., JMBl. S. 591).

Die Dienstaufsicht und das Dienststrafrecht sind im Abschnitte VII des BG. Art. 102 ff. geregelt (dazu Bek. vom 22. Oktober 1909, die Dienstaufsicht und das Dienststrafrecht für nichtrichterliche Beamte betr., GVBl. S. 737). Als für die Strafanstaltsbeamten wichtig ist folgendes hervorzuheben:

Zur Erteilung mündlicher Ermahnungen und Warnungen nach Art. 103 BG. ist jeder Beamte berechtigt, der in bezug auf die Erledigung eines Amtsgeschäfts dem anderen Beamten gegenüber Anordnungen zu treffen befugt ist. Es kann also z. B. der Hausverwalter oder der Oberaufseher einem Aufseher eine mündliche Warnung oder Ermahnung erteilen.

Zur Erteilung schriftlicher Ermahnungen und Warnungen ist nur der Vorstand der Verwaltung zuständig.

Ordnungsstrafen (Verweis und Geldstrafen) können gegen alle Beamte und gegen die im Art. 25 BG. bezeichneten Staatsdienstaspiranten und sonstigen Personen verhängt werden (Art. 106, 107, 164, 165 BG.). Die Zuständigkeit zur Verhängung von Ordnungsstrafen und der Instanzenweg sind des näheren geregelt durch §§ 16—18 der VollzVO. vom 10. Dezember 1908. Hiernach ist zur Verhängung von Ordnungsstrafen gegenüber dem Vorstande der Strafanstalt, den Assessoren, Hausgeistlichen und Hausärzten das StM. der Justiz, gegenüber den übrigen Beamten, soweit Verweis oder Geldstrafe bis zu 30 Mk. in Frage kommt, der Vorstand, soweit eine Geldstrafe von über 30 Mk. verhängt werden soll, das StM. der Justiz zuständig. Gegen die Verfügung des Justizministeriums ist die Beschwerde zum Staatsrat, gegen die Verfügung des Vorstandes die Beschwerde zum StM. der Justiz zulässig (vgl. auch § 4 der Bek. vom 22. Oktober 1909). In den Fällen, in denen nach Lage der Sache Zweifel darüber bestehen können, ob eine Geldstrafe bis zu 30 Mk. als eine genügende Sühne für die Verfehlung erachtet werden kann, empfiehlt es sich, über den Sachverhalt an das StM. der Justiz zu berichten. Diesem ist auf alle Fälle von der Einleitung und Beendigung des Ordnungsstrafverfahrens Mitteilung zu machen (§ 13 der Bek.).

Ein Disziplinarstrafverfahren ist, vorbehaltlich der Vorschrift in Art. 168 BG., nur gegen unwiderrufliche Beamte möglich. Zur Beantragung der Einleitung eines solchen Verfahrens ist hinsichtlich aller Beamten das StM. der Justiz zuständig.

Die Disziplinarstrafen sind Strafversetzung (auch auf eine Amtsstelle mit einem geringeren Rang und einem geringeren Gehalt) und Dienstentlassung. (Wegen der Dienstentlassung widerruflicher Beamter s. Art. 8 II BG.)

Nach dem letzten veröffentlichten Verzeichnisse (GVBl. 1903 S. 513) sind die Stellen der Aufseher bei den Strafanstalten ganz, die Stellen der Kanzlei- und Rechnungsassistenten zur Hälfte den Militäranwärtern vorbehalten.

Über die Grundsätze für die Besetzung der mittleren, Kanzlei- und Unterbeamtenstellen bei den Reichs- und Staatsbehörden mit Militäranwärtern und Inhabern des Anstellungsscheines vgl. JMBl. 1907 S. 257.

Darüber, daß die zur Herbeiführung der Pensionsregelung für die bei den Strafanstalten angestellten Personen der Unterklassen des Reichsheeres, der Kaiserlichen Marine und der Kaiserlichen Schutztruppen erforderlichen Mitteilungen an das Kriegsministerium durch die Verwaltungen der Strafanstalten zu erfolgen haben vgl. Bek. vom 20. Juli 1906, JMBl. S. 182.

Für die Vergütung der Umzugskosten an die etatsmäßigen Beamten gelten bis auf weiteres die Vorschriften der VO. vom 20. November 1902 (GVBl. S. 709) mit den in § 4 der VollzVO. vom 10. Dezember 1908 enthaltenen Änderungen. Nichtetatsmäßige Beamte erhalten bei einer Versetzung, die weder auf Ansuchen erfolgt noch durch ihr eigenes Verhalten verschuldet ist, sowie bei ihrer Ernennung zu etatsmäßigen Beamten als Umzugskosten Tagegelder und den Ersatz der Reisekosten für ihre Person nach Maßgabe der für auswärtige Dienstgeschäfte geltenden Vorschriften (§ 4 der VollzVO.).

Die Entschädigungen der etatsmäßigen Beamten für auswärtige Dienstgeschäfte bemessen sich bis auf weiteres nach der VO. vom 11. Februar 1875 (GVBl. S. 105). Von den etatsmäßigen Beamten der Strafanstalt haben Anspruch:

die Direktoren auf ein Tagegeld von 14 Mk.,
die Inspektoren auf ein Tagegeld von 11 Mk.,
die Assessoren, Hausgeistlichen, Hausärzte und Hauslehrer auf ein Tagegeld von 9 Mk.,
die Hauslehrerinnen auf ein Tagegeld von 7 Mk.,
die Buchhalter, Hausverwalter, Obermaschinisten, Baupaliere, Maschinisten, Werkführer, Oberkrankenwärter, landwirtschaftlichen Assistenten, Küchenmeister, Waschmeister und die Kanzlei- und Rechnungsassistenten auf ein solches von 6 Mk.,
die übrigen Beamten auf ein solches von 3 Mk.

Wegen der Rangverhältnisse der Beamten s. die VO. vom 23. Dezember 1908 (GVBl. S. 1211).

Darnach gehören die Direktoren zur Klasse VI Abteilung 2, die Inspektoren zur Klasse VII Abt. 1, die Assessoren, Hausgeistlichen und Hausärzte zur Klasse VIII Abt. 1, die Hauslehrer zur Klasse IX, die Hauslehrerinnen zur Klasse X Abt. 2, die Buchhalter, Hausverwalter und Obermaschinisten zur Klasse XI Abt. 1, die Baupaliere zur Klasse XI Abt. 2, die Maschinisten, Werkführer, Oberkrankenwärter, landwirtschaftlichen Assistenten, Küchenmeister und Waschmeister zur Klasse XII, die Kanzlei- und Rechnungsassistenten, die Oberaufseher und die Oberaufseherinnen zur Klasse XIII Abt. 1, die übrigen Beamten zur Klasse XIII Abt. 2.

d) Auf die budgetrechtlichen Verhältnisse der Strafanstalten und das sehr verwickelte Kassen- und Rechnungswesen bei diesen Anstalten des näheren einzugehen, würde hier zu weit führen. Ein kurzer Überblick möge genügen.

Der Etat für die Strafanstalten bildet die Ziffer II des Etats des Staatsministeriums der Justiz (abgedruckt im Anhang). Er zerfällt in 6 Kapitel:

Kap. 1. Staatszuschuß an die Zuchthäuser und die Gefangenanstalten.
Kap. 2. Hauptstelle für Gefangenenobsorge.
Kap. 3. Aufwand für Festungssträflinge.
Kap. 4. Umzugskosten.
Kap. 5. Ausgaben für die Gebäude.
Kap. 6. übrige Ausgaben (Auslagen in Dienststrafsachen, Prozeßkosten u. dergl.).

Die Strafanstalten haben nicht unbeträchtliche Einnahmequellen. In vorderster Reihe steht hier der Ertrag der Arbeit der Gefangenen, der nach § 74 I der HO. in die Staatskasse fließt. Er ist z. B. im Etat für die Jahre 1910/11 auf jährlich 857000 Mark angesetzt. Dazu kommen die von den Gefangenen erstatteten Verpflegungskosten (vgl. hierzu Anm. 3 zu § 4 HO.), dann an sonstigen Einnahmen Rückersätze aus den den Gefangenen gutgeschriebenen Arbeitsbelohnungen (z. B. für Zusatznahrungsmittel, zur Deckung von Ersatzverbindlichkeiten § 76 HO.), heimgefallene Arbeitsbelohnungen von Gefangenen (§ 77 HO.), Erlös aus Abfällen und Geräten und etwaige anderweitige Einnahmen. Endlich sind im Etat als Einnahmen noch verrechnet die Zuschüsse, die das StM. des Innern für die in der Gefangenanstalt Niederschönenfeld verwahrten jugendlichen Arbeitshaushäftlinge und für das mit dem Arbeitshause St. Georgen-Bayreuth gemeinsame Personal leistet.[1])

Die Ausgaben gliedern sich in die persönlichen und in die sächlichen Ausgaben. Zu ersteren zählen die Besoldungen der Beamten, dann die Kosten für Stellvertretung, Geschäftsaushilfe und besondere Leistungen. Die sächlichen Ausgaben umfassen die Ausgaben für die Haushaltung, die Kanzleibedürfnisse, die Bewachung und die sonstigen Ausgaben. Die Ausgaben für die Haushaltung setzen sich im einzelnen zusammen aus den Ausgaben für den Gottesdienst und den Unterricht, die Krankenpflege, die Mundverpflegung, die Beheizung, die Beleuchtung, die Kleider und Betten und die Hausgeräte. Militärische Bewachung besteht zurzeit nur noch bei den Zuchthäusern Kaisheim und Ebrach; in den übrigen Männerstrafanstalten erfolgt die Bewachung durch Aufseher. Unter die sonstigen Ausgaben fallen die Bauausgaben, soweit sie nicht zu Kapitel 5 des Strafanstaltsetats gehören, dann die Ausgaben für die Unterstützung entlassener Gefangener, die Kosten infolge vorläufiger Entlassung, die sogenannten Passivreichnisse (Gemeindeumlagen usw.) und etwaige anderweitige Ausgaben.

Der Betrag, um den die Einnahmen von den Ausgaben überschritten werden, muß aus Staatsmitteln aufgebracht werden und bildet den sogenannten Staatszuschuß (Kap. 1 des Etats).

Die Strafanstalten haben eine eigene Kassen- und Rechnungsführung, die in der Hauptsache dem Assessor und dem Buchhalter unter Mitverantwortung des Anstaltsvorstandes obliegt. Die nötigen Mittel werden ihnen nach Maßgabe des budgetmäßig bewilligten Staatszuschusses zu unmittelbarer Verwendung und Verrechnung zur Verfügung gestellt. Revisionsstellen sind die Kreisregierungen, Kammern der Finanzen.

Die Hauptstelle für Gefangenenobsorge (Kap. 2 des Etats) wurde am 1. Januar 1909 errichtet und dem Zellengefängnisse Nürnberg angegliedert. Ihre hauptsächlichste Aufgabe besteht darin, für die vorläufig oder endgültig zur Entlassung kommenden Gefangenen Arbeitsgelegenheit und Unterkommen zu vermitteln und ihnen durch Unterstützung mit Geld, durch Beschaffung von Kleidern, Handwerkszeug usw. über die erste und schwerste Zeit nach der Entlassung hinwegzuhelfen.

Die Ausgaben auf die Gebäude (Kap. 5 des Etats) zerfallen in die sogenannten ständigen Bauausgaben, in die Ausgaben für Gebäudeunterhaltung und in die Ausgaben für Erweiterungs- und Neubauten. Zu den ständigen Bauausgaben gehören die Brandversicherungsbeiträge, Kaminkehrerlöhne, Wasserzinse, die Ausgaben für die Instandhaltung, Beleuchtung und Reinigung der Straßen und Hofräume, für die Beseitigung von Schnee und Eis, für die Reinigung der Aborte, Dung- und Versitzgruben, Fäkalieneinleitung und Hausunratabfuhr, Schmückung der Gebäude bei festlichen Gelegenheiten, vgl. Bek. vom 29. Dezember 1909, JMBl. 1910 S. 145.

---

[1]) Die Gefangenanstalt St. Georgen-Bayreuth und das Arbeitshaus St. Georgen-Bayreuth stehen unter einer Verwaltung und haben einen Teil des Personals gemeinschaftlich.

2.

Die HO. für die bayerischen Strafanstalten vom 20. September 1907 ist erlassen auf Grund des Art. 27 des AGzStPO. vom 18. August 1879 (GVBl. S. 781), der bestimmt: Die Behandlung der Strafgefangenen richtet sich, soweit hierüber das Strafgesetzbuch für das Deutsche Reich keine Bestimmungen enthält, nach den Vorschriften der Hausordnungen. Die Hausordnungen werden für die Zuchthäuser und Gefangenenanstalten im Verordnungswege erlassen.

Die Vorschriften des Strafgesetzbuches, die sich auf die Strafvollstreckung beziehen, sind enthalten in den §§ 15, 16, 22, 57 II (siehe diese im Anhange).

Zu diesen reichsgesetzlichen Vorschriften kommen noch die einschlägigen Vorschriften des AGzStPO. in Art. 23, 25, 26 und 27 (vgl. die Anmerkungen zu den §§ 1 und 17 der HO.). Aus Art. 27 ist hervorzuheben, daß die körperliche Züchtigung auch als Disziplinarmittel in allen Strafanstalten ausgeschlossen ist und daß die Fesselung eines Sträflings nur bei besonderer Fluchtgefahr, Widersetzlichkeit oder aus ähnlichen Gründen angeordnet werden darf.

Ein Reichsgesetz über die Strafvollstreckung ist immer noch nicht zustande gekommen; im Jahre 1879 wurde zwar dem Bundesrate der Entwurf eines solchen Gesetzes unterbreitet, er gelangte jedoch nicht an den Reichstag. Dagegen einigte sich der Bundesrat, um wenigstens in den Grundzügen eine gleichmäßige Vollstreckung der Freiheitsstrafen in den Bundesstaaten herbeizuführen, durch Beschluß vom 28. Oktober 1897 über die Grundsätze, die bei dem Vollzug gerichtlich erkannter Freiheitsstrafen bis zu weiterer gemeinsamer Regelung in Anwendung zu kommen haben. Diese sog. Grundsätze des Bundesrats (vgl. JMBl. 1898 S. 25 und Anhang) bilden eine der Hauptquellen der HO. vom 20. September 1907. Im übrigen baut sich diese auf den bewährten Grundsätzen der früheren Hausordnungen auf, verwertet aber die vielfachen Erfahrungen, die in den letzten Jahrzehnten auf dem Gebiete des Strafvollstreckungswesens gemacht worden sind.[1]) Früher ein Stiefkind der Rechtswissenschaft und selbst den meisten Richtern und Staatsanwälten eine terra incognita, hat sich das Sondergebiet der sog. Gefängniskunde, von den Praktikern im regsten Austausch der Meinungen und Erfahrungen befruchtet und allmählich auch der wissenschaftlichen Behandlung erschlossen, die Stellung errungen, die ihm gebührt. Die Erkenntnis der sozialen Bedeutung, die einer auf bewährten Grundsätzen beruhenden, vom Geiste richtiger Humanität — nicht jener falschen, oft recht unangebrachten Humanität, die ganz übersieht, daß dem Gefangenen aus eigener Schuld die Freiheit entzogen ist und daß die Strafe ein Übel für ihn sein soll — geleiteten Strafvollstreckung zukommt, hat auch in weiteren Kreisen immer mehr an Boden gewonnen. Gewiß soll der Gefangene die Strafe fühlen, und kein vernünftiger Strafvollzugsbeamter wird das Moment der Vergeltung aus der Strafvollstreckung ausgeschaltet wissen wollen; allein neben den Vergeltungszweck muß der Besserungszweck, das Bestreben treten, den Gefangenen, soweit er für die menschliche Gesellschaft nicht überhaupt schon als ver-

[1]) Über die Grundzüge der HO. s. auch BayZfR. Jahrgang 1907 S. 401 ff.

loren zu gelten hat, wieder auf gute Wege zu leiten und ihn in den Stand zu setzen, nach der Entlassung aus eigener Kraft sich wieder emporzuarbeiten. Wird der Strafvollstreckung dieses Ziel gesetzt, so sind ihr damit zugleich die Richtlinien für die Behandlung der Gefangenen vorgeschrieben: die Besserungs- und Erziehungstätigkeit, an der alle Beamten mit hingebendem Eifer sich beteiligen sollen, ist nur dann denkbar und verspricht nur dann einen Erfolg, wenn bei der Behandlung des Gefangenen auf seine Eigenart, auf die „Gesamtheit seiner persönlichen Eigenschaften" Bedacht genommen wird. Dieser Grundsatz der Individualisierung zieht sich wie ein roter Faden durch die ganze Hausordnung und verleiht ihr das Gepräge (vgl. besonders § 13). Dem Ideal gerecht zu werden, zu dem sich die Hausordnung mit diesem wichtigen Leitsatze bekennt, wird freilich bei der Beschränktheit und Begrenztheit aller menschlichen Einrichtungen nicht möglich sein. Es wird immer Gefangene geben, an denen alle Versuche, bessernd auf sie einzuwirken, fruchtlos abprallen und bei denen die individualisierende Behandlung nur darin bestehen kann, sie möglichst strenge zu behandeln, damit die Strafe wenigstens abschreckend auf sie wirkt. Auch bei Gefangenen in Gemeinschaftshaft wird die individualisierende Behandlung Schwierigkeiten begegnen, wenngleich die Hausordnung Anordnungen dahin trifft, daß die besserungsfähigen Elemente von den schlimmen möglichst getrennt gehalten werden sollen. Mit Erfolg dagegen kann die individualisierende Behandlung durchgeführt werden bei Gefangenen in Einzelhaft (§ 18 HO.); bei dieser Haftform ist es möglich, den Anschein der Bevorzugung gegenüber anderen Gefangenen, der bei der individualisierenden Behandlung der Gefangenen in Gemeinschaftshaft nur zu leicht erweckt wird, zu vermeiden. Die Hausordnung schreibt deshalb auch vor, daß Gefangene, bei denen die individualisierende Behandlung ganz besonders angezeigt ist, in Einzelhaft zu nehmen sind (§ 13 VI). Aus dem gleichen Grunde ist auch angeordnet, daß Gefangene, denen erheblichere Vergünstigungen gewährt werden, in Einzelhaft zu halten sind (z. B. bei Bewilligung der Selbstbeköstigung § 34 II, bei der Erteilung der Erlaubnis, eine Zeitung zu lesen § 62 II, bei Selbstbeschäftigung § 71).

Auf den Besserungszweck, dem die individualisierende Behandlung vor allem dienen soll, sind die Vorschriften der Hausordnung über die Seelsorge, den Unterricht, die Beschäftigung in der Anstalt zugeschnitten. Der Unterricht und die Lektüre sorgfältig ausgewählter Bücher und Schriften soll dem Gefangenen die gemeinnützigen Kenntnisse vermitteln, die er zu seinem späteren Fortkommen braucht, die Arbeit soll so beschaffen sein, daß sie seinem späteren Fortkommen förderlich ist. Wo immer nur möglich, sollen die Gefangenen zu land- und forstwirtschaftlichen und zu Kulturarbeiten für Behörden und für Privatpersonen verwendet werden. Das geschieht bereits in ausgedehntem Maße.

Mit dem früheren Grundsatze, daß der Gefangene von der Berührung mit der Außenwelt möglichst abgeschlossen werden soll, ist gebrochen. Es läßt sich nicht verkennen, daß gewisse Klassen von Gefangenen, besonders solche, die in kaufmännischen Berufen, auf journalistischem Gebiete usw. tätig waren und wieder Stellung finden wollen, über die in ihr Fach einschlagenden Begebenheiten und Ereignisse auf dem Laufenden erhalten werden müssen, wenn sie nicht nach ihrer Entlassung durch Unkenntnis in diesen Dingen ihre Entfremdung von der Welt und deren Ursache zu verraten Gefahr laufen wollen. Es kann deshalb unter gewissen Voraussetzungen Gefangenen das Lesen und Halten einer Tageszeitung oder einer Zeitschrift gestattet werden (§ 62 II HO.). Auch die Vorschriften über die Besuche und den schriftlichen Verkehr der Gefangenen sind so gefaßt, daß sie dem Vorstande weiten Spielraum lassen und ihm ermöglichen, den jeweiligen begründeten Bedürfnissen der Gefangenen entgegenzukommen. In seinem schriftlichen Verkehre mit Behörden ist der Gefangene überhaupt unbeschränkt (§ 25 II).

Die Disziplinarstrafen, die in der Hauptsache aus den Grundsätzen des Bundesrats herübergenommen sind, haben in einigen Punkten eine Milderung gegenüber den früheren Hausordnungen erfahren. So ist der Anschluß an die Wand als Disziplinarmittel weggefallen, er ist nur noch als Sicherungsmaßregel zulässig. Auch die Anlegung von Fesseln, die früher bis zu 3 Monaten zulässig war, ist als Disziplinarstrafe nur noch bis zur Dauer von 4 Wochen erlaubt; gegen Jugendliche darf sie überhaupt nicht angewendet werden. Daß körperliche Züchtigung in allen Strafanstalten unbedingt ausgeschlossen ist, wurde schon oben hervorgehoben; sie darf auch jugendlichen Gefangenen gegenüber als Zuchtmittel in der Schule nicht angewendet werden.

Die Vorschriften über die Entlassung aus der Anstalt lassen das Bestreben erkennen, den Gefangenen nur dann, wenn es bei seinem Vorleben, seiner Führung in der Anstalt, seiner Gemeingefährlichkeit oder aus sonstigen zwingenden Gründen notwendig ist, polizeilichen Maßnahmen zu unterwerfen, sonst aber ihn in seinem Fortkommen durch polizeiliche Überwachung und durch die Auferlegung besonderer Verpflichtungen und Beschränkungen möglichst wenig zu hindern. Sie weisen zugleich die Vorstände an, sich die Fürsorge für entlassene Gefangene möglichst angelegen sein zu lassen und hier mit den Obsorgevereinen auf das eifrigste zusammenzuwirken.

Wegen der Einweisungsvorschriften s. Abschnitt C S. 260, wegen der vorläufigen Entlassung Abschnitt D S. 272).

B. Allerhöchste Verordnung vom 20. September 1907, die Hausordnung für die bayerischen Strafanstalten betr.

Im Namen Seiner Majestät des Königs.

Luitpold,

Von Gottes Gnaden Königlicher Prinz von Bayern, Regent.

Wir finden Uns bewogen, auf Grund des Art. 27 des Gesetzes zur Ausführung der Reichsstrafprozeßordnung die nachfolgende Hausordnung für die bayerischen Strafanstalten zu erlassen:

Abschnitt I.

Die Aufnahme der Gefangenen.

§ 1.

I Die Aufnahme in die Strafanstalt[1]) erfolgt durch den Vorstand[2]) auf Grund einer schriftlichen Verfügung der Strafvollstreckungsbehörde.[3])

II Vor der Aufnahme hat der Vorstand zu prüfen, ob die Strafvollstreckungspapiere[4]) mit den Kennzeichen und den Angaben der aufzunehmenden Person übereinstimmen.[5])

III Besteht kein Grund zur Verweigerung der Aufnahme, so verfügt sie der Vorstand[6]) und belehrt den Gefangenen darüber, wie er sich zunächst zu verhalten hat.

IV Wenn die Strafvollstreckungspapiere noch nicht eingetroffen sind, oder wenn Bedenken gegen die Aufnahme bestehen, hat der Vorstand die vorläufige Verwahrung[7]) zu verfügen und die Strafvollstreckungsbehörde unverzüglich zu benachrichtigen. Nach dem Ausfall ihrer Antwort bemißt sich das weitere Verfahren.

Grundsätze § 8.

1. In den Strafanstalten werden vollstreckt die von den bürgerlichen Gerichten ausgesprochenen und von den bürgerlichen Behörden zu vollstreckenden (vgl. § 15 Abs. I des MStGB. vom 20. Juni 1872 RGBl. S. 173) Freiheitsstrafen und die von den Militärstrafgerichten

ausgesprochenen und auf Grund des § 15 Abs. III des MStGB. („Ist Zuchthaus verwirkt oder wird auf Entfernung aus dem Heere oder der Marine oder auf Dienstentlassung erkannt oder wird das militärische Dienstverhältnis aus einem anderen Grunde aufgelöst, so geht die Vollstreckung der Strafe auf die bürgerlichen Behörden über") von den bürgerlichen Behörden zu vollstreckenden Freiheitsstrafen, und zwar

1. die Zuchthausstrafen,
2. die Gefängnisstrafen,
   a) wenn der Verurteilte das 18. Lebensjahr vollendet und mehr als drei Monate im Gefängnisse zu verbleiben hat,[1]
   b) wenn der Verurteilte das 18. Lebensjahr noch nicht vollendet und mehr als einen Monat im Gefängnisse zu verbleiben hat.

Mehrere gegen die nämliche Person ausgesprochenen Gefängnisstrafen, die nicht auf eine Gesamtstrafe zurückgeführt werden können, sind, soferne die Vollstreckung in Bayern stattfindet, hinsichtlich der Bestimmung des Strafortes als einheitliche Strafe zu behandeln. Sie sind daher in den Gefangenenanstalten zu vollstrecken, wenn der Verurteilte mit Rücksicht auf die Gesamtdauer der mehreren Strafen mehr als drei Monate (der jugendliche Verurteilte mehr als einen Monat) im Gefängnisse zu verbleiben hat.

Die Zuchthausstrafen werden in den Zuchthäusern, die Gefängnisstrafen gegen Verurteilte, die das 18. Lebensjahr vollendet haben, in den Gefangenenanstalten für Erwachsene, gegen Gefangene, die das 18. Lebensjahr noch nicht vollendet haben, in den Gefangenenanstalten für Jugendliche vollstreckt. Als Zuchthäuser und als Gefangenenanstalten für Erwachsene und für Jugendliche gelten auch die bei den Strafanstalten bestehenden Abteilungen für Zuchthaussträflinge und für erwachsene und jugendliche Gefängnissträflinge (zurzeit bestehen solche Abteilungen nur bei der Weiberstrafanstalt Aichach).

Gesetz zur Ausführung der RStPO. vom 18. August 1879 (GVBl. S. 781) Art. 23, 25. JMBek. vom 28. Januar 1903 (JMBl. S. 42) Abschnitt A.

Im einzelnen ist die Zuständigkeit der Strafanstalten geregelt durch die Vorschriften des StM. der Justiz und des Kriegsministeriums über die Einweisung der Verurteilten in die Strafanstalten, s. Abschnitt C.

2. Der Vorstand soll in der Regel die Aufnahme selbst vornehmen. Er muß sich zu diesem Zwecke den Gefangenen vorführen lassen, den er gemäß Abs. III darüber zu belehren hat, wie er sich zunächst verhalten soll. In Anstalten, in denen ein reger Wechsel von Gefangenen stattfindet, besonders in Gefangenenanstalten, wird es dem Vorstande nicht immer möglich sein, alle Aufnahmen selbst vorzunehmen: er wird ausnahmsweise auch den Assessor, einen rechtskundigen Hilfsarbeiter oder einen anderen geeigneten Beamten damit betrauen können. In Zweifelsfällen wird dieser die Entscheidung des Vorstands einzuholen haben.

[1]) Es kommt also nicht darauf an, zu welcher Strafdauer die betreffende Person verurteilt ist, sondern welche sie noch zu erstehen hat (Sammlung der Entscheidungen des Oberlandesgerichts München in Strafsachen Bd. III S. 596 Anm. **).

3. Strafvollstreckungsbehörden sind:

1. in Ansehung der im landgerichtlichen und schwurgerichtlichen Verfahren ausgesprochenen Strafen die Staatsanwälte bei den Landgerichten (§ 483 StPO.),
2. in Ansehung der im schöffengerichtlichen Verfahren ausgesprochenen Strafen der Amtsrichter (§ 483 Abs. III StPO. mit § 64 der Vorschriften über die Geschäftsbehandlung in den zur Zuständigkeit der Schöffengerichte gehörigen Strafsachen vom 20. August 1879),
3. in Ansehung der von den Militärgerichten ausgesprochenen, von den bürgerlichen Behörden zu vollstreckenden Strafen der Gerichtsherr (§ 451 MStGO.).

In der Aufnahmeverfügung der Strafvollstreckungsbehörde wird das Urteil bezeichnet, die begangene Straftat, die erkannte Strafe und der Zeitpunkt angegeben, von dem an die Strafzeit zu berechnen ist. Ist die erkannte Strafe zum Teil schon verbüßt oder ist Untersuchungshaft anzurechnen, so wird ein entsprechender Vermerk in die Aufnahmeverfügung aufgenommen. Gleichzeitig teilt die Strafvollstreckungsbehörde dem Vorstand der Anstalt mit, was über früher von dem Verurteilten verbüßte Zuchthausstrafen, Gefängnisstrafen und verschärfte Haftstrafen (auf Grund des § 361 Nr. 3—8 StGB. erkannte Haftstrafen) bekannt geworden ist (Grundsätze § 8).

Vgl. auch die Formulare XXIX d und XXXII a JMBl. 1879 S. 1061 und 1075, ferner XLII und XLIV S. 197 und 201 der Vorschriften über die Geschäftsbehandlung in den zur Zuständigkeit der Schöffengerichte gehörigen Strafsachen).

4. Befindet sich der Verurteilte in Untersuchungshaft, so hat die Strafvollstreckungsbehörde (Staatsanwalt oder Amtsrichter) dessen Zwangseinlieferung in die Strafanstalt zu veranlassen, befindet er sich auf freiem Fuße, so ist ihm eine Vorladung zum Strafantritte zuzustellen. Gleichzeitig damit ist der Verwaltung der Strafanstalt die Aufnahmeverfügung zu übersenden, die bei angeordnetem freiwilligen Strafantritt eine Mitteilung über die zur Stellung am Straforte gesetzte Frist zu enthalten hat. Ihr sind beizulegen: eine von der Gerichtsschreiberei des aburteilenden Gerichts zu erteilende beglaubigte Abschrift des Urteils nebst den Entscheidungsgründen, eine Abschrift der Strafliste (JMBek. vom 1. August 1879 JMBl. S. 358, § 72 der Vorschriften über die Geschäftsbehandlung in den zur Zuständigkeit der Schöffengerichte gehörigen Strafsachen).

Bei der Einlieferung der von den Schwurgerichten abgeurteilten Personen in die Strafanstalten ist nebst der Abschrift des Urteils auch ein Abdruck der Anklageschrift mitzuteilen. Ferner hat der mit der Vertretung der Anklage vor dem Schwurgerichte befaßte Staatsanwalt darauf zu sehen, daß der Verwaltung der Strafanstalt die Ergebnisse der Hauptverhandlung vor dem Schwurgerichte bekannt gegeben werden, die von den in die Anklageschrift aufgenommenen Ermittlungen abweichen, sofern die Kenntnis dieser Ergebnisse für die Beurteilung der Beschaffenheit der Tat und für die Frage der Behandlung des Verurteilten in der Strafanstalt von Wert sein kann. (JMBek. v. 25. Juli 1880 JMBl. S. 281 und vom 4. April 1906 JMBl. S. 53.)

War der Verurteilte auf Grund des § 81 der StPO. in einer öffentlichen Irrenanstalt verwahrt, so ist der Verwaltung der Strafanstalt das Gutachten mitzuteilen, das über seinen Geisteszustand abgegeben wurde. Das gleiche hat zu geschehen, wenn ein beamteter Arzt ein Gutachten über den Geisteszustand eines Verurteilten abgegeben hat, sofern es für die Behandlung des Gefangenen von Bedeutung sein kann. Die Verwaltung der Strafanstalt hat den Inhalt der Gutachten zu ihren Akten vorzumerken. (JMBek. vom 31. Oktober 1903 JMBl. S. 435.)

Der Verwaltung des Zellengefängnisses Nürnberg sind alle für die Befähigung eines Gefangenen zur Erstehung der Strafe in Einzelhaft erheblichen ärztlichen Gutachten in Ur- oder Abschrift mitzuteilen. (JMBek. vom 16. Januar 1870 JMBl. S. 12; vgl. auch JMBek. vom 28. Januar 1903 JMBl. S. 42, die Einweisung der Verurteilten in die Strafanstalten betr., Abschnitt C VII 1.)

Von dem Gerichtsherrn, dem die Anordnung der Strafvollstreckung obliegt, ist das Ersuchen um solche unmittelbar an die Verwaltung der Strafanstalt zu richten unter gleichzeitiger Mitteilung des Nationales und Signalements des Verurteilten, sowie des Urteils und der Bestätigungsordre, bei Verhafteten unter Angabe der Stunde des Beginns der Strafzeit. Verhaftete sind von den Militärbehörden unmittelbar an den Strafort abliefern zu lassen. Die Zwangseinlieferung von auf freiem Fuße befindlichen Verurteilten ist gegebenenfalls vom Gerichtsherrn unmittelbar anzuordnen, doch kann dieser auch den Staatsanwalt oder einen Amtsrichter ersuchen. Anfragen über Auslegung der Urteile und über alle sonstigen auf die Strafvollstreckung bezüglichen Gegenstände sind an den Gerichtsherrn zu richten. (J.- u. KrMBek. vom 21. September 1900 JMBl. S. 1147.)

5. Der Vorstand hat sich von der Identität der aufzunehmenden Person mit der verurteilten zu überzeugen. Die Vorladungen zum Strafantritte enthalten zu diesem Behufe die Kennzeichen der aufzunehmenden Person.

6. Die Verfügung wird etwa lauten: „N. N. ist aufzunehmen, einzukleiden und dem Hausarzte vorzustellen" (vgl. HO. § 2 I und § 5). Wenn diese Verfügung vollzogen ist, wird der Gefangene dem Vorstande zum zweiten Male vorgestellt, der nun das in HO. § 6 vorgeschriebene Protokoll mit ihm aufnimmt.

Von jedem Strafantritte hat die Verwaltung der Strafanstalt der Strafvollstreckungsbehörde Anzeige zu erstatten und ihr hinsichtlich der zeitlichen Freiheitsstrafen mitzuteilen, auf welchen Zeitpunkt das Strafende im Grundbuche (HO. § 7) vorgemerkt wurde. Ist die zum Strafantritt gesetzte Frist fruchtlos abgelaufen, so hat die Verwaltung der Strafanstalt der Strafvollstreckungsbehörde hiervon Mitteilung zu machen. (JMBek. vom 1. August 1879 JMBl. S. 358 Ziff. IV.)

7. Die Voraussetzung der Aufnahme in die Strafanstalt ist nach Abs. I, daß eine schriftliche Verfügung der Strafvollstreckungsbehörde vorliegt. Hat der Vorstand eine solche nicht in Händen, so darf er den Gefangenen nicht aufnehmen, sondern nur in vorläufige Verwahrung nehmen (§ 8 II der Grundsätze spricht von „vorläufiger Aufnahme"). Das gleiche „hat" der Vorstand zu tun, wenn Bedenken gegen die Aufnahme bestehen. Diese Bedenken dürfen natürlich nicht so erheblich sein, daß sie auch gegen eine vorläufige Verwahrung des Gefangenen sprechen; es muß begründete Aussicht bestehen, daß die „vorläufige Verwahrung" nach Behebung der Hindernisse zu einer Aufnahme führen wird. Personen, die sich zum Strafantritte melden, ohne eine Vorladung dazu in Händen zu haben, wird der Vorstand auf alle Fälle abweisen. Ebenso wird er zweckmäßig verfahren, wenn begründete Zweifel an der Identität des sich zum Strafantritte Meldenden mit dem Verurteilten bestehen oder wenn aus dem Inhalte des Strafantrittsbefehls oder aus sonstigen Behelfen zu entnehmen ist, daß die Strafanstalt zur Vollstreckung der Strafe nicht zuständig ist. Es kann z. B. vorkommen, daß die Strafanstalt, in die ein längere Zeit steckbrieflich verfolgter Verhafteter eingeliefert wird, nicht mehr zuständig ist, weil in der Zwischenzeit die Einweisungsvorschriften geändert wurden. In solchen Fällen wird die Verwaltung nach Maßgabe der Vorschrift in Abschn. C I 3 der JMBek. vom 28. Januar 1903 JMBl. S. 42 zu verfahren haben, nämlich den auf freiem Fuße befindlichen Verurteilten mit einem Vorweise zum Antritt der Strafe in der zuständigen Strafanstalt versehen, den verhafteten Verurteilten aber in die zuständige Strafanstalt abliefern lassen und die Strafvollstreckungsbehörde von der getroffenen Maßnahme benachrichtigen.

Bedenken gegen die Aufnahme können auch in der körperlichen Beschaffenheit der sich zur Aufnahme stellenden Person begründet sein. (Vgl. auch § 487 der StPO., wornach die Strafvollstreckung aufgeschoben werden kann, wenn sich der Verurteilte in einem körperlichen Zustande befindet, bei dem eine sofortige Vollstreckung mit der Einrichtung der Strafanstalt unverträglich ist.)

Verurteilte, die sich in trunkenem Zustande stellen, werden in der Regel zurückzuweisen sein; allerdings sind auch Fälle denkbar, in denen die Aufnahme rätlich ist, um der Verübung von Unfug oder der Erregung von Ärgernis durch den Trunkenen vorzubeugen.

Vorsicht ist auch geboten gegenüber der Aufnahme von Verurteilten, die augenscheinlich oder nach dem Ergebnisse der Untersuchung durch den Hausarzt an einer ansteckenden Krankheit leiden. Solche Personen werden am zweckmäßigsten in das nächste Krankenhaus zu verweisen sein. Auch Personen, die aus einer Gegend kommen, in der eine ansteckende Krankheit herrscht, werden auf Antrag des Hausarztes zurückzuweisen sein. Ist die Zurückweisung nicht ausführbar, so ist jedenfalls unverzüglich für die entsprechenden Schutzmaßregeln Sorge zu tragen, vgl. auch HO. § 38.

Was die Einlieferung schwangerer Frauen in die Strafanstalt anlangt, so gilt folgendes: Nach der JMBek. vom 21. September 1879 JMBl. S. 1170 haben die Staatsanwälte und Amtsrichter zunächst nach den über die Einlieferung Schwangerer erlassenen bisherigen Vorschriften zu verfahren. Diese Vorschriften finden sich zusammengefaßt in JMBek. vom 29. Mai 1868 JMBl. S. 121 (vgl. Weber III 650); nach ihnen liegt den Strafvollstreckungsbehörden die Pflicht ob, darüber zu wachen, daß schwangere Weibspersonen, deren Entbindung nach dem Zeugnisse des Gerichtsarzts in die Zeit der Verwahrung in der Strafanstalt fallen würde, nicht vor der Entbindung und Erholung in die Strafanstalten eingeliefert werden. Ausnahmsweise kann mit Rücksicht auf die Persönlichkeit der Verurteilten und wenn die Schwangerschaft sich noch nicht im vorgerückten Stadium befindet, die Unterbringung in der Strafanstalt bis zum Herannahen der Entbindung stattfinden; doch hat sich der Staatsanwalt oder der Amtsrichter vorher mit der

Verwaltung der Strafanstalt ins Benehmen zu setzen und je nach dem Ergebnisse entweder die Ablieferung zu veranlassen oder einen Strafaufschub in einer die seinerzeitige Vollstreckung sichernden Weise zu bewilligen. (JME. vom 19. Oktober 1880 Nr. 14445, vom 23. Jan. 1892 Nr. 1286, vom 12. Februar 1899 Nr. 5322.) Nach den gleichen Gesichtspunkten wird der Vorstand zu verfahren haben, wenn sich eine auf freiem Fuße befindliche Verurteilte zum Strafantritte meldet und der Hausarzt Schwangerschaft bei ihr feststellt. Er wird ihr in der Regel die Aufnahme zu verweigern haben, wenn die Entbindung voraussichtlich während der Strafzeit erfolgen würde.

Wenn ausnahmsweise die Entbindung einer Gefangenen in der Strafanstalt erfolgt, so werden wegen der Anmeldung des Geburtsfalles beim Standesamte die Vorschriften des § 89 der HO. für die Gerichtsgefängnisse vom 3. Januar 1910 entsprechende Anwendung zu finden haben. Vgl. auch Bek. vom 18. April 1904 JMBl. S. 91.

Sind die Strafvollstreckungspapiere eingetroffen oder die der Aufnahme entgegenstehenden Hindernisse beseitigt, so hat der Vorstand die Aufnahme des vorläufig Verwahrten zu verfügen, mit dem nun nach § 2ff. weiter verfahren wird. Geht die vorläufige Verwahrung in die Aufnahme über, so wird die Zeit der vorläufigen Verwahrung unbedenklich auf die Strafzeit angerechnet werden können. Auch der vorläufig Verwahrte ist Gefangener; Tag und Stunde der vorläufigen Verwahrung müssen in das Grundbuch eingetragen werden (HO. § 7 II); er untersteht ebenso wie die „aufgenommenen" Gefangenen der Disziplinargewalt des Vorstands. Es wäre unbillig, die Freiheitsentziehung, die der vorläufig Verwahrte zu erleiden hat, bei der Berechnung der Strafzeit außer Betracht zu lassen, zumal die Verzögerung der Aufnahme in der Regel auf Gründen beruhen wird, an denen den vorläufig Verwahrten kein Verschulden trifft (vgl. die Ausführungen in der Entsch. des ObLG. vom 20. Januar 1909 BayZfR. 1909 S. 134). Dies gilt sowohl für den auf freiem Fuße befindlichen Verurteilten, der sich zum Strafantritte gestellt hat, als für den auf Grund des § 489 StPO. verhafteten und in die Strafanstalt eingelieferten Gefangenen. Bei einem in Untersuchungshaft befindlichen Gefangenen wird eine vorläufige Verwahrung wohl überhaupt nicht in Frage kommen; die Frage der Anrechnung der vorläufigen Verwahrung auf die Strafzeit wäre hier schon wegen § 482 StPO. gegenstandslos. Ergibt sich, daß ein vorläufig Verwahrter zuständigkeitshalber in eine andere Strafanstalt zu überführen ist (es kann dies z. B. beim Zellengefängnisse Nürnberg vorkommen, wenn ermittelt wird, daß der Gefangene schon Strafen erlitten hat, die seiner Aufnahme in das Zellengefängnis entgegenstehen oder wenn er sich zur Ertragung der ausschließlichen Einzelhaft nicht eignet), so wird die Strafvollstreckungsbehörde die Verwaltung der Strafanstalt zu ersuchen haben, den Gefangenen in die zuständige Strafanstalt abliefern zu lassen. Diese Ablieferung erfolgt auf dem gewöhnlichen Schubwege; die Zeit, die der Gefangene auf dem Transporte verbringt, ist auf die Strafzeit anzurechnen (Entsch. des OLG. München in Strafsachen III S. 431). Es wird deshalb für die Berechnung der Strafzeit der Zeitpunkt der Einlieferung des Verurteilten in die Strafanstalt in der Regel auch dann maßgebend sein, wenn der Gefangene nicht sofort aufgenommen, sondern zunächst in vorläufige Verwahrung genommen wird. In Zweifelsfällen ist es Sache der Gerichte, darüber zu entscheiden, ob die Zeit der vorläufigen Verwahrung auf die Strafzeit anzurechnen ist (§ 490, 494 StPO.).

§ 2.

I Unmittelbar nach der Aufnahme wird der Gefangene sorgfältig körperlich untersucht,[1]) gebadet und, sofern ihm nicht das Tragen eigener Kleider[2]) gestattet wird, mit den Anstaltskleidern versehen.

II Die körperliche Untersuchung männlicher Gefangener wird von dem Hausverwalter oder Oberaufseher unter Beiziehung eines Aufsehers, die Untersuchung weiblicher Gefangener von der Oberaufseherin unter Beiziehung einer Aufseherin oder von zwei vom Vorstande bestimmten Aufseherinnen in einem abgesonderten Raume unter Wahrung der Anstandsrücksichten vorgenommen.

III Den Zuchthaussträflingen wird der Bart abgenommen und das Haar kurz geschoren. Die Haar- und Barttracht der übrigen Gefangenen wird auf Anordnung des Vorstandes geändert, wenn sie dem Aufenthalt in einer Strafanstalt unangemessen ist.

Grundsätze § 26.

1. Gemeint ist die Untersuchung gemäß Abs. II; eine unverzügliche ärztliche Untersuchung ist nur dann notwendig, wenn der Gesundheitszustand des Gefangenen sie offensichtlich erfordert. HO. § 5.

2. Nur Gefängnissträflingen, die im Besitze der bürgerlichen Ehrenrechte sich befinden, kann das Tragen eigener Kleider von der Aufsichtsbehörde gestattet werden. HO. § 28 II.

§ 3.

Alle Gegenstände, die der Gefangene in die Anstalt mitbringt, sind ihm abzunehmen und unter Angabe ihres Wertes in ein Verzeichnis zu bringen.[1]) Dieses hat der Gefangene zu unterzeichnen, worauf es dem mit der Rechnungsführung betrauten Beamten zur Durchsicht und Bestätigung vorgelegt wird.

1. Ebenso ist mit Gegenständen zu verfahren, die der Gefangene nach der Aufnahme in die Anstalt erhält, soweit sie ihm nicht zum Gebrauch überlassen werden. (HO. § 27.)

§ 4.

I Gelder, Wertpapiere und Wertgegenstände verwahrt der Rechnungsbeamte. Zur Deckung der Kosten des Strafverfahrens und der Strafvollstreckung werden Gelder und Wertpapiere nur in Anspruch genommen, soweit sie den Betrag von fünfzig Mark übersteigen.[1]) Zur Kostendeckung werden ferner nicht herangezogen die Sachen, welche der Pfändung nicht unterworfen sind,[2]) sowie gewöhnliche Taschenuhren, außer wenn sie von Gold sind.

II Befinden sich unter den mitgebrachten Gegenständen Sachen, welche nach den vorstehenden Vorschriften zur Deckung der Kosten des Strafverfahrens und der Strafvollstreckung herangezogen werden können, so ist hiervon die zur Beitreibung der Kosten zuständige Behörde[3]) zu benachrichtigen.

III Kleider und Wäsche sind zu reinigen[4]) und mit den sonstigen zur Aufbewahrung bestimmten Gegenständen in geeigneten Räumen zu verwahren. Gegenstände, die sich zur Aufbewahrung in der Anstalt nicht eignen, werden auf Anordnung des Vorstandes für Rechnung des Gefangenen verkauft, sofern der Gefangene damit einverstanden ist, oder dessen Angehörigen übersendet; wertlose Gegenstände werden vernichtet.[5])

1. Auch Geld, das der Gefangene nach der Aufnahme auf Grund einer ihm zustehenden Invalidenpension oder eines Unfallrenten-, Alters- oder Invalidenrentenanspruchs erhält, wird zu den Kosten des Strafverfahrens oder der Strafvollstreckung nicht herangezogen. (HO. § 27.) Vgl. auch HO. § 76 IV.

2. ZPO. §§ 811, 850.

3. Bekanntmachungen der Staatsministerien der Justiz und der Finanzen vom 11. Februar 1881 (JMBl. S. 105) und vom 16. September 1896 (JMBl. S. 329), ferner Allerh. Verordnung vom 18. Dezember 1894, die Berechnung der Verpflegskostenrückersätze bei den Strafanstaltsverwaltungen betr. (GVBl. S. 613, JMBl. S. 259). Hieraus ist hervorzuheben: In den Fällen, in denen gemäß § 26 der Bek. vom 24. September 1879, das Kostenwesen in gerichtlichen Strafsachen betr. (JMBl. S. 1425) die Einstellung der Untersuchungskosten in das Einzugsregister unterbleibt, darf auch von der Berechnung und Sollstellung der in der Strafanstalt erwachsenden Verpflegskosten Umgang genommen werden. Der mit der Strafvollstreckung betraute Beamte hat deshalb der Verwaltung der Strafanstalt mitzuteilen, ob die Untersuchungskosten zu Soll gestellt sind oder ob hiervon wegen Unvermögenheit des Pflichtigen mit Zustimmung des Rentamts Umgang genommen wurde. Diese Mitteilung hat zugleich mit Übersendung der Strafvollzugsbelege zu geschehen oder ihr doch mit tunlichster Beschleunigung nachzufolgen. Die Regierungsfinanzkammern sind ermächtigt, auch im Falle der Sollstellung der Untersuchungskosten den Verwaltungen der Strafanstalten die Berechnung und Sollstellung der Verpflegskosten zu erlassen, wenn durch legale Zeugnisse der Nachweis erbracht wird, daß der Verurteilte weder zurzeit imstande ist, fragliche Kosten zu ersetzen noch auch einen späteren Vermögensanfall zu erwarten hat. Stellt sich heraus, daß die Voraussetzungen, unter denen von der Sollstellung der Verpflegskosten Umgang genommen wurde, irrig waren, so ist sie nachträglich zu bewirken.

Die Kosten, die für die Vollziehung von Freiheitsstrafen in den Strafanstalten zu erheben sind, sind für Kopf und Tag auf eine Mark festgesetzt. Der Tag des Eintritts in die Strafanstalt wird für voll gerechnet, der Tag des Austritts bleibt außer Ansatz. Von den zu vergütenden Kosten wird der Arbeitsverdienst des Gefangenen (§ 74 I HO.) nach Maßgabe der vom Staatsministerium der Justiz jeweils festgesetzten Tarife abgezogen.

Die Beitreibung der Verpflegskosten liegt dem Rentamt ob, in dessen Bezirk der Schuldner seinen Wohnsitz hat, die Beitreibung der Kosten des Strafverfahrens in der Regel dem Rentamte, in dessen Bezirk das Gericht, von dem das Urteil erster Instanz erlassen wurde, seinen Sitz hat (JMBek. vom 24. September 1879 JMBl. S. 1425 § 2).

4. Für die Kosten dieser vorgeschriebenen Reinigung hat natürlich die Anstaltskasse aufzukommen. Wünscht der Gefangene später eine nochmalige Reinigung oder sonstige Instandsetzung seiner Kleider, so wird e r die Kosten zu tragen haben.

5. Nicht ohne daß der Gefangene vorher gehört worden ist.

§ 5.

Jeder Neuaufgenommene wird, sofern nicht schon beim Zugang offensichtlich ist, daß sein Gesundheitszustand eine unverzügliche ärztliche Untersuchung erfordert, am Tage der Aufnahme oder spätestens an dem darauffolgenden Tage von dem Hausarzt untersucht. Der Hausarzt hat sich über den Gesundheitszustand, die Körperbeschaffenheit und die Arbeitsfähigkeit des Gefangenen schriftlich zu äußern und ein Gutachten darüber abzugeben, ob der Gefangene für die Einzelhaft geeignet ist.

Die Untersuchung durch den Hausarzt hat zwischen der Aufnahme (HO. § 1) und der zweiten Vorführung vor den Vorstand (§ 6 a. a. O.) zu geschehen, weil das Gutachten des Hausarztes über den Gesundheitszustand und der Leistungsfähigkeit des Gefangenen für dessen Zuteilung zur Beschäftigung maßgebend ist (siehe HO. § 6).

§ 6.

I Nach der Einkleidung [1]) wird der Gefangene dem Vorstande vorgeführt. Dieser vernimmt ihn über seine Lebens- und Personalverhältnisse, gibt ihm die wesentlichen Vorschriften der Hausordnung [2]) bekannt, weist ihn auf die §§ 113 und 122 [3]) des Strafgesetzbuchs hin und bestimmt, welcher Beschäftigung er zuzuteilen ist. [4])

II Hierüber wird ein Protokoll [5]) aufgenommen, das der Gefangene unterzeichnet. In dem Protokoll ist die Person des Gefangenen genau zu beschreiben.

III Gefangene, die auf Grund des Invalidenversicherungsgesetzes versichert sind und eine Freiheitsstrafe von mehr als einem Jahre zu verbüßen haben, sind auf den drohenden Verlust ihrer Rechte aus der Versicherung, sowie auf die Möglichkeit und die Vorteile der freiwilligen Weiterversicherung aufmerksam zu machen.[6])

1. HO. § 2.

2. Über die Einzelheiten kann sich der Gefangene aus den „Vorschriften für die Gefangenen" unterrichten, die die maßgebenden Bestimmungen der HO. enthalten und ihm in jedem Haftraum zugänglich sind.

3. Widerstand gegen Beamte und Meuterei.

4. Hierbei hat er in einer dem Bildungsgrad, den Kenntnissen und der allgemeinen Leistungsfähigkeit des Gefangenen möglichst angemessenen Weise zu verfahren (§ 13 VII HO., vgl. auch HO. § 66).

5. Es empfiehlt sich auch, den Gefangenen darüber zu belehren, daß er dem Abteilungsaufseher sofort Anzeige zu erstatten habe, wenn er bei irgendeiner Gelegenheit eine Verletzung oder einen Betriebsunfall erleiden würde, und eine Feststellung hierüber im Protokolle aufzunehmen.

6. Entschl. des StM. der Justiz vom 13. Februar 1909 Nr. 40247, durch die die Weiterversicherung der Gefangenen, die eine Freiheitsstrafe von länger als einjähriger, jedoch nicht lebenslänglicher Dauer zu verbüßen haben, angeordnet ist. Als wichtig ist hervorzuheben, daß die Beiträge nach derjenigen Lohnklasse zu leisten sind, der die Mehrzahl der in der Quittungskarte schon verwendeten Marken entspricht, und daß es der Einwilligung des Gefangenen zur Weiterversicherung nicht bedarf.

§ 7.

I In jeder Anstalt wird ein Verzeichnis über Aufnahme und Entlassung[1]) geführt.

II In das Verzeichnis werden der Tag und die Stunde der Aufnahme oder der vorläufigen Verwahrung,[2]) der Name des Aufgenommenen, der Tag der Erlassung des Urteils und der Tag der Aufnahmeverfügung[3]) der Strafvollstreckungsbehörde, die Art und die Dauer der Strafe, endlich Tag, Stunde und Grund der Entlassung[4]) eingetragen.

III Dem Gefangenen wird bei der Aufnahme oder tunlichst bald nachher von der Berechnung der Strafzeit[5]) Kenntnis gegeben.

1. Das sog. Grundbuch.

2. HO. § 1 IV.

3. HO. § 1 I.

4. Auch der Entlassung mit Strafunterbrechung, der vorläufigen Entlassung; ferner werden einzutragen sein der Tod eines Gefangenen, ebenso der Zeitpunkt einer etwaigen Entweichung aus der Anstalt, wenn es nicht gelingt, den Flüchtigen alsbald wieder festzunehmen.

Von jedem Abgang eines Gefangenen, sei es daß dieser durch endgültige oder vorläufige Entlassung, durch Begnadigung, Tod, Flucht oder Verbringung in eine Heilanstalt erfolgte, hat die Verwaltung der Strafanstalt der Strafvollstreckungsbehörde Mitteilung zu machen (JMBek. vom 1. August 1879 JMBl. S. 358 Nr. 6).

5. Der Eröffnungsnachweis ist zu den Personalakten zu nehmen (a. a. O. Nr. 4).

Bei Verurteilten, die sich in Untersuchungshaft befinden, beginnt die Strafzeit gemäß § 482 StPO. mit dem Zeitpunkte des Eintritts der Rechtskraft des Urteils. Die Strafvollstreckungsbehörde hat diesen Zeitpunkt der Verwaltung der Strafanstalt in der Aufnahmeverfügung mitzuteilen (vgl. Anm. 3 zu § 1). Bei den übrigen Verurteilten berechnet sich der Beginn der Strafzeit in der Regel von dem Zeitpunkte des Eintritts oder der Einlieferung in die Strafanstalt an. Dieser Zeitpunkt ist deshalb genau festzustellen.

§ 8.

I Jeder Gefangene ist in den ersten drei Tagen nach der Aufnahme dem Hausgeistlichen seines Bekenntnisses zur Prüfung des Standes seiner sittlichen und religiösen Bildung vorzustellen und, wenn er das dreißigste Lebensjahr noch nicht zurückgelegt hat, von dem Hauslehrer einer Prüfung bezüglich seiner Schulkenntnisse zu unterziehen. Der Hausgeistliche ist berechtigt, dieser Prüfung beizuwohnen.

II Die Prüfungen sollen einzeln vorgenommen werden.

Ergibt sich bei dieser Prüfung, daß der (erwachsene) Gefangene vollständige Schulkenntnisse besitzt, so kann er vom Vorstande im Einvernehmen mit dem Hausgeistlichen und dem Hauslehrer vom Schulbesuche befreit werden (HO. § 57 I).

Auf ihr Ansuchen kann auch Gefangenen, die das 30. Lebensjahr überschritten haben, vom Vorstande die Teilnahme am Schulunterrichte gestattet werden. Geschieht dies, dann ist auch ein solcher Gefangener einer Prüfung zu unterziehen, damit der Hauslehrer weiß, welcher Klasse er zuzuteilen ist (HO. § 57 III, 58).

§ 9.

Die Vorschriften über die Aufnahme sind auf das Verfahren bei dem Wiedereintritte zeitweise entlassener[1]) oder entwichener[2]) Gefangener entsprechend anzuwenden.

1. Auch vorläufig entlassener Gefangener, deren Entlassung widerrufen wurde, vgl. HO. § 110, ferner mit Strafunterbrechung entlassener Gefangener. Dagegen ist eine neue förmliche „Aufnahme" nicht notwendig bei Gefangenen, die zu Zwecken eines Straf- oder sonstigen Verfahrens oder zum Zwecke der persönlichen Wahrnehmung von Rechten zeitweilig einer Behörde überliefert worden waren. (JMBek.

vom 10. Oktober 1906 JMBl. S. 282 und vom 30. Januar 1909 JMBl. S. 99. Zu beachten ist, daß eine solche Überlieferung nur auf Anordnung der Strafvollstreckungsbehörde erfolgen darf und daß die zeitweilige Überlieferung Gefangener, die nur kurze Freiheitsstrafen zu verbüßen haben oder deren Strafzeit bald abläuft, tunlichst vermieden werden soll. Die Überlieferung an außerdeutsche Staaten kann nur auf diplomatischem Wege erfolgen; in solchen Fällen ist an das StM. der Justiz zu berichten.)

2. Wohl nur dann, wenn seit der Entweichung längere Zeit verflossen ist. Gelingt es, des Entwichenen alsbald wieder habhaft zu werden, so wird eine neue förmliche Aufnahme unterbleiben können. Der Strafvollstreckungsbehörde ist von dem Wiedereintritte solcher Gefangener Mitteilung zu machen (JMBek. vom 1. August 1879 JMBl. S. 358 Nr. 6).

Abschnitt II.

Die Behandlung der Gefangenen.

Kap. I.

Allgemeine Vorschriften.

§ 10.

I Dem Gefangenen ist die Freiheit zur Strafe entzogen. Er muß daher mit fühlbarer Strenge behandelt werden.

II Die Aufgabe der Strafvollstreckung besteht aber hauptsächlich darin, ihn zu bessern. Dieser Zweck erheischt gebieterisch, daß der Gefangene vor allem gerecht und menschlich behandelt werde.

III Alle Beamten und alle Bediensteten der Strafanstalten haben diese Leitsätze auf das gewissenhafteste zu befolgen.

IV Sie haben dem Gefangenen gegenüber stets Ruhe, Ernst und Festigkeit zu bewahren, nicht der kleinsten Ungerechtigkeit oder Bevorzugung eines einzelnen Gefangenen sich schuldig zu machen und zu keiner Zeit und in keiner Lage die Gebote der Menschlichkeit außer acht zu lassen. Namentlich aber darf nie vergessen werden, daß darnach getrachtet werden muß, den Gefangenen wieder zu einem nützlichen Mitglied der menschlichen Gesellschaft zu machen. Besonders bei jugendlichen Gefangenen ist dieses Ziel mit der größten Sorgfalt anzustreben.

§ 11.

Jede Beschimpfung oder Mißhandlung eines Gefangenen ist verboten.

§ 12.

I Bei der Behandlung der Gefangenen ist auch davon auszugehen, daß jeder Gefangene bei der Rückkehr in die Freiheit in einem Gesundheitszustande sich befinden sollte, der ihn in den Stand setzt, sich durch regelmäßige Arbeit seinen Unterhalt zu verdienen. Die Gesundheitspflege in den Strafanstalten (s. Kap. VI §§ 35 bis 43) ist daher schon aus diesem Grunde eine wichtige Aufgabe der Strafvollstreckung.

II Ist ein Gefangener nicht gesund, so soll auf seinen Zustand jede Rücksicht genommen werden, die mit den Zwecken der Strafvollstreckung und der Aufrechterhaltung der Ordnung und Disziplin in Einklang gebracht werden kann.

§ 13.

I Die Zwecke der Strafvollstreckung können nicht erreicht werden, wenn nicht bei der Behandlung der Gefangenen auf die Gesamtheit der persönlichen Eigenschaften des einzelnen Gefangenen Bedacht genommen wird (Individualisierung).

II Es gehört zu den besonderen Obliegenheiten des Vorstandes, für die richtige individualisierende Behandlung der Gefangenen zu sorgen.

III Alsbald nach der Zuteilung (§ 6) hat der Vorstand in der Beamtenkonferenz [1]) mitzuteilen, was über den Lebenslauf des Gefangenen bekannt ist, worin die strafbare Handlung bestand, wegen deren er verurteilt wurde, und welche Anhaltspunkte sonst noch für die Beurteilung seiner Persönlichkeit vorliegen, also insbesondere, welche Erziehung er genossen hat, welche Bildung er besitzt und über was für Kenntnisse und Fertigkeiten er verfügt. Gibt der Stand der körperlichen oder geistigen Gesundheit des Gefangenen zu einer Bemerkung Anlaß, so hat sich der Hausarzt in der Konferenz zu äußern.

IV Sobald der Gefangene selbst oder einkommende Mitteilungen [2]) weitere Anhaltspunkte für seine Beurteilung liefern, hat sich die Konferenz aufs neue mit seiner Charakterisierung zu beschäftigen. Die Anregung hierzu kann von jedem Mitglied der Konferenz ausgehen.

V Nach den Ergebnissen der Feststellung der Individualität des Gefangenen bemißt sich seine Behandlung in der Strafanstalt.

VI Gefangene, bei denen die individualisierende Behandlung besonders angezeigt ist, sind in Einzelhaft [3]) zu nehmen. Bei der individualisierenden Behandlung Gefangener in der Gemeinschaftshaft ist sorgfältig darüber zu wachen, daß diese Behandlung bei den anderen Gefangenen nicht den Anschein einer Bevorzugung erweckt.

VII Die individualisierende Behandlung vollzieht sich hauptsächlich in der Art,

daß bei der Zuteilung von Arbeit — und zwar von Art und Maß — in einer dem Bildungsgrade, den Kenntnissen und der allgemeinen Leistungsfähigkeit des Gefangenen möglichst angemessenen Weise verfahren wird,

daß in Ernährung und Kleidung die durch die Gesundheitsverhältnisse des Gefangenen gebotenen Abweichungen von den allgemeinen Grundsätzen [4]) zugelassen werden, soweit sie im Rahmen der Hausordnung und der Kostordnungen ausführbar sind,

daß das Maß der gegen den Gefangenen anzuwendenden Strenge vor allem nach Art und Schwere seiner Tat und nach seinem Vorleben, dann aber hauptsächlich nach seiner Führung in der Anstalt abgestuft wird,

daß daher derjenige Gefangene, an dem Anzeichen von ernstlicher Besserung wahrzunehmen sind, durch Belobung und Anerkennung, [5]) durch Belohnung seines Arbeitsfleißes, durch Zuwendung hausordnungsmäßiger Vergünstigungen [6]) aufgemuntert und gefördert wird, daß dagegen wider denjenigen Gefangenen, der in Gleichgültigkeit und Unverbesserlichkeit verharrt oder Trotz und Widersetzlichkeit an den Tag legt, die hausordnungsmäßigen Zwangs- und Zuchtmittel [7]) angewendet werden, wobei aber stets aufs neue zu versuchen ist, ihn durch ruhigen, wohlwollenden Zuspruch und namentlich durch Einwirkungen der Hausgeistlichen auf bessere Wege zu leiten.

VIII Bei jugendlichen Gefangenen [8]) ist die individuelle Behandlung mit besonderer Umsicht und Eindringlichkeit anzuwenden. Die Behandlung dieser Gefangenen soll hauptsächlich darauf gerichtet sein, die Mängel ihrer Erziehung wieder gut zu machen.

1. HO. § 117.

2. Soweit die Akten und die eigenen Angaben des Gefangenen keinen genügenden Aufschluß geben, wird die Verwaltung bei der Ortspolizeibehörde des Heimatsortes oder des letzten Wohnortes Erkundigungen über das Vorleben, die Familienverhältnisse, die Gesundverhältnisse, die Führung usw. des Gefangenen einziehen.

3. HO. § 18ff.

4. HO. §§ 28 II, 30 IV, 33, 34.

5. HO. § 86.

6. z. B. Benützung eigener Bücher, Lesen einer Tageszeitung oder einer Zeitschrift HO. § 62, Verwendung zu Arbeiten außerhalb der Anstalt HO. § 68, Selbstbeschäftigung HO. § 71, Gewährung von Freistunden zu geistiger Beschäftigung HO. § 72 IV, Zuerkennung einer höheren Arbeitsbelohnung HO. § 74 III.

7. HO. §§ 91, 96ff.

8. HO. § 17 I.

§ 14.

I Die Gefangenen sind unausgesetzt durch das Dienstpersonal zu überwachen.

II Männliche Gefangene werden durch Aufseher, weibliche durch Aufseherinnen überwacht.

III Die Überwachung von Gefangenen durch Mitgefangene ist untersagt.

§ 15.

In Strafanstalten für Jugendliche und in Abteilungen für Jugendliche[1]) werden die Gefangenen mit „Du",[2]) in allen anderen Strafanstalten mit „Sie" angeredet.[3])

1. Siehe Anm. 1 zu § 1 a. E.

2. Auch dann, wenn sie das 18. Lebensjahr bereits vollendet haben (HO. § 17 I).

3. Im Verkehre unter sich pflegen sich die Gefangenen meist mit „Du" anzureden. Man wird jedoch einem Gefangenen, der sich diese Anrede nicht bieten lassen will, das Recht, von den Mitgefangenen mit „Sie" angeredet zu werden, nicht absprechen können.

Kap. II.

A. Gemeinschaftshaft.

§ 16.

I Die Gemeinschaftshaft[1]) besteht darin, daß mehrere Gefangene zusammen derart verwahrt werden, daß ihr Verkehr untereinander durch Aufsicht möglichst beschränkt wird.

II Der Gemeinschaftshaft ist es gleich zu achten, wenn Gefangene[2]) während der Arbeitszeit außer der Zelle beschäftigt werden oder wenn Zellengefangenen gestattet ist, bei der Bewegung im Freien[3]) mit anderen Gefangenen zu verkehren.[4])

III In der Nacht werden die Gefangenen tunlichst voneinander getrennt. Wenn die baulichen Einrichtungen die Trennung nicht gestatten, ist darauf zu achten, daß in den gemeinschaftlichen Schlafräumen die Bettstellen mindestens vierzig Zentimeter voneinander entfernt sind. Diese Schlafräume sind während der Nacht zu beleuchten.

IV Gefangene, die nach ihrem früheren Leben nur geringe Hoffnung auf Besserung gewähren oder einen verderblichen Einfluß auf andere besorgen lassen oder sich als boshaft und zu Ausschreitungen geneigt zeigen, sind in den Arbeits- und Schlafräumen, bei dem Gottesdienst und dem Unterricht und bei der Bewegung im Freien von den übrigen Gefangenen tunlichst getrennt zu halten.[5])

V Gefängnissträflinge, die sich im Besitze der bürgerlichen Ehrenrechte befinden und früher weder eine Zuchthausstrafe, noch eine zwei Wochen übersteigende Gefängnisstrafe, noch eine geschärfte Haftstrafe[6]) verbüßt haben, sind von den Gefangenen anderer Art möglichst abzusondern.[7])

Grundsätze § 15 II, § 16.

1. Gegensatz: Die strenge Einzelhaft, HO. § 18 und die Anm. dazu. Während des Gottesdienstes und des Unterrichtes und auf dem Wege zur Kirche, zum Unterrichte, zu und von den Erholungsplätzen und zu Vorführungen ist den in Gemeinschaftshaft befindlichen Gefangenen das Sprechen überhaupt verboten; während der Arbeitszeit darf nur das gesprochen werden, was durch die Arbeit selbst geboten ist HO. § 83 VIII.

2. Gemeint sind Zellengefangene.

3. HO. § 42.

4. Andererseits ist eine Absonderung der Gefangenen in der Kirche und der Schule, sowie bei der Bewegung im Freien bei der Gemeinschaftshaft nicht ausgeschlossen (Grundsätze § 15 I).

5. Besonders werden Gefangene, die schon mehrere und erheblichere Freiheitsstrafen erlitten haben, von den übrigen Gefangenen tunlichst getrennt zu halten sein.

6. Hierunter ist verstanden eine auf Grund des § 361 Nr. 3—8 StGB. erkannte Haftstrafe, vgl. § 362 I StGB., Grundsätze § 8.

7. Weibliche Gefangene werden der Regel nach in besonderen Anstalten (Abteilungen) untergebracht. Sofern dies ausnahmsweise nicht tunlich ist, werden die notwendigen Einrichtungen getroffen, um jeden Verkehr zwischen weiblichen und männlichen Gefangenen zu verhüten (Grundsätze § 3 I). In Bayern dient zur Unterbringung der sämtlichen weiblichen Gefangenen, soweit die Strafen nicht in den Gerichtsgefängnissen zu vollstrecken sind, die Strafanstalt Aichach.

§ 17.

I Gefangene, die das achtzehnte Lebensjahr noch nicht vollendet haben,[1]) müssen von erwachsenen Gefangenen derart getrennt gehalten werden, daß jeder Verkehr mit diesen ausgeschlossen ist. Sie werden in Anstalten für Jugendliche oder in Abteilungen für Jugendliche verwahrt[2]) und können darin bis zum vollendeten zwanzigsten Lebensjahr und, falls der dann noch zu verbüßende Rest der Strafe die Dauer von drei Monaten nicht übersteigt, bis zur Verbüßung dieses Restes behalten werden.

II Die Unterbringung der Gefangenen in Gemeinschaftshaft oder in Einzelhaft, sowie die Zurückversetzung abgesonderter Gefangener in die Gemeinschaftshaft verfügt der Anstaltsvorstand.

Grundsätze § 4.

1. Maßgebend für die Zuweisung des Gefangenen in eine Anstalt für Jugendliche ist, daß er im Zeitpunkte des Eintritts oder der Einlieferung in die Strafanstalt das 18. Lebensjahr noch nicht vollendet hat. Hat er diese Altersgrenze überschritten, so ist er einer Gefangenenanstalt für Erwachsene zuzuweisen, selbst dann, wenn er bei Begehung der Tat noch nicht 18 Jahre alt war.

Besondere Vorschriften für die jugendlichen Gefangenen enthält die HO. in den § 10 IV, 13 VIII, 15, 21, 22, 42, 51, 53, 57, 66 II, 70 II, 74 IV, 107 III.

2. Art. 25 AGzStPO. vom 18. August 1879.

B. Einzelhaft.

§ 18.

I Die Einzelhaft[1]) wird in der Weise vollstreckt, daß der Gefangene bei Tag und Nacht allein in einer Zelle verwahrt und von jedem Verkehr mit anderen Gefangenen abgeschlossen wird.

II Der Gefangene darf die Zelle nur während der Zeit verlassen, die für die tägliche Bewegung im Freien,[2]) für den Gottesdienst und den Unterricht, für Besuche, für Vorführungen oder für besondere Beschäftigungen außerhalb der Zelle notwendig ist.

1. Das Wesen der strengen Einzelhaft im Sinne dieser Vorschrift liegt darin, daß der Gefangene unausgesetzt von anderen Gefangenen gesondert gehalten wird § 22 I StGB. Wird der in der Zelle verwahrte Gefangene während der Arbeitszeit außer der Zelle beschäftigt, ist es ihm gestattet, bei der Bewegung im Freien mit anderen Gefangenen zu verkehren oder kommt er beim Gottesdienste, während des Unterrichts, in der Krankenabteilung oder sonstwie mit anderen Gefangenen in Berührung, so ist seine Haft der Gemeinschaftshaft gleich zu achten (HO. § 16 II).

2. HO. § 42.

§ 19.

I Bei der Vollstreckung von Zuchthaus- und Gefängnisstrafen wird die Einzelhaft (§ 22 StGB.) vorzugsweise angewendet, wenn der Gefangene

1. das fünfundzwanzigste Lebensjahr noch nicht vollendet hat oder
2. Zuchthaus-, Gefängnis- oder geschärfte Haftstrafe[1]) noch nicht verbüßt hat.[2])

II Wenn es die Einrichtungen der Anstalt gestatten, sind alle Gefangenen, wenigstens für die erste Zeit nach der Einlieferung, in Einzelhaft zu halten. Die Dauer der Einzelhaft bestimmt der Vorstand.[3])

III Hat ein Gefangener drei Jahre in Einzelhaft zugebracht,[4]) gleichviel ob ununterbrochen oder in Abschnitten, so darf er ohne seine Zustimmung nicht länger in Einzelhaft behalten werden.[5]) Gibt er die Zustimmung, so ist er für den Rest der Strafe oder mindestens für die Dauer von drei Monaten daran gebunden.

Grundsätze § 11.

1. Siehe HO. § 16 Anm. 6.

2. Auch Gefangene, bei denen die individualisierende Behandlung besonders angezeigt ist, sind in Einzelhaft zu nehmen HO. § 13 VI.

3. Der dabei die Grundsätze der HO. über die Individualisierung (§ 13) zu berücksichtigen hat.

4. Um feststellen zu können, wann ein Gefangener drei Jahre in Einzelhaft zugebracht hat, ist es besonders dann, wenn die Einzelhaft in Abschnitten verbüßt wird, notwendig, genaue Aufzeichnungen über die Zeiten zu machen, die der Gefangene in Einzelhaft sich befand.

5. Dies gilt nur für die Vollstreckung von Strafen (Gesamtstrafen), die auf einem Urteil oder einer gerichtlichen Entscheidung nach § 492 StPO. beruhen. Wird im Anschluß an die verbüßte Strafe eine neue, auf einer anderen gerichtlichen Entscheidung beruhende Strafe vollstreckt, sei es nun eine Zuchthaus- oder eine Gefängnisstrafe, so kann der Gefangene aufs neue auch ohne seine Zustimmung bis zu drei Jahren in Einzelhaft genommen werden, sofern von ihr keine Gefahr für den körperlichen oder geistigen Zustand des Gefangenen zu besorgen ist (HO. § 20). Vgl. auch Olshausen, Kommentar zum Strafgesetzbuch Note 3 zu § 22.

Darüber, daß die Absonderung bis zur Dauer von drei Monaten als Sicherungsmaßregel selbst dann zulässig ist, wenn der Gefangene schon drei Jahre seiner Strafe in Einzelhaft verbüßt hat, siehe HO. § 99 Nr. 1.

§ 20.

Die Einzelhaft ist ausgeschlossen, wenn eine Gefahr für den körperlichen oder geistigen Zustand des Gefangenen von ihr zu besorgen ist.

Grundsätze § 13.

Die Hausärzte werden deshalb den Gefangenen in Einzelhaft ihr besonderes Augenmerk zuzuwenden und bei den vorgeschriebenen Zellenbesuchen (HO. § 22) sich darüber zu vergewissern haben, daß der Gesundheitszustand des Gefangenen durch die Einzelhaft nicht beeinträchtigt wird.

§ 21.

Gefangene, die das achtzehnte Lebensjahr noch nicht vollendet haben,[1]) werden ohne Genehmigung der Aufsichtsbehörde nicht länger als drei Monate in Einzelhaft gehalten.[2])

1. Sobald der Gefangene das 18. Lebensjahr vollendet hat, darf er bis zu drei Jahren in Einzelhaft gehalten werden, auch wenn er sich noch in einer Anstalt oder in einer Abteilung für Jugendliche befindet (HO. § 17). Die Zeit, die er vor Vollendung des 18. Lebensjahres in Einzelhaft verbracht hat, ist ihm natürlich anzurechnen.

2. Selbst dann nicht, wenn sie damit einverstanden sind.

§ 22.

I Jeder Gefangene in Einzelhaft[1]) ist von dem Vorstande, dem Hausarzte, dem Hausgeistlichen und im Falle der Teilnahme am Unterrichte von dem Hauslehrer oder der Hauslehrerin wenigstens einmal monatlich zu besuchen.[2]) Jugendliche Gefangene[3]) sollen wenigstens zweimal besucht werden. Auch die Assessoren und rechtskundigen Hilfsarbeiter bei den Strafanstalten haben die Zellengefangenen öfters zu besuchen. Außerdem hat jeder Gefangene in Einzelhaft täglich mindestens drei Besuche des Sicherheits- und Werkpersonals zu erhalten.

II Der Hausarzt, die Hausgeistlichen, die Hauslehrer und Hauslehrerinnen führen Verzeichnisse über ihre Zellenbesuche. Der Vorstand kann von den Verzeichnissen jederzeit Einsicht nehmen.

Grundsätze § 14.

1. Die Vorschrift gilt nicht nur für die Gefangenen in strenger Einzelhaft (HO. § 18), sondern für alle „Zellengefangenen" (Satz 3), auch wenn ihnen zeitweise der Verkehr mit anderen Gefangenen gestattet ist.

2. Diese Besuche sollen sich nicht auf ein vorübergehendes Betreten der Zelle und auf ein paar kurze Worte an den Gefangenen beschränken, sondern der Aussprache mit diesem, dem Eingehen auf seine persönlichen Verhältnisse und seine Anliegen, der sittlichen und erzieherischen Einwirkung auf ihn dienen.

3. HO. § 171.

Kap. III.

Besuche und schriftlicher Verkehr.

Vorbemerkung.

1. Über die Besuche, die Zellengefangene von den Beamten der Strafanstalten zu erhalten haben, vgl. HO. § 22.

2. Wegen der Zustellungen an Gefangene sind zu beachten

a) im gerichtlichen Verfahren die §§ 57 und 70 der JMBek. vom 2. März 1910, die Ausführung der Zustellungen von Amts wegen betr. JMBl. S. 195. Hiernach liegt, wenn einem Gefangenen in einer Strafanstalt zugestellt werden soll, die Zustellung von Ladungen zur Hauptverhandlung dem Direktor oder Inspektor, dem Assessor oder dem rechtskundigen Hilfsarbeiter ob, die Zustellung von sonstigen Schriftstücken dem Hausverwalter. Erklärungen, die nach den gesetzlichen Vorschriften zum Protokoll des Gerichtsschreibers gegeben werden müssen, z. B. die Einlegung und die Begründung der Revision in Strafsachen, können von den genannten Strafanstaltsbeamten nicht zu Protokoll genommen werden. Zu ihrer Entgegennahme hat sich auf Ersuchen der Verwaltung ein Gerichtsschreiber in die Strafanstalt zu begeben.

Das zuzustellende Schriftstück ist dem Gefangenen auf Verlangen vorzulesen. Bei der Zustellung einer Ladung zur Hauptverhandlung ist der Gefangene zu befragen, ob und welche Anträge er in bezug auf seine Verteidigung für die Hauptverhandlung zu stellen habe, in der Zustellungsurkunde oder in einem besonderen Protokoll ist zu vermerken, ob dies geschah und welche Erklärung der Beschuldigte abgegeben hat. Die Anträge in bezug auf die Verteidigung sind, falls nicht die Aufnahme zum Protokoll des Gerichtsschreibers verlangt wird, in einem besonderen Protokolle aufzunehmen.

b) im finanzamtlichen Verfahren zur Beitreibung der Staatsgefälle die FMBek. vom 5. Dezember 1909 FMBl. S. 694 (vgl. auch die FMBek. vom 27. Dezember 1899 FMBl. S. 355). Hiernach haben die Finanzämter im Mahnverfahren die Verwaltung der Strafanstalt um Eröffnung gegen Vollzugsnachweis und um Bekanntgabe etwaiger in der Anstalt verwahrter Zahlungsmittel des Gefangenen zu ersuchen; dagegen sind die während des Vollstreckungsverfahrens sich ergebenden Zustellungen, zu denen auch die Zustellung vollstreckbarer Ausstandsverzeichnisse gehört, ebenso wie die Pfändung körperlicher beweglicher Sachen von dem finanzamtlichen Vollzugsorgan in der Anstalt selbst vorzunehmen.

3. Nach Art. 23 des PStGB. wird an Geld bis zu fünfzehn Mark oder mit Haft bis zu drei Tagen bestraft, wer ohne Erlaubnis der Aufsichtsbeamten mit Gefangenen in Verkehr tritt oder ihnen etwas zubringt.

§ 23.

I Den Zuchthausgefangenen wird in der Regel alle drei Monate, den Gefängnissträflingen in der Regel alle Monate der Empfang von Besuchen Angehöriger und gesetzlicher Vertreter gestattet. Als Angehörige gelten Eltern, Großeltern, Kinder, Geschwister und Ehegatten. Ferner ist es den Gefangenen erlaubt, den Besuch eines Rechtsanwalts zu empfangen. Ausnahmsweise kann auch anderen Personen der Besuch gestattet werden.[1])

II Die Unterredung findet in Gegenwart des Vorstandes oder eines von ihm beauftragten Beamten oder Bediensteten der Anstalt in dem hierfür bestimmten Raume, in dem eine besondere Trennungsvorrichtung angebracht werden kann, statt. Die Unterredung soll in der Regel[2]) nicht länger als eine Viertelstunde dauern und muß in einer für die Aufsichtsperson verständlichen Sprache[3]) geführt werden.

III Der Vorstand kann gestatten, daß ein Gefangener ohne Beaufsichtigung einen Besuch erhält, insbesondere den seines Rechtsanwalts.[4])

IV Mehrere Gefangene sollen nicht gleichzeitig Besuche erhalten.[5])

V Kranke Gefangene dürfen in den Krankenzimmern besucht werden, wenn es der Hausarzt erlaubt.

Grundsätze § 32.

1. Die Beschränkung in der Zahl der Besuche ist nicht nur eine notwendige Folge der Freiheitsentziehung, sie liegt auch im Interesse der Ordnung und des geregelten Dienstes der Anstalt, die unter Zulassung zu häufiger Besuche leiden würden. Die HO. gewährleistet dem Gefangenen das Recht, zu bestimmten Zeiten aus dem Kreise der ihm am nächsten stehenden Personen Besuche zu empfangen. Liegt gegen die Führung des Gefangenen nichts vor und bestehen keine sonstigen hausordnungsmäßigen Gründe, den Empfang des Besuchs zu verwehren, so muß der Vorstand dem Zuchthausgefangenen alle drei Monate, dem Gefängnissträfling alle Monate den Besuch Angehöriger und gesetzlicher Vertreter gestatten. Auch den Besuch eines Rechtsanwalts darf der Gefangene empfangen.

Von diesen Regeln sind Ausnahmen zulässig:

1. Bei besonders dringenden Anlässen oder aus sonstigen beachtenswerten Gründen kann der Vorstand Besuche auch zu anderen als den regelmäßigen Zeiten zulassen. Dies wird besonders für die Besuche von Rechtsanwälten zu gelten haben. Führt sich der Gefangene gut, so kann ihm der Vorstand die Erlaubnis, öfter als es in § 23 zugelassen ist, Besuche zu empfangen, zur Aufmunterung erteilen (HO. § 86).
2. Der Vorstand kann ausnahmsweise auch anderen Personen als den Angehörigen, den gesetzlichen Vertretern und den Rechtsanwälten den Besuch gestatten.

   Dem Gefangenen kann die Erlaubnis zum Empfange von Besuchen beschränkt oder entzogen werden

a) infolge Mißbrauchs des Besuchs (§ 24 II). Diese Entziehung ist ohne zeitliche Begrenzung zulässig; doch wird sie der Vorstand in der Regel auf eine bestimmte Dauer festsetzen,

b) im Wege der Disziplinarbestrafung (HO. § 91 14). Die Entziehung ist nur zulässig bis zur Dauer von drei Monaten.

2. Der Vorstand kann Ausnahmen zulassen.

3. Unzulässig ist auch die Verständigung durch Zeichen oder Gebärden. Auch muß die Unterredung so laut geführt werden, daß der überwachende Beamte sie versteht.

4. Wer einen Gefangenen ohne Beaufsichtigung zu sprechen wünscht, hat dem Vorstande die Gründe hierfür anzugeben, damit dieser beurteilen kann, ob ein dringender Anlaß für die erbetene Ausnahme vorliegt. Dies gilt auch für den Rechtsanwalt.

5. Dagegen ist es nicht unstatthaft, daß ein Gefangener gleichzeitig mehrere Besuche empfängt; die Zahl darf jedoch nicht so groß sein, daß die Überwachung darunter leiden würde.

§ 24.

I Der Besuchende darf dem Gefangenen ohne Erlaubnis des Vorstandes weder etwas übergeben noch etwas von ihm in Empfang nehmen.

II Jeder Mißbrauch des Besuchs hat die Entfernung des Besuchers zur Folge; überdies kann dem Gefangenen die Erlaubnis zum Empfange von Besuchen beschränkt oder entzogen werden.

§ 25.

I Der schriftliche[1]) Verkehr der Gefangenen unterliegt der Aufsicht und Genehmigung des Vorstandes.[2])

II Eingaben an die Gerichte, die Staatsanwaltschaft, die Aufsichtsbehörde oder andere Behörden dürfen nicht zurückgehalten werden.[3])

III Wird ein für den Gefangenen eingegangener Brief nicht an ihn abgegeben oder wird ein Brief des Gefangenen zurückgehalten,[4]) so wird ihm dies unter Angabe des Grundes mitgeteilt.[5])

Grundsätze § 33.

1. Die HO. unterscheidet zwischen dem schriftlichen Verkehr und dem brieflichen Verkehr (§ 26). Der Begriff des schriftlichen Verkehrs ist weiter wie der des brieflichen Verkehrs, er umfaßt auch die in Abs. II bezeichneten Eingaben. Die Beschränkungen, die für den brieflichen Verkehr gelten, bestehen für den schriftlichen Verkehr nicht. Vielmehr ist den Gefangenen jederzeit zu gestatten, Eingaben an die Aufsichtsbehörde, die Gerichte, die Staatsanwaltschaft und andere Behörden zu richten; er soll in der Wahrnehmung seiner Rechte so wenig als möglich beschränkt sein. Der Mißbrauch dieser Erlaubnis kann jedoch nach §§ 84, 90 HO. mit Disziplinarstrafe geahndet werden.

2. Der Vorstand wird nicht immer selbst imstande sein, den gesamten täglichen Ein- und Auslauf an Briefen durchzusehen. Er kann damit auch einen Konferenzbeamten (HO. § 117), besonders den Assessor oder den Hausgeistlichen (vgl. HO. § 26 IV) betrauen. Die Entscheidung darüber, ob der Brief zurückgehalten werden soll, liegt jedoch bei ihm.

3. Auch wenn sie beleidigenden oder sonst strafbaren Inhalts sind. Die Vorschrift geht weiter als die „Grundsätze". § 33 II.

4. Gründe hierfür können z. B. sein: beleidigende Ausfälle gegen Beamte der Anstalt, unbefugte Kritik von Vorkommnissen in der Anstalt oder von Verfügungen des Vorstands, unverständliche oder zweideutige Anspielungen, Gebrauch einer dem überwachenden Beamten unverständlichen Sprache, von Zeichen und Chiffern (vgl. HO. § 23 II a. E.).

Der Vorstand kann dem Gefangenen gestatten, anstatt des beanstandeten Briefs einen neuen zu schreiben; sind nur einzelne Ausdrücke oder kurze Stellen zu beanstanden, so können sie mit Zustimmung des Gefangenen in geeigneter Weise unleserlich gemacht werden. Liegt ein offenbarer Mißbrauch des Rechts, Briefe zu schreiben, vor, so kann der Vorstand dem Gefangenen die Erlaubnis dazu im Wege der Disziplinarbestrafung bis zur Dauer von drei Monaten entziehen (HO. § 91 I 4). Briefe, die der Gefangene erhält, werden ihm, wenn nur einzelne Stellen zu beanstanden sind, unter Weglassung dieser Stellen mündlich bekannt gegeben.

Wie Briefe sind auch die für den Gefangenen eingehenden gewöhnlichen Postkarten zu behandeln. Dagegen werden Ansichtspostkarten im schriftlichen Verkehre mit Gefangenen in der Regel nicht zuzulassen und dem Gefangenen nur dann auszuhändigen sein, wenn sie Mitteilungen von Wichtigkeit für ihn enthalten.

5. Wenn der Gefangene kein besonderes Interesse daran hat, daß diese Mitteilung sofort erfolgt, wird sie auch später bei gegebener Gelegenheit, z. B. bei einem Zellenbesuche, beim Rapport, erfolgen können.

§ 26.

I **Der briefliche Verkehr ist dem Gefangenen in der Regel [1]) nur mit seinen Angehörigen,[2]) seinem gesetzlichen Vertreter und seinem Rechtsanwalte gestattet.**

II **Zuchthaussträflinge dürfen vier, Gefängnissträflinge sechs Briefe im Jahre schreiben.[3]) Der Vorstand kann Ausnahmen zulassen,[4]) insbesondere bei Gefangenen in Einzelhaft.**

III **Gefangene, die einen Brief schreiben wollen,[5]) haben hierzu die Erlaubnis des Vorstandes auf dem Wege der vorschriftsmäßigen Meldung nachzusuchen. Der Brief darf auch nur mit Erlaubnis des Vorstandes abgesendet werden.[6])**

IV **Den Hausgeistlichen sind auf Wunsch die Briefe, die die Gefangenen schreiben und erhalten, zur Einsicht vorzulegen.**

V **Die Kosten des brieflichen Verkehrs haben die Gefangenen zu bestreiten.[7])**

1. Ausnahmen sind zulässig, wenn triftige Gründe dafür vorliegen.

2. Angehörige: Eltern, Großeltern, Kinder, Geschwister und Ehegatten (HO. § 23 I).

3. Die Zahl der Briefe, die sie empfangen dürfen, ist unbeschränkt.

4. Auch in der Form der Zuerkennung einer Aufmunterung (HO. § 86 I 3). Die Erlaubnis, Briefe zu schreiben, kann bis zur Dauer von drei Monaten im Wege der Disziplinarbestrafung entzogen werden (HO. § 91 I 4).

5. Das Briefschreiben hat in der Regel an den arbeitsfreien Tagen zu geschehen (HO. § 81 II). Natürlich kann der Vorstand Ausnahmen zulassen.

Gefangenen in (strenger) Einzelhaft wird unbedenklich gestattet werden können, daß sie die empfangenen Briefe in der Zelle behalten;

die Briefe der übrigen Gefangenen werden in deren Personalakten verwahrt.

6. Erteilt der Vorstand die Erlaubnis nicht, so ist dies dem Gefangenen unter Angabe des Grundes mitzuteilen (HO. § 25 III).

7. Die des schriftlichen Verkehrs (HO. § 25) überhaupt. Stehen dem Gefangenen keine anderen Mittel zur Verfügung, dann hat er die Kosten aus seiner Arbeitsbelohnung zu bestreiten (HO. § 76 I). Die Schreibmaterialien werden von der Verwaltung abgegeben.

§ 27.

Erhält der Gefangene nach der Aufnahme in die Anstalt Gegenstände, die ihm nicht zum Gebrauch überlassen werden, so finden die Vorschriften des § 3 Anwendung. Geld, das der Gefangene nach der Aufnahme auf Grund einer ihm zustehenden Invalidenpension oder eines Unfallrenten-, Alters- oder Invalidenrentenanspruchs erhält,[1]) wird zu den Kosten des Strafverfahrens oder der Strafvollstreckung nicht herangezogen.

1. Nach den Vorschriften des Invalidengesetzes und der Unfallversicherungsgesetze ruht das Recht auf den Bezug einer Rente, solange der Berechtigte eine die Dauer eines Monats übersteigende Freiheitsstrafe verbüßt (Invalidenversicherungsgesetz vom 13. Juli 1899 RGBl. S. 463 § 48 Nr. 3, Gewerbe-Unfallversicherungsgesetz vom 30. Juni 1900 RGBl. S. 585 § 94 Nr. 1, Unfallversicherungsgesetz für Land- und Forstwirtschaft vom 30. Juni 1900 RGBl. S. 641 § 100 Nr. 1, Bauunfallversicherungsgesetz vom 30. Juni 1900 RGBl. S. 698 § 98 Nr. 1). Es wird sich hier also in der Regel um Renten handeln, die vor dem Beginne der Strafverbüßung fällig geworden sind. Nach der JMEntschl. vom 13. September 1907 Nr. 34070 I haben die Verwaltungen der Strafanstalten, sobald ihnen bekannt wird, daß ein Gefangener eine Rente bezieht, hiervon dem Versicherungsträger ohne Angabe des Grundes der Bestrafung Kenntnis zu geben und dies dem Gefangenen mitzuteilen.

Kap. IV.

Kleidung und Lagerstätte.

§ 28.

I Die Kleidung des Zuchthausgefangenen ist von grauem Stoffe mit schwarzem Kragen bei den Männern, und mit schwarzer Einfassung der Jacke bei den Weibern. Den Zuchthausgefangenen ist das Tragen eigener Kleidungsstücke und der Gebrauch eigener Wäsche und Bettstücke nicht gestattet.

II Die Kleidung der Gefängnissträflinge ist von grauem Stoffe.[1]) Gefängnissträflingen, die im Besitze der bürgerlichen Ehrenrechte sind, kann der Gebrauch eigener Kleidung und Wäsche[2]) und eigener Bettstücke von der Aufsichtsbehörde gestattet werden.

III Die Kleidung und die Lagerstätten der Gefangenen und der Wechsel der Kleider, der Leib- und Bettwäsche und der sonstigen Bettstücke richtet sich nach den besonderen Vorschriften.

Grundsätze § 25.

1. Sie unterscheidet sich von der Kleidung der Zuchthaussträflinge nur dadurch, daß bei den Männern der schwarze Kragen, bei den Weibern die schwarze Einfassung der Jacke wegfallen.

2. Entziehung des Tragens eigener Kleider und Wäsche und der Benützung eigener Bettstücke als Disziplinarstrafe HO. § 91[13].

Wenn Gefängnissträflinge als Angeklagte oder Zeugen zu einer Gerichtsverhandlung oder aus sonstigen Gründen an eine Behörde abgeliefert werden müssen (vgl. § 9 Anm. 1), so hat der Vorstand dafür zu sorgen, daß sie in anständiger Kleidung auf den Transport gesetzt werden; er wird auch ihre Ablieferung in bürgerlicher Kleidung anzuordnen haben, wenn zu befürchten ist, daß der Transport in Anstaltskleidern zu berechtigten Klagen führen könnte. Zuchthausgefangenen wird bei der entehrenden Natur der Zuchthausstrafe das Tragen der eigenen Kleidung nur beim Vorliegen ganz besonderer Gründe gestattet werden können.

§ 29.

Die frische Wäsche wird in der Regel am Samstag nachmittags oder abends oder wenn auf diesen Tag ein Feiertag fällt, am vorhergehenden Tage nachmittags oder abends von dem Hausverwalter oder dem Oberaufseher durch das Aufsichtspersonal an die Gefangenen abgegeben. Die gebrauchte Wäsche ist noch am gleichen Tage zurückzunehmen. Hierbei ist zu untersuchen, ob kein Stück fehlt oder beschädigt ist. Für das Fehlende oder Beschädigte hat der Schuldige Ersatz zu leisten.[1])

1. Soweit er nicht über andere Mittel verfügt, aus seiner Arbeitsbelohnung, aber nur mit Genehmigung der Aufsichtsbehörde HO. § 76 III.

Kap. V.

Beköstigung.

§ 30.

I Die Kost soll so beschaffen sein, daß die Gesundheit und die Arbeitsfähigkeit der Gefangenen erhalten bleibt.

II Für jede Anstalt wird von der Aufsichtsbehörde eine Kostordnung für die gesunden und die kranken Gefangenen erlassen, die den Wechsel und die Bestandteile der Kost bestimmt.

III Die Kost kann mit Rücksicht auf die Arbeitsleistung der Gefangenen verschieden sein; im übrigen ist sie für alle Gefangene gleicher Art die gleiche.[1])

IV Ob zur Erhaltung der Gesundheit und Arbeitsfähigkeit einzelner Gefangener[2]) Abweichungen von der allgemeinen Kost[3]) einzutreten haben, wird auf das Gutachten des Hausarztes vom Vorstande bestimmt.

Grundsätze § 23.

1. Gefangene, deren Arbeitsleistung über das normale Maß so sehr hinausgeht, daß die gewöhnliche Kost zur Erhaltung ihrer Arbeitskraft nicht genügt, besonders also solche Gefangene, die in der Erntezeit oder bei Kulturarbeiten, bei Bauarbeiten, als Heizer u. dgl. (vgl. HO. § 87) schwer zu arbeiten haben, kann eine reichlichere Kost (besonders Brotzusatz) zugestanden werden. Abgesehen von diesem Falle darf die Kost für Gefangene der gleichen Art (Zuchthausgefangene, Gefängnissträflinge) nicht verschieden sein, soweit nicht etwa Abweichungen von der gewöhnlichen Kost auf das Gutachten des Hausarztes bewilligt werden müssen. Umstände z. B., die in der Persönlichkeit des Gefangenen liegen (ausgesprochene verbrecherische Gesinnung, Roheit, sittliche Verworfenheit usw.), bieten also an sich keine Handhabe, den Gefangenen in der hausordnungsgemäßen Beköstigung schlechter zu stellen als etwa den noch nicht vorbestraften Gelegenheitsverbrecher. Gleichwohl gibt die HO. dem Vorstande Mittel an die Hand, auch bei der Beköstigung je nach der Individualität des einzelnen Gefangenen zu differenzieren. Gefangenen, die mit Rücksicht auf ihre Persönlichkeit, auf ihr Vorleben, auf die Schwere und Roheit ihrer Tat eine besonders strenge Behandlung verdienen, kann er die Zusatznahrung versagen (HO. §§ 76 I, 86, 87); schlechte Führung, Faulheit, Unbotmäßigkeit und ähnliche Disziplinwidrigkeiten können durch Verhängung der Kostschmälerung als selbständige Disziplinarstrafe (HO. § 91 I 9) oder als Schärfung der einsamen Einsperrung (HO. § 91 III 6) geahndet werden. Liegen besondere Gründe dafür vor, so kann er bei der Aufsichtsbehörde die Genehmigung der Selbstbeköstigung beantragen HO. § 34.

2. Für kränkliche und kranke Gefangene siehe HO. §§ 33, 46.

3. Der Hausarzt ist in solchen Fällen an die Kostordnungen (Abs. II) nicht gebunden; er wird aber solche Abweichungen von der regelmäßigen Kost nur dann begutachten, wenn sie unbedingt notwendig sind, und dabei auch im Auge behalten, daß eine allzu freigebige Bewilligung von Ausnahmekost den Betrieb der Anstaltsküche zu sehr erschweren und das Anstaltsbudget zu sehr belasten würde.

§ 31.

Für israelitische Gefangene darf während ihres Osterfestes eine nach den Vorschriften ihrer Religion zubereitete Kost zugelassen werden.

Natürlich muß sich diese Kost in mäßigen, der Kostordnung entsprechenden Grenzen halten.

§ 32.

Das Getränk der Gefangenen ist Wasser, das täglich mindestens dreimal frisch verabreicht wird.

§ 33.

Für Gefangene, die kränklich aber nicht in die Krankenabteilung[1]) aufgenommen sind, kann der Vorstand auf Antrag des Hausarztes ausnahmsweise die Verabreichung einer von der Gesundenkost abweichenden Beköstigung[2]) verfügen.

1. HO. § 45.

2. vgl. auch Anm. 3 zu § 30.

§ 34.

I Inwieweit Gefängnissträflingen[1]) die Selbstbeköstigung gestattet werden darf, bestimmt im einzelnen Falle die Aufsichtsbehörde.[2])

II Gefangene, denen die Selbstbeköstigung gestattet ist, sind in Einzelhaft[3]) zu halten.

Grundsätze § 24.

1. Zuchthausgefangenen wird die Selbstbeköstigung unter keinen Umständen gestattet.

2. Wenn es möglich ist, wird die Kost für solche Gefangene in der Anstalt selbst zuzubereiten sein.

3. Und zwar in der strengen Einzelhaft des § 18. Es soll vermieden werden, daß die Bewilligung der Selbstbeköstigung bei den anderen Gefangenen den Anschein einer Bevorzugung erwecken könnte. Entziehung der Selbstbeköstigung als Disziplinarstrafe: HO. § 91 I 3.

Kap. VI.

Reinlichkeit und Gesundheitspflege.

Nach der Bek. vom 1. Februar 1876, die ärztliche Visitation der Strafanstalten betr. (JMBl. S. 110), liegt den Kreismedizinalräten in sanitätspolizeilicher Beziehung die Oberaufsicht über alle im Regierungsbezirk befindlichen Strafanstalten ob; sie können deshalb jederzeit von diesen Anstalten Einsicht nehmen. Die gleiche Berechtigung steht den Medizinalreferenten im StM. des Innern bezüglich sämtlicher Strafanstalten des Königreichs zu. Die Kreismedizinalräte haben diese Visitationen unter Zuziehung des Vorstandes und des Hausarztes vorzunehmen und die hierbei gemachten Wahrnehmungen, welche eine Abhilfe durch höhere Verfügung erheischen, durch Vermittelung des StM. des Innern zur Kenntnis des StM. der Justiz zu bringen. Aus Rücksicht auf die Disziplin sollen sie sich in Gegenwart von Gefangenen jeder Äußerung enthalten, die als Tadel bestehender Einrichtungen aufgefaßt werden könnte.

§ 35.

I Sämtliche Anstaltsräume, Gänge und Höfe sind möglichst rein zu halten. Die Arbeits- und Schlafräume und die Hausgänge sind täglich feucht zu kehren und wöchentlich einmal aufzuwaschen.

II Der Reinhaltung der Aborte ist besondere Aufmerksamkeit zuzuwenden.

III Die von den Gefangenen benützten gemeinschaftlichen Räume sind jährlich einmal, die Zellen mindestens alle zwei Jahre einmal zu tünchen; sie dürfen erst nach vollständiger Trocknung wieder belegt werden.

§ 36.

Räume zum gemeinschaftlichen Aufenthalte bei Tag uud Nacht zu benützen, ist tunlichst zu vermeiden; ist es unvermeidlich, so sind diese Räume nicht stärker zu belegen, als daß auf jeden Gefangenen ein Luftraum von sechzehn Kubikmeter entfällt. In gemeinschaftlichen Schlafräumen soll der auf den Gefangenen entfallende Luftraum nicht weniger als zehn, in gemeinschaftlichen Arbeitsräumen nicht weniger als acht Kubikmeter betragen. An der Türe jedes Haftraums ist seine Größe nach Kubikmetern zu verzeichnen; bei Gemeinschaftsräumen ist die Zahl der darin untergebrachten Gefangenen auf einer Tafel anzuschreiben.

§ 37.

Der ausgiebigen Lüftung der Gefängnisräume ist besondere Aufmerksamkeit zuzuwenden. Die Temperatur der Luft in den Arbeits- und Schlafräumen ist auf einem mit Rücksicht auf die Gesundheit der Gefangenen zu bestimmenden Normalstande zu halten.

§ 38.

Die Anordnungen, die auf den Antrag des Hausarztes von dem Vorstand oder von der Aufsichtsbehörde bezüglich der gesundheitlichen Verhältnisse der Anstalt im allgemeinen und der Verhütung und Bekämpfung ansteckender Krankheiten im besonderen für notwendig erachtet werden, sind sorgfältig auszuführen.

Allerh. VO. vom 22. Juli 1891, die Verpflichtung der Medizinalpersonen zur Anzeige ansteckender Krankheiten unter Menschen betr. (GVBl. S. 229).

Wegen der Anzeigepflicht bei Blattern, Cholera und Typhus siehe auch das Gesetz betr. die Bekämpfung gemeingefährlicher Krankheiten vom 30. Juni 1900 (RGBl. S. 306). Nach § 1 dieses Gesetzes ist jeder Todesfall an Aussatz (Lepra), asiatischer Cholera, Fleckfieber (Flecktyphus), Gelbfieber, Pest (orientalischer Beulenpest), Pocken (Blattern), sowie jeder Fall, der den Verdacht einer dieser Krankheiten erweckt, der zuständigen Polizeibehörde unverzüglich anzuzeigen. Die Anzeigepflicht für Krankheiten und Todesfälle, die sich in einer Strafanstalt ereignen, liegt nach § 3 des Gesetzes ausschließlich dem Vorstande ob. Daß der Hausarzt unverzüglich die im Bereiche der Anstalt notwendigen Schutzmaßregeln zu treffen hat, ist selbstverständlich.

Vgl. ferner VO. vom 8. November 1904 (GVBl. S. 563), Bek. des StM. des Innern vom 9. November 1904 (ABl. S. 502). Vorläufige Ausführungsbestimmungen zur Bekämpfung der Pest vom 6. Oktober 1900 (RGBl. S. 849).

Ausführungsbestimmungen zur Bekämpfung der Cholera, der Pocken, des Fleckfiebers, des Aussatzes (RGBl. 1904 S. 67), geändert hinsichtlich Abschn. I (Bekämpfung der Cholera) Nr. 2 Abs. 1 und 2 durch die Bek. vom 5. April 1907 (RGBl. S. 91) und hinsichtlich der Desinfektionsanweisungen durch die Bek. vom 11. April 1907 (RGBl. S. 95).

Bek. des StM. des Innern vom 31. März 1909 (ABl. S. 287), der eine Desinfektionsanweisung für übertragbare Krankheiten beigegeben ist.

§ 39.

I Die Gefangenen sind zur Beobachtung der größten Reinlichkeit bezüglich ihres Körpers, ihrer Kleidung und ihrer Lagerstätte, sowie der ihnen zum unmittelbaren Gebrauche überlassenen Geräte, Werkzeuge, Arbeitsstoffe, Bücher und sonstigen Gegenstände verpflichtet. Nach jeder Arbeit, bei der die Hände beschmutzt werden, müssen diese gewaschen werden, insbesondere muß dies vor dem Essen geschehen.

II Die Mittel zur Reinigung des Körpers, insbesondere Seife, Kämme und Zahnbürsten, sind den Gefangenen unentgeltlich zu verabfolgen.

§ 40.

I Den Zuchthaussträflingen wird der Bart wöchentlich einmal abgenommen. Das Haar ist stets kurz geschoren zu halten. Zwei Monate vor Ablauf der Strafe dürfen die Sträflinge Haar und Bart wachsen lassen.

II Gefängnissträflingen wird, wenn sie darum bitten, wöchentlich einmal der Bart abgenommen; außerdem werden ihnen Kopf- und Barthaare, so oft es nötig ist, geschnitten.

III Weiblichen Gefangenen werden die Haare nur geschnitten, wenn der Arzt es aus Gesundheitsrücksichten für notwendig hält, oder wenn sie selbst darum bitten.

§ 41.

Sowohl aus Gesundheits- wie aus Reinlichkeitsgründen sind die Gefangenen fleißig zu baden. Jedem Gefangenen soll daher mindestens alle Monate ein Vollbad oder ein Brausebad verabreicht werden. Außerdem sollen die Gefangenen mindestens alle vierzehn Tage und, wenn sie schwere Arbeit oder Arbeit im Freien verrichten, jede Woche ein Fußbad erhalten.

§ 42.

I Jeder Gefangene, der nicht durch Krankheit gehindert oder mit Arbeiten außerhalb des Hauses beschäftigt ist oder sich im Arreste befindet, hat täglich auf den hierzu bestimmten Plätzen Bewegung im Freien zu machen.[1]) Die Dauer der Bewegung soll eine Stunde betragen, kann aber, insbesondere bei Jugendlichen,[2]) auch mehr betragen. In Ausnahmefällen, z. B. bei sehr ungünstiger Witterung, darf sie gekürzt werden.[3])

II Mit der Bewegung im Freien können körperliche Übungen verbunden werden.[4])

III Wenn es ausnahmsweise nicht ausführbar ist, daß sich die in gemeinsamer Haft gehaltenen Gefangenen im Freien bewegen, ist ihnen die Bewegung in offenen Hallen oder Gängen zu gestatten.[5])

Grundsätze § 31.

1. Ausschluß von der Bewegung im Freien bis zur Dauer einer Woche als Disziplinarstrafe: HO. § 91 I 7.

2. HO. § 17 I.

3. Verlängerung: HO. § 81 V.

4. Besonders für jugendliche Gefangene.

5. Das gleiche gilt für die Zellengefangenen, denen bei der Bewegung im Freien der Verkehr mit anderen Gefangenen gestattet ist, HO. § 16 II. Gefangenen in strenger Einzelhaft (HO. § 18) könnte die Bewegung in offenen Hallen oder Gängen nur dann gestattet werden, wenn es möglich ist, sie von anderen Gefangenen vollständig getrennt zu halten.

§ 43.

Wenn in der Anstalt oder in ihrer Nähe die Blattern ausgebrochen sind, hat der Hausarzt die Gefangenen zu impfen. Außerdem hat er diejenigen Gefangenen zu impfen, die noch nie geimpft wurden, und diejenigen, von denen zweifelhaft ist, ob die Impfung noch Schutz gewährt.

Kap. VII.

Behandlung der Kranken.

§ 44.

I Die Behandlung erkrankter Gefangener findet in der Regel innerhalb der Strafanstalt selbst oder in einer für erkrankte Gefangene bestimmten Anstalt statt. Nur wenn der Zustand des Erkrankten es notwendig macht, wird er in einer von der Aufsichtsbehörde bestimmten Heilanstalt untergebracht.[1])

II Bei erkrankten Gefangenen kann von den Vorschriften über die Trennung der Gefangenen abgesehen werden, soweit sie sich nicht auf die Trennung der Jugendlichen von den Erwachsenen beziehen.[2])

Grundsätze § 27.

1. Ziff. 1 der Bek. vom 25. März 1871 (JMBl. S. 67) ist dadurch aufgehoben; wird vom Hausarzte die Einschaffung eines Gefangenen in eine Heilanstalt begutachtet, so hat die Verwaltung unmittelbar an das StM. der Justiz zu berichten, das die Genehmigung erteilt.

Dagegen verbleibt es hinsichtlich der Zuständigkeit der Heil- und Pflegeanstalten (Irrenanstalten) und der Bestreitung der Kosten bei den Vorschriften in Ziff. 2 und 3 der genannten Bekanntmachung.

In dringenden Fällen wird die Verbringung in eine Heilanstalt auch vor dem Eintreffen der Genehmigung der Aufsichtsbehörde erfolgen dürfen (vgl. HO. § 47 Abs. II).

Für den Transport geisteskranker Gefangener in Heil- und Pflegeanstalten werden die Vorschriften der Bek. des StM. des Innern vom 21. Januar 1899 (Amtsbl. S. 43) entsprechende Anwendung zu finden haben.

2. HO. §§ 16 und 17; selbstverständlich auch soweit sie sich nicht auf die in diesen Paragraphen nicht erwähnte Trennung von männlichen und weiblichen Gefangenen beziehen. Vgl. Anm. 7 zu § 16.

§ 45.

I Gefangene, die sich krank fühlen, haben dies dem Dienstpersonale zu melden.[1]) In die Krankenabteilung werden sie, von dringenden Fällen abgesehen, nur auf die Anordnung des Hausarztes aufgenommen.[2])

II Ob und wie lange ein Gefangener als krank zu behandeln ist, bestimmt der Hausarzt.

III Gefangene in Einzelhaft[3]) können bei leichten Erkrankungen in ihren Zellen behandelt werden.

1. Siehe auch HO. § 83 V.

2. In dringenden Fällen hat bei Abwesenheit des Hausarztes jeder Beamte die Pflicht, den Gefangenen in die Krankenabteilung schaffen zu lassen.

3. Dies gilt für alle Zellengefangenen, nicht nur für die Gefangenen in strenger Einzelhaft (HO. § 18).

§ 46.

I Die Verpflegung der kranken Gefangenen richtet sich nach den Anordnungen des Hausarztes. Im übrigen bleiben die kranken Gefangenen der Hausordnung unterworfen.

II Hinsichtlich der Beköstigung gilt vorbehaltlich der besonderen Anordnung des Hausarztes die Kostordnung für kranke Gefangene.[1])

III Über jedem Krankenbette wird eine Tafel angebracht, auf der der Name des Kranken, sein Bekenntnis,[2]) der Tag seiner Aufnahme in die Krankenabteilung, die Kostform und die Körpertemperatur zu vermerken sind.

1. HO. § 30 II. In besonderen Fällen kann also der Hausarzt auch eine von der Kostordnung abweichende Kost verordnen, vgl. auch Anm. 3 zu § 30.

2. Kann in Strafanstalten, in denen sich nur Gefangene eines Religionsbekenntnisses befinden, wohl wegbleiben.

§ 47.

I Die Behandlung der erkrankten Gefangenen liegt regelmäßig dem Hausarzt ob. In Notfällen darf, wenn der Hausarzt nicht erreichbar ist, ein anderer Arzt gerufen werden.

II Auf Antrag des Hausarztes kann die Aufsichtsbehörde die Zuziehung eines zweiten Arztes, insbesondere eines Spezialarztes, auf Kosten der Anstaltskasse gestatten. In dringenden Fällen darf der zweite Arzt vor dem Eintreffen der Genehmigung der Aufsichtsbehörde zugezogen werden.

III Wird die Zuziehung eines zweiten Arztes nur von dem Gefangenen verlangt, so ist unverzüglich an die Aufsichtsbehörde zu berichten.[1])

IV Von der lebensgefährlichen Erkrankung eines Gefangenen sind dessen nächste Angehörige und der Hausgeistliche zu benachrichtigen.

1. Auch dann, wenn der Gefangene sich zur Bestreitung der Kosten bereit erklärt.

§ 48.

I Die Aufsicht in der Krankenabteilung und die unmittelbare Wartung und Pflege der Kranken wird von dem hierzu besonders

bestimmten Personale[1]) unter der Leitung des Hausarztes besorgt. Zur Beihilfe können Gefangene verwendet werden, die von dem Vorstand im Einverständnisse mit dem Hausarzt ausgewählt werden. Sie sind vom Aufsichtspersonale zu überwachen.

II Den Gefangenen, die zur Wartung der Kranken verwendet werden, darf von dem Vorstand eine von der Kostordnung für die gesunden Gefangenen abweichende Beköstigung bewilligt werden.

1. Oberkrankenwärter, Spitalaufseher.

Kap. VIII.

Gottesdienst, Seelsorge und Religionsunterricht.

Vorbemerkung.

1. Das Glaubensbekenntnis ist auch maßgebend für die Einweisung der Verurteilten in die Strafanstalten, vgl. die Einlieferungsvorschriften S. 260, besonders die Vorschriften in Abschn. C V der JMBek. vom 28. Januar 1903 (JMBl. S. 42).

2. Den Bekenntniswechsel während der Strafhaft grundsätzlich zu untersagen wäre unzulässig und würde gegen die Vorschriften der Beilage II zu Tit. IV § 9 der Verfassungsurkunde verstoßen. Wenn aus dem Vorbringen des Gefangenen und sonstigen Anhaltspunkten nach der Anschauung der Beamtenkonferenz, die über solche Fragen zu hören sich empfehlen dürfte (HO. § 117), hervorgeht, daß es dem Gefangenen mit dem beabsichtigten Übertritte zu einem anderen Bekenntnisse ernst ist und daß sein Vorhaben auf religiösen Gründen beruht, wird ihm unter Beachtung der verfassungsmäßigen Bestimmungen Gelegenheit zum Religionswechsel zu geben sein; die „einschlägigen Pfarrer", denen gegenüber er die nach § 10 der Beilage II zur Verfassungsurkunde vorgeschriebenen persönlichen Erklärungen abzugeben hat, sind zunächst die Hausgeistlichen (MinE. vom 11. Juli 1839, den Übertritt von Sträflingen von einer Kirche zur anderen betr., abgedruckt bei Weber, Ges. u. Verordn.-Sammlung II 291; Stingl, Verwaltung des kath. Pfarramts I 489; Seeberger, Handbuch der Amtsführung der prot. Geistlichen § 2 S. 6; vgl. auch HO. § 55 I). Nicht selten sind jedoch die Fälle, in denen unlautere Beweggründe, Laune, Heuchelei, der Wunsch, in die Eintönigkeit des Gefängnislebens etwas Abwechslung zu bringen, das Bestreben, sich vermeintliche Vorteile zu verschaffen, besonders die Versetzung in eine andere genehmere Strafanstalt zu erreichen, die Triebfeder für die plötzliche Hinneigung des Gefangenen zu einem anderen Bekenntnisse bilden. Ist offenbar, daß nur solche Gründe für das Vorhaben des Gefangenen maßgebend sind, so wird darauf nicht weiter einzugehen sein.

Das gleiche gilt für den Fall, daß ein Gefangener aus einer Kirche austreten will, ohne damit den Übertritt in eine andere Kirche zu verbinden.

In Abschn. C V der JMBek. vom 28. Januar 1903 (JMBl. S. 42) ist bestimmt, daß der während der Verbüßung der Strafe erklärte

Übertritt eines Gefangenen zu einem anderen Glaubensbekenntnisse die Überstellung in eine andere Strafanstalt in der Regel nicht zur Folge hat. Hierüber wird der Gefangene vor dem Übertritt zu belehren sein. Erachtet die Verwaltung der Strafanstalt die Versetzung in eine andere Strafanstalt ausnahmsweise für angezeigt, so hat sie an das StM. der Justiz zu berichten.

1. Allgemeine Vorschriften.

§ 49.

I Keinem Gefangenen soll der Zuspruch eines Geistlichen seines Bekenntnisses[1]) versagt werden.

II Gehört ein Gefangener einer staatlich nicht anerkannten Religionsgesellschaft[2]) an, so regelt die Aufsichtsbehörde die Seelsorge für ihn.[3])

Grundsätze § 28 Abs. I.

1. Zuständig sind zunächst die Hausgeistlichen (HO. § 55). Doch soll dem Gefangenen, der darum bittet, der Zuspruch auch eines anderen Geistlichen seines Bekenntnisses als des Hausgeistlichen nicht versagt werden.

Nach der Vorschrift in C V der JMBek. vom 28. Januar 1903 (JMBl. S. 42) ist für die Bestimmung der Strafanstalt, in die freireligiöse oder religionslose Verurteilte einzuweisen sind, das Glaubensbekenntnis maßgebend, dem sie früher angehörten. Es wird demnach auch kein Bedenken dagegen bestehen, solchen Gefangenen auf ihre Bitte im Einverständnisse mit dem zuständigen Hausgeistlichen die Teilnahme an den Gottesdiensten in der Anstalt zu gestatten. Das gleiche wird für Gefangene gelten, die einer Privatreligionsgesellschaft angehören.

2. Vgl. Beilage II zu Tit. IV § 9 der Verfassungsurkunde, §§ 24 ff., 32 ff. Als Privatreligionsgesellschaften sind außer den Juden (§ 25 a. a. O.) in Bayern anerkannt: Mennoniten (Wiedertäufer) (Allerh. Entschl. vom 1. September 1807, Weber I S. 148; MinE. vom 9. November 1835, Weber III S. 47); Herrnhuter (Allerh. Entschl. vom 29. April 1813, Weber I S. 411); Griechische Katholiken (Gesetz vom 1. Juli 1834 GesBl. S. 41, Weber II S. 741); Anglikaner (MinE. vom 19. März 1844, Weber III S. 544); Irvingianer (MinE. vom 28. März 1862, Weber V S. 611 und vom 5. Dezember 1862, Weber VI S. 129); die bischöflichen und wesleyanischen Methodisten (MinE. vom 31. März 1883, Weber XVI S. 138); die Altkatholiken (MinE. vom 15. März 1890, vom 10. April 1890 und vom 25. Juli 1890 Weber XX S. 103, 104, ferner Min.-Bek. vom 2. April 1890 Weber XX S. 110), siehe auch Seydel, Bayerisches Staatsrecht 2. Aufl. III S. 493 Note 33; ferner die Adventisten vom siebenten Tage (ABl. des StM. des Innern für Kirchen- und Schulangelegenheiten 1907 S. 242) und die Baptisten (a. a. O. 1908 S. 267).

3. Die Verwaltung hat in solchen Fällen an das StM. der Justiz zu berichten.

2. Christliche Gefangene.

§ 50.

Die christlichen Gefangenen haben am Morgen, nachdem sie sich gewaschen und angezogen haben, ferner vor dem Mittagessen und am Abend vor dem Schlafengehen die in der Anstalt eingeführten Gebete zu verrichten.

§ 51.

Am Vormittag eines jeden Sonn- und Feiertags und Allerhöchsten Namens- und Geburtsfestes wird Gottesdienst, am Nachmittage der Sonn- und Feiertage eine Erbauungsstunde und außerdem an einem der Wochentage, in den Strafanstalten und Abteilungen für Jugendliche[1]) an zwei Wochentagen, ein Morgengottesdienst[2]) abgehalten.

Grundsätze § 28 II.

1. HO. § 17 I.

2. Fällt in die Woche ein Feiertag, so wird der an diesem Tage gemäß Abs. I abzuhaltende Gottesdienst den Wochengottesdienst ersetzen.

§ 52.

I Beichte und Abendmahl finden vierteljährlich statt. Außerdem können die Gefangenen auf ihren Wunsch zu Beichte und Abendmahl zugelassen werden, so oft es der Hausgeistliche erlaubt.

II Ein Zwang zur Teilnahme an den kirchlichen Heilsmitteln findet nicht statt.

Grundsätze § 28 IV.

§ 53.

I Den erwachsenen Gefangenen wird mindestens einmal, während der Wintermonate, wenn tunlich, zweimal, den jugendlichen[1]) dreimal in der Woche von dem Hausgeistlichen je eine Stunde Religionsunterricht erteilt. Die Gefangenen empfangen den Unterricht in angemessenen Abteilungen.

II Diejenigen, die einer Nachhilfe bedürfen, erhalten von dem Hausgeistlichen besonderen Unterricht.

1. HO. § 17 I.

§ 54.

I Den Gottesdiensten und Erbauungsstunden und dem Religionsunterrichte sollen, soweit möglich, alle Gefangenen des Bekenntnisses anwohnen.[1])

II Die Ordnung während des Gottesdienstes und des Religionsunterrichtes wird von den Hausgeistlichen durch das Aufsichtspersonal gehandhabt.

1. Die Fassung der Vorschrift schließt nicht aus, daß der Vorstand einzelne Gefangene, immer im Einverständnisse mit dem Hausgeistlichen, vom Besuch des Gottesdienstes und des Religionsunterrichts zeitweise entheben kann. Dies wird z. B. notwendig sein, wenn dringende Interessen der Beschäftigung (wie in Anstalten mit größeren landwirtschaftlichen Betrieben zur Erntezeit) eine möglichste Ausnützung der zur Verfügung stehenden Arbeitskräfte erheischen, vgl. auch HO. § 81 I.

Gefangene, über die einsame Einsperrung verhängt ist, sind vom Besuch des Gottesdienstes und des Religionsunterrichtes ausgeschlossen (HO. § 91 VI).

§ 55.

I Die Gefangenen stehen unter der besonderen Seelsorge des Hausgeistlichen ihres Bekenntnisses.[1])

II Der Hausgeistliche kann Gefangene in gemeinschaftlicher Haft zu seelsorgerlichen Besprechungen zu sich rufen lassen.[2])

1. Die Stellung der Hausgeistlichen bei den Strafanstalten ist geregelt durch die Inn. MinE. vom 17. Juni 1865 (Weber, Gesetz- und Verordn.-Sammlung VI S. 464). Hieraus ist hervorzuheben:

Der Hausgeistliche hat eine völlig selbständige, von dem Ortspfarrer unabhängige Stellung, ist jedoch, wie die übrigen selbständig gestellten Geistlichen, der Aufsicht der kirchlichen Oberbehörden unterworfen. Visitationen, welche zur Handhabung dieser Aufsicht von den kirchlichen Oberbehörden angeordnet werden, sind in einer Weise und in einer Zeit vorzunehmen, daß dadurch die eingeführte Ordnung in der Anstalt nicht gestört wird. Der Hausgeistliche hat die Seelsorge bei den Gefangenen in ihrem vollen Umfange durch Unterricht in der Glaubens- und Sittenlehre, durch Besprechungen mit einzelnen Gefangenen und durch Spendung der Sakramente zu üben, die Gottesdienste in der Anstaltskirche abzuhalten und die Beerdigung der Gefangenen, sowie die allenfalls in der Anstalt vorkommenden Taufen vorzunehmen. Seine Befugnisse und Verpflichtungen erstrecken sich nur auf die Gefangenen seiner Konfession, nicht aber auch auf die Beamten der Anstalt. Der katholische Hausgeistliche ist Rektor der Anstaltskirche, sofern die Anstalt eine eigene Kirche besitzt (zur letzteren Vorschrift bemerkt die MinE. vom 31. Januar 1867, die Verhandlungen der im Jahre 1867 zu Bayreuth abgehaltenen Generalsynode betr., abgedruckt bei Weber a. a. O. Anm. 2: Der Ausdruck „Rektor" normiert zunächst nur das Verhältnis des Hausgeistlichen zu dem betreffenden Ortspfarrer und hat die gleiche Gültigkeit für den katholischen, wie für den protestantischen Hausgeistlichen einer solchen Anstalt).

Wegen der Beerdigungen ist am Schlusse der Bekanntmachung noch folgendes bemerkt: Hinsichtlich der Vornahme der Beerdigungen von Gefangenen hat es bei der gegenwärtig an jeder einzelnen Anstalt bestehenden Einrichtung vorläufig noch insolange zu verbleiben, bis das StM. hierüber nähere Anordnungen erlassen hat.

2. Kranke Gefangene dürfen um den Besuch des Hausgeistlichen nachsuchen, HO. § 83 V. Auch gesunden Gefangenen ist es natürlich nicht verwehrt, auf dem Wege des Bittrapports um eine Besprechung mit dem Hausgeistlichen zu bitten.

3. Israelitische Gefangene.

§ 56.

I Den israelitischen Gefangenen ist die Feier des Sabbats und der 13 hohen Festtage, ferner die Feier des Fasttags „Zerstörung Jerusalems" gestattet.[1]) Sie sollen an diesen Tagen in einem besonderen Raume, womöglich unter einem Rabbiner oder Religionslehrer, zum Gebete versammelt werden. Sie dürfen auch die Schaufäden und Denkriemen anlegen.

II Für ihren Religionsunterricht wird nach Maßgabe der örtlichen Verhältnisse gesorgt.

1. Sie sind an diesen Tagen von der Arbeit befreit, HO. § 81 II.

Kap. IX.

Schulunterricht, Bücher und Schriften.

§ 57.

I Den erwachsenen Zuchthaus- und Gefängnissträflingen unter dreißig Jahren und den Gefangenen in den Anstalten für Jugendliche[1]) wird Schulunterricht erteilt.

II Der Vorstand kann im Einvernehmen mit dem Hausgeistlichen und dem Hauslehrer erwachsene Gefangene[2]) vom Schulbesuche befreien,[3]) wenn sie beim Eintritt in die Anstalt vollständige Schulkenntnisse besitzen oder solche während der Gefangenschaft erworben haben. Dies kann auch geschehen, wenn Gefangene einer Beschäftigung zugeteilt sind, die ohne Nachteil nicht unterbrochen werden kann.

III Gefangenen, die das dreißigste Lebensjahr überschritten haben, kann auf ihr Ansuchen die Teilnahme am Schulunterrichte gestattet werden.

Grundsätze § 29.

1. HO. § 17 I.

2. d. h. Gefangene, die in Anstalten oder Abteilungen für Erwachsene verwahrt sind. Für Gefangene, die in Anstalten oder Abteilungen für Jugendliche untergebracht sind und das 18. Lebensjahr bereits vollendet haben (HO. § 17 I), gilt die Vorschrift nicht.

3. Er wird auch solche Gefangene befreien können, bei denen nach der übereinstimmenden Anschauung der Hausgeistlichen und des Hauslehrers eine fruchtbringende Teilnahme am Schulunterricht ausgeschlossen ist, z. B. Gefangene, die der deutschen Sprache nicht mächtig sind, die an Gebrechen (Schwerhörigkeit u. dgl.) leiden, so daß sie dem Unterrichte nicht folgen können.

Gefangene, über die einsame Einsperrung verhängt ist, sind vom Besuche des Unterrichts ausgeschlossen, HO. § 91 VI.

§ 58.

Die Schule wird in Klassen geteilt, deren Zahl sich nach dem Bedürfnisse richtet. Bei jeder Klasse werden Abteilungen gebildet, wenn die Schülerzahl es erfordert.

§ 59.

I Der Unterricht umfaßt in der Regel die Gegenstände, die in der Volksschule gelehrt werden, soll aber auch andere gemeinnützige Kenntnisse vermitteln.

II Gefangenen, die mit Rücksicht auf ihr späteres Fortkommen darum nachsuchen, erteilt der Hauslehrer Zeichnungsunterricht.[1])

III Die Gefangenen sind auch im Kirchengesange zu üben.

IV Gefangene in Einzelhaft,[2]) die vom Schulunterrichte befreit sind, können von den Hauslehrern in der Zelle mit Unterrichtsgegenständen beschäftigt werden.[3])

Grundsätze § 29 I.

1. Solche Gefangene werden in Zellenhaft zu nehmen sein.

2. Sowohl solche, die das 30. Lebensjahr überschritten haben und deshalb am Schulunterrichte nicht mehr teilnehmen als solche, die gemäß § 57 II HO. vom Schulbesuche befreit sind. Daß die Gefangenen in strenger Einzelhaft (HO. § 18) gehalten werden, wird nicht notwendig sein.

3. Bei Gefangenen in Gemeinschaftshaft ist dies nicht möglich, weil es bedenklich wäre, Lehrmittel, besonders Schreibhefte und Schreibmaterialien an sie hinauszugeben. Solche Gefangene sind auch einer Beschäftigung während der Freizeiten nicht so bedürftig wie die Gefangenen in Einzelhaft.

§ 60.

Der Unterricht wird nach einem Schulplan erteilt, den die Aufsichtsbehörde für jede Anstalt genehmigt. In dem Schulplane werden die Stundenzahl und die Verteilung des Lehrstoffes auf Klassen festgesetzt.

§ 61.

I Die Verteilung der Gefangenen in die Klassen[1]) richtet sich nach dem Ergebnisse der Prüfung beim Eintritte in die Anstalt (§ 8).

II Den Unterricht erteilt der Hauslehrer. Die Aufstellung von Neben- oder Unterlehrern aus der Zahl der Gefangenen ist untersagt.

III Der Vorstand hat sich von der Art der Unterrichtserteilung und von den Leistungen der Gefangenen dadurch, daß er öfter dem Unterricht anwohnt, oder durch die Abhaltung einer Prüfung[2]) zu überzeugen.

IV Die Hausgeistlichen sind verpflichtet, zeitweilig dem Unterricht anzuwohnen.[3]) Den übrigen Mitgliedern der Beamtenkonferenz[4]) und den rechtskundigen Hilfsarbeitern bei den Strafanstalten ist dies gestattet.

1. HO. § 58.

2. Der Vorstand hat die Wahl. Die Abhaltung einer Prüfung wird sich besonders in Anstalten und Abteilungen für Jugendliche empfehlen.

3. Die Hausgeistlichen sind die Inspektoren der Anstaltsschule (MinE. vom 17. Juni 1865, die Stellung der Hausgeistlichen an den Straf- und Polizeianstalten betr., abgedruckt bei Weber, Ges. u. Verordn.-Sammlung Bd. VI S. 464). Sie sind deshalb verpflichtet, dem Unterrichte zeitweilig anzuwohnen und ihre Wahrnehmungen und allenfallsige Anträge dem Vorstande mitzuteilen.

4. HO. § 117.

§ 62.

I Bücher und Schriften erhalten die Gefangenen in der Regel nur aus der Sammlung der Anstalt.[1]) Der Vorstand kann aber Ausnahmen bewilligen.[2])

II Im Einvernehmen mit der Beamtenkonferenz[3]) kann der Vorstand Gefangenen in Einzelhaft[4]) bei guter Führung ausnahmsweise das Lesen einer Tageszeitung oder einer Zeitschrift gestatten.[5])

III In der Büchersammlung für die Gefangenen muß stets die erforderliche Zahl von Büchern religiösen, belehrenden und unterhaltenden Inhalts zur Verfügung stehen.[6])

Grundsätze § 30 I.

1. Entziehung der Erlaubnis, Bücher und Druckschriften weltlichen Inhalts zu lesen bis zur Dauer von 4 Wochen als Disziplinarstrafe HO. § 91 I 5.

2. Diese Bewilligung kann er jederzeit widerrufen, wenn sie ihm nicht mehr rätlich scheint; er kann aber die Entziehung dieser hausordnungsmäßigen Vergünstigung auch als Disziplinarstrafe verhängen, HO. § 91 I 3.

3. HO. § 117.

4. In der strengen Einzelhaft des § 18.

5. Wegen des Widerrufs dieser Vergünstigung vgl. Anm. 2.

6. Ein Verzeichnis von Büchern, die sich für Gefangenenbibliotheken in Strafanstalten eignen, wurde im Auftrage des Vereins deutscher Strafanstaltsbeamten von mehreren Mitgliedern dieses Vereins herausgegeben (Verlag von Karl Winters Universitätsbuchhandlung in Heidelberg 1906).

§ 63.

I Die Besorgung der Bibliothekgeschäfte liegt dem Hausgeistlichen unter Mitwirkung des Hauslehrers ob. Zur Abgabe der Bücher an die Gefangenen kann das Aufsichtspersonal zugezogen werden.[1])

II Die Anschaffung von Büchern wird nach Einholung der Äußerung des Hausgeistlichen und des Hauslehrers vom Vorstande verfügt.[2])

1. Bei der Auswahl der an den einzelnen Gefangenen zur Lektüre hinauszugebenden Bücher wird nach Tunlichkeit dem von der HO. aufgestellten Grundsatze der Individualisierung Rechnung zu tragen sein (HO. § 13).

2. Diese Beamten haben auch darüber zu wachen, daß sich in der Gefangenenbibliothek keine Bücher ungeeigneten Inhalts befinden.

Kap. X.

Beschäftigung.

(Durch die JMBek. vom 15. Oktober 1907, die Gewerbeaufsichtsbeamten betr. [JMBl. S. 383], sind die Vorstände der Strafanstalten beauftragt worden, ihre Arbeitsbetriebe durch die Gewerbeaufsichtsbeamten prüfen zu lassen. Über den Befund soll der Gewerbeaufsichtsbeamte auf Ersuchen dem Vorstand ein kurzes schriftliches Gutachten erstatten.)

1. Allgemeine Vorschriften.

§ 64.

I Die arbeitsfähigen Gefangenen sind zu nützlicher Arbeit anzuhalten.[1])

II Es dürfen nur solche Arbeiten eingeführt werden, die der Gesundheit nicht schädlich, der Besserung der Gefangenen förderlich und geeignet sind, sowohl das Bewußtsein einer fruchtbringenden Tätigkeit zu gewähren als auch die Gefangenen zum redlichen Fortkommen nach der Entlassung aus der Anstalt zu befähigen.

III Auch kranke Gefangene können beschäftigt werden, soweit es der Hausarzt erlaubt.

Grundsätze § 17.

1. Entziehung der Arbeit bis zur Dauer einer Woche als Disziplinarstrafe HO. § 91 I 6.

§ 65.

Die Beschäftigungsarten werden auf Antrag des Vorstandes von der Aufsichtsbehörde bestimmt.

§ 66.

I Der Vorstand bestimmt, welcher Art von Arbeiten der einzelne Gefangene zuzuweisen ist. Er hat hierbei den Gesundheitszustand, die Fähigkeiten und die späteren Erwerbsverhältnisse des Gefangenen, bei Gefängnissträflingen auch den Bildungsgrad und den Beruf zu berücksichtigen.[1])

II Bei jugendlichen Gefangenen[2]) ist außerdem besonderes Gewicht auf die Erziehung zu legen.

Grundsätze § 18.

1. Vgl. auch HO. § 13 II.

2. HO. § 17 I, 13 VIII.

§ 67.

I Die Verwertung der Arbeitskraft der Gefangenen ist so zu regeln, daß die Interessen des Privatgewerbes möglichst geschont werden.

II Vor allem sind die Gefangenen zur Herstellung von Gegenständen des eigenen Bedarfes der Anstalten und zu Arbeiten für staatliche Zwecke überhaupt zu verwenden. Die Verdingung der Arbeitskraft der Gefangenen an Arbeitgeber ist tunlichst einzuschränken. Der Arbeitsbetrieb soll auf zahlreiche Geschäftszweige verteilt und eine Unterbietung der freien Arbeit vermieden werden.

§ 68.

I Gefangene können auch zu Arbeiten außerhalb der Anstalt,[1]) zu öffentlichen oder von einer Staatsbehörde beaufsichtigten Arbeiten verwendet werden. Sie sollen insbesondere zu land- und forstwirtschaftlichen und zu Kulturarbeiten für Behörden und Privatpersonen verwendet werden.

II Bei Arbeiten außerhalb der Anstalt müssen sie von freien Arbeitern getrennt bleiben (§ 15 StGB.).

III Bei der Auswahl zu solchen Arbeiten ist auf die bisherige Führung und auf die Dauer der noch zu erstehenden Strafe Rücksicht zu nehmen.²)

1. Eine Beschäftigung von Gefängnissträflingen außerhalb der Anstalt ist nur mit ihrer Zustimmung zulässig, StGB. § 16 III.

2. Der Strafrest darf nicht so erheblich sein, daß der Gefangene durch seine Verwendung zu Arbeiten im Freien in die Versuchung geraten könnte, sich der Vollstreckung durch die Flucht zu entziehen.

§ 69.

In der Zuteilung der Gefangenen zu einer Arbeit soll ohne triftige Gründe keine Änderung eintreten.

Verwendung zu besseren und lohnenderen Arbeiten, zu Haus-, Hof- und Gartenarbeiten und anderen Arbeiten im Freien als Aufmunterung. HO. § 86 I⁵.

§ 70.

I Die Gefangenen werden bei der Arbeit von dem Werkpersonal¹) unterwiesen.

II Die Unterweisung durch Mitgefangene ist bei den in Einzelhaft²) gehaltenen Gefangenen und bei den Jugendlichen³) verboten; bei den in gemeinsamer Haft gehaltenen Gefangenen bedarf es hierzu der besonderen Erlaubnis des Vorstandes.

1. Den Werkführern und den Werkaufsehern.

2. Wohl bei allen in Zellenhaft, wenngleich nicht in strenger Einzelhaft (HO. § 18 I) gehaltenen Gefangenen.

3. HO. § 17 I.

§ 71.

I Gefängnissträflingen, die eine Zuchthausstrafe noch nicht verbüßt haben und im Besitze der bürgerlichen Ehrenrechte sind, kann mit Genehmigung der Aufsichtsbehörde in widerruflicher Weise gestattet werden, sich selbst zu beschäftigen.¹) Solche Gefangene sind stets in Einzelhaft²) zu halten. Die Selbstbeschäftigung unterliegt der Beaufsichtigung des Vorstandes.

II Der Gefangene hat an die Anstaltskasse eine Entschädigung zu leisten,³) deren Höhe nach Anhörung der Verwaltung von der Aufsichtsbehörde festgesetzt wird.

III Der Ertrag der Selbstbeschäftigung verbleibt dem Gefangenen, sofern er nicht auf die Entschädigung zu verrechnen ist.

Grundsätze § 17 II, III. § 21 II.

1. Zu unterscheiden von dieser „Selbstbeschäftigung" ist die Gewährung von Freistunden zu geistiger Beschäftigung nach HO. § 72 IV. Entziehung der Selbstbeschäftigung als Disziplinarstrafe, HO. § 91 I 3.

2. In strenger Einzelhaft, HO. § 18 I. Vgl. § 34 Note 3.

3. Die Entschädigung ist ihrer Bestimmung nach nur zu leisten für die Arbeitstage, nicht auch für die Sonn- und Feiertage.

2. Arbeitszeit und Arbeitsmaß.

§ 72.

I Die tägliche Arbeitszeit soll für Zuchthaussträflinge nicht mehr als zwölf Stunden, für Gefängnissträflinge nicht mehr als elf Stunden dauern.

II Die Arbeitszeit beginnt in den Monaten Oktober, November, Dezember, Januar, Februar und März um 6 1/2 Uhr, in den übrigen Monaten um 5 1/2 Uhr morgens und dauert das ganze Jahr hindurch vorbehaltlich der festgesetzten Ruhe- und Erholungszeit,[1]) des Besuches der Kirche und des Unterrichts bis 7 Uhr abends.

III Eine Ausnahme ist bei den Gefangenen zulässig, denen eine Beschäftigung zugewiesen ist, die eine besondere Regelung der Arbeitszeit erfordert, wie z. B. den zu Ökonomie- und Feldarbeiten, in der Wasch- und Kochküche, in der Bäckerei, in Heizanlagen usw. verwendeten Gefangenen. Für diese bestimmt der Vorstand den Beginn und den Schluß der Arbeitszeit.

IV Außerdem kann der Vorstand Gefangenen in Einzelhaft,[2]) die nach ihrem Bildungsgrade und ihrer Führung eine Berücksichtigung verdienen, Freistunden zu geistiger Beschäftigung gewähren.

Grundsätze § 20.

1. Vgl. HO. § 80 II, ferner § 42 I (Bewegung im Freien).

2. In strenger Einzelhaft, HO. § 18. Wegen der Gestattung der Selbstbeschäftigung vgl. HO. § 71.

Der Vorstand kann diese Vergünstigung, wenn die Voraussetzung der guten Führung wegfällt, widerrufen, er kann sie auch im Wege der Disziplinarbestrafung wieder entziehen, HO. § 91 I 3.

§ 73.

I Jeder Gefangene hat das zu leisten, was er nach seinen Fähigkeiten und seinen Körperkräften bei fleißiger Arbeit zu leisten vermag.

II Wenn es die Art der Beschäftigung erfordert, wird dem Gefangenen ein tägliches Arbeitsmaß zugewiesen.[1]) Dieses bestimmt der Vorstand im Benehmen mit dem Werkpersonal.

III Für Anfänger in einer Beschäftigung wird ein Arbeitsmaß nicht bestimmt; ihre Leistungen und ihr Fleiß sind jedoch sorgfältig zu überwachen.

IV Die frühere Vollendung der aufgegebenen Arbeit kann unter Umständen mit einer Arbeitsprämie [2]) belohnt werden, befreit aber den Gefangenen nicht von der Verpflichtung zum Fortarbeiten während der Arbeitszeit. [3])

1. Die HO. hat mit der in den früheren Hausordnungen aufgestellten Regel, wonach jedem Gefangenen ein tägliches Arbeitsmaß, das sog. Pensum aufzugeben war, gebrochen. Die Zuweisung eines Pensums bei allen Beschäftigungsarten führte zu einer schablonenhaften Beurteilung der Arbeit des Gefangenen, nahm ihr den persönlichen Wert und Reiz und brachte viele Härten mit sich; mit dem von der HO. aufgestellten Grundsatze der Individualisierung (§ 13) ist sie unverträglich. Für die Beurteilung der Arbeit des Gefangenen sollen neben dem Fleiße seine Fähigkeiten und seine körperliche Beschaffenheit maßgebend sein; die geleistete Arbeit soll der Leistungsfähigkeit, der Geschicklichkeit, der Auffassungsgabe, den technischen Kenntnissen usw. des Gefangenen entsprechen. Ein Arbeitsmaß wird ihm nur dann zugewiesen, wenn die Art der Beschäftigung es erfordert, also bei solchen Arbeiten, bei denen den persönlichen Eigenschaften des Gefangenen nur eine untergeordnetere Bedeutung beikommt, die auf leicht zu begreifenden und zu erlernenden, mechanisch sich wiederholenden Handgriffen beruhen und bei denen der Fleiß aus der Menge des Geleisteten beurteilt werden kann. Immerhin wird auch innerhalb der gleichen Beschäftigungsart bei Zuweisung des Arbeitsmaßes der Individualität des einzelnen Gefangenen, besonders seiner körperlichen Leistungsfähigkeit, noch Rechnung getragen werden können; es wäre verfehlt, jedem Gefangenen, der der gleichen Beschäftigungsart zugeteilt ist, auch das gleiche Arbeitsmaß aufzugeben.

2. HO. § 86 I 5, 88.

3. Arbeiten für andere Gefangene zu fertigen ist verboten, HO. § 83 V XVI.

3. Arbeitsverdienst.

§ 74.

I Der Ertrag der Arbeit der Gefangenen fließt in die Staatskasse. [1])

II Ein Teil des Ertrages ihrer Arbeit kann jedoch den Gefangenen bei der Entlassung aus der Strafanstalt zum Zwecke des besseren Fortkommens überlassen werden. [2]) Zur Berechnung dieses Betrages können den Gefangenen schon während der Dauer der Strafe Arbeitsbelohnungen [3]) gutgeschrieben werden. Der Höchstbetrag der täglichen Arbeitsbelohnung beträgt für Zuchthaussträflinge zwanzig, für Gefängnissträflinge dreißig Pfennig. [4])

III Der Vorstand hat für jeden Gefangenen[5]) die Höhe der Arbeitsbelohnung festzusetzen und hierbei den Fleiß, die Geschicklichkeit, den Ertrag der Arbeit und die Führung zu berücksichtigen.

IV Gefangene unter sechzehn Jahren erhalten keine Arbeitsbelohnung; es können ihnen jedoch, wenn sie fleißig arbeiten und sich gut führen, kleine Beträge bis zu einer Mark im Monat, zugewendet werden, die wie Arbeitsbelohnungen zu behandeln sind.

Grundsätze § 21.

1. Der Arbeitsverdienst der Gefangenen bildet neben dem Staatszuschusse die wesentlichste Einnahmequelle im Budget der Strafanstalten (siehe auch S. 175).

2. Wegen der Verwendung der Arbeitsbelohnung zu Ausgaben während der Strafhaft vgl. § 76. Gefangene, denen die Selbstbeschäftigung gestattet ist und denen gemäß § 71 III HO. der Ertrag dieser Beschäftigung verbleibt, erhalten selbstverständlich keine Arbeitsbelohnung gutgeschrieben.

3. Als Arbeitsbelohnungen gelten auch und werden behandelt die Arbeitsprämien, HO. §§ 79, 86, 88, ebenso die Beträge, die Gefangenen unter 16 Jahren zugewendet werden, vgl. Abs. IV.

4. Eine Arbeitsbelohnung in dieser Höhe wird nur dann bewilligt werden können, wenn ein Gefangener in den vier Erfordernissen, die nach Abs. III bei der Festsetzung der Arbeitsbelohnung zu berücksichtigen sind, also in Fleiß, Geschicklichkeit, Ertrag seiner Arbeit und Führung den höchsten Anforderungen genügt. Damit ist der Maßstab für die Bemessung der Arbeitsbelohnung im einzelnen Falle gegeben. In der Regel wird sie erheblich niedriger sein, als der zulässige Höchstbetrag.

5. Nach Abs. II „kann" den Gefangenen ein Teil des Ertrags ihrer Arbeit überlassen werden; es „können" ihnen Arbeitsbelohnungen gutgeschrieben werden. Der Gefangene hat also auf die Arbeitsbelohnung keinen Anspruch. Selbstverständlich wird der Vorstand in der Regel allen Gefangenen, deren Arbeit für die Anstalt einen Ertrag liefert, eine Arbeitsbelohnung bewilligen; immerhin sind Fälle denkbar, in denen der Vorstand dazu kommen könnte, einem Gefangenen keine Arbeitsbelohnung zuzubilligen oder sie ihm zeitweise zu entziehen, z. B. wenn der Gefangene offensichtlich in böswilliger Absicht die ihm übertragene Arbeit schlecht oder faul verrichtet.

§ 75.

Ein Rechtsanspruch auf die Herausgabe der Arbeitsbelohnung[1]) steht den Gefangenen nicht zu.[2])

1. Auch der Arbeitsprämien und der Gefangenen unter sechzehn Jahren zugewendeten Beträge, vgl. § 74 Anm. 3.

2. Die Arbeitsbelohnung kann also, solange sie nicht an den Gefangenen hinausgegeben ist, nicht Gegenstand einer Pfändung sein. Erst mit der Aushändigung an den Gefangenen, die in der Regel mit der Entlassung erfolgt (HO. § 104 I), wird sie Bestandteil seines Vermögens. Kosten des Strafverfahrens und der Strafvollstreckung dürfen auch nach der Aushändigung an den Gefangenen aus ihr nicht gedeckt werden (HO. § 76 IV).

§ 76.

I Der Vorstand kann den Gefangenen erlauben,[1]) auf Rechnung ihrer Arbeitsbelohnungen vorschußweise Ausgaben für Bücher und Schriften, Lehrmittel und Arbeitsgeräte, Zeichnungspapier und Zeichnungsvorlagen und ähnliche Zwecke,[2]) dann für Briefpapier und Porto[3]) zu machen. Dasselbe gilt von Ausgaben für bescheidene Genußmittel[4]) und von Unterstützungen an Angehörige.[5])

II Die Erteilung der Erlaubnis zu solchen Ausgaben setzt jedoch voraus, daß der mit der Bewilligung der Arbeitsbelohnungen verfolgte Zweck (§ 74) gewahrt bleibt. Auch darf mit solchen Ausgaben nicht früher begonnen werden, als bis die gutgeschriebene Arbeitsbelohnung einen Betrag erreicht hat, mit dem die Kosten der Reise an den Ort gedeckt werden können, an den sich der Gefangene nach der Entlassung begeben wird.[6])

III Zur Deckung von Ersatzverbindlichkeiten[7]) darf die Arbeitsbelohnung erst bei der Entlassung des Gefangenen und nur mit Genehmigung der Aufsichtsbehörde[8]) herangezogen werden.

IV Kosten des Strafverfahrens oder der Strafvollstreckung dürfen zu keiner Zeit aus ihr gedeckt werden.

1. Entziehung dieser Erlaubnis bis zur Dauer von drei Monaten als Disziplinarstrafe, HO. § 91 I 4.

2. HO. § 59, 62, 71, 72 IV, 81 III.

3. HO. § 26 V.

4. HO. § 86 I 2, 87.

5. Wegen der Invalidenversicherungsbeiträge s. § 6 Anm. 5.

6. Nach den früheren Hausordnungen zerfiel der Arbeitsverdienst des Gefangenen zu gleichen Teilen in einen Verwendungsfond und einen Stockfond. Letzterer durfte während der Dauer der Haft äußersten Falls zur Tilgung etwaiger Ersatzverbindlichkeiten herangezogen, sonst aber nicht angegriffen werden. An Stelle dieser starren Ausscheidung des Arbeitsverdiensts setzt es die HO., auch hier ihrem Grundsatze der Individualisierung treu, in das freie Ermessen des Vorstands, bis zu welcher Höhe er die Verwendung des Arbeitsverdiensts zu den nach Abs. I zulässigen Ausgaben — eine Verwendung zu anderen Zwecken ist unstatthaft — gestatten will. Der Vorstand hat nur darauf zu sehen, daß die dem Gefangenen noch verbleibende Arbeitsbelohnung stets so groß ist, daß sie dem späteren redlichen Fortkommen des Gefangenen auch wirklich zu dienen vermag und daß sie mindestens dem Betrage der Kosten gleichkommt, die für die Reise des Gefangenen an den Entlassungsort erforderlich sind.

7. HO. §§ 29, 83 XVIII.

8. Auch nicht nach der Entlassung des Gefangenen und der Aushändigung der Arbeitsbelohnung an ihn, s. auch § 75.

§ 77.

Wenn ein Gefangener in der Anstalt stirbt, so wird die Arbeitsbelohnung zugunsten der Anstaltskasse wieder abgeschrieben.[1]) Hinterläßt jedoch der Gefangene unterstützungsbedürftige Angehörige,[2]) so darf der Vorstand den gutgeschriebenen Betrag ganz oder teilweise an sie hinausgeben.

1. Die Abschreibung ist nur zulässig, wenn der Gefangene stirbt, nicht etwa auch dann, wenn er während des Strafvollzugs geisteskrank wird. In diesem Falle ist die gutgeschriebene Arbeitsbelohnung im Benehmen mit dem Vormundschaftsgerichte an den gesetzlichen Vertreter hinauszugeben.

2. Gemeint sind nur die nächsten Angehörigen. Über den Kreis der in HO. § 23 I bezeichneten Angehörigen wird bei der Bewilligung solcher Unterstützungen nur in ganz besonderen Fällen hinausgegangen werden dürfen.

§ 78.

Den Gefangenen werden der Stand ihrer Gutschrift und der Betrag eines etwaigen Guthabens in barem Gelde vierteljährlich mitgeteilt. Einwendungen gegen die Berechnung sind beim Vorstand alsbald vorzubringen.

§ 79.

I Aus den Zinsen der Kasse, die aus den von den Gefangenen mitgebrachten und den für sie eingegangenen Geldern,[1]) ferner aus einem den Gutschriften für Arbeitsbelohnungen entsprechenden Betrage gebildet ist, können Arbeitsprämien[2]) an die Gefangenen verteilt werden. Welcher Betrag verzinslich angelegt und welcher zur Bestreitung von Ausgaben[3]) bereit gehalten werden soll, bestimmt der Vorstand.

II Ist bei einer Anstalt der Zinsenanfall unzureichend, so wird vom Staatsministerium der Justiz ein angemessener Betrag zur Verteilung als Arbeitsprämien bestimmt.

1. HO. §§ 3, 4, 27.

2. HO. §§ 73, 86 I 5.

3. Der in § 76 I bezeichneten Art.

Kap. XI.

Tagesordnung, Ruhe- und Erholungszeit.

§ 80.

I Die Gefangenen haben auf ein Zeichen, das an den Arbeitstagen eine halbe Stunde vor dem Beginne der Arbeitszeit[1]) (§ 72 Abs. II) gegeben wird, sich von ihrem Lager zu erheben, Gesicht, Hals und Hände zu waschen, den Mund auszuspülen, das Haar zu kämmen, sich vollständig anzukleiden, die Lagerstätte in Ordnung zu bringen, das Morgengebet[2]) zu verrichten und sich dann an die Arbeit zu begeben.

II Zur Einnahme des Frühstücks und des Abendessens ist je eine halbe Stunde, zur Einnahme des Mittagessens eine Stunde bestimmt. Außerdem wird die Arbeit im Laufe des Vormittags und des Nachmittags je eine Viertelstunde ausgesetzt.

III Die in Einzelhaft gehaltenen Gefangenen haben ihre Zellen während der halbstündigen Frühstückszeit zu reinigen.

IV Um 8 Uhr abends haben die Sträflinge ihr Abendgebet[2]) zu verrichten und sich dann zur Ruhe zu begeben.

1. Also in den Monaten Oktober, November, Dezember, Januar, Februar, März um 6 Uhr, in den übrigen Monaten um 5 Uhr.

2. HO. § 50.

§ 81.

I An Sonn- und Feiertagen und Allerhöchsten Namens- und Geburtsfesten ruht die Arbeit; es dürfen nur Arbeiten verrichtet werden, die keinen Aufschub leiden.[1])

II Die israelitischen Gefangenen sind an den im § 56 bezeichneten Tagen von der Arbeit befreit; dagegen dürfen sie an Sonntagen und christlichen Feiertagen zu stillen Arbeiten herangezogen werden.

III Die arbeitsfreien Tage sind zur Erholung, insbesondere zum Lesen von Büchern, zur Vorbereitung für den Unterricht, zum Briefschreiben und Zeichnen bestimmt.[2])

IV Der Vorstand kann im Einverständnisse mit dem Hausgeistlichen einzelnen Gefangenen[3]) auf ihre Bitte gestatten, sich an den arbeitsfreien Tagen mit stillen Arbeiten zu beschäftigen.

V An den Sonn- und Feiertagen wird eine halbe Stunde später als an den Arbeitstagen[4]) aufgestanden und eine Stunde früher zur Ruhe gegangen. An diesen Tagen kann der Vorstand den Gefangenen einen verlängerten Aufenthalt im Freien[5]) gestatten.

1. Hauptsächlich dringende landwirtschaftliche Arbeiten.

2. Auch Spiele sind an solchen Tagen zugelassen, wie Domino, Schach und ähnliche Brettspiele, vgl. HO. § 83 XIV und XXVII. Würfel- und Kartenspiele sind natürlich untersagt.

3. Hauptsächlich solchen Gefangenen, die sich in Einzelhaft befinden und sich geistig nicht zu beschäftigen vermögen.

4. HO. § 80 I.

5. HO. § 42.

§ 82.

I Nach Maßgabe der vorstehenden Vorschriften hat der Vorstand nach Anhörung der Beamtenkonferenz [1]) unter Berücksichtigung der örtlichen Verhältnisse der Anstalt eine Tagesordnung zu entwerfen. In dieser sollen hauptsächlich der Beginn und der Schluß der Arbeitszeit im allgemeinen und in den verschiedenen Beschäftigungszweigen im besonderen, ferner die Stunden für die Mahlzeiten festgesetzt und das Ruhen der Arbeit, der Besuch des Gottesdienstes und des Unterrichtes sowie die tägliche Bewegung im Freien geregelt werden. Auch sollen darin für Anstalten mit gemeinschaftlicher Haft Bestimmungen über das abteilungsweise Verlassen und Betreten der Schlafräume getroffen werden.

II Die Tagesordnung unterliegt der Genehmigung der Aufsichtsbehörde.

1. HO § 117.

Kap. XII.

Verhaltungsmaßregeln für die Gefangenen.

§ 83.

I Die Gefangenen haben außer den allgemeinen gesetzlichen Vorschriften die Hausordnung und die sonst erlassenen Anordnungen zu befolgen und den Befehlen der Vorgesetzten Gehorsam zu leisten.[1]) Sie haben den Beamten, Bediensteten und der Wachmannschaft mit Achtung zu begegnen.[2])

II Die Gefangenen sind verpflichtet, die Fragen der Beamten und Bediensteten wahrheitsgemäß zu beantworten. Insbesondere bei der Anbringung von Beschwerden und bei Vernehmungen haben sie sich streng an die Wahrheit zu halten.

III Will sich ein Gefangener über einen erhaltenen Befehl beschweren, so hat er sich in der vorgeschriebenen Weise zum Vorstande zu melden. Die Gehorsamleistung darf er aber nicht verweigern.

IV Die Gefangenen sind auch sonst berechtigt, sich mit Beschwerden, Anfragen und Bitten an den Vorstand zu wenden. Sie haben sich zu diesem Zwecke bei dem Aufsichtspersonal zum Rapport zu melden. In besonders dringenden Fällen können sich die Gefangenen auch außer der bestimmten Zeit zum Vorstande melden. Überdies dürfen die Gefangenen, wenn die Aufsichtsbehörde eine Anstaltsbesichtigung vornimmt oder vornehmen läßt,[3]) Beschwerden anbringen. Das Aufsichtspersonal darf die Gefangenen in keinem Falle nach dem Grunde der Beschwerdeführung fragen.

V Kranke Gefangene haben sich zum Hausarzte zu melden;[4]) sie dürfen auch um den Besuch des Hausgeistlichen[5]) nachsuchen. Erleidet ein Gefangener eine Verletzung oder Beschädigung, so ist er verpflichtet, sich unverzüglich zum Hausarzte zu melden.

VI Gefangene in Einzelhaft, die aus irgend einem Grunde schneller Hilfe zu bedürfen glauben, haben die Läutvorrichtung zu benützen.

VII Die Gefangenen haben die vorgeschriebenen Gebete[6]) zu verrichten; in der Kirche und der Schule haben sie das diesen Orten angemessene Verhalten zu beobachten und den Vorträgen aufmerksam zu folgen.

VIII Während des Gottesdienstes und des Unterrichtes und auf dem Wege zur Kirche, zum Unterrichte, zu und von den Erholungsplätzen und zu Vorführungen ist den Gefangenen[7]) das Sprechen verboten. In Schlafsälen muß während der zum Schlafen bestimmten Zeit vollkommene Ruhe herrschen. Während der Arbeitszeit darf nur das gesprochen werden, was durch die Arbeit selbst geboten ist. Den der Einzelhaft unterworfenen Gefangenen kann während der Bewegung im Freien das Sprechen mit anderen Gefangenen erlaubt werden.[8]) Auch dann, wenn das Sprechen nicht verboten ist, sind unanständige Gespräche, Schilderungen begangener Übeltaten, Großsprechereien, Schimpfreden, Unverträglichkeiten und Hetzereien streng verpönt. Auch jede geheime oder selbstgeschaffene Sprache ist verboten.

IX Mit den Beamten und den Bediensteten dürfen die Gefangenen nur dann sprechen, wenn sie von ihnen dazu aufgefordert werden oder ihnen etwas zu melden haben.

X Das Sprechen mit Fremden kann nur der Vorstand erlauben.

XI Die Gefangenen dürfen sich weder untereinander noch mit Fremden durch Zeichen oder Gebärden verständigen. Sie dürfen weder selbst noch durch Mittelspersonen sich mit der Außenwelt in Verbindung setzen, außer soweit ihnen der schriftliche oder mündliche Verkehr besonders[9]) erlaubt ist. Sie dürfen nicht aus den Fenstern sehen oder sprechen. Jeder Verkehr mit der Wachmannschaft ist verboten.

XII Lärmen, Schreien, Singen, Pfeifen, Fluchen, Unanständigkeiten und sittenloses Betragen sind verboten.

XIII Die Gefangenen haben untereinander Ruhe und Frieden zu halten, sich des Neckens, Zankens und aller Tätlichkeiten zu enthalten; sie dürfen einander beim Gebete, bei der Arbeit, beim Lesen der Bücher und bei der Nachtruhe nicht stören.

XIV Spiele sind nur erlaubt,[10]) wenn sie der Vorstand ausdrücklich gestattet hat. Die Tätowierung ist verboten.

XV Kein Gefangener darf den Mitgefangenen Befehle geben, für sie das Wort ergreifen oder einen Einfluß über sie sich anmaßen.

XVI Kein Gefangener darf sich der Aufsicht entziehen oder Vorbereitungen zur Flucht treffen.

XVII Zu Handlungen, die nach dem Gesetze, nach der Hausordnung oder nach besonderen Anordnungen der Vorgesetzten verboten sind, dürfen sich die Gefangenen weder verabreden noch verbinden.

XVIII Das Beschreiben, Beschmutzen und Beschädigen der Wände ist verboten. Die Gefangenen haben mit Kleidern, Bettzeug, Geräten, Werkzeugen, Materialien, Büchern usw. schonend umzugehen. Sie haften für jede schuldhafte Beschädigung.[11])

XIX Kein Gefangener darf außer den Gegenständen, die ihm rechtmäßig überlassen sind, etwas besitzen. Besonders streng ist der Besitz von Messern, Feilen, Hämmern und anderen Werkzeugen und Stoffen sowie von Geld und Kostbarkeiten untersagt.

XX Die Gefangenen dürfen keinen Gegenstand heimlich oder ordnungswidrig aufbewahren, zurückhalten oder benützen. Sie haben jeden gefundenen Gegenstand unverzüglich einem Bediensteten auszuhändigen.

XXI Jeder Handel, insbesondere mit Nahrungsmitteln, alles Schenken oder Annehmen, Leihen oder Entlehnen von irgendwelchen Gegenständen ist verboten.

XXII Die Gefangenen haben auf dem Wege zu den Arbeitsplätzen und Schlafräumen, zur Kirche, zum Unterricht usw. die vorgeschriebene Ordnung einzuhalten.

XXIII Die Gefangenen müssen sich jederzeit an den Plätzen aufhalten, die ihnen angewiesen sind. Sie dürfen diese Plätze nur in Notfällen verlassen. Die Lagerstätten dürfen sie nicht wechseln, verrücken oder mit einem anderen teilen. Der Abort darf immer nur von einem Gefangenen betreten werden. Die Vorschriften über die Benützung und Reinhaltung der Aborte sind genau einzuhalten.

XXIV In Bezug auf Feuer und Licht ist die größte Sorgfalt zu beobachten. Die Gefangenen haben die Vorschriften über die Benützung der Heizungs-, Beleuchtungs- und Wasserleitungseinrichtungen streng zu befolgen.

XXV Das Rauchen, Schnupfen oder Kauen von Tabak ist verboten.

XXVI Während der Arbeitszeit haben die Gefangenen unausgesetzt fleißig und sorgfältig zu arbeiten. Die aufgegebenen Arbeiten dürfen nur von den Gefangenen gefertigt werden, denen sie zugewiesen sind.

XXVII Die arbeitsfreie Zeit haben die Gefangenen zum Lesen, zum Schreiben, zur Vorbereitung für den Religions- und Schulunterricht, zu anderen nützlichen Dingen oder zu dem ihnen erlaubten Spiele zu verwenden.[12])

1. Jede Handlung oder Unterlassung der Gefangenen, die durch die Vorschriften in §§ 83 und 84 verboten ist, zieht Disziplinarstrafe nach sich (HO. § 90ff.).

2. Die Formen der Achtungserweisung sind folgende: Wenn ein Beamter eine Zelle betritt, haben die Gefangenen ihre Beschäftigung zu unterbrechen, sich zu erheben und Haltung anzunehmen. In gleicher Weise haben sie sich zu verhalten, wenn sie in einem gemeinsamen Arbeitsraum oder Schlafraum von einem Beamten angesprochen werden. Bei Begegnungen haben die Gefangenen die Beamten und die Angehörigen der Wachmannschaft durch Annehmen von Haltung und in Männerstrafanstalten durch Abnehmen der Kopfbedeckung zu grüßen.

3. Sie dürfen auch schriftlich Beschwerden bei der Aufsichtsbehörde anbringen, HO. § 25 II.

4. HO. § 45 I.

5. HO. § 55 und Anm. 2.

6. HO. §§ 50, 80 I, IV.

7. Auch den in Gemeinschaftshaft befindlichen Gefangenen.

8. Daß diese Art der Haft alsdann der Gemeinschaftshaft gleich zu achten ist, darüber siehe HO. § 16 II und § 18 Anm. 1.

9. HO. § 23ff.

10. Karten-, Würfel- und ähnliche Spiele sind natürlich untersagt. Vgl. HO. für die Gerichtsgefängnisse § 52 I.

11. Ebenso auch für jedes schuldhafte Verlieren. Soweit der Gefangene nicht über eigene Mittel verfügt, wird zur Deckung von Ersatzverbindlichkeiten mit Genehmigung der Aufsichtsbehörde die Arbeitsbelohnung herangezogen, HO. § 76 III.

12. Auch HO. § 81 III.

§ 84.

Die Gefangenen haben sich jedes Mißbrauchs einer erteilten Erlaubnis, einer gewährten Vergünstigung oder der in ihrem Interesse getroffenen Einrichtungen sorgfältig zu enthalten.

§ 85.

Ein Auszug aus den Vorschriften über das Verhalten der Gefangenen ist in den gemeinschaftlichen Arbeits- und Schlafräumen und in den Einzelhafträumen anzuheften.

Kap. XIII.

Aufmunterungen.

§ 86.

I Der Vorstand kann Gefangenen, die sich gut führen, Aufmunterungen zuerkennen.[1]) Diese bestehen:

1. in Belobung,
2. in der Zulassung bescheidener Genußmittel (Zusatznahrung),[2])
3. in der Erlaubnis, öfter als in den §§ 23 und 26 allgemein zugelassen ist, Besuche und Briefe[3]) zu empfangen und Briefe abzusenden,
4. in der Verwendung zu besseren und lohnenderen Arbeiten, zu Haus-, Hof- und Gartenarbeiten und anderen Arbeiten im Freien,[4])
5. in Arbeitsprämien.[5])

II Die zuerkannten Aufmunterungen sind in den Personalakten des Gefangenen vorzumerken.

1. Ein Recht auf die Zuerkennung solcher Aufmunterungen steht den Gefangenen nicht zu. Der Vorstand kann also Gefangenen, auch wenn sie sich gut führen, solche Aufmunterungen verweigern, falls sonstige Gründe, die eine besonders strenge Behandlung erfordern, gegen die Bewilligung sprechen. Fällt die Voraussetzung der guten Führung bei einem Gefangenen, dem eine Aufmunterung gewährt wurde, weg, so kann der Vorstand die zuerkannten Aufmunterungen widerrufen, soweit sie, wie die unter Nr. 2 bis 4 aufgeführten, widerruflich sind. Dieser Widerruf hat nicht die Natur einer Disziplinarstrafe, er kann deshalb auch neben einer solchen ausgesprochen werden. Doch kann er in geeigneten Fällen auch als Disziplinarstrafe verhängt werden (HO. § 91 I 3).

2. HO. §§ 76 I, 87.

3. „und Briefe" ist gegenstandslos, da die HO. eine Beschränkung in der Zahl der Briefe, die ein Gefangener empfangen darf, nicht kennt, § 26 Anm. 3.

4. HO. § 68, 74 III.

5. HO. §§ 73 IV, 79, 88.

§ 87.

Als Zusatznahrungsmittel sind zulässig:

Brot, Butter, Milch, Obst, Eier, Speck. Sie sollen nur in bestimmten Mengen zugelassen werden.[1]) Erwachsenen Gefangenen,[2]) die in der Erntezeit oder bei Kulturarbeiten, bei Bauarbeiten, als Heizer oder dergl. schwer gearbeitet haben, darf auch einmal im Tag ein halber Liter Bier[3]) verabreicht werden. Die Abgabe[4]) erfolgt auf Kosten der Anstalt.

1. Die Fassung der Vorschrift schließt nicht aus, daß mehrere Zusatznahrungsmittel gleichzeitig zugelassen werden. Immerhin wird es sich nicht empfehlen, mehr als zwei Zusatznahrungsmittel gleichzeitig zuzulassen, es müßte denn sein, daß der Hausarzt im gesundheitlichen Interesse des Gefangenen es begutachtet.

Die Zusatznahrungsmittel sind nach § 86 Aufmunterungen und dürfen nur solchen Gefangenen zuerkannt werden, die sich gut führen. Daraus ergibt sich, daß der Gefangene sich erst längere Zeit einer guten Führung befleißigt haben muß, daß ihm also nicht sofort nach Beginn der Strafe solche Zusätze gewährt werden dürfen. Gerade die Zusätze sind ein treffliches Mittel für die Differenzierung und Individualisierung bei der Behandlung der Gefangenen. So werden sie bei Gefängnissträflingen schon nach kürzerer Karenzzeit zuerkannt werden dürfen als bei Zuchthausgefangenen; ebenso wird Gefangenen, die wegen ihres Vorlebens, der Roheit und Schwere ihrer Tat oder aus sonstigen Gründen eine strengere Behandlung verdienen, die Bewilligung von Zusatznahrung länger versagt werden können als solchen, bei denen derartige Gründe nicht vorliegen.

Die Kosten für die ihnen bewilligten Zusatznahrungsmittel im Sinne dieser Vorschrift haben die Gefangenen auf Rechnung ihrer Arbeitsbelohnung zu bestreiten, HO. § 76 I. Von den Zusatznahrungsmitteln sind zu unterscheiden die Kostzusätze auf Grund ärztlicher Verordnung, für deren Kosten die Anstaltskasse aufzukommen hat, HO. § 30 IV.

2. Gemeint sind Gefangene in Anstalten oder Abteilungen für Erwachsene.

3. Anstatt des Bieres darf auf Wunsch des Gefangenen auch Milch in gleicher Menge verabreicht werden. An Gefangene in Anstalten für Jugendliche darf nur Milch abgegeben werden.

4. Nämlich die Abgabe des Bieres oder der Milch. Vgl. Anm. 1.

§ 88.

I Arbeitsprämien erhalten diejenigen Gefangenen, die sich durch andauernden Fleiß und fortschreitende Geschicklichkeit auszeichnen und sich auch sonst gut führen. Die Prämien gelten als Arbeitsbelohnungen (§§ 74 bis 79) und werden wie solche behandelt.

II Öfter als zweimal im Jahr sollen Prämien nicht verteilt werden. Der Betrag einer Prämie soll zehn Mark nicht übersteigen.

Vgl. auch HO. §§ 73 IV, 79.

§ 89.

Für Gefangene, die sich andauernd gut führen, kann der Vorstand nach Anhörung der Beamtenkonferenz[1]) von Amts wegen einen Antrag auf Begnadigung stellen.

1. HO. § 117.

Kap. XIV.

Bestrafung.

§ 90.

I Jede Handlung oder Unterlassung eines Gefangenen, die durch die Hausordnung oder eine andere Vorschrift verboten ist, zieht Disziplinarstrafe[1]) nach sich.

II Begeht ein Gefangener eine nach den Strafgesetzen strafbare Handlung, so schließt die Einleitung des Strafverfahrens[2]) die disziplinäre Ahndung nicht aus.[3])[4])

1. Der Gefangene untersteht der Disziplinargewalt des Vorstands (§ 93). Die Befugnis des Vorstands, gegen einen Gefangenen eine Disziplinarstrafe zu verhängen, endet mit dem Ablauf der gegen den Gefangenen zu vollstreckenden Strafe. Ist bis zu diesem Zeitpunkte wegen einer Verfehlung gegen die Anstaltsdisziplin, die der Gefangene sich zu Schulden kommen ließ, eine Strafe nicht verhängt, so ist das Disziplinarstrafrecht erloschen. Es lebt auch nicht wieder auf, wenn der Gefangene zur Verbüßung einer neuen Strafe in die nämliche Anstalt zurückgeliefert wird; die Disziplinargewalt des Vorstands erstreckt sich dann nur auf solche Verfehlungen, die sich der Gefangene während der Verbüßung der neuen Strafe zu Schulden kommen läßt. Anders liegt die Sache, wenn die Disziplinargewalt des Vorstands durch Verhängung einer Strafe bereits zur Wirksamkeit gelangt ist, die Strafe jedoch wegen des Ablaufs der Strafzeit nicht mehr vollstreckt werden kann; darüber siehe unten.

Eine Verjährung des Disziplinarstrafrechts oder der Vollstreckung der ausgesprochenen Disziplinarstrafe kennt die HO. nicht.

Die Vollstreckung einer gegen einen Gefangenen ausgesprochenen Disziplinarstrafe ist nur zulässig, solange der Bestrafte Strafgefangener ist. Die Disziplinarstrafen sind in der Hauptsache nichts anderes als Schärfungen des regelmäßigen Strafvollzugs; sie können deshalb auch nur solange angewendet werden, als der Strafvollzug dauert. Dies liegt in der Natur der Sache, soweit die Entziehung hausordnungsmäßiger Vergünstigungen oder sonstiger dem Gefangenen zustehender Rechte, Schmälerung der Kost und Fesselung in Betracht kommen; denn ein von einer Freiheitsentziehung unabhängiger, selbständiger Vollzug dieser Strafen ist undenkbar. Fraglich könnte dagegen sein, ob nicht etwa eine einsame Einsperrung, die wegen des Ablaufs der Strafe nicht mehr in der Strafanstalt vollzogen werden kann, selbständig in einem Gerichtsgefängnisse vollstreckt werden könnte. Die Frage ist unbedingt zu verneinen. Die einsame Einsperrung ist lediglich eine Modifikation der regelmäßigen, auf einer gerichtlichen Entscheidung beruhenden Freiheitsentziehung; sie ist Disziplinarstrafe, aber zugleich Strafvollzug. Ihre Vollstreckung ist deshalb nur möglich, solange ein Strafvollzug gegen den Gefangenen läuft; endet die Strafe und muß der Gefangene entlassen werden, so besteht auch, wenigstens vorläufig, nicht mehr die Möglichkeit, eine einsame Einsperrung gegen ihn zu vollziehen. Die HO. für die Gerichtsgefängnisse sieht auch die Möglichkeit einer solchen Vollstreckung nicht vor. Dagegen dürfte es zulässig sein, daß eine bereits ausgesprochene Disziplinarstrafe, die wegen des Ablaufs der Strafzeit nicht mehr vollstreckt werden konnte, zum Vollzuge gelangt, wenn der Gefangene zur Verbüßung einer neuen gerichtlichen Strafe wieder in eine Strafanstalt oder in ein Gerichtsgefängnis eingeliefert wird, wie auch eine vom Vorstande eines Gerichtsgefängnisses ausgesprochene, noch nicht vollstreckte Disziplinarstrafe unbedenklich in einer Strafanstalt vollstreckt werden kann, wenn dort ein neuer Strafvollzug gegen den Gefangenen beginnt. (Darüber, daß eine Disziplinarstrafe wegen einer früheren Verfehlung in einem solchen Falle nicht mehr ausgesprochen werden kann, weil das Disziplinarstrafrecht erloschen ist, siehe oben.)

Wird ein in einer Strafanstalt verwahrter Gefangener vorübergehend an eine andere Behörde überliefert (s. Anm. 1 zu § 9), so gilt er, solange er sich auf dem Transporte befindet, als Schubgefangener (vgl. HO. für die Gerichtsgefängnisse § 4 II). Verfehlt er sich während dieser Zeit in einem Gerichtsgefängnisse gegen die Disziplin, so untersteht er der Disziplinargewalt des Vorstands dieses Gefängnisses (a. a. O. § 63). Begeht er eine disziplinwidrige Handlung während des Transportes, so wird die Disziplinarbestrafung zweckmäßig durch den Vorstand der Anstalt zu erfolgen haben, in die der Gefangene demnächst eingeliefert wird, also durch den Vorstand des Gerichtsgefängnisses, wenn der Gefangene sich auf dem Transporte von der Strafanstalt in das Gerichtsgefängnis, durch den Vorstand der Strafanstalt, wenn er sich auf dem Rücktransporte dorthin befindet.

2. Die Verwaltungen und die Vorstände der Strafanstalten gehören nicht zu den Behörden und Beamten, die zur Erforschung und Verfolgung strafbarer Handlungen verpflichtet sind. Daß sie von strafbaren Handlungen schwerer Art, die Gefangene begehen, den zuständigen Staatsanwalt zu benachrichtigen haben, um den Täter der Strafe zuzuführen, ist selbstverständlich und liegt schon im Interesse der Ordnung und der Sicherheit der Anstalt, dagegen brauchen sie nicht jede geringfügige strafbare Handlung eines Gefangenen, z. B. Körperverletzungen mit geringfügigen Folgen, Beleidigungen, Sachbeschädigungen, Diebstähle von geringwertigen Sachen usw. zur gerichtlichen Verfolgung zu bringen. Es genügt in der Regel, wenn in solchen Fällen eine Disziplinarbestrafung erfolgt. Will ein Gefangener eine Strafanzeige beim Staatsanwalt erstatten oder wegen einer in der

Strafanstalt an ihm verübten strafbaren Handlung Strafantrag stellen, so darf ihm das nicht verwehrt werden, auch wenn es sich nur um Geringfügigkeiten handelt, vgl. HO. § 25 II.

3. In der Regel wird mit der disziplinären Würdigung einer strafbaren Handlung bis nach Beendigung des eingeleiteten Strafverfahrens zugewartet werden können. Liegen für die sofortige disziplinäre Ahndung jedoch besondere Gründe vor, so ist sie nicht unzulässig.

4. Natürlich steht auch der Aufsichtsbehörde kraft ihres Aufsichtsrechtes die Befugnis zu, Disziplinarstrafen gegen Gefangene zu verhängen.

§ 91.

I Als Disziplinarstrafen sind zulässig:[1])

1. Warnung;
2. Verweis;
3. Entziehung hausordnungsmäßiger Vergünstigungen, insbesondere der Selbstbeköstigung, der Selbstbeschäftigung, des Tragens eigener Kleider und der Benützung eigener Bettstücke;[2])
4. Entziehung der Erlaubnis Besuche zu erhalten,[3]) Briefe zu schreiben[4]) und auf Rechnung der Arbeitsbelohnung vorschußweise Ausgaben zu machen,[5]) je bis zur Dauer von drei Monaten;
5. Entziehung der Erlaubnis Bücher und Druckschriften weltlichen Inhalts zu lesen, bis zur Dauer von vier Wochen;
6. bei Einzelhaft Entziehung der Arbeit bis zur Dauer einer Woche;
7. Ausschluß von der Bewegung im Freien[6]) bis zur Dauer einer Woche;
8. Entziehung des Bettlagers bis zur Dauer einer Woche;
9. Schmälerung der Kost, bestehend aus der Entziehung der Morgen- oder Mittag- oder Abendkost und der Brotportion oder je um den andern Tag in der Beschränkung der Kost auf Wasser und Brot, bis zur Dauer einer Woche;[7])
10. Fesselung bis zur Dauer von vier Wochen, jedoch nur dann, wenn sich der Gefangene eine schwere Widersetzlichkeit oder eine andere gefährliche Tätlichkeit hat zuschulden kommen lassen;
11. einsame Einsperrung bis zur Dauer von sechs Wochen.

II Die Disziplinarstrafen unter Nr. 1 bis 10 — diese miteingeschlossen — können auch in Verbindung miteinander zur Anwendung gebracht werden.[8])

III Die einsame Einsperrung kann geschärft[9]) werden:

a) durch die unter Nr. 3, 4, 5, 6, 7 und 8 bezeichneten Entziehungen,

b) durch Schmälerung der Kost,

c) durch Verdunkelung der Zelle.

IV Für die Dauer der Fesselung (Nr. 10) wird der Gefangene in einsamer Einsperrung gehalten.[10])

V Die Schärfungen werden einzeln oder in Verbindung miteinander für die ganze Dauer oder für einen Teil der Strafzeit, die Schärfung durch Verdunkelung der Zelle jedoch nicht für mehr als vier Wochen verhängt. Dauert die einsame Einsperrung länger als eine Woche, so fallen die damit verbundenen Schärfungen der Entziehung des Bettlagers, der Schmälerung der Kost und der Verdunkelung der Zelle am vierten, achten und dann an jedem dritten Tage weg.

VI Die Gefangenen, über die die einsame Einsperrung verhängt ist, sind vom Besuche des Gottesdienstes und des Unterrichts ausgeschlossen.

VII Gegen Gefangene, die das achtzehnte Lebensjahr noch nicht vollendet haben, sind die Fesselung und die Schärfung der einsamen Einsperrung durch Verdunkelung der Zelle unzulässig.[11])

Grundsätze § 34.

1. Nach den früheren Hausordnungen waren mit der Verurteilung zu einer Disziplinarstrafe gewisse Straffolgen, besonders die Entziehung bewilligter Genußmittel und sonstiger hausordnungsmäßiger Vergünstigungen teils von selbst verbunden, teils konnten sie damit verbunden werden. Diese Einrichtung der Straffolgen ist der neuen HO. fremd. Sie kennt nur die im Abs. I aufgeführten Hauptstrafen. Soll eine dieser Strafen zur Anwendung kommen, so muß sie durch einen Disziplinarbeschluß verhängt werden, HO. § 93.

2. HO. §§ 34, 71, 28 II. Weitere solche Vergünstigungen sind z. B. Benützung eigener Bücher, Lesen einer Tageszeitung oder Zeitschrift, HO. § 62, Gewährung von Freistunden zu geistiger Beschäftigung, § 72, Verwendung zu Arbeiten außerhalb der Anstalt, § 68. Wegen der Aufmunterungen siehe § 86 Anm. 1.

Eine Dauer für die unter Nr. 3 fallenden Entziehungen setzt die HO. nicht fest. Gleichwohl wird auch hier die Entziehung auf eine bestimmte Dauer die Regel sein, wenngleich natürlich beim Vorliegen besonderer Gründe die dauernde Entziehung auch nicht ausgeschlossen ist.

Auch der Arbeitsbelohnung (HO. § 74) wird man die Natur einer „Vergünstigung" nicht ganz absprechen können; jedenfalls hat der Gefangene keinen Anspruch auf sie (Anm. 5 zu § 74). Es wird deshalb nicht unzulässig sein, gegen einen Gefangenen, der z. B. die ihm übertragene Arbeit trotz wiederholter Ermahnungen in böswilliger Absicht faul und nachlässig verrichtet und sich sohin gegen die Vorschrift in

§ 83 XXVI verfehlt, die Entziehung der Arbeitsbelohnung als Disziplinarstrafe zu verhängen. Natürlich nur der Arbeitsbelohnung, soweit sie für die Zukunft angefallen wäre; die Entziehung einer bereits gutgeschriebenen Arbeitsbelohnung dagegen ist unstatthaft.

3. HO. § 23.

4. HO. § 26.

5. HO. § 76 I.

6. HO. § 42.

7. Die Fesselung als Disziplinarstrafe darf nur wegen Gewalttätigkeit, Fluchtverdachts oder aus ähnlichen wichtigen Gründen verhängt werden, § 93 IV.

Von der Fesselung als Disziplinarstrafe ist zu unterscheiden die Fesselung als vorbeugende oder Sicherungsmaßregel (HO. §§ 97, 98 I, 99 Nr. 2), ferner die Fesselung während der Disziplinaruntersuchung (§ 93 II). In den die Fesselung eines Gefangenen anordnenden Beschlüssen wird zum Ausdruck zu bringen sein, ob die Fesselung als Disziplinarstrafe oder als Sicherungsmaßregel verhängt wird.

8. Bei einer solchen Verbindung kann jedoch jede Strafe nur bis zu der für sie bestimmten Höchstdauer verhängt werden.

9. Eine Verbindung der einsamen Einsperrung mit einer der unter Nr. 5 bis 10 aufgeführten Disziplinarstrafen, besonders auch mit der Fesselung, ist unzulässig (vgl. Abs. II). Daß damit Abs. IV nur scheinbar in Widerspruch steht, darüber siehe Anm. 10. Die HO. kennt nur eine Schärfung der einsamen Einsperrung durch die unter Nr. 3, 4, 5, 6, 7 und 8 bezeichneten Entziehungen, durch Schmälerung der Kost und durch Verdunkelung der Zelle. Nach Abs. V können diese Schärfungen für einen Teil oder für die ganze Dauer der einsamen Einsperrung, jedoch nicht länger verhängt werden; eine Ausnahme besteht nur für die Verdunkelung der Zelle, die nicht länger als für vier Wochen ausgesprochen werden darf, auch wenn die einsame Einsperrung mehr als vier Wochen dauert. Hieraus ergibt sich, daß die zeitlichen Beschränkungen, denen die in Nr. 4 bis 9 aufgeführten Entziehungen als selbständige Disziplinarstrafen unterliegen, wegfallen, sobald diese Entziehungen als Schärfungen der einsamen Einsperrung dienen. Während z. B. die Schmälerung der Kost als selbständige Disziplinarstrafe in der Form der Entziehung der Morgen-, Mittag- oder Abendkost nebst der Brotportion nur bis zur Dauer einer Woche, in der Form der Beschränkung der Kost auf Wasser und Brot zudem nur je um den andern Tag verhängt werden darf, sind diese beiden Formen der Kostschmälerung als Schärfung der einsamen Einsperrung für deren ganze Dauer zulässig und haben nur, wie jede andere Schärfung, am 4., 8. und jedem weiteren 3. Tage wegzufallen, wenn die einsame Einsperrung länger als eine Woche dauert; bis zur Dauer einer Woche kann die einsame Einsperrung mit allen Schärfungen verhängt werden, ohne daß ein sog. „guter Tag" eingelegt wird. Doch hat es der Vorstand auch hier in der Hand, die Schärfungen oder eine davon an einem Tage oder an mehreren Tagen wegfallen zu lassen, wie er denn überhaupt auch dann, wenn die einsame Einsperrung länger als eine Woche dauert, die guten Tage öfter als in der HO. vorgesehen eintreten lassen kann, besonders wenn der Gesundheitszustand des Gefangenen eine solche Rücksichtnahme erheischt. Die Vorschrift der HO. stellt nur das Mindestmaß an guten Tagen dar.

Es ist also z. B. die Beschränkung der Kost auf Wasser und Brot als Schärfung der für eine Woche verhängten einsamen Einsperrung an sieben aufeinanderfolgenden Tagen zulässig. Eine Kostbeschränkung von dieser Art und Dauer wird jedoch nur ausnahmsweise in sehr schweren Fällen und nur dann verhängt werden können, wenn nach dem Gutachten des Hausarztes schädigende Einwirkungen auf die Gesundheit des Gefangenen als ausgeschlossen zu erachten sind; in der Regel wird es sich empfehlen, die Schärfungen wenigstens an einem Tage wegfallen zu lassen.

Eine Verbindung der Fesselung als Disziplinarstrafe mit der einsamen Einsperrung ist unzulässig; es ist jedoch nicht ausgeschlossen, daß mit der einsamen Einsperrung als Disziplinarstrafe die Fesselung als Sicherungsmaßregel im Sinne der §§ 98, 99 HO. verbunden wird, falls die einsame Einsperrung allein als Sicherung nicht genügt. In diesem Falle darf die Fesselung nicht länger dauern, als bis der Zweck der Sicherung erreicht ist.

Da Schärfungen der einsamen Einsperrung höchstens für deren Dauer, nicht aber länger ausgesprochen werden können, empfiehlt es sich, in den Fällen, in denen auf eine länger dauernde Entziehung hausordnungsmäßiger Vergünstigungen Wert gelegt wird, diese Entziehung als selbständige Strafe auszusprechen und von der Verhängung einer einsamen Einsperrung abzusehen.

Zwei selbständig ausgesprochene Arreststrafen unmittelbar nacheinander zu vollziehen, ist nicht unzulässig, doch darf die Gesamtdauer dieser Strafen die für die einsame Einsperrung zulässige Höchstdauer von sechs Wochen nicht übersteigen, auch müssen dem Gefangenen die der Gesamtdauer der einsamen Einsperrung entsprechenden guten Tage zugebilligt werden. Die Verhängung geschärfter einsamer Einsperrung in der Dauer einer Woche ohne Einlegung eines guten Tages z. B. ist zulässig; dagegen wäre es unzulässig und widerspräche den Vorschriften der Hausordnung, zwei derartige Strafen unmittelbar nacheinander ohne Einlegung guter Tage zu vollziehen. Denn im Ergebnisse handelt es sich um die Vollstreckung einer geschärften Arreststrafe in der Dauer von 14 Tagen; deshalb müssen am 4., 8., 11. und 14. Tage die Schärfungen wegfallen. Am zweckmäßigsten ist es, zwischen die Vollstreckung mehrerer selbständig ausgesprochener Arreststrafen eine angemessene Pause zu legen.

10. d. h. er wird von den übrigen Gefangenen abgesondert.

11. Gegen Gefangene, die das 18. Lebensjahr vollendet haben, sind diese Maßregeln auch dann zulässig, wenn die Gefangenen sich noch in einer Anstalt oder einer Abteilung für Jugendliche befinden (HO. § 171). Die Fesselung als Sicherungsmaßregel ist auch gegen Jugendliche zulässig.

§ 92.

Die körperliche Züchtigung ist in allen Strafanstalten unbedingt verboten.

AusfGes. z. StPO. vom 18. August 1879 (GVBl. S. 781) Art. 27.

§ 93.

I Die Disziplinarstrafen werden nach Anhörung des Gefangenen von dem Vorstande[1]) verhängt. Der Tatbestand wird in der Regel durch mündliche Ermittelungen festgestellt. Das Ergebnis wird im Strafbuche kurz vermerkt.

II Während der Disziplinaruntersuchung darf der Gefangene in engem Gewahrsam gehalten[2]) und, wenn er besonders gefährlich oder fluchtverdächtig ist, gefesselt werden.

III Die Strafen werden in der Regel sofort[3]) vollstreckt. Soweit es sich nicht um eines der im § 91 Nr. 1 bis 6 bezeichneten Disziplinarmittel handelt, ist dem Hausarzte rechtzeitig Mitteilung zu machen, damit er etwaige Bedenken bei dem Vorstande geltend machen kann. Falls die Vollstreckung der Strafe aus Gründen der Disziplin keinen Aufschub leidet, ist der Hausarzt nachträglich, und zwar in kürzester Frist, zu hören.

IV Bei der Verhängung der Disziplinarstrafen soll eine angemessene Abstufung eingehalten werden. Die Fesselung[4]) darf nur wegen Gewalttätigkeit, Fluchtverdachts oder aus ähnlichen gewichtigen Gründen verhängt werden.

Grundsätze § 35.

1. oder dessen Stellvertreter.

2. d. h. abgesondert von anderen Gefangenen in einer Zelle.

3. Auch eine von dem Gefangenen eingelegte Beschwerde hat aufschiebende Wirkung nur, wenn es der Vorstand verfügt, HO. § 94 II.

4. HO. § 91 I 10.

§ 94.

I Die Disziplinarbescheide werden den Gefangenen vom Vorstande selbst[1]) eröffnet. Gegen die Verhängung der im § 91 Nr. 9, 10, 11 bezeichneten Disziplinarstrafen und gegen die Art der Vollstreckung dieser Strafen steht dem Gefangenen das Recht der Beschwerde zu.[2])

II Über die Beschwerde entscheidet die Aufsichtsbehörde. Aufschiebende Wirkung hat die Beschwerde nur, wenn es der Vorstand verfügt.[3]) Die Beschwerde ist der Aufsichtsbehörde unverzüglich vorzulegen.

1. oder dessen Stellvertreter.

2. Die Beschwerde nebst deren Begründung ist zu Protokoll zu nehmen und nebst einem Auszug aus dem Strafbuche (§ 93 I) und den sonst etwa noch notwendigen Belegen dem StM. der Justiz vorzulegen.

An eine Frist ist die Beschwerde nicht gebunden; sie kann jederzeit eingelegt werden, auch dann, wenn die Strafe schon verbüßt ist.

Gegen die Verhängung der übrigen Disziplinarstrafen steht dem Gefangenen ein förmliches Recht der Beschwerde nicht zu; doch darf ihm, wenn er sich wegen der Bestrafung in einer Eingabe an die Aufsichtsbehörde wenden will, dies nicht verwehrt werden (HO. § 25 II).

3. Es wird sich empfehlen, wenn die Vorstände bei der Vorlegung der Beschwerde berichten, ob sie dieser aufschiebende Wirkung zugestanden haben.

§ 95.

Jede Disziplinarstrafe wird in den Personalakten des Gefangenen vermerkt; ihre Vollstreckung ist im Strafbuche[1]) nachzuweisen.

1. HO. § 93 I.

Kap. XV.

Vorbeugende Maßregeln und Verfahren in außerordentlichen Fällen.

§ 96.

I Der Vorstand ist jederzeit berechtigt, alle Vorkehrungen zu treffen, die geeignet sind, jeder Gefährdung der Ordnung und Sicherheit in der Anstalt vorzubeugen, die Disziplin aufrechtzuerhalten und Verfehlungen der Gefangenen aufzudecken. Insbesondere kann er jederzeit eine Durchsuchung[1]) der Gefangenen vornehmen lassen. Bei den Durchsuchungen ist der Anstand zu wahren; weibliche Gefangene dürfen nur von Aufseherinnen durchsucht werden.

II Auch ohne Auftrag darf das Dienstpersonal einen Gefangenen durchsuchen, wenn die unverzügliche Anwendung dieser Maßregel geboten ist und die Anordnung des Vorstandes nicht vorher eingeholt werden kann. Die Vorschrift des Abs. 1 Satz 3 gilt auch für solche Durchsuchungen.

1. Abgesehen von den regelmäßigen Durchsuchungen, die mehrmals am Tage zu vorgeschriebenen Zeiten stattfinden und in der Regel durch Abstreifen vorgenommen werden.

§ 97.

Beim Ausbrechen eines Brandes, bei Meutereien oder bei anderen die Sicherheit und Ordnung der Anstalt bedrohenden Vorkommnissen kann der Vorstand die Fesselung[1]) von Gefangenen oder ihre Absonderung verfügen.[2])

1. Auch hier wird die Fesselung nicht länger angewendet werden dürfen, als bis der Zweck der Maßregel erreicht ist, vgl. § 98 I.

2. Es handelt sich hier um vorbeugende Maßregeln, die bei dem Eintritte der die Sicherheit und Ordnung der Strafanstalt bedrohenden Vorkommnisse auch dann gegen Gefangene angewendet werden können, wenn diese Ausschreitungen oder Widersetzlichkeiten noch nicht begangen haben.

§ 98.

I Zur augenblicklichen Bewältigung eines tätlichen Widerstandes oder zur Sicherung gegen andere schwere Ausschreitungen kann, wenn andere Mittel[1]) nicht ausreichen, die Fesselung oder die Zwangsjacke angewendet[2]) werden, jedoch nicht länger, bis der Widerstand gebrochen oder der Zweck der Sicherung erreicht ist.

II Die Anlegung der Zwangsjacke darf nicht über sechs Stunden dauern;[3]) sofern nicht Gefahr im Verzug ist, ist die Zustimmung des Hausarztes einzuholen.[4]) Auch bei der Anlegung der Zwangsjacke soll der Hausarzt womöglich anwesend sein.

Grundsätze § 36.

1. z. B. die Absonderung.
2. Nur auf Anordnung des Vorstands, § 100.
3. Auch wenn der Zweck der Anlegung noch nicht erreicht ist.
4. Jedenfalls ist der Hausarzt, auch wenn seine vorherige Zustimmung nicht erholt werden konnte, baldmöglichst zu benachrichtigen.

§ 99.

Als Sicherungsmaßregeln sind weiter zulässig:[1])

1. Absonderung bis zur Dauer von drei Monaten, selbst dann, wenn der Gefangene schon drei Jahre seiner Strafe in Einzelhaft verbüßt hat.[2])
2. Fesselung nach einem Fluchtversuch oder einem Selbstmordversuch oder einem tätlichen Angriffe. Die Fesselung ist auch zulässig, wenn ein Gefangener auf dem Transport einen Fluchtversuch, einen Selbstmordversuch oder einen tätlichen Angriff unternommen hat. Der Fesselung nach einem Selbstmordversuche soll womöglich der Hausarzt oder ein anderer Amtsarzt[3]) anwohnen. In allen diesen Fällen muß die Fesselung, sobald angenommen werden kann, daß ihr Zweck erreicht ist, wieder aufgehoben werden.
3. Gefangene, die unter Toben und Schreien in Wut ausbrechen, ihre Kleider zerreißen, Einrichtungsgegenstände und dergl. zerstören, können in die Tobzelle gesperrt werden. Wenn nach vierundzwanzig Stunden keine Beruhigung eingetreten ist, soll über ihr längeres Verbleiben in der Tobzelle der Hausarzt gehört werden.

4. **Gegen Gefangene, die so gewalttätig auftreten, daß alle anderen Maßregeln sich als unzureichend erweisen, ist der Anschluß an die Wand zulässig. Er muß wieder aufgehoben werden, sobald der Gefangene zum Gehorsam zurückgebracht ist.**

1. Die Anordnung steht dem Vorstande zu, § 100.
2. HO. § 19 III.
3. Landgerichtsarzt oder Bezirksarzt. Der Arzt ist über die Anwendbarkeit der Fesselung und die Art ihrer Anwendung zu hören.

§ 100.

Der Vorstand bestimmt, welche Sicherungsmaßregel [1]) anzuwenden ist. In Notfällen sind jedoch auch der Hausverwalter, der Oberaufseher und das Aufsichtspersonal berechtigt, einen Gefangenen vorläufig in einen abgesonderten Raum zu verbringen; sie haben jedoch den Vorfall unverzüglich dem Vorstande zu melden.

1. HO. §§ 98, 99.

§ 101.

Gegen Gefangene, die sich gemeinsam der Ordnung widersetzen, hat der Vorstand, wenn andere Maßregeln nicht ausreichen, [1]) die Waffengewalt unter Beachtung der hierfür erlassenen besonderen Vorschriften zur Anwendung zu bringen. [2])

1. Neben der Absonderung und Fesselung (§ 97) hauptsächlich auch der Waffengebrauch durch die bewaffneten Aufseher, vgl. HO. § 102 I Nr. 2.

2. Die Anwendung der Waffengewalt hat nach Maßgabe der Vorschriften des Gesetzes vom 4. Mai 1851, das Einschreiten der bewaffneten Macht zur Erhaltung der gesetzlichen Ordnung betr. (GBl. S. 9), zu erfolgen. Die zur Aufbietung der bewaffneten Macht zuständige Behörde im Sinne des Art. 1 dieses Gesetzes ist, soweit es sich um die Erhaltung der gesetzlichen Ordnung innerhalb der Strafanstalt handelt, der Vorstand der Verwaltung oder dessen Stellvertreter.

Bei den Zuchthäusern Ebrach und Kaisheim, bei denen sich militärische Bewachungsabteilungen befinden, werden für die Anwendung der Waffengewalt die für diese Abteilungen bestehenden Dienstvorschriften zunächst maßgebend sein.

§ 102.

I **Die bewaffneten Angestellten [1]) dürfen auch ohne Weisung des Vorstandes von ihren Waffen Gebrauch machen**

1. **bei Fluchtversuchen, wenn sich der Gefangene der Ergreifung tätlich oder durch gefährliche Drohung widersetzt oder auf wiederholte Aufforderung von dem Fluchtversuche nicht abläßt;**

2. wenn Gefangene Handlungen begehen, die den Tatbestand der Meuterei (§ 122 StGB.) enthalten;
3. wenn ein Gefangener auf Beamte oder Angestellte der Anstalt oder auf andere Personen, insbesondere auch auf Mitgefangene, einen tätlichen Angriff unternimmt.

II Dem Waffengebrauche hat, wenn es noch ausführbar ist, eine Aufforderung zum Gehorsam vorauszugehen; er darf nur soweit angewendet werden, als es unbedingt notwendig ist.[2])

III In allen Fällen kann der Beistand der Wachmannschaft[3]) in Anspruch genommen werden.

1. Die regelmäßige Waffe des Aufsehers ist das Seitengewehr. Die zur Bewachung der Anstalt herangezogenen Aufseher sind mit Revolvern oder Karabinern bewaffnet; das Tragen solcher Waffen kann vom Vorstande auch den Aufsehern gestattet werden, die zur Beaufsichtigung der Gefangenen bei Kulturarbeiten, landwirtschaftlichen Arbeiten und sonstigen Arbeiten im Freien verwendet werden.

2. Von der Schußwaffe wird nur dann Gebrauch gemacht werden dürfen:
1. wenn alle anderen Mittel erschöpft sind oder nach Lage der Sache nicht oder nicht mehr angewendet werden können,
2. wenn der Waffengebrauch in richtigem Verhältnisse steht zu dem Zweck, der damit erreicht werden soll. So wird sich z. B. das Schießen auf einen harmlosen Gefangenen, der sich der Vollstreckung eines nicht mehr erheblichen Strafrestes durch die Flucht von der Außenarbeit weg zu entziehen sucht, nicht rechtfertigen lassen. Überhaupt wird bei Entweichungen von Gefangenen in der Regel von der Anwendung der Schußwaffe dann Umgang genommen werden können, wenn die Möglichkeit besteht, die Verfolgung zumal unter Verwendung gut abgerichteter Polizeihunde sofort aufzunehmen.
3. wenn keine Gefährdung unbeteiligter Personen zu befürchten ist.

3. Vgl. HO. § 101 Anm. 2.

Abschnitt III.

Die Entlassung der Gefangenen.

§ 103.

I Innerhalb der letzten drei Tage vor der Entlassung wird der Gefangene dem Hausgeistlichen zur Verabschiedung vorgestellt, oder, wenn er sich in Einzelhaft befindet, von dem Hausgeistlichen in der Zelle besucht.

II Über das kirchlich-religiöse Leben und den sittlichen Zustand des zu Entlassenden kann der Hausgeistliche dem Pfarramte des künftigen Aufenthalts ein Gutachten übersenden. Er kann das Gutachten verschlossen dem Vorstand übergeben; der Vorstand vermittelt die Absendung.

§ 104.

I Unmittelbar vor der Entlassung wird der Gefangene von dem Vorstand eindringlich vor Rückfall verwarnt; dann erhält er die Abrechnung über sein Guthaben.[1]) Der Betrag des Guthabens, die ihm bei der Aufnahme abgenommenen Gegenstände und sein sonstiges Eigentum[2]) werden ihm, wenn er frei entlassen wird, ausgehändigt.[3])

II Kurz vor der Entlassung wird er auch dem Hausarzte vorgestellt.

1. HO. § 74 II.

2. HO. §§ 3, 4.

3. vgl. aber HO. § 107 IV d, soweit die Arbeitsbelohnung der Gefangenen in Betracht kommt.

§ 105.

Ist der Gefangene mit dem zur Erreichung seines Bestimmungsortes erforderlichen Geldmitteln[1]) oder mit anständiger Kleidung nicht versehen, so hat der Vorstand rechtzeitig dafür zu sorgen, daß er Geld und Kleidung erhält. Er hat mit den Angehörigen des Gefangenen, der Armenpflege oder einem Obsorgeverein[2]) in Verbindung zu treten und nötigenfalls aus Anstaltsmitteln eine Beihilfe zu gewähren.

1. Vgl. HO. § 76 II. Bei Gefangenen, die kurzzeitige Strafen zu verbüßen haben, wird die gutgeschriebene Arbeitsbelohnung häufig den Betrag, mit dem die Kosten der Reise an den Ort der Entlassung gedeckt werden könnten, nicht erreicht haben.

2. Auch mit der seit dem 1. Januar 1909 errichteten und dem Zellengefängnisse Nürnberg angegliederten Kgl. Hauptstelle für Gefangenenobsorge in Nürnberg.

§ 106.[1])

I Kommen für die Zeit nach der Verbüßung der Strafe Maßregeln der Zwangserziehung,[2]) der Unterbringung in einem Arbeitshause,[3]) der Stellung unter Polizeiaufsicht,[4]) der Landes- oder Reichsverweisung[5]) in Frage, so hat die Verwaltung die zuständige Behörde so rechtzeitig zu benachrichtigen, daß die erforderlichen Einleitungen getroffen, insbesondere im Falle der Landes- oder Reichsverweisung die Übernahmeverhandlungen durchgeführt werden können.

II Die Nachricht soll enthalten Vor- und Zunamen, Geburtstag, Geburtsort und Heimat des zu Entlassenden, Bezeichnung der strafbaren Handlung, Strafe und Tag ihres Ablaufs, Beschäftigung vor und während der Strafzeit, Führung in der Strafanstalt, endlich das Gutachten der Beamtenkonferenz[6]) über die Aussichten auf Besserung und über die Zweckmäßigkeit der in Frage kommenden weiteren Maßregeln.

III Die Art und Weise der Entlassung hat sich nach den Verfügungen der zuständigen Behörde zu richten.

1. In den §§ 106 und 107 sieht die HO. die Mitwirkung der Strafanstaltsverwaltungen bei den polizeilichen Maßnahmen vor, die gegen entlassene Gefangene in Frage kommen können. Die Konferenzbeamten (§ 117) haben sich vom Beginn der Strafvollstreckung an mit dem Lebenslaufe des Gefangenen, seiner Persönlichkeit, seinem Bildungsgange, seinen Fertigkeiten und Kenntnissen vertraut zu machen und sich angelegentlich mit seiner Charakterisierung zu beschäftigen (HO. § 13 III, IV), sie kommen mit dem Gefangenen bei den Zellenbesuchen, bei den Rapporten, bei der Überwachung seiner Beschäftigung, in der Schule und im Religionsunterrichte fortwährend in Berührung, sie können sich ein Urteil über seine Charaktereigenschaften, seine Veranlagung, seine Neigungen bilden, seine Führung beobachten und sind deshalb am nächsten berufen, ein Gutachten darüber abzugeben, ob nach seiner Entlassung polizeiliche Maßnahmen gegen ihn veranlaßt sind oder ob im Vertrauen auf sein Gesamtverhalten und seine Führung in der Anstalt davon abgesehen werden kann. Die Fragen der Zwangserziehung, der Unterbringung in einem Arbeitshause, der Reichs- oder Landesverweisung, der Stellung unter Polizeiaufsicht gehören zu den Gegenständen, deren Beratung in der Beamtenkonferenz vorgeschrieben ist (HO. § 117 II). Das Gutachten der Konferenz ist der zuständigen Behörde (siehe unten) so rechtzeitig mitzuteilen, daß diese ihre Entscheidung noch vor dem Zeitpunkte der Entlassung des Gefangenen aus der Strafanstalt treffen und die etwa veranlaßten Verhandlungen durchführen kann.

2. Bayerisches Gesetz vom 10. Mai 1902, die Zwangserziehung betr. (GVBl. S. 180), und die Ausführungsbestimmungen hierzu vom 28. Juni 1902 (JMBl. S. 629). Hieraus ist hervorzuheben: Die Anordnung der Zwangserziehung steht dem Vormundschaftsgerichte zu. Die Zwangserziehung jugendlicher Gefangener kann in Frage kommen, wenn die Voraussetzungen des § 1666 oder des § 1838 BGB. vorliegen (wenn das geistige oder leibliche Wohl des Kindes dadurch gefährdet ist, daß der Vater das Recht der Sorge für die Person des Kindes mißbraucht und das Kind vernachlässigt hat oder sich eines ehrlosen oder unsittlichen Verhaltens schuldig macht) und die Zwangserziehung erforderlich ist, um die sittliche oder körperliche Verwahrlosung des Minderjährigen zu verhindern, ferner wenn die Zwangserziehung zur Verhütung des völligen sittlichen Verderbens des Minderjährigen notwendig ist. Nach § 8 der Ausführungsvorschriften haben die Verwaltungen der Strafanstalten, wenn sie die Einleitung der Zwangserziehung gegen einen jugendlichen Gefangenen nach verbüßter Strafe für notwendig erachten, hiervon nach Anhörung der Beamtenkonferenz dem Vormundschaftsgerichte Mitteilung zu machen.

Wegen der Unterbringung von Frauenspersonen, die wegen gewerbsmäßiger Unzucht zu Haft verurteilt sind und gegen die auf Überweisung an die Landespolizeibehörde erkannt ist, in eine Besserungs- oder Erziehungsanstalt vgl. § 362 III StGB. und die folgende Anm. 3.

3. Unterbringung in einem Arbeitshause (korrektionelle Nachhaft): § 362 StGB. in der Fassung des RG. vom 25. Juni 1900, betr. Änderungen und Ergänzungen des Strafgesetzbuchs (RGBl. S. 301). Hiernach kann in den Fällen des § 361 Nr. 3—8 StGB. (Landstreicherei, Bettel, Spiel, Trunk oder Müßiggang, Gewerbsunzucht, Arbeitsscheue, Obdachlosigkeit) bei der Verurteilung zur Haft erkannt werden, daß die verurteilte Person nach verbüßter Strafe der Landespolizeibehörde zu überweisen sei. Im Falle des § 361 Nr. 4 (Bettel) ist dies jedoch nur dann zulässig, wenn der Verurteilte in den letzten 3 Jahren wegen dieser Übertretung mehrmals rechtskräftig verurteilt worden ist oder wenn er unter Drohungen und mit Waffen gebettelt hat (Abs. II). Durch die Überweisung erhält die Landespolizeibehörde die Befugnis, entweder die verurteilte Person bis zu 2 Jahren in einem Arbeitshause unterzubringen oder sie zu gemeinnützigen Arbeiten zu verwenden. Im Falle des § 361 Nr. 6 (Gewerbsunzucht) kann die Landespolizeibehörde die verurteilte Person statt in ein Arbeitshaus in eine Besserungs- oder Erziehungsanstalt oder in ein Asyl unterbringen. Die Unterbringung in ein Arbeitshaus ist unzulässig, falls die verurteilte Person zur Zeit der Verurteilung das 18. Lebensjahr noch nicht vollendet hat (Abs. III). Ist gegen einen Ausländer auf Überweisung an die Landespolizeibehörde erkannt, so kann neben oder an Stelle der Unterbringung Verweisung aus dem Bundesgebiet eintreten (Abs. IV).

Entschl. des StM. des Innern vom 28. März 1891, die Festsetzung und Vollziehung der korrektionellen Nachhaft betr. JMBl. S. 65. Hieraus ist hervorzuheben: Die Befugnis zur Unterbringung in einem Arbeitshause wird durch die Distriktspolizeibehörden (Bezirksämter, unmittelbare Magistrate, Polizeidirektion München) ausgeübt, und zwar 1. bezüglich der Personen, die in Bayern eine wirkliche oder vorläufige Heimat besitzen, durch die Distriktspolizeibehörde der Heimat, 2. bezüglich anderer Personen, wenn der Verurteilte einen ständigen Aufenthaltsort in Bayern besitzt, durch die Distriktspolizeibehörde des letzteren, außerdem durch die Distriktspolizeibehörde des Ortes, in dem der Verurteilte seine Strafe erstanden hat oder wenn im Strafurteile die erkannte Strafe durch die erlittene Untersuchungshaft als getilgt erklärt wurde, durch die Distriktspolizeibehörde des Ortes der Verurteilung. Wenn ein Ausländer wegen verschiedener strafbarer Handlungen verurteilt wurde und die Strafen an verschiedenen Orten verbüßt werden, so ist zur Verfügung der Verwahrung im Arbeitshause oder zur Ausweisung aus dem Reichsgebiete die Behörde des Ortes zuständig, an dem der Verurteilte zur Entlassung kommt (Entschl. des StM. des Innern vom 12. Juni 1890 ABl. S. 243).

Ist auf eine längere Freiheitsstrafe erkannt worden, so soll die Distriktspolizeibehörde zunächst die Mitteilung abwarten, die von der Verwaltung der Strafanstalt vor Beendigung der Strafzeit an die Distriktspolizeibehörde zu richten ist.

Die korrektionelle Nachhaft ist in der Regel, sofern die Voraussetzungen des § 362 II StGB. vorliegen, gegen jeden der Landespolizeibehörde überwiesenen Reichsangehörigen festzusetzen. Eine Ausnahme hiervon findet statt, wenn besondere individuelle Verhältnisse, besonders durch ärztliche Untersuchung festgestellte Unfähigkeit zur Verrichtung selbst leichter Arbeit, die Aufnahme in ein Arbeitshaus unangemessen erscheinen lassen.

Ausländer, die der Landespolizeibehörde überwiesen worden sind, sollen in der Regel lediglich auf Grund des § 362 IV des StGB. aus dem Gebiete des Deutschen Reichs ausgewiesen werden. Die Unterbringung in einem Arbeitshause kann neben der Verweisung ausgesprochen werden, wenn der Vollzug der Ausweisung nicht sofort möglich ist. Ausländer, deren Ausweisung aus irgend einem Grunde nicht ausführbar ist, sollen unter denselben Voraussetzungen wie Inländer in einem Arbeitshause untergebracht werden (Bek. des StM. des Innern vom 5. April 1901 ABl. S. 169 Abschn. III).

Wird auf Verwahrung nicht erkannt, so hat die Distriktspolizeibehörde nach Umständen die Verwaltung der betreffenden Strafanstalt zu benachrichtigen und wegen der allenfallsigen Verschubung der Person, der Vorschreibung einer Zwangsreiseroute oder der gänzlich freien Entlassung die erforderlichen Einleitungen zu treffen.

Wegen des bedingten Erlasses der korrektionellen Nachhaft für männliche Verurteilte und der Unterbringung weiblicher Verurteilter in Erziehungs- oder Besserungsanstalten vgl. Bek. des StM. des Innern vom 5. April 1901 ABl. S. 169 Abschn. I und II.

Ferner Bek. des StM. des Innern vom 3. Februar 1903, die Maßnahme der Überweisung an die Landespolizeibehörde betr. ABl. S. 55.

4. Stellung unter Polizeiaufsicht: §§ 38, 39 StGB. Wenn auf die Zulässigkeit von Polizeiaufsicht erkannt ist, erhält die höhere Landespolizeibehörde dadurch die Befugnis, nach Anhörung der Gefängnisverwaltung den Verurteilten auf die Zeit von höchstens 5 Jahren unter Polizeiaufsicht zu stellen. Diese Zeit wird von dem Tag berechnet, an dem die Freiheitsstrafe verbüßt, verjährt oder erlassen ist. Die Polizeiaufsicht hat folgende Wirkungen: 1. Dem Verurteilten kann der Aufenthalt an einzelnen bestimmten Orten von der höheren Landespolizeibehörde untersagt werden. 2. Die höhere Landespolizeibehörde ist befugt, den Ausländer aus dem Bundesgebiete zu verweisen. 3. Hausuntersuchungen unterliegen keiner Beschränkung hinsichtlich der Zeit, zu der sie stattfinden dürfen.

Hierzu Bek. der Staatsministerien der Justiz und des Innern vom 13. August 1908, die Stellung unter Polizeiaufsicht betr. GVBl. S. 561. Hieraus ist hervorzuheben: Die Stellung unter Polizeiaufsicht soll nur dann stattfinden, wenn die Rücksicht auf die öffentliche Sicherheit diese Maßregel erfordert. Bei der Entscheidung sind alle Umstände des einzelnen Falles, besonders die Art des verübten Verbrechens, die Persönlichkeit des Bestraften, sein Vorleben, sein Verhalten während des Strafvollzugs und die Verhältnisse, in die er nach der Entlassung eintritt, zu berücksichtigen. Vorläufig Entlassene und bedingt Begnadigte, gegen die ein Widerruf nicht ergangen ist, sollen nicht unter Polizeiaufsicht gestellt werden. Gegen Verurteilte, hinsichtlich deren die Beamtenkonferenz der Strafanstalt sich gutachtlich gegen die Stellung unter Polizeiaufsicht ausgesprochen hat, soll diese Maßregel nur dann verfügt werden, wenn Umstände, die in dem Gutachten nicht gewürdigt sind, dies erfordern, insbesondere das Verhalten nach der Entlassung.

Zuständig sind nach § 1 der Zuständigkeitsverordnung vom 4. Jan. 1872 (RBl. S. 25) die Distriktspolizeibehörden, in München die Polizeidirektion, und zwar 1. bezüglich Angehöriger des bayerischen Staats oder solcher Personen, die in Bayern eine vorläufige Heimat besitzen, die Distriktspolizeibehörde der Heimat des Verurteilten oder, wenn dieser außerhalb seiner Heimat einen ständigen Aufenthaltsort hat, die Distriktspolizeibehörde des letzteren; 2. bezüglich Angehöriger anderer deutscher Staaten und bezüglich der Ausländer, welche keine vorläufige Heimat in Bayern besitzen, wenn der Verurteilte einen ständigen Aufenthaltsort in Bayern hat, die Distriktspolizeibehörde des letzteren, außerdem die Distriktspolizeibehörde des Orts, an dem er die Strafe erstanden hat oder, wenn im Urteile die erkannte Strafe durch die Untersuchungshaft als getilgt erklärt wurde, die Distriktspolizeibehörde des Orts der Verurteilung.

Ferner Bek. des StM. des Innern vom 9. August 1872 (RBl. S. 1967), wonach bezüglich solcher Personen, gegen die in einem Bundesstaate auf Zulässigkeit von Polizeiaufsicht erkannt worden ist, die Stellung unter Polizeiaufsicht, falls sie sich in einen anderen Bundesstaat begeben, auch von der Landespolizeibehörde ausgesprochen werden kann, in deren Bezirk sie Aufenthalt nehmen.

Die von der Verwaltung der Strafanstalt an die zuständige Behörde zu sendende Nachricht hat sich nach § 106 HO. zu richten. Der Nachricht ist eine Mitteilung über etwaige Bitten und Anträge des Gefangenen sowie darüber beizufügen, wo er voraussichtlich Aufenthalt nehmen wird und welche Verhältnisse ihn erwarten.

Die zuständige Behörde hat ihre Entscheidung womöglich vor Ablauf der Strafzeit zu treffen.

Ausländer, gegen welche auf Zulässigkeit von Polizeiaufsicht erkannt worden ist, sind in der Regel aus dem Bundesgebiet auszuweisen.

Der Beschluß, durch den die Stellung unter Polizeiaufsicht verfügt wurde, ist dem Verurteilten schriftlich oder zu Protokoll zu eröffnen. Gegen den Beschluß ist Beschwerde zur Regierung, Kammer des Innern, zulässig.

5. Reichs- oder Landesverweisung.

Eine Verweisung aus dem Reichsgebiete ist nur gegen Ausländer zulässig nach § 39 Nr. 2 StGB. im Falle der Stellung unter Polizeiaufsicht (oben Anm. 4), § 362 IV StGB. im Falle der Überweisung an die Landespolizeibehörde (oben Anm. 3), § 284 II StGB. (ist der wegen gewerbsmäßigen Glückspiels Verurteilte ein Ausländer, so ist die Landespolizeibehörde befugt, ihn aus dem Bundesgebiete zu verweisen).

Eine Verweisung aus dem bayerischen Staatsgebiete (Landesverweisung) kann erfolgen

a) gegen Ausländer (Nichtdeutsche) auf Grund des Art. 44 des bayerischen Gesetzes über Heimat, Verehelichung und Aufenthalt vom 16. April 1868 in der Fassung der Bek. vom 30. Juli 1899 (GVBl. S. 470), der bestimmt: Die zuständige Polizeibehörde — nach Art. 45 des Heimatgesetzes in erster Instanz die Distriktsverwaltungsbehörde jener Gemeinde, aus der zunächst eine Person ausgewiesen werden soll, in München die Polizeidirektion — ist befugt, gegen jeden Ausländer, dem auf Grund des Art. 39 (Heimatgesetz) der Aufenthalt in einer Gemeinde untersagt wird, für die Dauer des Aufenthaltsverbots auch die Wegweisung aus dem Königreich zu verfügen. Außerdem ist das StM. des Innern berechtigt, Ausländer aus Rücksicht auf die öffentliche Wohlfahrt aus dem Staatsgebiete zu verweisen.

Vgl auch Vollzugsvorschriften zum Heimatgesetze, Entschl. des StM. des Innern vom 28. Dezember 1899 (ABl. S. 803) Ziff. 22.

b) gegen Reichsangehörige auf Grund des § 3 des Freizügigkeitsgesetzes vom 1. November 1867 (BGBl. S. 55, Beilage zum bayer. GBl. 1870/71 S. 13). Darnach ist die Landesverweisung gegen Reichsangehörige zulässig, wenn eine bestrafte Person in einem Bundesstaate nach den Landesgesetzen durch die Polizeibehörde Aufenthaltsbeschränkungen unterworfen worden ist, oder wenn eine Person in einem Bundesstaate innerhalb der letzten zwölf Monate wegen wiederholten Bettelns oder wegen wiederholter Landstreicherei bestraft worden ist.

Zuständig für diese Aufenthaltsbeschränkungen sind in erster Instanz die Distriktsverwaltungsbehörden, in München die Polizeidirektion (Entschl. des StM. des Innern vom 16. September 1879 ABl. S. 361).

6. HO. § 117.

§ 107.

I In allen sonstigen Fällen, sowie dann, wenn in einem der im § 106 bezeichneten Fälle eine Verfügung[1]) nicht getroffen wird, bleibt es der freien Bestimmung des Gefangenen oder seines gesetzlichen Vertreters[2]) überlassen, wie und wo er nach der Entlassung sein weiteres Fortkommen suchen wird. In Ermangelung einer solchen Bestimmung wird der Gefangene an denjenigen Ort entlassen, zu welchem er in der nächsten rechtlichen Beziehung steht, d. i. der letzte Wohnort, der Wohnort unterhaltsberechtigter oder verpflichteter Angehöriger[3]) und in Ermangelung anderweitiger Beziehungen der Heimatort.

II Dem Gefangenen ist die Möglichkeit zu geben, sich zur Erlangung eines Fortkommens an Angehörige[4]) oder sonstige Fürsorger, an den einschlägigen Obsorgeverein[5]) oder Arbeitsnachweis, an eine Arbeiterkolonie,[6]) an die öffentliche Armenpflege, sowie wegen allenfallsiger Umgangnahme von einer Ausweisung[7]) an die zuständige Distriktspolizeibehörde zu wenden.

III Die Verwaltung hat ihm hierzu den erforderlichen Rat und Beistand zu gewähren. Für jugendliche Gefangene hat die Verwaltung die erforderlichen Einleitungen selbst zu treffen.

IV Vorbehaltlich der nachfolgenden Vorschriften findet die Entlassung ohne Beschränkung der persönlichen Freiheit statt.

a) Die Abreise des Entlassenen kann durch einen Begleiter in Zivil[8]) überwacht werden.

b) Wenn aus Gründen der öffentlichen Sicherheit oder im eigenen Interesse des zu Entlassenden die Heimlieferung auf dem Schubwege,[9]) die Erteilung eines Zwangspasses,[10]) die Vorstellung bei der Distrikts- oder Ortspolizeibehörde oder sonstige polizeiliche Maßregeln nötig sind, ist im Einvernehmen mit der Distriktspolizeibehörde des Ortes, nach dem die Entlassung stattfinden soll,[11]) deren Art und Weise zu bestimmen. Die Verwaltung hat zu diesem Zwecke die Distriktspolizeibehörde rechtzeitig zu benachrichtigen. Die Nachricht hat den Ort, nach dem die Entlassung erfolgen soll, und die Gründe für die Wahl dieses Ortes[11]) zu bezeichnen. Ausnahmsweise kann die Heimlieferung auf dem Schubwege oder die Heimweisung mittels Zwangspasses[12]) von der Verwaltung selbständig angeordnet werden, wenn das Einvernehmen mit der Distriktspolizeibehörde nicht ausführbar war. In solchen Fällen ist die Distriktspolizeibehörde unter Mitteilung der Gründe unverzüglich zu benachrichtigen.

c) Ist der Gefangene in einer Stadt mit mehr als 20000 Einwohner beheimatet, so soll, wenn Rückfälligkeit zu befürchten[13]) ist, die Heimatbehörde, in München die K. Polizeidirektion, von der Entlassung benachrichtigt werden, falls sie nicht schon ohnedies Kenntnis erhält.

d) Der Vorstand kann anordnen, daß der Betrag der Arbeitsbelohnung[14]) des Gefangenen abzüglich des nötigen Reisegeldes an die Ortspolizeibehörde[15]) des Ortes, nach dem die Entlassung erfolgt, oder an den einschlägigen Obsorgeverein[16]) zur Aushändigung übersendet wird.

1. Der zuständigen Behörde HO. § 106 III.

2. BGB. §§ 1626, 1627, 1630, 1684 ff., 1773, 1901.

3. BGB. § 1601.

4. Der Begriff „Angehörige" ist hier im weitesten Sinne zu nehmen. Wenn der Gefangene sich an Arbeitgeber, Geschäfte usw. wegen eines Unterkommens wenden will, ist ihm auch dies zu gestatten.

5. Oder wenn dieser aus irgendwelchen Gründen ablehnt, an die Hauptstelle für Gefangenenobsorge in Nürnberg.

6. Über diese Vereine, Anstalten und Einrichtungen vgl. Brosius, Die Obsorge für entlassene Strafgefangene im Königreich Bayern, München 1900.

7. Vgl. HO. § 106 und die Anm. dazu.

8. In der Regel einen Unterbeamten der Strafanstalt.

9. Wegen des Schubwesens s. S. 4, Anm. 4. Hier sei darauf hingewiesen, daß durch die gemeinschaftliche Entschl. der Staatsministerien der Justiz, des Innern und der Finanzen vom 14. Juni 1893 Nr. 9925 den Verwaltungen der Zuchthäuser Ebrach und Kaisheim und der Gefangenanstalt Lichtenau die Besorgung der Schubtransporte der aus den genannten Anstalten zur Verschubung gelangenden Gefangenen übertragen wurde.

10. Art. 45 PStGB.: Mit Haft bis zu 3 Tagen wird bestraft, wer ohne genügende Entschuldigung die ihm von der zuständigen Polizeibehörde zwangsweise vorgeschriebene Reiseroute oder Reisezeit nicht einhält. Hierzu § 18 der Zuständigkeitsverordnung vom 4. Januar 1872 (RBl. S. 26), der bestimmt, daß zur zwangsweisen Vorschreibung einer Reiseroute oder Reisezeit nach Art. 45 PStGB. zuständig sind für die Landesteile rechts des Rheins die Polizeidirektion in München, die Magistrate der unmittelbaren Städte und die Bezirksämter, in der Pfalz die Bezirksämter und die Ortspolizeibehörden an den Sitzen der Amtsgerichte, an denen sich nicht auch zugleich ein Bezirksamt befindet, daß ferner auch die Vorstände der Zuchthäuser, sowie der Gefangenanstalten und Arbeitshäuser zuständig sind, den zur Entlassung kommenden Gefangenen eine Reiseroute oder Reisezeit zwangsweise vorzuschreiben.

11. Siehe oben Abs. I.

12. Nur diese beiden Maßnahmen. Eine Ausdehnung dieser den Verwaltungen der Strafanstalten erteilten Ermächtigung auf andere polizeiliche Maßnahmen ist unzulässig.

13. Darüber, ob Rückfälligkeit zu befürchten ist, wird der Vorstand ebenso wie über die Frage, ob die Heimlieferung auf dem Schubwege, die Heimweisung mittels Zwangspasses oder andere polizeiliche Maßnahmen nötig sind, die Meinung der Beamtenkonferenz einholen.

14. Nur der Arbeitsbelohnung, nicht auch des für den Gefangenen sonst noch verwahrten Geldes. Dies gilt jedoch nur für den Fall, daß gegen den Gefangenen andere polizeiliche Maßnahmen als die unter d) nicht ergriffen werden. Wird der Gefangene einer Polizeibehörde überantwortet, wie bei den Maßnahmen in § 106 HO., oder wird ihm auferlegt, sich bei einer Polizeibehörde vorzustellen, so wird unbedenklich sein gesamtes Guthaben einschließlich des von ihm eingebrachten oder ihm während der Verwahrung zugegangenen Geldes, soweit notwendig nach Abzug des dem Gefangenen auszuhändigenden Reisegeldes, an diese Behörde zur weiteren Verfügung oder Aushändigung an den Gefangenen übersendet werden können.

15. Nicht an die Distriktspolizeibehörde.

16. An den Obsorgeverein wird der Betrag der Arbeitsbelohnung zweckmäßig nur dann zu senden sein, wenn dieser seinen Sitz an dem Orte hat, an den der Gefangene entlassen wird. Es wird vermieden werden müssen, dem Gefangenen unnötige Kosten zu verursachen.

§ 108.

I Die Entlassung der Gefangenen erfolgt zu der Stunde, die sich auf Grund der Strafvollstreckungspapiere als Ablauf der Strafzeit berechnet.[1])

II Könnte der Gefangene, wenn er zu einer früheren Stunde des Entlassungstages entlassen würde, seinen Bestimmungsort noch an demselben Tag erreichen, so ist der Vorstand ermächtigt, die frühere Entlassung anzuordnen.[2]) Dies gilt auch dann, wenn die Entlassungsstunde in die Zeit der Dunkelheit fiele. Auf seinen Wunsch kann dem Gefangenen jedoch bis zum anderen Morgen der Aufenthalt in der Anstalt gestattet werden. Fällt die Entlassungsstunde in die Zeit zwischen Mitternacht und 7 Uhr morgens, so ist der Gefangene am folgenden Morgen zu entlassen.[3])

1. Vgl. HO. § 7.
Darüber, daß die Verwaltung der Strafanstalt von jeder Entlassung eines Gefangenen der Strafvollstreckungsbehörde Mitteilung zu machen hat, siehe Anm. 4 zu § 7.

2. Bei Schubgefangenen werden die Vorstände die frühere Entlassung regelmäßig dann anzuordnen haben, wenn dadurch die Polizeibehörde in den Stand gesetzt wird, für die Verschubung des Gefangenen unmittelbar nach seiner Entlassung aus der Strafanstalt unter Benützung der günstigen Fahrgelegenheit und der für die Verschubung von Gefangenen etwa getroffenen besonderen Einrichtungen zu sorgen. In den Fällen, in denen wegen großer Entfernung der Ort, wohin der Gefangene auf dem Schubwege geliefert werden soll, an einem Tage nicht erreicht werden kann, darf als Bestimmungsort die Schubstation angesehen werden, die sich am Entlassungstage mittels der Verkehrsverbindung noch erreichen läßt. Vgl. auch Entschl. des StM. der Justiz vom 10. April 1908 Nr. 7501.

3. Das gleiche wird dann zu gelten haben, wenn die Strafe um zwölf Uhr nachts endet.

§ 109.

I Die Entlassung eines kranken Gefangenen kann, wenn er einwilligt, so lange verschoben werden, bis sie der Hausarzt für unbedenklich erklärt.[1])

II Besteht der Gefangene, obwohl sein Zustand bedenklich ist, auf der Entlassung, so wird seinem Verlangen stattgegeben, es wird jedoch nach Möglichkeit dafür gesorgt, daß er in einer öffentlichen Krankenanstalt Aufnahme findet.[2])

1. Es wird sich hier in der Regel um schwerkranke Gefangene handeln, bei denen selbst die Überführung in die nächstgelegene Krankenanstalt mit Lebensgefahr verbunden wäre. Ist ein Gefangener so krank, daß er seine Einwilligung nicht mehr zu geben vermag, so wird er

trotzdem unbedenklich in der Anstalt belassen werden dürfen. In allen Fällen wird es zweckmäßig sein, den Gefangenen zu entlassen, sobald es nur irgend möglich ist. Solche Kranke sind von dem Zeitpunkt an, in dem ihre Strafe endet, nicht mehr Gefangene, unterstehen deshalb auch nicht mehr der Disziplinargewalt des Anstaltsvorstands; doch wird man von ihnen verlangen können, daß sie sich der Hausordnung und den Anordnungen des Vorstandes fügen.

2. Sofern er nicht Angehörige oder sonstige Fürsorger hat, die sich um ihn annehmen. Mit den Angehörigen eines solchen Kranken wird sich der Vorstand ins Benehmen zu setzen haben, vgl. HO. § 47 IV.

§ 110.

Auf Gefangene, denen eine Strafunterbrechung bewilligt wurde oder die vorläufig zu entlassen sind, finden die Vorschriften der §§ 103 bis 109 entsprechende Anwendung.

§ 111.

Auf Verlangen erhält der Gefangene bei der Entlassung eine Bescheinigung über die Verbüßung der Strafe.

§ 112.

Den Anstaltsbeamten wird zur Pflicht gemacht, der Fürsorge für die entlassenen Gefangenen die größte Aufmerksamkeit zuzuwenden und insbesondere mit den Obsorgevereinen [1]) eifrig zusammenzuwirken.

1. Und mit der Hauptstelle für Gefangenenobsorge in Nürnberg.

Abschnitt IV.

Ableben von Gefangenen.

§ 113.

I Stirbt ein Gefangener, so hat vor allem der Hausarzt die Todesursache festzustellen.

II Die Eltern oder der Gatte oder eines der Kinder oder eines der Geschwister des Verstorbenen sind unverzüglich von dem Todesfalle zu benachrichtigen [1]) und aufzufordern, binnen einer Frist von vierundzwanzig Stunden zu erklären, ob sie die Auslieferung der Leiche oder die Beerdigung auf ihre Kosten wünschen. Hierbei ist ihnen zu bemerken, daß andernfalls die Leiche zur Sektion und darauffolgenden kirchlichen Beerdigung einer Landesuniversität überwiesen wird. Lehnen sie die Übernahme der Leiche oder der Beerdigungskosten ab oder geht binnen der Frist eine Antwort nicht ein, so ist die Leiche an eine Landesuniversität[2]) abzuliefern.

III Andere als die im Abs. II bezeichneten Personen sind nicht berechtigt, die Auslieferung[3]) der Leiche zu verlangen.

IV Der Vorstand ist jedoch befugt,

a) auch anderen, als den im Abs. II bezeichneten Personen die Leiche gegen die Erlegung oder die Sicherstellung der Kosten ausliefern[3]) zu lassen, wenn nach seiner und der Beamtenkonferenz Anschauung besonders berücksichtigenswerte Umstände dafür sprechen,

b) die Auslieferung der Leiche oder die Beerdigung auf Kosten der nächsten Angehörigen zu versagen, wenn nach seiner und der Beamtenkonferenz einhelligen Auffassung ein offenbarer Mißbrauch des Schutzes vorliegt, der den im Abs. II gewahrten Interessen und Empfindungen zukommen soll.

1. Die Benachrichtigung anderer Angehöriger ist nicht vorgeschrieben.

2. Nach den derzeit bestehenden Vorschriften sind abzuliefern:
an die Universität München die Leichen von Kaisheim, Laufen, Niederschönenfeld, Straubing, Aichach und Landsberg,
an die Universität Erlangen von Amberg, Lichtenau, St. Georgen-Bayreuth und Nürnberg,
an die Universität Würzburg von Ebrach und Zweibrücken.

Wegen der Beförderung der Leichen vgl. Bek. vom 17. Februar 1888, 19. November 1902, 23. April 1907 (GVBl. S. 123, 706, 242). Hieraus ist hervorzuheben: Bei dem Transporte von Leichen, die von Strafanstalten an öffentliche höhere Lehranstalten übersendet werden, bedarf es einer Begleitung nicht; auch genügt es, wenn solche Leichen in dicht verschlossenen Kisten verladen werden. Bei Verbringung von Leichen aus den Strafanstalten und Arbeitshäusern an die anatomischen Institute der Universitäten zu München, Erlangen und Würzburg wird der Leichenpaß durch die Strafanstalts- bzw. Arbeitshausverwaltung nach gutachtlicher Einvernehmung des Anstaltsarztes ausgefertigt. Die betreffende Verwaltung hat Einleitung zu treffen, daß die Leiche alsbald nach der Ankunft am Bestimmungsort vom Bahnhofe abgeholt wird. Ist der Tod an Pocken, Flecktyphus, Cholera oder Pest eingetreten, so darf die Ablieferung an eine Landesuniversität unter keinen Umständen erfolgen. Von der Erteilung eines Leichenpasses ist von der Verwaltung dem Pfarrer des Sterbeorts sowie derjenigen Distriktspolizeibehörde, in deren Bezirk die Leiche verbracht wird, Kenntnis zu geben.

3. Die Auslieferung umfaßt auch die Beerdigung am Orte der Strafanstalt.

§ 114.

I Beim Ableben eines Gefangenen sind die Vorschriften genau zu beachten, die bezüglich der Totenschau[1]) und der etwa sonst veranlaßten Vorkehrungen[2]) bestehen.

II Leichen, die an die Universität abzuliefern sind, werden in der Anstalt nicht seziert, es müßte denn sein, daß die Sektion aus sanitätspolizeilichen oder gerichtlich-medizinischen Gründen veranlaßt ist. Auf Antrag des Hausarztes kann der Vorstand die Direktion des anatomischen Instituts der Universität ersuchen, den Sektionsbefund mitzuteilen.

III Die Kosten, die durch die Ablieferung der Leichen entstehen, hat das anatomische Institut zu tragen.

1. Oberpolizeiliche Vorschriften vom 20. November 1885 über die Leichenschau und die Zeit der Beerdigung (GVBl. S. 655). Hiernach liegt die Vornahme der Leichenschau in Strafanstalten den Anstaltsärzten ob.

2. Wegen der Anzeige des Sterbefalls zum Standesamtsregister siehe §§ 56, 58 mit 20 des Gesetzes über die Beurkundung des Personenstands, abgedruckt JMBl. 1900 S. 1222. Darnach trifft die Verpflichtung zur Anzeige bei Sterbefällen, die sich in Gefangenanstalten ereignen, ausschließlich den Vorstand der Anstalt. Es genügt eine schriftliche Anzeige in amtlicher Form. Hierzu Bek. vom 13. Dezember 1875, JMBl. S. 73, der ein Formular für die Anzeige beigegeben ist.

Wegen des Verfahrens und der Zuständigkeit bei der Auffindung von Leichen siehe die Bek. vom 3. Oktober 1879 JMBl. S. 1573. Nach Ziff. VI dieser Bek. kommen bei Auffindung von Leichen in Zuchthäusern, Gefangenanstalten, Arbeitshäusern und Staatserziehungsanstalten die in der Bek. den Orts- und Distriktspolizeibehörden übertragenen Befugnisse und Verpflichtungen dem Anstaltsvorstande zu. Dieser hat also, wenn Anhaltspunkte dafür vorliegen, daß ein Gefangener eines nicht natürlichen Todes gestorben ist, sei es, daß der Tod durch eine strafbare Handlung eines Dritten oder durch Selbstmord oder sonst durch äußere Einwirkung (z. B. Unfall) herbeigeführt wurde, an den Staatsanwalt beim Landgerichte oder, wenn die Anzeige erheblich schneller an den Sitz des Amtsgerichts gelangen kann, an den Amtsrichter des Bezirks schriftliche Anzeige zu erstatten. Die Beerdigung oder Auslieferung (vgl. HO. § 113) solcher Leichen darf erst erfolgen, wenn der Staatsanwalt oder der Amtsrichter die Genehmigung zur Beerdigung erteilt hat. Vgl. auch die Bek. vom 23. Februar 1900 (JMBl. S. 581), in der die Behörden des Justizressorts darauf aufmerksam gemacht werden, daß sie die durch die Bek. vom 3. Oktober 1879 ihnen übertragenen Geschäfte mit der tunlichsten Beschleunigung erledigen müssen.

§ 115.

I Die Hausärzte dürfen Leichen von Gefangenen, die nicht an die Universitäten abzugeben sind, nur dann sezieren, wenn es im sanitätspolizeilichen Interesse notwendig oder aus gerichtlich-medizinischen Gründen [1]) veranlaßt ist.

II Im übrigen dürfen Leichen, die den Angehörigen ausgefolgt werden,[2]) nur mit deren Zustimmung seziert werden.

1. Liegen solche Gründe vor, so wird der Hausarzt zunächst abzuwarten haben, ob nicht die richterliche Leichenöffnung angeordnet wird.

2. HO. § 113.

§ 116.

Wegen der Verfügung über den in der Anstalt verwahrten Nachlaß eines verstorbenen Gefangenen hat sich die Verwaltung mit dem Nachlaßgericht ins Benehmen zu setzen.

Wegen der Abschreibung der Arbeitsbelohnung s. HO. § 77.

Abschnitt V.

Beamtenkonferenz.

§ 117.

I Die Direktoren, Assessoren, Hausärzte, Hausgeistlichen, Hauslehrer und Hauslehrerinnen versammeln sich mindestens einmal im Monat unter dem Vorsitze des Vorstandes zur Beamtenkonferenz. Zu den Konferenzen sind auch die rechtskundigen Hilfsarbeiter beizuziehen.

II In den Konferenzen sind die durch die Hausordnung [1]) oder durch sonstige Vorschriften besonders bezeichneten Gegenstände zu besprechen, ferner wichtige Vorkommnisse in der Strafanstalt, Maßnahmen und Vorschläge bezüglich der Zustände und Einrichtungen der Anstalt und bezüglich der Behandlung der Gefangenen, der Disziplin und der Gesundheitspflege, die Fragen der Zwangserziehung, der Unterbringung in einem Arbeitshause, der Reichs- oder Landesverweisung, der Stellung unter Polizeiaufsicht, der Obsorge für die zu Entlassenden, der Unterstützung der Gefangenen und ihrer Familien. Jedes Konferenzmitglied kann einen Gegenstand, den es für geeignet erachtet, zur Besprechung bringen. Insbesondere kann der Vorstand über Anträge auf Begnadigung, vorläufige Entlassung [2]) oder Strafunterbrechung auch ein Gutachten der Beamtenkonferenz veranlassen.

1. HO. §§ $13^{III, IV}$, 62^{II}, 82, 89, 106, 113^{IV}.

2. Nach § 2 der Bekanntmachung des StM. der Justiz vom 14. September 1908, die vorläufige Entlassung betr., hat die Beamtenkonferenz ein Gutachten über die Frage der vorläufigen Entlassung abzugeben.

§ 118.

I Die Konferenz ist für den Vorstand eine beratende Behörde; er ist in denjenigen Entscheidungen, für die er allein verantwortlich ist, nicht an die Mehrheit der Stimmen gebunden.[1])

II In den Berichten an die Aufsichtsbehörde über Angelegenheiten, die in der Konferenz beraten sind, ist die abweichende Meinung anderer Konferenzmitglieder[2]) zu erwähnen.

III Wenn Hausgeistliche oder Hausärzte über Angelegenheiten ihres Wirkungskreises von der Ansicht des Vorstandes abweichen, haben sie ihre Äußerung schriftlich niederzulegen. Der Vorstand wird sie seinem Berichte beifügen.

IV Über die Beamtenkonferenzen und ihre Beschlüsse ist ein fortlaufendes Protokoll zu führen. Die Führung des Protokolls liegt dem Hauslehrer ob; auch die rechtskundigen Hilfsarbeiter sowie Kanzleibedienstete können vom Vorstande hierzu bestimmt werden.

1. Eine einhellige Meinung der Beamtenkonferenz fordert die HO. nur im Falle des § 113 IV b.

2. Und deren Begründung, siehe auch Abs. III.

Schlußbestimmungen.

§ 119.

Die zur Ausführung dieser Verordnung erforderlichen Vorschriften werden vom Staatsministerium der Justiz erlassen.

§ 120.

Die vorstehende Hausordnung tritt am 1. Oktober 1907 für alle Strafanstalten des Königreichs in Kraft. Von diesem Tage an sind die Hausordnungen für die Zuchthäuser und die Gefangenanstalten vom 12. Juni 1862, die Hausordnung für das Zellengefängnis Nürnberg vom 21. Oktober 1869 und die Verordnung vom 1. April 1868, die Hausordnung für die Gefangenanstalten betreffend, aufgehoben.

Jägerhütte am Schrattenberg, den 20. September 1907.

Luitpold, Prinz von Bayern,
des Königreichs Bayern Verweser.

v. **Miltner**

Auf Allerhöchsten Befehl:
Der Generalsekretär:
v. Baumgärtl.

C. Die Vorschriften über die Einweisung der Verurteilten in die Strafanstalten.

I. Die Einweisung der Personen, die eine von den bürgerlichen Gerichten ausgesprochene und von den bürgerlichen Behörden zu vollstreckende Freiheitsstrafe zu erstehen haben.

Die grundlegende Bekanntmachung vom 28. Januar 1903 (JMBl. S. 42) wurde in einzelnen Teilen wiederholt geändert. Der ganze Abschnitt B wurde durch die Bekanntmachung des Staatsministeriums der Justiz vom 7. Januar 1909 (JMBl. S. 76) ersetzt; dadurch wurden die früheren abändernden Vorschriften der Bekanntmachungen vom 3. Oktober 1903 (JMBl. S. 420), vom 1. April 1908 (JMBl. S. 87) und vom 4. Mai 1908 (JMBl. S. 103) gegenstandslos. Abschnitt I und Abschnitt II 4 und 5 des Abschnitts B in der Fassung der Bekanntmachung vom 7. Januar 1909 wurden wiederum geändert durch die Bekanntmachung vom 3. Juli 1909 (JMBl. S. 297). In der Fassung, die die Bekanntmachung vom 28. Januar 1903 durch diese Änderungen erhalten hat, lautet sie folgendermaßen:

Bekanntmachung, die Einweisung von Verurteilten in die Strafanstalten betreffend.

Königliches Staatsministerium der Justiz.

Die bisherigen Vorschriften darüber, in welche Strafanstalt (Zuchthaus oder Gefangenanstalt) die Personen einzuweisen sind, die eine von den bürgerlichen Gerichten ausgesprochene und von den bürgerlichen Behörden zu vollstreckende Freiheitsstrafe zu erstehen haben, werden (mit Wirkung vom 10. Februar 1903 an) durch die nachstehenden Vorschriften ersetzt:

A. Die Straforte im allgemeinen.

I.

1. Die Zuchthausstrafen werden in den Zuchthäusern vollstreckt.

2. Als Zuchthäuser gelten auch die bei den Strafanstalten bestehenden Abteilungen für Zuchthaussträflinge.

(Eine solche Abteilung besteht zurzeit nur bei der Strafanstalt Aichach.)

II.

1. Die Gefängnisstrafen werden, wenn der Verurteilte das achtzehnte Lebensjahr vollendet und mehr als drei Monate im Gefängnisse zu verbleiben hat, in den Gefangenanstalten für Erwachsene vollstreckt.

2. Die Gefängnisstrafen werden, wenn der Verurteilte das achtzehnte Lebensjahr noch nicht vollendet und mehr als einen Monat im Gefängnisse zu verbleiben hat, in den Gefangenanstalten für Jugendliche vollstreckt.

3. In allen übrigen Fällen werden die Gefängnisstrafen in den Strafvollstreckungsgefängnissen, Landgerichtsgefängnissen oder Amtsgerichtsgefängnissen nach den hierüber bestehenden besonderen Bestimmungen vollstreckt.

4. Als Gefangenanstalten für Erwachsene und Jugendliche gelten auch die bei den Strafanstalten Straubing und Kaiserslautern bestehenden Abteilungen für erwachsene und jugendliche Gefängnissträflinge.

(Diese Bestimmung ist infolge der Aufhebung der Abteilung für jugendliche Gefangene bei dem nunmehrigen Zuchthause Straubing und infolge der Auflassung der Strafanstalt Kaiserslautern gegenstandslos. Vgl. die Fußnote auf S. 73 JMBl. 1909. Da jetzt auch die Strafanstalt Sulzbach aufgelassen ist, bestehen Abteilungen für Erwachsene und jugendliche Gefängnissträflinge nur noch bei der Strafanstalt Aichach.)

5. Mehrere gegen die nämliche Person ausgesprochene Gefängnisstrafen, die auf eine Gesamtstrafe nicht zurückgeführt werden können, sind, soferne die Vollstreckung in Bayern stattfindet (vgl. § 163 des Gerichtsverfassungsgesetzes), hinsichtlich der Bestimmung des Strafortes als einheitliche Strafe zu behandeln. Sie sind daher in einer Gefangenanstalt zu vollstrecken, wenn der Verurteilte mit Rücksicht auf die gesamte Dauer der mehreren Strafen länger als drei Monate (der jugendliche Verurteilte länger als einen Monat) im Gefängnisse zu verbleiben hat.

B. Die Verteilung der Verurteilten auf die einzelnen Strafanstalten.

I.

Zuchthaussträflinge.

[1] Von den in den Landesteilen rechts des Rheins und in der Pfalz verurteilten männlichen Personen, die eine Zuchthausstrafe zu erstehen haben, sind künftig einzuweisen:

1. in das Zuchthaus Kaisheim die in den Bezirken der Oberlandesgerichte München und Augsburg wegen Diebstahls, Raubes, Erpressung, Hehlerei oder Betrugs verurteilten Katholiken, soferne sie drei Jahre oder darüber im Zuchthause zu verbleiben haben,
2. in das Zuchthaus Straubing
   a) die in den Bezirken der Oberlandesgerichte Bamberg und Nürnberg wegen Diebstahls, Raubes, Erpressung, Hehlerei oder Betrugs verurteilten Katholiken, soferne sie drei Jahre oder darüber im Zuchthause zu verbleiben haben,
   b) die in den Bezirken der Oberlandesgerichte München und Augsburg und in der Pfalz verurteilten Katholiken, soweit sie nicht nach Nr. 1 in das Zuchthaus Kaisheim einzuweisen sind,
3. in das Zuchthaus Ebrach
   a) die in den Bezirken der Oberlandesgerichte Bamberg und Nürnberg verurteilten Katholiken, soweit sie nicht nach Nr. 2a in das Zuchthaus Straubing einzuweisen sind,
   b) die Angehörigen der nichtkatholischen christlichen Bekenntnisse und die Israeliten.

II Die in den Landesteilen rechts des Rheins und in der Pfalz verurteilten weiblichen Personen, die eine Zuchthausstrafe zu erstehen haben, sind in die Strafanstalt Aichach einzuweisen.

II.

Gefängnissträflinge.

1. Von den männlichen Personen, die eine Gefängnisstrafe in einer Gefangenanstalt für Erwachsene zu erstehen haben, sind, vorbehaltlich der Vorschriften im folgenden Absatz, in das Zellengefängnis Nürnberg einzuweisen:

a) diejenigen Personen, die in den Landesteilen rechts des Rheins wegen einer durch die Presse verübten strafbaren Handlung verurteilt worden sind, ohne Rücksicht darauf, ob sie früher schon bestraft wurden,
b) die in den Landesteilen rechts des Rheins verurteilten Personen, gegen die eine andere Strafe wegen eines Verbrechens oder Vergehens noch nicht vollstreckt worden ist.

Von der Einweisung in das Zellengefängnis Nürnberg sind ausgeschlossen:

a) Personen, die sich bisher hauptsächlich mit landwirtschaftlichen Arbeiten beschäftigt haben,

b) Personen, die der deutschen Sprache nicht mächtig sind und nicht lesen können,

c) Personen, von denen amtsärztlich festgestellt ist, daß sie nach ihrer körperlichen und geistigen Beschaffenheit zur Ertragung der ausschließlichen Einzelhaft nicht befähigt sind.

2. Von den männlichen Personen, die eine Gefängnisstrafe in einer Gefangenanstalt für Erwachsene zu erstehen haben und sich zur Verwahrung im Zellengefängnisse Nürnberg nicht eignen, sind einzuweisen:

a) in die Gefangenanstalt Landsberg

α) die im Bezirke des Landgerichts München I und vom Schwurgerichte bei dem Landgerichte München I wegen eines Verbrechens des Diebstahls, der Hehlerei, des Betrugs oder wegen eines Verbrechens oder Vergehens der Kuppelei verurteilten Katholiken

β) die in den Bezirken der Landgerichte Straubing und Augsburg und von den Schwurgerichten bei den Landgerichten Straubing und Augsburg verurteilten Katholiken

b) in die Gefangenanstalt Laufen

die in den Bezirken der Landgerichte München II, Traunstein, Landshut, Kempten, Memmingen verurteilten Katholiken

c) in die Gefangenanstalt St. Georgen-Bayreuth

α) die in den Bezirken des Oberlandesgerichts Bamberg und der Landgerichte Nürnberg, Weiden, Regensburg, dann vom Schwurgerichte bei dem Landgerichte Nürnberg verurteilten Katholiken

β) die in den Landesteilen rechts des Rheins verurteilten Israeliten

d) in die Gefangenanstalt Amberg

α) die im Bezirke des Landgerichts München I und vom Schwurgerichte bei dem Landgerichte München I verurteilten Katholiken, soweit sie nicht in die Gefangenanstalt Landsberg einzuweisen sind,

β) die in den Bezirken der Landgerichte Neuburg, Eichstätt, Ansbach, Fürth, Deggendorf, Passau, Amberg, dann vom Schwurgerichte bei dem Landgericht Amberg verurteilten Katholiken

e) in die Gefangenanstalt Lichtenau

die in den Landesteilen rechts des Rheins verurteilten Angehörigen anderer christlicher Bekenntnisse

f) in die Gefangenanstalt Zweibrücken
die in der Pfalz verurteilten Personen.

3. Die in den Landesteilen rechts des Rheins und in der Pfalz verurteilten männlichen Personen, die nach Abschnitt A II 2 der Bekanntmachung vom 28. Januar 1903 (JMBl. S. 42) eine Gefängnisstrafe in einer Gefangenanstalt für Jugendliche zu erstehen haben, sind in die Gefangenstalt Niederschönenfeld einzuweisen.

4. Die in den Landesteilen rechts des Rheins und in der Pfalz verurteilten weiblichen Personen, die eine Gefängnisstrafe in einer Gefangenanstalt für Erwachsene oder eine Gefängnisstrafe in einer Gefangenanstalt für Jugendliche zu erstehen haben, sind in die Strafanstalt Aichach einzuweisen.

C. Allgemeine Vorschriften.

I.

1. Bei der Bestimmung, wohin ein Verurteilter einzuweisen ist, hat die Strafvollstreckungsbehörde den Zeitpunkt der Erlassung des Strafantrittsbefehles oder der Ablieferungsverfügung zugrunde zu legen.

2. Verzögert sich der Strafantritt oder die Ablieferung aus irgend einem Grunde (z. B. infolge der Stellung eines Strafaufschubsgesuchs oder weil der Verurteilte sich nicht freiwillig stellt oder transportunfähig wird), so hat die Strafvollstreckungsbehörde bei der Wiederholung des Strafantrittsbefehls oder der Ablieferungsverfügung oder bei der Erlassung des Haftbefehls gegen den Verurteilten die für die Bestimmung des Strafortes maßgebenden Voraussetzungen neuerdings zu prüfen.

3. Wird trotz dieser Vorschriften (z. B. im Falle der Ausschreibung des Verurteilten im Zentralpolizeiblatt) ein Verurteilter in eine Strafanstalt eingewiesen, in die er nach den Vorschriften unter A und B nicht gehört, so kann die Verwaltung dieser Anstalt den auf freiem Fuße befindlichen Verurteilten mit einem Vorweise zum Antritte der Strafe in der zuständigen Strafanstalt versehen, den verhafteten Verurteilten aber in die zuständige Strafanstalt abliefern lassen. Ein Erwachsener, der in eine bei einer Strafanstalt bestehende Abteilung für Jugendliche eingewiesen wird, ist in die bei dieser Anstalt bestehende Abteilung für erwachsene Gefängnissträflinge aufzunehmen. Die Strafvollstreckungsbehörde ist von der getroffenen Maßnahme zu benachrichtigen.

II.

1. Wird eine Person von mehreren Gerichten zu Strafen verurteilt, die nicht auf eine Gesamtstrafe zurückgeführt werden können (vgl. A II Abs. 5) und ist der Verurteilte noch nicht in einer Strafanstalt verwahrt, so ist für die Bestimmung der Strafanstalt dasjenige bayerische Gericht, dessen Urteil zuletzt rechtskräftig geworden ist, und, wenn die Strafen nur von nichtbayerischen Gerichten ausgesprochen worden sind, derjenige Gerichtsbezirk maßgebend, in welchem sich der Verurteilte aufhält.

2. Ist der Verurteilte schon in einer Strafanstalt verwahrt, so sind die sämtlichen Strafen in dieser Anstalt zu vollstrecken.

III.

1. Werden mehrere Strafen, die von verschiedenen bayerischen Gerichten ausgesprochen worden sind, durch ein Urteil oder einen Beschluß auf eine Gesamtstrafe zurückgeführt, die in einer Strafanstalt zu vollstrecken ist, und kommen wegen der Verschiedenheit der Gerichte mehrere Strafanstalten in Frage, so bestimmt sich der Strafort nach dem Gerichte, das die Gesamtstrafe erkannt hat.

2. Ist jedoch der Verurteilte vor dem Ausspruche der Gesamtstrafe schon in einer Strafanstalt verwahrt gewesen, so ist die Vollstreckung in dieser Anstalt fortzusetzen.

3. Sind die Einzelstrafen von Gerichten verschiedener Bundesstaaten ausgesprochen worden, so ist nach den Bekanntmachungen vom 18. Juli 1885 und vom 4. Juli 1900, die Vollstreckung von Gesamtstrafen bei Festsetzung der Einzelstrafen von Gerichten verschiedener Bundesstaaten betr. (JMBl. 1885 S. 159; 1900 S. 1015) zu verfahren.

IV.

1. Ist eine Person wegen Diebstahls, Raubes, Erpressung, Hehlerei, Betrugs oder Kuppelei im rechtlichen oder sachlichen Zusammenflusse mit einer anderen strafbaren Handlung verurteilt worden, so sind für die Bestimmung des Strafortes diejenigen Vorschriften maßgebend, welche anzuwenden wären, wenn die Verurteilung wegen Diebstahls, Raubes, Erpressung, Hehlerei, Betrugs oder Kuppelei allein erfolgt wäre.

2. Diejenigen Personen, welche wegen Diebstahls, Raubes, Erpressung, Hehlerei, Betrugs oder Kuppelei eine Strafe zu erstehen haben, sind von den wegen einer anderen strafbaren Handlung verurteilten Personen tunlichst abzusondern.

V.

1. Gehört ein Verurteilter, der eine Strafe in einer Strafanstalt zu erstehen hat, der freireligiösen Gemeinde an oder bezeichnet er sich als religionslos, so ist für die Bestimmung der Strafanstalt dasjenige Glaubensbekenntnis maßgebend, welchem er früher angehörte; kann ein solches nicht ermittelt werden, so hat die Strafvollstreckungsbehörde unter Vorlegung der Akten an das Staatsministerium der Justiz unmittelbar zu berichten.

2. Steht die von einem Verurteilten über sein Glaubensbekenntnis abgegebene Erklärung im Widerspruche mit dem Inhalte der Akten und ist nicht ohne weiteres anzunehmen, daß die Erklärung auf anderen als religiösen Beweggründen beruht, so hat die Strafvollstreckungsbehörde vor der Erlassung des Strafantrittsbefehles oder der Ablieferung an den Strafort unter Berücksichtigung der Bestimmungen der §§ 5 bis 11 der Beilage II zu Titel IV § 9 der Verfassungsurkunde die erforderlichen Ermittelungen zu pflegen, insbesondere festzustellen, ob der behauptete Übertritt von einer Kirche zu einer anderen in der gesetzlichen Form (§ 11 a. a. O.) erklärt worden ist. Würde durch die Ermittelungen die Strafvollstreckung unverhältnismäßig verzögert oder führen die Ermittelungen zu keinem ausreichenden Ergebnisse, so hat die Strafvollstreckungsbehörde unter Vorlegung der Akten an das Staatsministerium der Justiz unmittelbar zu berichten.

3. Der während der Verbüßung der Strafe erklärte Übertritt eines Sträflings zu einem anderen Glaubensbekenntnisse hat die Überstellung in eine andere Strafanstalt in der Regel nicht zur Folge. Erachtet die Strafanstaltsverwaltung eine Abweichung von dieser Bestimmung für angezeigt, so hat sie an das Staatsministerium der Justiz zu berichten.

VI.

1. Gefängnissträflinge, die in einer Gefangenanstalt (Abteilung) für Jugendliche untergebracht sind, verbleiben dort in der Regel bis zum vollendeten zwanzigsten Lebensjahr und, falls der dann noch zu verbüßende Strafrest die Dauer von drei Monaten nicht übersteigt, bis zur Verbüßung dieses Strafrestes.

2. Hat ein Sträfling, der in der Gefangenanstalt Niederschönenfeld verwahrt ist, nach der Vollendung des zwanzigsten Lebensjahres noch länger als drei Monate im Gefängnisse zu verbleiben, so ist er in diejenige Gefangenanstalt für Erwachsene zu überstellen, in welche er einzuweisen gewesen wäre, wenn er zur Zeit der Er-

lassung des Strafantrittsbefehles oder der Ablieferung an den Strafort das achtzehnte Lebensjahr vollendet gehabt hätte.

3. Hat ein Sträfling, der in einer Abteilung für Jugendliche verwahrt ist, nach der Vollendung des zwanzigsten Lebensjahres noch länger als drei Monate im Gefängnisse zu verbleiben, so ist er in die bei der Anstalt bestehende Abteilung für erwachsene Gefängnissträflinge zu überstellen.

4. Ausnahmsweise, insbesondere wegen Mangels an Raum, kann die Überstellung schon nach der Vollendung des achtzehnten Lebensjahres bewirkt werden, soferne der Strafrest die Dauer von drei Monaten übersteigt.

5. Im Falle der Überstellung eines Sträflings in eine andere Anstalt ist die Verwaltung dieser Anstalt von der bevorstehenden, die Strafvollstreckungsbehörde von der vollzogenen Ablieferung zu benachrichtigen.

VII.

1. Für jeden Verurteilten, der seine Strafe im Zellengefängnisse Nürnberg zu erstehen hat, ist vor der Erlassung des Strafantrittsbefehles (der Ablieferung an den Strafort) ein amtsärztliches Gutachten darüber zu erholen, ob er zur Ertragung der ausschließlichen Einzelhaft fähig ist, insbesondere, ob nicht einer der unter B II 1 Abs. 2 c aufgeführten Ausschließungsgründe vorliegt. Die Amtsärzte haben bei der Untersuchung mit der größten Genauigkeit vorzugehen.

2. Erklärt ein Gefangener, der seine Strafe im Zellengefängnisse Nürnberg verbüßt, auf Grund des § 22 Abs. 2 des Strafgesetzbuchs, daß er in gemeinschaftliche Haft versetzt werden wolle, so hat die Verwaltung die Überstellung des Gefangenen in diejenige Strafanstalt zu bewirken, in welche er einzuweisen gewesen wäre, wenn er zur Zeit der Erlassung des Strafantrittsbefehles (der Ablieferung an den Strafort) zur Ertragung der ausschließlichen Einzelhaft nicht fähig gewesen wäre.

3. Im Falle der Überstellung eines Gefangenen in eine andere Anstalt ist die Verwaltung dieser Anstalt von der bevorstehenden, die Strafvollstreckungsbehörde von der vollzogenen Ablieferung zu benachrichtigen.

VIII.

Durch die allerhöchste Entschließung vom 1. Februar 1891 ist das Staatsministerium der Justiz ermächtigt worden, Gesuche, welche einen von den Bestimmungen der Artikel 23, 24 und 25 des Ausführungsgesetzes zur Strafprozeßordnung (vgl. auch oben unter A II) abweichenden Vollzug von Freiheitsstrafen anstreben, im allerhöchsten Auftrage zu bescheiden. Gesuche dieses Inhalts sind als Begnadigungsgesuche zu erachten und nach den für diese bestehenden Vorschriften zu behandeln.

IX.

1. Das Staatsministerium der Justiz behält sich vor, Verurteilten, bei denen mit Rücksicht auf ihren Bildungsgrad oder ihre sonstigen persönlichen Verhältnisse die Anwendung der ausschließlichen Einzelhaft angemessen erscheint, ausnahmsweise auch in anderen, als den unter B II 1 Abs. 1 aufgeführten Fällen zu gestatten, daß sie ihre Strafe im Zellengefängnisse Nürnberg erstehen.

2. Durch die allerhöchste Entschließung vom 8. Februar 1873 ist das Staatsministerium der Justiz ermächtigt worden, die im Abs. 1 aufgeführte Vergünstigung auch Personen, die eine Zuchthausstrafe zu erstehen haben, angedeihen zu lassen.

3. Soll nach dem Inhalt eines Gesuchs oder nach der Ansicht der Strafvollstreckungsbehörde eine Strafe nach Maßgabe der Bestimmungen in Abs. 1 und 2 ausnahmsweise im Zellengefängnisse Nürnberg vollstreckt werden, so hat die Strafvollstreckungsbehörde unter Vorlegung der Akten, eines amtsärztlichen Gutachtens über die Fähigkeit des Verurteilten zur Ertragung der ausschließlichen Einzelhaft und eines Gutachtens der Verwaltung des Zellengefängnisses Nürnberg an das Staatsministerium der Justiz unmittelbar zu berichten.

X.

1. Abgesehen von den unter VIII und IX behandelten Fällen wird das Staatsministerium der Justiz Gesuchen, welche einen von den Bestimmungen dieser Bekanntmachung abweichenden Vollzug von Freiheitsstrafen erstreben, nur in ganz besonderen Ausnahmefällen eine Folge geben.

2. Die Strafvollstreckungsbehörde hat solche Gesuche mit den Akten und einer gutachtlichen Äußerung dem Staatsministerium der Justiz unmittelbar vorzulegen. Sind sie offenbar nur zum Zwecke der Verzögerung der Strafvollstreckung gestellt oder sonst aussichtslos, so hat ihnen die Strafvollstreckungsbehörde die aufschiebende Wirkung zu versagen.

II. Die Einweisung von Personen, die eine von den Militärstrafgerichten ausgesprochene und auf Grund des § 15 Abs. 3 MStGB. von den bürgerlichen Behörden zu vollstreckende Freiheitsstrafe zu erstehen haben.

Die maßgebende Bekanntmachung des Staatsministeriums der Justiz und des Kriegsministeriums vom 28. Januar 1903 (JMBl. S. 54) wurde im Abschnitte B ersetzt durch die Bekanntmachung vom 7. Januar 1909 (JMBl. S. 76). Der Abschnitt I dieser Bekanntmachung wurde wiederum geändert durch die Bekanntmachung vom 13. Juli 1909 (JMBl. S. 298; durch diese Bekanntmachung wurde auch jene vom 18. Februar 1909 (JMBl. S. 106) gegenstandslos. In der Fassung, die die Bekanntmachung vom 28. Januar 1903 durch diese Änderungen erhalten hat, lautet sie wie folgt:

Bekanntmachung, die Einweisung von Verurteilten in die Strafanstalten betr.

Königliches Staatsministerium der Justiz und Königliches Kriegsministerium.

Die bisherigen Vorschriften darüber, in welche Strafanstalt (Zuchthaus oder Gefangenanstalt) die Personen einzuweisen sind, die eine von den Militärstrafgerichten ausgesprochene und auf Grund des § 15 Abs. 3 MStGB. von den bürgerlichen Behörden zu vollstreckende Freiheitsstrafe zu erstehen haben, werden mit Wirkung vom 1. März 1903 durch die nachstehenden Vorschriften ersetzt:

A. Die Straforte im allgemeinen.

I.

1. Die Zuchthausstrafen werden in den Zuchthäusern vollstreckt.

2. Als Zuchthäuser gelten auch die bei den Strafanstalten bestehenden Abteilungen für Zuchthaussträflinge.

II.

1. Die Gefängnisstrafen werden, wenn der Verurteilte mehr als drei Monate im Gefängnisse zu verbleiben hat, in den Gefangenanstalten, wenn der Verurteilte nicht mehr als drei Monate im Gefängnisse zu verbleiben hat, in den Strafvollstreckungsgefängnissen und Landgerichtsgefängnissen nach den hierüber bestehenden besonderen Bestimmungen vollstreckt.

2. Als Gefangenanstalten gelten auch die bei den Strafanstalten bestehenden Abteilungen für Gefängnissträflinge.

3. Mehrere gegen die nämliche Person ausgesprochene Gefängnisstrafen, die auf eine Gesamtstrafe nicht zurückgeführt werden können, sind, soferne die Vollstreckung in Bayern stattfindet, hinsichtlich der Bestimmung des Strafortes als einheitliche Strafe zu behandeln. Sie sind daher in einer Gefangenanstalt zu vollstrecken, wenn der Verurteilte mit Rücksicht auf die gesamte Dauer der mehreren Strafen länger als drei Monate im Gefängnisse zu verbleiben hat.

B. Die Verteilung der Verurteilten auf die einzelnen Strafanstalten.

I.

Zuchthaussträflinge.

Von den in den Landesteilen rechts des Rheins und in der Pfalz von Militärstrafgerichten und in Elsaß-Lothringen von einem bayerischen Militärstrafgerichte verurteilten Personen, die eine Zuchthausstrafe zu erstehen haben, sind einzuweisen:

1. in das Zuchthaus Kaisheim die Katholiken,
2. in das Zuchthaus Ebrach die Angehörigen anderer christlicher Bekenntnisse und die Israeliten.

Diese Vorschriften finden auf die von einem nichtbayerischen Militärstrafgerichte verurteilten Personen, gegen die auf Grund des § 15 EG. zur Militärstrafgerichtsordnung in Bayern eine Zuchthausstrafe zu vollstrecken ist, entsprechende Anwendung.

II.

Gefängnissträflinge.

1. Von den in den Landesteilen rechts des Rheins von Militärstrafgerichten verurteilten Personen, die eine Gefängnisstrafe in einer Gefangenanstalt zu erstehen haben, sind einzuweisen:

a) in das Zellengefängnis Nürnberg die Angehörigen christlicher Bekenntnisse, soferne nicht einer der Ausschließungsgründe vorliegt, die in der Bekanntmachung des Staatsministeriums der Justiz (vom 3. d. Mts.), die Einweisung von Verurteilten in die Strafanstalten betreffend, unter B II 1 Abs. 2 aufgeführt sind;

b) in die Gefangenanstalt Amberg die Katholiken, soweit sie nicht im Zellengefängnisse Nürnberg verwahrt werden können;

c) in die Gefangenanstalt Lichtenau die Angehörigen anderer christlicher Bekenntnisse, soweit sie nicht im Zellengefängnisse Nürnberg verwahrt werden können;

d) in die Gefangenanstalt St. Georgen-Bayreuth die Israeliten.

2. Die in der Pfalz von Militärstrafgerichten und die von einem bayerischen Militärstrafgericht in Elsaß-Lothringen verurteilten Personen, die eine Gefängnisstrafe in einer Gefangenanstalt zu erstehen haben, sind in die Gefangenanstalt Zweibrücken einzuweisen.

3. Auf die von einem nichtbayerischen Militärstrafgerichte verurteilten Personen, gegen die auf Grund des § 15 EG. zur Militärstrafgerichtsordnung in Bayern eine Gefängnisstrafe zu vollstrecken ist, finden die Vorschriften unter 1 entsprechende Anwendung.

C. Allgemeine Vorschriften.

Die Vorschriften der Bekanntmachung des Staatsministeriums der Justiz vom 28. Januar 1903 (JMBl. S. 42), die Einweisung von Verurteilten in die Strafanstalten betr., unter C I, II, III Abs. 1 und 2, IV Abs. 2, V Abs. 1, VII bis X finden auf die Strafvollstreckung gegen die von Militärstrafgerichten verurteilten Personen entsprechende Anwendung. Die vorgeschriebenen Berichte sind an das Kriegsministerium zu erstatten. Die Gutachten der Amtsärzte werden durch die Gutachten der Militärärzte ersetzt.

D. Bekanntmachung, die vorläufige Entlassung von Strafgefangenen betr.

Vom 14. September 1908 (JMBl. S. 183).

Königliches Staatsministerium der Justiz.
Königliches Staatsministerium des Innern.
Königliches Kriegsministerium.

An die Stelle der Bekanntmachungen vom 1. Januar 1872 (Reg.-Bl. S. 43, JMBl. S. 2), 15. Januar 1872 (JMBl. S. 44) und 8. Oktober 1900 (JMBl. 1901 S. 592) sowie der Vorschriften in Abs. 1 Nr. 2, Abs. 2 der Bekanntmachung vom 29. November 1902 (JMBl. S. 1052) treten nachstehende Ausführungsvorschriften zu den §§ 23 bis 26 des Strafgesetzbuchs:

§ 1.

Die vorläufige Entlassung kann nur erfolgen, wenn

1. der zu einer längeren Zuchthaus- oder Gefängnisstrafe Verurteilte drei Vierteile,[1]) mindestens aber ein Jahr der ihm auferlegten Strafe verbüßt und während dieser Zeit sich gut geführt hat,[2])

2. der Verurteilte seiner vorläufigen Entlassung zustimmt[3]) und

3. Gewähr dafür gegeben ist, daß er an dem Orte, nach dem er entlassen werden soll (Entlassungsort), Aufnahme und Fortkommen, insbesondere Gelegenheit zu redlichem Erwerbe[4]) finden wird.

1. Über die Berechnung s. § 4.

2. Wenn ein Gefangener während der Verwahrung in der Strafanstalt keine Disziplinarstrafe erlitten hat, so wird das in vielen Fällen als ein Zeichen für seine gute Führung gelten können. Nicht ganz gerechtfertigt aber wäre der Schluß, daß ein Gefangener, für den ein Strafbogen nicht vorliegt, sich unter allen Umständen einer guten Führung befleißigt haben müsse. Es ist eine alte Erfahrungstat-

sache, daß viele Gefangene, und gerade die schlimmsten Elemente, wenn sie einmal in die Schliche und Praktiken des Gefängnislebens eingeweiht sind, es trefflich verstehen, die Hausordnung zu umgehen, dabei aber den Anschein einer hausordnungsgemäßen Führung zu wahren, sodaß es nur selten gelingt, sie zur Strafe zu ziehen. Andererseits kann es gerade dem unkundigen und ängstlichen Neuling bei allen guten Vorsätzen sehr leicht vorkommen, daß er gegen die Hausordnung verstößt. Bei der Prüfung der Frage, ob der Gefangene sich gut geführt hat, darf deshalb sein Verhalten nicht nur vom disziplinären Standpunkt aus gewürdigt werden, sondern es muß auch hier nach dem Grundsatze der Individualisierung verfahren und unter Berücksichtigung seiner persönlichen Eigenschaften sein Gesamtverhalten in der Anstalt in Betracht gezogen werden. Hat ein Gefangener den guten Willen gezeigt, sich ordentlich zu führen, hat er Zeichen ernstlicher Reue und Besserung an den Tag gelegt, hat er unverdrossen seine Arbeit getan, mit Eifer und Interesse Schule und Kirche besucht und ist sein Bestreben gar durch Zuerkennung von Aufmunterungen und Vergünstigungen anerkannt worden, dann tut es ihm keinen Eintrag, wenn er wegen einzelner unbedeutender Verstöße gegen die Hausordnung bestraft worden ist (auch § 2 Abs. III); dagegen kann ein Gefangener, der gleichgültig und trotzig die Strafe über sich ergehen läßt, widerwillig seine Arbeit verrichtet, mürrisch und verstockt im Verkehre mit den Beamten, anmaßend und frivol im Verkehre mit den Gefangenen ist, dem der Ernst des Strafvollzugs nicht zum Bewußtsein gekommen ist, der nur bestrebt ist, die Strafzeit so angenehm als möglich zu verbringen, nicht Anspruch auf das Zeugnis einer guten Führung erheben, auch wenn sein Strafbogen noch so weiß ist. Kann dem Gefangenen nur eine „hausordnungsgemäße" Führung bezeugt werden, so wird zu der guten Führung, wie sie als Voraussetzung der vorläufigen Entlassung verlangt wird, immer noch einiges fehlen.

3. Er hat, falls er nicht selbst den Antrag auf Bewilligung der v. E. stellt, diese Zustimmungserklärung ausdrücklich abzugeben.

4. Wie diese Gewähr für den Gefangenen gegeben sein muß, so wird auch der Gefangene nach seinem Verhalten in der Strafanstalt und seinem Vorleben Gewähr dafür bieten müssen, daß er die ihm gebotene Gelegenheit zu redlichem Erwerbe auch ergreift und ausnützt.

Wegen der v. E. arbeitsunfähiger Gefangener siehe § 5.

§ 2.

Liegen die in § 1 bestimmten Voraussetzungen vor, so soll der Vorstand der Strafanstalt die vorläufige Entlassung nach Anhörung der übrigen Konferenzbeamten [1]) beantragen.

Auf die Erfüllung der in § 1 Nr. 3 bezeichneten Voraussetzung soll er bei Zeiten und mit Nachdruck hinwirken, wenn kriminal- oder sozialpolitische Gründe dafür sprechen, daß der Strafgefangene wieder in die Freiheit übergeführt wird, insbesondere

1. wenn die Tat nach ihren Umständen eine mildere Beurteilung zuläßt, z. B. wenn der Verurteilte aus Not, unüberlegt

oder im Zorne gehandelt hat, wenn er noch in jungen Jahren stand oder der Verführung anderer unterlag, wenn er früher keine oder nur geringe Bestrafungen erlitt, wenn er ein Geständnis abgelegt hat oder den Schaden wieder gutzumachen bestrebt war,

2. wenn die wirtschaftlichen Verhältnisse des Gefangenen oder die Lage seiner Angehörigen es wünschenswert erscheinen lassen, daß er bald zurückkehrt.

Die Geringfügigkeit des Strafrestes oder vereinzelte unbedeutende Verstöße gegen die Hausordnung in den Strafanstalten stehen der vorläufigen Entlassung nicht entgegen.

Unter besonderen Umständen, jedenfalls aber nur bei völlig tadelloser Führung können auch Verbrecher vorläufig entlassen werden, die früher schon schwer bestraft und der Landespolizeibehörde überwiesen worden sind.

1. HO. § 117.

§ 3.

Die vorläufige Entlassung kann auch von den Gefangenen oder seinen Angehörigen erbeten werden.

§ 4.

Für die Berechnung der Strafzeit, die nach § 23 des Strafgesetzbuchs verbüßt sein muß, gelten, vorbehaltlich richterlicher Entscheidung, folgende Grundsätze:

1. Als auferlegte Strafe gilt auch eine nach § 79 des Strafgesetzbuchs ausgesprochene Gesamtstrafe.[1])

2. Handelt es sich um die Vollstreckung mehrerer Freiheitsstrafen,[2]) die auf eine Gesamtstrafe nicht zurückgeführt werden konnten, so ist hinsichtlich jeder einzelnen Strafe die Frage der vorläufigen Entlassung zu prüfen.[3]) Liegen hinsichtlich der ersten Strafe die Voraussetzungen der vorläufigen Entlassung vor, so ist weiter zu prüfen, ob nicht hinsichtlich der zweiten Strafe die Bewilligung einer Bewährungsfrist zu beantragen ist.[4]) Wird eine Bewährungsfrist bewilligt, so kann in Ansehung der ersten Strafe die vorläufige Entlassung sofort erfolgen. Wird eine Bewährungsfrist nicht bewilligt, so kann in Ansehung der ersten Strafe zunächst nur die Unterbrechung der Strafvollstreckung in Frage kommen.[5])

3. Ist gegen den Verurteilten neben der Freiheitsstrafe auch eine Geldstrafe ausgesprochen und kann diese nicht beigetrieben werden, so finden hinsichtlich der an ihre Stelle tretenden Freiheitsstrafe die Vorschriften in Nr. 2 entsprechende Anwendung.[6])

4. Ist auf eine Strafe eine Untersuchungshaft[7]) anzurechnen, so gilt als auferlegte Strafe im Sinne des § 23 des Strafgesetzbuchs nur diejenige Strafe, die der Verurteilte in der Strafanstalt zuzubringen hat.[8]) Kann hiernach die vorläufige Entlassung nicht mehr bewilligt werden,[9]) so ist zu prüfen, ob nicht an deren Stelle die Bewilligung einer Bewährungsfrist in Ansehung des Strafrestes zu beantragen ist.

5. Mußte der Gefangene wegen Krankheit in eine von der Strafanstalt getrennte Krankenanstalt verbracht werden, so ist die Dauer des Aufenthalts in der Krankenanstalt in die Strafzeit einzurechnen.[10])

6. Das Gleiche gilt im Falle einer auswärtigen Vernehmung des Gefangenen, nicht aber dann, wenn der Gefangene in einem anderen Strafverfahren in Untersuchungshaft genommen worden ist.

1. Ebenso eine nach § 492 StPO. festgesetzte Gesamtstrafe.

2. Einzelstrafen oder Gesamtstrafen im Sinne der Ziff. 1.

3. Es dürfen also mehrere selbständige Strafen, die im unmittelbaren Anschluß aneinander zu vollstrecken sind, nicht als eine Strafe behandelt und auf sie die Grundsätze der v. E. angewendet werden. Ein Gefangener, der zwei selbständige Strafen von je einem Jahre Gefängnis zu verbüßen hat, kann nicht etwa nach Verbüßung von einem Jahre und sechs Monaten vorläufig entlassen werden; für ihn kommt eine v. E. überhaupt nicht in Frage.

4. Der Staatsanwalt wird in den Fällen, in denen ihm nach dem Ergebnisse der Prüfung die Bewilligung einer Bewährungsfrist angezeigt scheint, bei der Vorlage der Akten (§ 7) seinem befürwortenden Gutachten zweckmäßig gleich beifügen, daß er den Verurteilten in Ansehung der weiteren Strafe zur bedingten Begnadigung vorschlagen wird, wenn ihm die v. E. bewilligt worden ist.

5. Es beginnt dann von dem Zeitpunkt an, in dem die erste Strafe unterbrochen wird, die Vollstreckung der zweiten Strafe, und es wird die v. E. in Ansehung der ersten Strafe bewilligt von dem Augenblick an, in dem die zweite Strafe verbüßt ist. Das Ende der ersten Strafe wird dadurch naturgemäß um die Dauer der zweiten Strafe hinausgeschoben und muß neu berechnet und dem Verurteilten bekannt gegeben werden. Denkbar ist, daß in Ansehung der ersten und der zweiten Strafe die Voraussetzungen der v. E. vorliegen. Es wird dann zunächst die Vollstreckung der ersten Strafe unterbrochen, dann mit der Vollstreckung der zweiten Strafe begonnen und in Ansehung dieser Strafe nach dem Ablauf von $^3/_4$ die v. E. bewilligt. Ist diese Strafzeit abgelaufen, ohne daß ein Widerruf der vorl. E. erfolgte, so wird von dem Zeitpunkte an, in dem die zweite Strafe endete, die vorl. E. in Ansehung der unterbrochenen ersten Strafe bewilligt.

6. Wenn also z. B. ein Gefangener wegen Betrugs i. R. zu einer Zuchthausstrafe und zu einer Geldstrafe verurteilt worden ist, so hat bei der Berechnung der $^3/_4$ die an die Stelle der uneinbring-

lichen Geldstrafe tretende Zuchthausstrafe außer Berücksichtigung zu bleiben; für sie wird in der Regel die Bewilligung einer Bewährungsfrist in Betracht kommen, wenn in Ansehung der Zuchthausstrafe dem Verurteilten die vorl. E. bewilligt wird.

7. Dies gilt sowohl für die Untersuchungshaft, deren Anrechnung auf die Strafzeit gemäß § 60 StGB. im Urteil ausgesprochen ist, als für die Untersuchungshaft, die gem. § 482 StPO. anzurechnen ist.

8. Die $^3/_4$ sind also zu berechnen aus der Zeit von dem Eintritt oder der Einlieferung des Verurteilten in die Strafanstalt an bis zum Ende der Strafe. Als Beispiel für die Berechnung möge dienen: Ein längere Zeit in Untersuchungshaft befindlicher Angeklagter wird zu einer Gesamtgefängnisstrafe von 3 Jahren 9 Monaten und 20 Tagen verurteilt, auf die 2 Monate der erlittenen Untersuchungshaft anzurechnen sind. Er unterwirft sich dem Urteile am 22. August 1910 nachmittags 4 Uhr und wird am 27. August 1910 vormittags 9 Uhr in die Strafanstalt eingeliefert. Die Strafe endet demnach (vgl. auch § 19 StGB.) am 11. April 1914 nachmittags 4 Uhr. Die $^3/_4$ sind also zu berechnen aus der Zeit vom 27. August 1910 vormittags 9 Uhr bis zum 11. April 1914 nachmittags 4 Uhr, d. i. aus 3 Jahren 7 Monaten 15 Tagen 7 Stunden.

$^3/_4$ von 3 Jahren sind $2^1/_4$ Jahre oder 2 Jahre 3 Monate;

$^3/_4$ von 7 Monaten sind $5^1/_4$ Monate oder 5 Monate $7^1/_2$ Tage (den Monat zu 30 Tagen gerechnet) oder 5 Monate 7 Tage 12 Stunden;

$^3/_4$ von 15 Tagen sind $11^1/_4$ Tage oder 11 Tage 6 Stunden;

$^3/_4$ von 7 Stunden sind $5^1/_4$ Stunden oder 5 Stunden 15 Minuten.

Dies gibt zusammen 2 Jahre, 3+5 Monate, 7+11 Tage, 12+6+5 Stunden, 15 Minuten oder 2 Jahre 8 Monate 18 Tage 23 Stunden 15 Minuten. $^3/_4$ sind deshalb, von dem Zeitpunkt der Einlieferung in die Strafanstalt an gerechnet, am 16. Mai 1913 vormittags 8 Uhr 15 Min. verbüßt.

Siehe auch die Tabelle S. 284.

9. Weil infolge der Anrechnung der Untersuchungshaft der Gefangene weniger als ein Jahr in der Strafanstalt zu verbleiben hat.

10. § 493 StPO.

§ 5.

Um die Lebensverhältnisse prüfen zu können, denen der Gefangene nach der vorläufigen Entlassung entgegen geht, hat der Vorstand der Strafanstalt Ermittelungen anzustellen. Er soll sich mit dem gesetzlichen Vertreter des Gefangenen, mit Vereinen zur Obsorge für entlassene Strafgefangene oder mit einer vertrauenswürdigen Privatperson in Verbindung setzen und im Benehmen mit der Distriktspolizeibehörde des in Aussicht genommenen Entlassungsorts, in München mit der Polizeidirektion, dahin wirken, daß ein Fürsorger,[1]) namentlich aus den Mitgliedern eines Vereins zur Obsorge für entlassene Strafgefangene, für den Verurteilten gewonnen wird.

Auch die vorläufige Entlassung eines wegen Arbeitsunfähigkeit voraussichtlich der Armenpflege zur Last fallenden Gefangenen soll zulässig sein, wenn die Armenpflege damit einverstanden ist und entweder dieser oder ein Verein zur Obsorge für entlassene Strafgefangene oder eine genügend bemittelte Privatperson zugesichert hat, sich des Entlassenen anzunehmen.[2])

1. Der Fürsorger ist das Organ, durch das die Distriktspolizeibehörde die Schutzaufsicht über den vorläufig Entlassenen ausübt. Solange ein Fürsorger die Obhut führt, unterbleibt eine polizeiliche Überwachung des vorläufig Entlassenen. Durch die Übertragung der Aufsicht an eine Privatperson soll erreicht werden, daß der vorläufig Entlassene durch die Schutzaufsicht nicht bloßgestellt und in seinem Fortkommen gehindert wird (§ 12). Der Fürsorger soll nicht nur der Berater und Förderer des vorläufig Entlassenen sein; er soll sich auch von Zeit zu Zeit in schonender Weise darüber vergewissern, daß der Entlassene den ihm bei der vorläufigen Entlassung auferlegten Verpflichtungen nachkommt, ihn veranlaßten Falls ernstlich verwarnen und, wenn er trotz aller Ermahnungen auf Abwege gerät oder sich der Schutzaufsicht entzieht, die Distriktspolizeibehörde alsbald davon benachrichtigen. Er muß also, soll er sein Ehrenamt richtig verwalten, eine gewisse Autorität gegenüber dem Gefangenen besitzen, aber auch dessen Vertrauen zu gewinnen verstehen. Aus diesem Grunde wird es sich in der Regel nicht empfehlen, Verwandte oder den Arbeitgeber als Fürsorger aufzustellen.

2. Die Armenpflege muß also selbst dann einverstanden sein, wenn nicht sie, sondern ein Obsorgeverein oder eine Privatperson sich um den Entlassenen annimmt.

§ 6.

Über die vorläufige Entlassung der von einem bayerischen bürgerlichen Gerichte Verurteilten beschließt das Staatsministerium der Justiz (§ 25 des Strafgesetzbuchs). Ihm sind die Anträge und Gesuche vorzulegen, und zwar auch dann, wenn die Strafe von dem Gericht eines anderen Bundesstaats ausgesprochen worden ist.[1])

Handelt es sich um einen von einem bayerischen Militärgerichte Verurteilten, der zum Zwecke der Strafvollstreckung den bürgerlichen Behörden überwiesen worden ist,[2]) so beschließt das Kriegsministerium über die vorläufige Entlassung.

Handelt es sich um einen von einem preußischen Militärgerichte oder einem Marinegerichte Verurteilten, der zum Zwecke der Strafvollstreckung den bürgerlichen Behörden überwiesen worden ist,[2]) so ist das preußische Kriegsministerium (Justizabteilung) oder das Reichs-Marineamt (Allgemeines Marine-Departement) zuständig. Mit diesen Stellen hat die Strafanstaltsverwaltung unmittelbar ins Benehmen zu treten.

1. Vgl. die Grundsätze, welche in Betreff der Vollstreckung einer auf Grund von § 79 StGB. oder § 492 StPO. erkannten Gesamtstrafe, falls die Einzelstrafen von Gerichten verschiedener Bundesstaaten festgesetzt sind, zur Anwendung zu kommen haben, vom 24. Juni 1885 JMBl. S. 160.

2. Vgl. § 15 Abs. III MStGB. (s. auch Anm. 1 zu HO. § 1), ferner § 15 EG. MStGO. und dazu die Bek. vom 28. September 1903 JMBl. S. 418.

§ 7.

Die Anträge oder Gesuche sind vorzulegen

1. in den Fällen des § 6 Abs. 1 durch die Staatsanwaltschaft, der die Strafvollstreckung obliegt, oder, wenn die Strafe von einem Amtsrichter zu vollstrecken ist, durch die der Amtsanwaltschaft bei dem Amtsgerichte vorgesetzte Staatsanwaltschaft,

2. in den Fällen des § 6 Abs. 2 durch den Gerichtsherrn, der die Strafe vollstrecken läßt.

Der Vorstand der Strafanstalt und die in Abs. 1 bezeichneten Behörden haben sich über die Anträge oder Gesuche gutachtlich zu äußern, das Ergebnis der Ermittelungen, die Personalakten, ein Auszug aus dem Beamtenkonferenzprotokoll[1]) und ein Zeugnis des Hausarztes über den Gesundheitszustand und die Arbeitsfähigkeit des Gefangenen sind beizufügen. Die Untersuchungsakten sind in der Regel nicht vorzulegen.

1. HO. §§ 117, 118, ferner § 21 Abs. III dieser Bek.

§ 8.

Ist die vorläufige Entlassung bewilligt worden, so ist sie vom Vorstande der Strafanstalt auszuführen, es sei denn, daß in der Zwischenzeit Umstände eingetreten sind, die der Bewilligung entgegengestanden sein würden. In diesem Falle hat der Vorstand der Strafanstalt unverzüglich und unmittelbar zu berichten.

§ 9.

Bei der Ausführung der vorläufigen Entlassung ist folgendermaßen zu verfahren:

1. Dem Gefangenen wird ein Entlassungsausweis mit Angabe des Reisewegs nach dem Entlassungsort in der Form der Anlage I ausgehändigt.

2. Dem Gefangenen wird unter mündlicher Erläuterung der Vorschriften über sein Verhalten zu Protokoll eröffnet,

daß er nur unter der Bedingung fortdauernd guten Verhaltens vorläufig entlassen wird, daß die Freiheitsstrafe erst dann als verbüßt gilt, wenn die Strafzeit ohne Widerruf der vorläufigen Entlassung abgelaufen ist, daß er den Widerruf zu gewärtigen hat, sobald er sich einer schlechten Führung schuldig macht (§ 15),

daß er im Falle des Widerrufs in die Strafanstalt wieder eingeliefert wird und dann die seit der vorläufigen Entlassung verflossene Zeit auf die festgesetzte Strafdauer nicht angerechnet wird.

3. Der Gefangene erhält eine Abrechnung über sein Guthaben. Von diesem ist ihm nicht mehr auszuzahlen, als er zur Reise nach dem Entlassungsort und zu seinem Lebensunterhalt unmittelbar nach der Ankunft dort bedarf. Der Rest des Guthabens wird dem Vereine zur Obsorge für entlassene Strafgefangene oder dem Fürsorger oder der Distriktspolizeibehörde des Entlassungsorts, in München der Polizeidirektion (§ 12) zur angemessenen Verwendung für den Entlassenen übersandt.

4. Ist der Gefangene mit den zur Erreichung des Entlassungsorts erforderlichen Geldmitteln oder mit anständiger Kleidung nicht versehen, so hat der Vorstand der Strafanstalt rechtzeitig dafür zu sorgen, daß der Gefangene Geld und Kleidung erhält. Er hat zu diesem Zwecke mit den Angehörigen des Gefangenen, dem Vormund oder Pfleger, der Armenpflege oder einem Vereine zur Obsorge für entlassene Strafgefangene in Verbindung zu treten und nötigenfalls aus Anstaltsmitteln Beihilfe zu gewähren.

5. Die dem Gefangenen bei seiner Aufnahme in die Strafanstalt abgenommenen Sachen werden ihm ausgehändigt.

6. Vor der Entlassung ist der Gefangene dem Hausarzte vorzustellen. Die Entlassung eines kranken Gefangenen kann so lang verschoben werden, bis sie der Hausarzt für unbedenklich hält.

7. Die Abreise des Gefangenen kann durch einen Begleiter in Zivil überwacht werden.

8. Die Überweisung an den Entlassungsort darf nicht auf dem Schubwege geschehen.

(Vgl. §§ 104, 105, § 107 Nr. IV a, d, §§ 109, 110 der Hausordnung für die bayerischen Strafanstalten vom 20. September 1907, JMBl. S. 309.)

§ 10.

Davon, daß die vorläufige Entlassung ausgeführt worden ist, hat die Verwaltung der Strafanstalt der Strafvollstreckungsbehörde und der Distriktspolizeibehörde des Entlassungsorts, in München der Polizeidirektion, unter Beigabe einer Abschrift des Entlassungsausweises Anzeige zu erstatten.

Von der vorläufigen Entlassung hat die Strafvollstreckungsbehörde der Strafregisterbehörde nach dem in der Anlage II enthaltenen Muster Mitteilung zu machen.

§ 11.

Vor der Ankunft am Entlassungsort oder binnen drei Tagen nach der Ankunft hat sich der vorläufig Entlassene bei der Distriktspolizeibehörde des Entlassungsorts, in München bei der Polizeidirektion, persönlich zu melden und dabei den Entlassungsausweis vorzulegen. Die Distriktspolizeibehörde kann auch eine schriftliche, mit der Einsendung des Entlassungsausweises verbundene Meldung als ausreichend ansehen. Die Distriktspolizeibehörde, in München die Polizeidirektion, hat der Strafanstaltsverwaltung von der Meldung unverzüglich Anzeige zu machen.

Meldet sich der Entlassene innerhalb der in Abs. 1 bestimmten Frist nicht, so ist dies ebenfalls anzuzeigen.

§ 12.

Der vorläufig Entlassene steht bis zum Ablaufe der Strafzeit unter der Schutzaufsicht der Distriktspolizeibehörde, in München der Polizeidirektion. Diese überträgt die Aufsicht dem Fürsorger, der für den Entlassenen gewonnen worden ist.

Solang ein Fürsorger die Obhut führt, unterbleibt eine polizeiliche Überwachung des vorläufig Entlassenen.

Durch die behördliche Schutzaufsicht darf der Entlassene in seinem Fortkommen nicht gehindert, insbesondere nicht bloßgestellt werden.

§ 13.

Will der vorläufig Entlassene seinen Aufenthaltsort vorübergehend verlassen, so hat er dies seinem Fürsorger oder der Distriktspolizeibehörde, in München der Polizeidirektion, anzuzeigen.

§ 14.

Will der vorläufig Entlassene den Niederlassungsort wechseln, so muß er dazu die Erlaubnis der Distriktspolizeibehörde, in München der Polizeidirektion, nachsuchen. Diese Behörde hat sich zu vergewissern, ob an dem Orte, nach dem der Entlassene seine Niederlassung verlegen will, dem im § 1 Nr. 3 bestimmten Erfordernisse genügt werden kann.

Beschwert sich der Gefangene gegen die Versagung der Erlaubnis, so ist die Entscheidung der Stelle einzuholen, die nach § 6 für die Bewilligung der vorläufigen Entlassung zuständig ist.

Wird der Wechsel des Niederlassungsorts erlaubt, so geht die behördliche Schutzaufsicht auf die Distriktspolizeibehörde des neuen Niederlassungsorts, in München auf die Polizeidirektion, über. Die Distriktspolizeibehörde des bisherigen Niederlassungsorts hat den Entlassungsausweis auf den neuen Niederlassungsort auszustellen und der Distriktspolizeibehörde des neuen Niederlassungsorts, in München der Polizeidirektion, unter Beigabe der Abschrift des Entlassungsausweises Nachricht zu geben.

Die Vorschriften des § 11 finden entsprechende Anwendung.

§ 15.

Die vorläufige Entlassung kann widerrufen[1]) werden,

1. wenn der Entlassene ein neues Verbrechen oder Vergehen verübt,

2. wenn er sich der Schutzaufsicht entzieht,[2])

3. wenn er sich trotz Verwarnung dem Müßiggang oder dem Trunke ergibt, mit übelberüchtigten Personen Verkehr pflegt oder von einem ungeordneten Lebenswandel nicht abläßt,

4. wenn er die ihm von einem Vereine zur Obsorge für entlassene Strafgefangene, von einem Fürsorger oder von einer Behörde verschaffte Erwerbsgelegenheit ohne rechtfertigenden Grund aufgibt.

Hat der Entlassene seine bisherige Erwerbsgelegenheit ohne sein Verschulden verloren und kann er eine solche an seinem Aufenthaltsorte nicht alsbald wieder finden, so ist der Widerruf nur dann veranlaßt, wenn der Entlassene nicht nachweisen kann, daß er trotz Bemühungen ein anderweitiges Fortkommen sich nicht verschaffen konnte.

Von jeder vor dem Ablaufe der festgesetzten Strafzeit eintretenden Strafverfolgung des vorläufig Entlassenen wegen einer nach der vorläufigen Entlassung verübten strafbaren Handlung, insbesondere von der Anordnung seiner Verhaftung, hat der Beamte der Staatsanwaltschaft, der mit der Sache befaßt ist, der Strafvollstreckungsbehörde unter kurzer Darlegung des Sachverhalts Mitteilung zu machen.

In gleicher Weise haben die Beamten der Staatsanwaltschaft oder die Gerichtsherren zu verfahren, wenn gegen einen vorläufig Entlassenen wegen einer vor der Bewilligung der vorläufigen Entlassung begangenen strafbaren Handlung ein Strafverfahren noch schwebt oder eingeleitet wird oder wenn der Vollzug einer Strafe in Frage steht, die vor dem Antritte der Strafe ausgesprochen worden ist, bezüglich deren die vorläufige Entlassung bewilligt wurde. Im letzten Falle ist nur bei Gefahr auf Verzug nach § 489 der Strafprozeßordnung zu verfahren.

In den Fällen der Abs. 3, 4 hat die Strafvollstreckungsbehörde der Stelle, welche die vorläufige Entlassung bewilligt hat, zu berichten.

1. Der Widerruf ist nur so lang zulässig, bis die festgesetzte Strafzeit abgelaufen ist. Ist bis dorthin ein Widerruf der vorläufigen Entlassung nicht erfolgt, so gilt die Strafe als verbüßt (§ 26 StGB.). Ein erst nach Ablauf der Strafzeit erfolgter Widerruf ist nur in dem einen Falle wirksam, wenn der vorläufig Entlassene noch vor dem Ablauf der Strafzeit gem. § 25 Abs. II StGB. einstweilen festgenommen worden war und diese Festnahme zum Widerruf führte: dann gilt der Widerruf als am Tage der Festnahme, also noch vor dem Ablaufe der Strafe erfolgt (§ 25 Abs. II StGB.).

2. Insbesondere in den §§ 11, 12 und 14 auferlegten Verpflichtungen nicht nachkommt.

§ 16.

Ein vorläufig entlassener Strafgefangener, der an dem Entlassungsort oder an dem neuen Niederlassungsorte nicht rechtzeitig eintrifft, der ohne besondere Gründe sich von diesen Orten entfernt, bevor er die im § 13 vorgeschriebene Anzeige erstattet oder die nach § 14 erforderliche Erlaubnis erhalten hat, oder der sich sonst der Schutzaufsicht entzieht, kann von der Distriktspolizeibehörde, in München von der Polizeidirektion, und von der Strafvollstreckungsbehörde steckbrieflich verfolgt werden.

§ 17.

Zur Stellung des Antrags auf Widerruf der vorläufigen Entlassung sind die die Schutzaufsicht führende Behörde und die Strafvollstreckungsbehörde befugt.

Über die Tatsachen, auf die der Antrag gegründet wird, ist der Entlassene, wenn sein Aufenthalt bekannt ist, zu vernehmen. Dabei ist ihm Gelegenheit zur Rechtfertigung zu geben.

§ 18.

Der Antrag auf Widerruf der vorläufigen Entlassung ist mit dem Ergebnisse der etwaigen Ermittelungen in der gleichen Weise wie der Antrag auf Bewilligung der vorläufigen Entlassung der im § 6 bezeichneten Stelle vorzulegen.

§ 19.

Der Gefangene, dessen vorläufige Entlassung widerrufen worden ist, wird auf dem Schubweg in die Strafanstalt, aus der er vorläufig entlassen wurde, zurückgebracht.

§ 20.

Über den Zugang und den Abgang vorläufig entlassener Strafgefangener sowie über deren Führung und den etwaigen Widerruf der vorläufigen Entlassung haben die die Schutzaufsicht führenden Behörden fortlaufende Register nach der Anlage III zu führen.

§ 21.

Der vorläufig Entlassene wird bis zum Ablaufe der urteilsmäßigen Strafzeit unter dem Gefangenenstande der Strafanstalt, jedoch als „vorläufig entlassen", fortgeführt.

Die Verwaltungen der Strafanstalten haben über die vorläufig entlassenen Strafgefangenen ein besonderes Verzeichnis nach der Anlage IV zu führen.

Die in den Konferenzen der Beamten der Strafanstalt über die vorläufige Entlassung von Strafgefangenen gepflogenen Verhandlungen sind in einem besonderen Protokollbuche nach dem Muster der Anlage V unter knapper Angabe der geltend gemachten Gründe zu beurkunden.

München, den 14. September 1908.

v. Miltner. Frhr. v. Horn. v. Brettreich.

Tabelle für die Berechnung der ³/₄-Strafzeit.

J. = Jahr, M. = Monat, T. = Tag, St. = Stunden.

Es sind ³/₄ von:

1 J.	= 9 M.	1 M.	= 22 T. 12 St.
2 J.	= 1 J. 6 M.	2 M.	= 1 M. 15 T.
3 J.	= 2 J. 3 M.	3 M.	= 2 M. 7 T. 12 St.
4 J.	= 3 J.	4 M.	= 3 M.
5 J.	= 3 J. 9 M.	5 M.	= 3 M. 22 T. 12 St.
6 J.	= 4 J. 6 M.	6 M.	= 4 M. 15 T.
7 J.	= 5 J. 3 M.	7 M.	= 5 M. 7 T. 12 St.
8 J.	= 6 J.	8 M.	= 6 M.
9 J.	= 6 J. 9 M.	9 M.	= 6 M. 22 T. 12 St.
10 J.	= 7 J. 6 M.	10 M.	= 7 M 15 T.
11 J.	= 8 J. 3 M.	11 M.	= 8 M. 7 T. 12 St.
12 J.	= 9 J.	12 M.	= 9 M.
13 J.	= 9 J. 9 M.		
14 J.	= 10 J. 6 M.		
15 J.	= 11 J. 3 M.		

1 T.	= 18 St.	17 T.	= 12 T. 18 St.
2 T.	= 1 T. 12 St.	18 T.	= 13 T. 12 St.
3 T.	= 2 T. 6 St.	19 T.	= 14 T. 6 St.
4 T.	= 3 T.	20 T.	= 15 T.
5 T.	= 3 T. 18 St.	21 T.	= 15 T. 18 St.
6 T.	= 4 T. 12 St.	22 T.	= 16 T. 12 St.
7 T.	= 5 T. 6 St.	23 T.	= 17 T. 6 St.
8 T.	= 6 T.	24 T.	= 18 T.
9 T.	= 6 T. 18 St.	25 T.	= 18 T. 18 St.
10 T.	= 7 T. 12 St.	26 T.	= 19 T. 12 St.
11 T.	= 8 T. 6 St.	27 T.	= 20 T. 6 St.
12 T.	= 9 T.	28 T.	= 21 T.
13 T.	= 9 T. 18 St.	29 T.	= 21 T. 18 St.
14 T.	= 10 T. 12 St.	30 T.	= 22 T. 12 St.
15 T.	= 11 T. 6 St.	31 T.	= 23 T. 6 St.
16 T.	= 12 T.		

Anlage I.

Entlassungsausweis.

Personalbeschreibung:

Der (Die) Inhaber(in) dieses Ausweises, der (die) hierneben beschriebene .... (vollständiger Vor- und Zuname) ...., geboren am .... (Geburtsdatum) .... in .... (Geburtsort) ...., ... (Stand und Gewerbe) ... aus .... (Heimat, Unterstützungswohnsitz, Bezirksamt, Heimatstaat) ...., ... (Konfession) ...., ist von dem ..... (Bezeichnung des Gerichts) ... am ... (Tag des Urteils) ... wegen ..... (Bezeichnung des Verbrechens oder Vergehens) ... zu einer Zuchthaus-(Gefängnis)Strafe von ... Jahren ... Monaten ... Tagen verurteilt und am .... 19.. zur Erstehung dieser Strafe in .... (Strafanstalt) ... eingeliefert worden.

Er (Sie) ist im Vollzuge der Entschließung des .... (K. Staatsministeriums der Justiz, K. Kriegsministeriums) .... vom .... 19.. auf Grund des § 23 des Strafgesetzbuchs heute aus der Strafanstalt vorläufig entlassen worden.

Er (Sie) hat sich über .... (Orte des Reisewegs) ...... nach .... (Entlassungsort) ..... zu begeben, wo er (sie) binnen .... Tagen einzutreffen und Aufenthalt zu nehmen hat. Vor der Ankunft am Entlassungsort oder binnen drei Tagen nachher hat er (sie) sich bei der Distriktspolizeibehörde (dem Bezirksamte, dem Stadtmagistrate, der Polizeidirektion ....) zu melden.

Als Fürsorger(in) ist für ihn (sie) Herr (Frau) .... (Name und Stand) .... in .... (Bezeichnung des Wohnorts des Fürsorgers) ..... bestellt.

Strafvollstreckungsbehörde ist .... (die Staatsanwaltschaft bei dem Landgericht in ....., das K. Amtsgericht ....., der Gerichtsherr ...) ....

Die gegen den (die) .... (Vor- und Zuname) .... festgesetzte Strafzeit läuft, wenn die vorläufige Entlassung nicht widerrufen wird, am .... 19.. ab.

Unterschrift des Strafgefangenen:

.........., den .... 19..

Königliche Verwaltung der(s) ... (Strafanstalt) ...

... (Unterschrift des Vorstandes der Strafanstalt) ...

(Siegel)

Die Verhaltungsvorschriften für den entlassenen Strafgefangenen befinden sich auf der Rückseite.

Verhaltungsvorschriften für den vorläufig entlassenen Strafgefangenen.

1. Der vorläufig Entlassene hat sich bei der Distriktspolizeibehörde des Entlassungsorts d. i. bei dem Bezirksamt und, wenn seine Entlassung nach einer unmittelbaren Stadt erfolgt, bei dem Stadtmagistrat, in München bei der Polizeidirektion, vor der Ankunft am Entlassungsort oder binnen drei Tagen nachher zu melden und dabei den Entlassungsausweis vorzulegen.

2. Will er seinen Aufenthaltsort vorübergehend verlassen, so hat er dies seinem Fürsorger oder der Distriktspolizeibehörde, in München der Polizeidirektion, anzuzeigen.

3. Will er den Niederlassungsort wechseln, so muß er dazu die Erlaubnis der Distriktspolizeibehörde, in München der Polizeidirektion, nachsuchen. Wird ihm die Erlaubnis erteilt und liegt der neue Niederlassungsort im Bezirk einer anderen Distriktspolizeibehörde, so hat er sich vor der Ankunft am neuen Niederlassungsort oder binnen drei Tagen nachher bei der Distriktspolizeibehörde des neuen Niederlassungsorts zu melden und dabei den Entlassungsausweis vorzulegen.

4. Der vorläufig Entlassene hat den Widerruf der vorläufigen Entlassung mit der Wirkung, daß die seit der Entlassung verflossene Zeit auf die festgesetzte Strafdauer nicht angerechnet wird, zu gewärtigen,

a) wenn er ein neues Verbrechen oder Vergehen verübt,
b) wenn er sich der Schutzaufsicht entzieht,
c) wenn er sich dem Müßiggang oder dem Trunke oder sonst einem ungeordneten Lebenswandel ergibt oder mit übelberüchtigten Personen Verkehr pflegt,
d) wenn er die von einem Vereine zur Obsorge für entlassene Strafgefangene oder von einem Fürsorger oder von einer Behörde ihm verschaffte Erwerbsgelegenheit ohne rechtfertigenden Grund aufgibt.

Anlage II.

Ziffer des Anzeigeverzeichnisses.

Ziffer des Urteilsbuchs.

.........., den ....19..

An

....

....

Dieses Schreiben kann nach dem .... (Tag des Ablaufs der festgesetzten Strafzeit) .....19.. beseitigt werden.

Für das Strafregister des (der) ..... (Name des Verurteilten) ....., geboren am ... (Geburtsdatum) .. zu ... (Geburtsort) ...., der (die) am .... (Datum der Verurteilung) ..... von dem ...... (Bezeichnung des Gerichts) .... wegen .... (Bezeichnung der strafbaren Handlung) .... zu einer Zuchthaus (Gefängnis-) strafe von .... verurteilt worden ist, teile ich mit, daß dem (der) ... (Name des Verurteilten) .... die vorläufige Entlassung bewilligt worden ist. Die festgesetzte Strafzeit endet am ....19..

Ich bitte, dies im Strafregister zu vermerken, dieses Schreiben in das Strafregister einzulegen und wenn in einer Strafsache eine Behörde einen Auszug aus dem Register verlangen sollte, mir davon sofort Kenntnis zu geben.

....(Der Staatsanwalt bei dem Landgerichte ..)...

...(Das Amtsgericht ...)...

...(Der Gerichtsherr ...)...

Anlage III.

Fortlaufende Nummer	Vor- und Zuname	Stand	Heimat, Heimatstaat	Verurteilendes Gericht, Tag des Urteils, Strafbare Handlung, Strafe	Strafanstalt	Strafvollstreckungsbehörde	Entlassungsentschließung	Ende der Strafzeit	Unterkunftsort und Art des Unterkommens	Zeit der Ankunft			Beschäftigung	Obsorgeverein und Fürsorger	Zeit des Abgangs			Verhalten	Widerrufsentschließung	Bemerkungen
	des Entlassenen									Tag	Monat	Jahr			Tag	Monat	Jahr			

Anlage IV.

Fortlaufende Nummer	Vor- und Zuname	Stand	Heimat	Verurteilendes Gericht, Tag des Urteils, Strafbare Handlung, Strafe	Beginn der Strafzeit			Zeit der Einlieferung			Ende der Strafzeit			Entlassungsentschließung	Zeit der vorläufigen Entlassung			Entlassungsort, späterer Niederlassungsort	Angabe der beabsichtigten Beschäftigung	Obsorgeverein und Fürsorger	Wiederrufsentschließung	Zeit der Wiedereinlieferung			Bemerkungen
	des Entlassenen				Tag	Monat	Jahr	Tag	Monat	Jahr	Tag	Monat	Jahr		Tag	Monat	Jahr					Tag	Monat	Jahr	

Anlage V.

Fortlaufende Nummer	Vor- und Zuname des Strafgefangenen	Nummer im Grundbuche des Strafgefangenen	Antragsteller	Gutachten	Kurze Angabe der Gründe des Gutachtens	Nummer des Verzeichnisses (Anlage IV)
					Datum Unterschrift der Konferenzbeamten	

Anhang.

I.

Allerhöchste Verordnung vom 25. September 1879, betreffend die Verwaltung der Landgerichts- und Amtsgerichtsgefängnisse und die Aufsicht in denselben.

(GVBl. 1879 S. 1310, JMBl. S. 1272.)

§ 1.

Die Gefängnisse der Landgerichte und Amtsgerichte in den Landesteilen rechts des Rheins stehen unter der Oberaufsicht Unseres Staatsministeriums der Justiz, welches dieselbe durch die Oberstaatsanwälte bei den Oberlandesgerichten als seine regelmäßigen Organe ausübt. [1] [2])

1. Vgl. §§ 12, 14 und 24 HOGG.

2. Die Bek. gleichen Betreffs vom gleichen Tage ist aufgehoben. § 107 DuHO. und Abs. I der Bek. vom 11. Januar 1910 Nr. 1488 (JMBl. S. 143).

§ 2.

Die Aufsicht und Handhabung der Disziplin, sowie die Geschäfte der Verwaltung werden hinsichtlich dieser Gefängnisse unter Vorbehalt der in der Reichs-Strafprozeßordnung enthaltenen besonderen Bestimmungen in der bisher den Gerichtsvorständen obliegenden Weise besorgt:

1. in den Landgerichtsgefängnissen von den ersten Staatsanwälten bei den Landgerichten,
2. in den Amtsgerichtsgefängnissen von den Oberamtsrichtern, welchen die allgemeine Dienstaufsicht übertragen ist,
3. in den Amtsgerichtsgefängnissen, welche als landgerichtliche Aushilfsgefängnisse bezeichnet sind, von den bezeichneten Oberamtsrichtern und den ersten Staatsanwälten bei den vorgesetzten Landgerichten. [1] [2])

1. Vgl. §§ 7, 8, 12, 14 und 24 HOGG.

2. Zu Ziffer 3: Nur in den Aushilfsgefängnissen nach § 7 HO.; vgl. § 14 HOGG.

§ 3.

Die Gefängniswärter bei den Landgerichtsgefängnissen und bei den landgerichtlichen Aushilfsgefängnissen sind Bedienstete der Staatsanwaltschaft. [1])

1. Die Gefängniswärter bei den Amtsgerichtsgefängnissen und den nicht ständigen landgerichtlichen Aushilfsgefängnissen (§ 8 Abs. I Satz 2, § 14 HOGG.) sind Bedienstete der Gerichte.

§ 4.

Für die Pfalz hat es unter dem Vorbehalte in § 2 der gegenwärtigen Verordnung bei den einschlagenden bisherigen Bestimmungen sein Verbleiben.

§ 5.

Unser Staatsministerium der Justiz wird auf Grundlage dieser Unserer Verordnung die weiter veranlaßten Anordnungen treffen.

Gegenwärtige Verordnung tritt gleichzeitig mit dem Reichs-Gerichtsverfassungsgesetz vom 27. Januar 1877 in Kraft.[1]

1. Vgl. die Einleitung zur neuen HOGG.

II.

Königlich Allerhöchste Verordnung vom 3. Dezember 1881, die Kosten der Haft und der Vollziehung von Gefängnisstrafen in den Gerichtsgefängnissen betr.

(GVBl. S. 1331.)

Ludwig II. von Gottes Gnaden König von Bayern ꝛc. ꝛc.

Wir haben die Bestimmungen bezüglich der Kosten der Haft in den Amtsgerichts-, Landgerichts- und landgerichtlichen Aushilfsgefängnissen, sowie der in diesen Gefängnissen zu vollziehenden Gefängnisstrafen einer Revision unterstellen lassen und finden Uns bewogen, hierüber zu verordnen, was folgt:

§ 1.

Die Kosten, welche für die Vollziehung von Haftstrafen, sowie in anderen Fällen der gerichtlichen Haft, insbesondere für die Untersuchungshaft, die Sicherheits- und Zwangshaft (§ 355 Abs. 2, §§ 774, 782, 812 der Zivilprozeßordnung, §§ 93, 98 der Konkursordnung, § 69 Abs. 2, § 95 Abs. 2 der Strafprozeßordnung,[1]) zu erheben sind, werden für Kopf und Tag auf 1 Mark festgesetzt. Der Tag des Eintrittes in das Gefängnis wird für voll gerechnet; der Tag des Austrittes bleibt außer Ansatz.

1. Vgl. § 4 und 27 der HOGG., wo die neuen Paragraphen zitiert sind.

§ 2.

Wenn ein Gefangener, welcher sich für eigene Rechnung verköstigen darf, seine Kost von außen bezieht, so mindert sich der nach § 1 zu erhebende Betrag auf die Hälfte.

§ 3.

Im Falle der Verbringung eines Gefangenen in eine von dem Gefängnisse getrennte Krankenanstalt werden die der Staatskasse erwachsenden Auslagen erhoben.

§ 4.

Die vorstehenden Bestimmungen gelten auch bei Benützung der Gerichtsgefängnisse in anderen als den in § 1 genannten Fällen der Haft, insbesondere bei der Unterbringung von Polizeiarrestanten in diesen Gefängnissen.

Dieselben finden ferner auf die in den Gerichtsgefängnissen zu vollziehenden Gefängnisstrafen entsprechende Anwendung.

§ 5.

Im Falle der vorübergehenden Unterbringung eines auf dem Transporte befindlichen Gefangenen (Schüblings) in einem Gerichtsgefängnisse werden, wenn der Aufenthalt die Dauer von 24 Stunden nicht erreicht, nur für Übernachten und Mittagskost je 50 Pfennig erhoben. Bei längerem Aufenthalte finden die bezüglich der Kosten der Haft geltenden Bestimmungen Anwendung.

§ 6.

Die näheren Anleitungen zum Vollzuge vorstehender Bestimmungen, sowie die außerdem veranlaßten Anordnungen hinsichtlich der Kosten der Verpflegung der Gefangenen und der rechnerischen Behandlung werden durch Ministerialvorschrift getroffen.

§ 7.

Gegenwärtige Verordnung tritt mit dem 1. Januar 1882 in dem ganzen Umfange des Königreichs in Wirksamkeit.

Vom gleichen Tage an sind alle entgegenstehenden Bestimmungen einschließlich Unserer Verordnung vom 3. Juni 1879, die Vollziehung der Personalhaft betreffend, aufgehoben.

Gegeben zu Hohenschwangau, am 3. Dezember 1881.

Ludwig.

Dr. v. Fäustle. v. Riedel. Frhr. v. Feilitzsch.

Auf Königlich Allerhöchsten Befehl:
Der Generalsekretär,
Ministerialrat v. Luber.

III.

Bekanntmachung vom 23. April 1883, die ökonomische Verwaltung der Gerichtsgefängnisse und die Kosten der Haft in denselben betr.

(JMBl. S. 179, FMBl. S. 146.)

Königliche Staatsministerien der Justiz, des Innern und der Finanzen.

Aus Anlaß der Einführung einer neuen Dienst- und Hausordnung für die Gerichtsgefängnisse werden unter Bezugnahme auf § 6 der Allerhöchsten Verordnung vom 3. Dezember 1881, die Kosten der Haft und der Vollziehung von Gefängnisstrafen in den Gerichtsgefängnissen betreffend (GVBl. S. 1331), nachstehende Vorschriften erlassen:

I. Vorschriften über die ökonomische Verwaltung der Gerichtsgefängnisse.

§ 1.

Das Feuerungsmaterial (Holz, Steinkohlen, Coaks, Torf) wird für die Gerichtsgefängnisse auf Rechnung der Staatskasse angeschafft.

Dem Gefängniswärter ist gestattet, seinen Hausbedarf an Feuerungsmaterial den Vorräten des Gefängnisses unentgeltlich zu entnehmen.[1]) Dieser Bezug unterliegt einer besonderen rechnerischen Behandlung nicht.

1. Nach dem Beamtengesetz nicht mehr gestattet.

§ 2.

Das Feuerungsmaterial soll, soweit es angeht, aus den Holzhöfen, Forsten, Bergwerken und Torfstichen des Staates bezogen werden. Der Bezug des Holzes aus Staatsforsten setzt, weil das aus diesen bezogene Holz längerer Lagerung bedarf, voraus, daß im Gefängnisse genügender Lagerraum vorhanden oder für die Lagerung anderweit gesorgt ist.

Das aus den Holzhöfen und Forsten des Staates bezogene Holz wird um den Geldanschlag abgegeben und als „Verwendung für den Staatsdienst" verrechnet. Bei der Abgabe des Holzes erhält der Gefängnisvorstand eine Designation in zwei Exemplaren, auf welchen er den Empfang zu bescheinigen und von denen er sodann das eine zurückzugeben, das andere an das Rentamt abzugeben hat.

§ 3.

Für das Kleinmachen des Holzes durch Gefangene (§ 72 Abs. 2 der Dienst- und Hausordnung)[1]) wird aus der Staatskasse eine Vergütung gewährt, welche bei Scheitholz 30 Pfennig, bei Stockholz 54 Pfennig für das Ster beträgt. Die Vergütung wird an den Gefängniswärter ausbezahlt. Dieselbe fließt in den Gefängnissen, in welchen Arbeitsbetrieb eingeführt ist (§ 72 Abs. 3 der Dienst- und Hausordnung)[1]), in die Arbeitsverdienstkasse; in den übrigen Gefängnissen erhält der Gefängniswärter ein Drittel derselben, zwei Drittel werden zur Belohnung der Gefangenen, welche die Arbeit verrichten, verwendet. Auf die den Gefangenen gewährte Belohnung findet § 79[2]) der Dienst- und Hausordnung Anwendung. Der Gefängniswärter hat über die Verwendung der zur Belohnung der Gefangenen bestimmten Beträge eine Aufschreibung zu führen, in welcher die eingenommenen Beträge, die Arbeitsleistung der einzelnen Gefangenen und die denselben gewährten Belohnungen verzeichnet werden und die Gefangenen über diese quittieren.

1. § 90 HOGG. 2. § 99 a. a. O.

§ 4.

Die auf das Feuerungsmaterial erwachsenden Auslagen werden auf Grund der Liquidationen von dem Gefängnisvorstande vorbehaltlich der nachträglichen revisorischen Festsetzung bei dem Rentamte zur Zahlung angewiesen. Die Anweisung der für das Kleinmachen des Holzes durch Gefangene zu bezahlenden Vergütung erfolgt auf Grund einer schriftlichen Anzeige des Gefängniswärters über die Ausführung der Arbeit. Bei denjenigen Amtsgerichten, welche sich nicht am Orte des Rentamtssitzes befinden, ist der Gerichtsschreiber ermächtigt, die Zahlung der Auslagen für Rechnung des Rentamtes aus der Gebührenkasse zu leisten.

§ 5.

Über die Vorräte an Feuerungsmaterial hat der Gefängniswärter ein Tagebuch nach dem beiliegenden Formulare I zu führen. Dasselbe wird für je ein Jahr angelegt und in einem steifen Umschlage geheftet. In dem Buche darf nichts radiert werden. Notwendige Änderungen sind so vorzunehmen, daß der ursprüngliche Eintrag lesbar bleibt.

Auf der linken Seite werden die angeschafften Vorräte und die auf dieselben erwachsenen Kosten eingetragen. Die Eintragung erfolgt sofort nach dem Empfange oder der Bezahlung. Zur Eintragung der verbrauchten Mengen dient die rechte Seite. Dieselben werden am Schlusse jedes Monats durch annähernde Schätzung der Größe der noch vorhandenen Vorräte ermittelt. Jeder Eintrag wird am nämlichen Tage vom Gefängnisvorstande in der für Bemerkungen bestimmten Spalte bestätigt. Müssen Holzvorräte wegen Mangels an Lagerraum außerhalb des Gefängnisses gelagert werden (§ 2 Abs. 1), so sind die zur Lagerung abgegebenen und die vom Lagerplatze zurückerhaltenen Mengen auf der letzten Seite des Buches zu verzeichnen. Bei dem auf die Anschaffung bezüglichen Eintrage ist in diesen Fällen in der für Bemerkungen bestimmten Spalte auf die letzte Seite zu verweisen.

Am Ende des Jahres und im Falle eines Wechsels in der Besetzung der Gefängniswärterstelle ist das Tagebuch abzuschließen und das Ergebnis des Abschlusses mit den wirklich vorhandenen Vorräten zu vergleichen.[1]) Zu diesem Behufe findet eine Aufnahme der Vorräte durch den Vorstand und das der Finanzverwaltung angehörende Mitglied der Gefängniskommission statt. Die Besichtigung von Vorräten, welche außerhalb des Gefängnisses gelagert werden, ist nicht erforderlich. Zur Abschätzung der Vorräte wird nötigen Falles ein am Gefängnisorte anwesender Forstbediensteter oder eine andere geeignete Person beigezogen. Über die Aufnahme wird ein Protokoll errichtet. Das Ergebnis derselben wird vom Gefängnisvorstande auch in dem Tagebuche vermerkt. Bei der am Jahresschlusse stattfindenden Aufnahme ist der Betrag der auf die vorhandenen Vorräte treffenden Kosten auf Grund des Tagebuchs festzustellen und in dem Protokolle anzuführen. Die vorhandenen Vorräte werden mit dem festgestellten Kostenbetrage in das Tagebuch des nächsten Jahres übertragen. Das abgeschlossene Tagebuch wird sodann mit dem Protokolle an das Rentamt abgegeben.

Auf die Aufnahme der Vorräte sollen Kosten nicht erwachsen. Lassen solche sich nicht vermeiden, so sind sie als Auslagen für das Feuerungsmaterial (§ 4) zu behandeln.

1. Vgl. § 23 HOGG.

§ 6.

Die während eines Monats auf das Feuerungsmaterial erwachsenden Kosten sind von dem Rentamte für jedes Gefängnis in einem besonderen Verzeichnisse zusammenzustellen, dessen Summe in das monatliche Hauptverzeichnis der Kosten in Strafsachen unter dem Posten „Verpflegungskosten" übertragen wird. Für das aus Holzhöfen oder Forsten des Staates bezogene Holz wird auf Grund der an das Rentamt abgegebenen Designation (§ 2 Abs. 2) der Geldanschlag angesetzt.

Nach Ablauf des Jahres läßt die Regierungsfinanzkammer, welcher das Tagebuch und das Protokoll über die Aufnahme der Vorräte vorgelegt werden, den Kostenbetrag, mit dem die vorhandenen Vorräte auf das neue Jahr übergehen, mittels besonderer Einweisung an den Ausgaben des abgelaufenen Jahres absetzen und für das neue Jahr in Ausgabe stellen.

§ 7.

Zur Beleuchtung wird in den Gerichtsgefängnissen, sofern nicht Gasbeleuchtung eingeführt ist, Petroleum verwendet. Die Einführung der Beleuchtung der Hafträume (§ 62 Abs. 1 der Dienst- und Hausordnung)[1]) in den einzelnen Gefängnissen ist von der Genehmigung des K. Staatsministeriums der Justiz abhängig. Die Beleuchtung der Hafträume geschieht mittels Hänge- oder Wandlampen.

Die Kosten der Gasbeleuchtung werden unmittelbar aus der Staatskasse bestritten. Die Anschaffung des Petroleums und der Lampendochte erfolgt für die Gefängnisse, in welchen für den Gefängnisdienst besondere Hilfsbedienstete gehalten werden, gleichfalls auf Rechnung der Staatskasse; in den übrigen Gefängnissen hat der Gefängniswärter den Bedarf an Petroleum und Lampendochten gegen eine jährliche Bauschvergütung zu beschaffen, welche von der Regierungsfinanzkammer im Benehmen mit dem Oberstaatsanwalte festgesetzt und in den Monaten Januar bis März und Oktober bis Dezember zu je einem Sechstel ausbezahlt wird. Solange die Beleuchtung der Hafträume nicht eingeführt ist, verbleibt es in denjenigen Gefängnissen, in welchen Gänge, Treppen, Gehilfenzimmer usw. zu beleuchten sind, bei den bisherigen Vergütungen.

In den Gefängnissen, für welche das Petroleum auf Rechnung der Staatskasse angeschafft wird, sind die angeschafften Vorräte in das in § 5 vorgeschriebene Tagebuch einzutragen, welches mit Rücksicht hierauf in diesen Gefängnissen die Bezeichnung „Tagebuch über die Vorräte an Feuerungs- und Beleuchtungsmaterialien" erhält. Für die auf das Petroleum bezüglichen Einträge ist, wenn eine der für Torf, Steinkohlen und Coaks bestimmten Spalten entbehrlich ist, diese zu verwenden, andern Falles ist zwischen Spalte 6 und 7 und zwischen Spalte 15 und 16 je eine neue Spalte einzufügen. Die Auslagen für Lampendochte werden in den Spalten 7 bis 9 vorgetragen. Im übrigen finden die Vorschriften in § 5 und § 6 Abs. 2 auch auf das Petroleum und die Lampendochte Anwendung.

1. § 74 HOGG.

§ 8.

In den Gefängnissen, in welchen Beleuchtung der Hafträume nicht eingeführt ist, erhält der Gefängniswärter, wenn ein Haftraum wegen Krankheit eines Gefangenen (§ 92 Abs. 3 der Dienst- und Hausordnung) [1]) oder aus anderem Grunde während der Nacht beleuchtet werden muß, für die Beleuchtung in den Monaten April bis August 15 Pfennig, in den Monaten September bis März 20 Pfennig für die Nacht. Wird in diesen Gefängnissen einem Gefangenen das Brennen von Licht in der Zelle gestattet (§ 62 Abs. 2 der Dienst- und Hausordnung) [2]), so erhält der Gefängniswärter für die Beschaffung des Lichtes 10 Pfennig für den Tag.

Für die Beleuchtung des zu gerichtlichen Vernehmungen bestimmten Zimmers werden in allen Gefängnissen, in welchen die Beleuchtung nicht auf Rechnung der Staatskasse beschafft wird, für jede angefangene Stunde 10 Pfennig vergütet.

1. § 88 Abs. 1 HOGG. 2. § 74 a. a. O.

§ 9.

Die Desinfektions- und Räucherungsmaterialien werden auf Rechnung der Staatskasse angeschafft.

Über die Vorräte ist eine Aufschreibung zu führen, welche die angeschafften und die verbrauchten Mengen sowie die Anschaffungskosten ersehen läßt. Der Gefängnisvorstand hat von Zeit zu Zeit von der Aufschreibung Einsicht zu nehmen und daß er dies getan hat, in derselben zu vermerken.

§ 10.

Die Anschaffung des für die Beköstigung der Gefangenen erforderlichen Roggenbrotes und Rindfleisches erfolgt auf Rechnung der Staatskasse. Wo es tunlich ist, sollen Lieferungsverträge abgeschlossen werden. Dieselben bedürfen der Genehmigung der Regierungsfinanzkammer.

Die Gewerbetreibenden, von welchen das Brot und Fleisch bezogen werden, haben Aufschreibbücher zu führen, worin täglich die gelieferte Menge, der Preis des Kilo und der Gesamtpreis zu verzeichnen und von dem Gefängniswärter der Empfang und die Richtigkeit der Preisberechnung zu bescheinigen ist. Die Aufschreibbücher sind nach einem von der Regierungsfinanzkammer bestimmten Formulare herzustellen und für je ein Jahr anzulegen.

Am Schlusse jeden Monats haben die Gewerbetreibenden dem Gefängniswärter ihre Rechnungen mit dem Aufschreibbuche zu übergeben. Auf der Rechnung ist von der Ortspolizeibehörde der laufende Monatspreis zu vermerken. Der Vorstand hat dieselbe mit dem Aufschreibbuche zu vergleichen und ihre Übereinstimmung mit diesem zu bescheinigen.

Nach Ablauf des Jahres werden die Aufschreibbücher an das Rentamt abgegeben. Dieselben bilden remittierliche Rechnungsbelege.

§ 11.

Für die gewöhnliche Beköstigung der Gefangenen (§ 67 Abs. 1 der Dienst- und Hausordnung) [1]) werden für eine volle Tagesverpflegung in den Landesteilen rechts des Rheins 280 gr Rindfleisch und 560 gr Roggenbrot. in der Pfalz bei Verabreichung von Fleisch 150 gr Rindfleisch und 1350 gr Roggenbrot, bei Verpflegung ohne Fleisch 1450 gr Roggenbrot aufgerechnet.

Ist ein Teil der vollen Tagesverpflegung aufzurechnen, so kommen

in den Landesteilen rechts des Rheins

für die warme Mittagskost mit der Hälfte der Brotportion, wenn nach der Kostordnung nur einmal im Tage warme Kost gegeben wird, 280 gr Rindfleisch und 280 gr Roggenbrot, wenn mehrmalige Verabreichung warmer Kost stattfindet, 210 gr Rindfleisch (3/4 der Tagesportion) und 280 gr Roggenbrot,

für eine Morgen- oder Abendsuppe mit einem Viertel der Brotportion 420 gr Roggenbrot,

in der Pfalz

für die warme Mittagskost mit 125 gr Brot bei Verabreichung von Fleisch 150 gr Rindfleisch und 575 gr Roggenbrot, bei Verpflegung ohne Fleisch 675 gr Roggenbrot,

für eine Morgen- oder Abendsuppe 275 gr Roggenbrot

in Ansatz. Außerdem dürfen in den Landesteilen rechts des Rheins für den Morgen und den Abend, wenn der Gefangene eine Suppe nicht erhält, je 140 gr Roggenbrot, in der Pfalz für den Morgen und den Nachmittag je 250 gr Roggenbrot verrechnet werden. Schubgefangene erhalten, wenn sie abends eingeliefert werden, eine Abendsuppe, und wenn sie morgens die Reise antreten oder fortsetzen, eine Morgensuppe, auch wenn eine solche nach der Kostordnung den übrigen Gefangenen nicht verabreicht wird. Als Abend- oder Morgensuppe ist denselben, wenn ihnen nicht die in der Kostordnung bestimmte Suppe verabreicht wird, 1/2 Liter Brot- oder Brennsuppe mit 5 bis 6 gr Fett zu geben. Andere Gefangene erhalten in denjenigen Gefängnissen, in welchen nach der Kostordnung nur an einzelnen Tagen der Woche eine Abendsuppe gegeben wird, wenn sie nach dem Mittagessen eingetreten sind, am ersten Abende immer nur 140 gr Roggenbrot.

Im Falle der Kostschmälerung (§ 58 Nr. 4 der Dienst- und Hausordnung)[2]) werden bei Beschränkung der warmen Kost auf eine Mittagssuppe ohne Fleisch für diese in den Landesteilen rechts des Rheins 620 gr Roggenbrot, in der Pfalz 550 gr Roggenbrot angesetzt; bei Entziehung der Hälfte der Brotportion mindert sich die aufzurechnende Menge Roggenbrot in den Landesteilen rechts des Rheins um 280 gr, in der Pfalz um 300 gr für den Tag. Bei Beschränkung auf Wasser und Brot dürfen 1000 gr Roggenbrot für den Tag aufgerechnet werden.

Für Krankenkost kommen die für jeden Regierungsbezirk besonders festgesetzten Vergütungen in Ansatz.

Bei Verwendung von Strohsäcken (§ 64 Abs. 1 der Dienst- und Hausordnung)[2]) werden für das zur Füllung des Strohsacks und des dazu gehörigen Kopfpolsters erforderliche Stroh für die Nacht 3 Pfennig vergütet.

Für die Reinigung der Gefängnisräume, für die Besorgung der Wäsche, für die Zubereitung der warmen Speisen und die hiezu erforderlichen Zutaten und für die Bestreitung der kleineren Bedürfnissen der Haushaltung (Seife, Bürsten, Kehrbesen, Zündhölzchen, Späne u. dgl.) erhält der Gefängniswärter

für die ersten 300 Hafttage im Monate je 8 Pfennig,
für weitere 700 Hafttage im Monate je 6 Pfennig,
für weitere 1000 Hafttage im Monate je 4 Pfennig,
für die die Zahl 2000 übersteigenden Hafttage im Monate je 2 Pfennig.

Die Dauer der Haft wird, wenn dieselbe mindestens 24 Stunden beträgt, in der in § 101 der Dienst- und Hausordnung)[4]) bestimmten Weise berechnet. Bei kürzerer Haftdauer wird für die Mittagsbeköstigung und für das Übernachten je $^{1}/_{3}$ Hafttag angesetzt. Die zur Reinigung der Gefängnisräume, zur Besorgung der Wäsche, zur Zubereitung der warmen Speisen und zur Beheizung erforderlichen Gerätschaften hat der Gefängniswärter selbst zu stellen.

1. § 84 HOGG. 2. § 62 a. a. O. 3. § 76 a. a. O. 4. § 117.

§ 12.

Wird ein Gefangener rasiert oder wird ihm das Haar beschnitten (§ 71 der Dienst- und Hausordnung)[1]), so dürfen im ersteren Falle 10 Pfennig, im letzteren 20 Pfennig aufgerechnet werden. Für größere Gefängnisse sollen wegen des Rasierens und des Haarschneidens Akkorde abgeschlossen werden. Dieselben bedürfen der Genehmigung der Regierungsfinanzkammer.

Für die Reinigung eines mit Ungeziefer behafteten Gefangenen (§ 27 Abs. 2 Satz 2 der Dienst- und Hausordnung)[2]) dürfen 50 Pfennig angesetzt werden. Der gleiche Betrag wird vergütet, wenn die Kleider eines Gefangenen von Ungeziefer oder von einer außergewöhnlichen Beschmutzung gereinigt werden müssen.

Für einen Krankenwärter (§ 92 Abs. 6 der Dienst- und Hausordnung)[3]) darf der ortsübliche Lohn aufgerechnet werden.

Für die Vornahme der Visitation weiblicher Gefangenen durch eine zuverlässige Frau (§ 27 Abs. 1, § 37 Abs. 2 die Dienst- und Hausordnung) findet die Aufrechnung einer Vergütung nicht statt.

1. § 86 HOGG. 2. § 30 a. a. O. 3. § 88 Abs. IV a. a. O.

§ 13.

Die in den §§ 7 bis 12 bezeichneten und die sonstigen auf die Verpflegung der einzelnen Gefangenen im Gefängnisse erwachsenden Auslagen werden von dem Gefängniswärter für jeden Monat in einem nach dem beiliegenden Formulare II anzufertigenden Verzeichnisse der Verpflegungskosten zusammengestellt. Dabei werden zuerst die Untersuchungsgefangenen, dann die Strafgefangenen, dann die Zivilgefangenen und zuletzt gegebenen Falles die polizeilichen und die Schubgefangenen nach der Reihenfolge der Nummern des Gefangenenverzeichnisses namentlich aufgeführt. Wenn jedoch bei einer größeren Anzahl von Schubgefangenen für jeden die nämlichen Aufrechnungen zu machen sind, z. B. wenn eine Anzahl von Schubgefangenen, welche vom Mittag des einen bis zum Morgen des nächstfolgenden Tages im Gefängnisse waren, am Tage der Einlieferung nach der Kostordnung mittags und abends warme Kost erhalten hat, so genügt es, in Spalte 2 ihre Zahl anzugeben; die Spalten 4, 5 bleiben dann ohne Eintrag. In Spalte 6 wird die Zahl der Hafttage nach der in § 11 Abs. 6 bestimmten Berechnung angegeben; dabei bleibt bei Gefangene, welche vor Beginn des Monats eingetreten sind, die bis dahin abgelaufene Haftzeit außer Betracht. Spalte 7 wird in der Pfalz in zwei Unterspalten geteilt, von welchen die eine für die Verpflegung mit Fleisch, die andere für die Verpflegung ohne Fleisch bestimmt ist. Die Spalten 8 bis 10 dienen zur Aufrechnung von Teilen der vollen Verpflegung mit Einschluß der geschmälerten Kost (§ 11 Abs. 2, 3). Die aufzurechnende Beköstigung ist in Spalte 8 zu bezeichnen; dabei ist, wenn nach der Kostordnung nur an einzelnen Tagen der Woche eine Morgen- oder Abendsuppe verabreicht wird, gegebenen Falles der Wochentag anzuführen. In den Spalten 11, 12 werden alle sonstigen

Auslagen, welche auf die Verpflegung einzelner Gefangenen erwachsen, insbesondere die Vergütungen für Krankenkost und für das zur Füllung der Strohsäcke und Kopfpolster erforderliche Stroh, die in § 8 Abs. 1 und § 12 bezeichneten Auslagen, die Kosten der Arzneien und sonstigen Heilmittel, die Belohnung der zur Wartung kranker Gefangenen verwendeten Gefangenen (§ 92 Abs. 5 der Dienst- und Hausordnung), und außerdem die in § 7, § 8 Abs. 2 und § 9 bezeichneten Auslagen vorgetragen. Die letzteren werden am Schlusse nach den auf die Verpflegung der einzelnen Gefangenen erwachsenen Auslagen eingestellt. Die in diese Spalten gehörenden Posten müssen, soweit es sich nicht um Vergütungen handelt, die dem Gefängniswärter gebühren, mit ordnungsmäßigen Liquidationen oder Rechnungen belegt sein. Für die Ansätze für Reinigung (§ 12 Abs. 2) ist die Bescheinigung des Gefängnisvorstandes über die Notwendigkeit der Reinigung als Beleg erforderlich. Ebenso ist der Ansatz für Beleuchtung der Zelle eines Gefangenen, welchem das Brennen von Licht gestattet worden ist (§ 8 Abs. 1), durch die Bescheinigung des Gefängnisvorstandes oder des Richters, der Ansatz für Beleuchtung des zu gerichtlichen Vernehmungen bestimmten Zimmers (§ 8 Abs. 2) durch die Bescheinigung des Beamten, welcher das Zimmer zu Vernehmungen benützt hat, zu belegen. Die Belege sind mit fortlaufenden Nummern zu versehen. Bei Gefangenen, welche sich die Beköstigung selbst beschafft haben, ist dies in Spalte 14 zu bemerken. Die Einträge in den Spalten 6, 7, 9, 10, 12 sind zu summieren. Aus der Zahl der Hafttage (Spalte 6) wird die in § 11 Abs. 6 bestimmte Vergütung berechnet. Die Summen der Spalten 7, 9, 10 ergeben die aufzurechnenden Mengen Roggenbrot und Rindfleisch, indem für die vollen Tagesverpflegungen (Spalte 7) und die Tagesportionen an Fleisch (Spalte 10) die in § 11 Abs. 1 bestimmten Mengen berechnet und der für die ersteren anzusetzenden Menge Roggenbrot die in Spalte 9 vorgetragene hinzugerechnet wird. Für die so ermittelten Mengen werden sodann die Preise auf Grund der Rechnungen der Gewerbetreibenden, von welchen das Brot und das Fleisch bezogen worden sind (§ 10 Abs. 3), berechnet. Die mit den vorgeschriebenen Bescheinigungen versehenen Rechnungen werden beigelegt.

Die aus der Zahl der Hafttage berechnete Vergütung, der für das Brot und das Fleisch anzusetzende Preis und die Summe der in Spalte 12 verzeichneten Beträge ergeben den Gesamtbetrag der Verpflegungskosten des Monats. Dieser wird auf der letzten Seite des Verzeichnisses berechnet. Der Berechnung wird eine Zusammenstellung der den einzelnen Empfangsberechtigten zu bezahlenden Beträge beigefügt.

Die Einträge in den Spalten 2 bis 5, 7, 8, 11 und die auf die Selbstbeköstigung bezüglichen Bemerkungen in Spalte 14 sind von dem Gefängnisvorstande auf Grund der Gefangenenverzeichnisse, des Rapportbuchs, des Strafbuchs, des Arzneibuchs und des Krankenkostbuchs zu bescheinigen.

§ 14.

Für Untersuchungsgefangene, deren eigene Kleidung so beschaffen ist, daß sie in derselben vor Gericht nicht erscheinen können, sind, wenn es für nicht angemessen erachtet wird, daß der Gefangene in Gefängniskleidern erscheine, auf Ersuchen des Richters die nötigen Kleidungsstücke anzuschaffen. Muß ein gerichtlicher Gefangener, welcher auf freien Fuß zu setzen ist, wegen Mangels der erforderlichen Bekleidung bei der Entlassung mit Kleidungsstücken versehen werden (§ 95 Abs. 2 der Dienst- und Hausordnung)[1]), so ist das unumgänglich Notwendige entweder aus den Beständen des Gefängnisses an ihn abzugeben oder für ihn anzuschaffen. Der Ankauf oder die Abgabe von Kleidungsstücken findet nur statt, wenn das Nötige nicht von den nach den Bestimmungen des bürgerlichen Rechts zum Unterhalte Verpflichteten erholt werden kann.

Die anzukaufenden oder aus den Beständen des Gefängnisses abzugebenden Kleidungsstücke müssen den Verhältnissen des Gefangenen angemessen sein. Zum Ankaufe sind, wenn Gelegenheit zur Anschaffung passender gebrauchter Kleidungsstücke gegeben ist, solche zu wählen.

Gerichtlichen Gefangenen, welche der um Bewirkung des Transports ersuchten Schubbehörde zu übergeben sind (§ 95 Abs. 2 der Dienst- und Hausordnung)[1]), werden, wenn es ihnen an der nötigen Bekleidung fehlt, die erforderlichen Kleidungsstücke leihweise mitgegeben. Dieselben sind nach der Ankunft am Bestimmungsorte zurückzuliefern; von dem Verlangen der Rücklieferung kann jedoch bei Kleidungsstücken, welche sich zur Abschreibung eignen, abgesehen werden.

Die Liquidationen über die durch den Ankauf von Kleidungsstücken entstandenen Kosten sind von dem Gefängnisvorstande mit der Bescheinigung zu versehen, daß die Anschaffung auf seine Anordnung erfolgt ist und daß die Kleidungsstücke geliefert worden sind. In gleicher Weise werden die Kosten der Ausbesserung schadhafter Kleidungsstücke eines Gefangenen (§ 95 Abs. 2 der Dienst- und Hausordnung)[1]) liquidiert, wenn sie den Betrag von 1 *M* übersteigen. Geringere Ausbesserungskosten werden als Verpflegungskosten behandelt.

1. § 108 HDGG.

§ 15.

Im Falle der Verbringung eines gerichtlichen Gefangenen in eine von dem Gefängnisse getrennte Krankenanstalt (§ 92 Abs. 7 der Dienst- und Hausordnung)[1]) ist die Liquidation der Anstalt über die durch die Verpflegung des Gefangenen entstandenen Kosten von dem Gefängnisvorstand oder Richter mit der Bescheinigung zu versehen, daß die Verbringung des Gefangenen in die Anstalt von ihm angeordnet worden ist und daß die Haft während der angegebenen Zeit fortgedauert hat.

1. § 88 Abs. V HDGG.

§ 16.

Für die gemäß § 93 Abs. 3[1]) der Dienst- und Hausordnung auf Ersuchen des Gefängnisvorstandes von der Ortspolizeibehörde veranstaltete einfache Beerdigung eines im Gefängnisse verstorbenen Gefangenen dürfen Kosten in dem Betrage aufgerechnet werden, welchen die Armenpflege des Gefängnisorts für die Beerdigung Armer bezahlt. Die Liquidationen sind von dem Gefängnisvorstande zu bescheinigen.

1. § 112 HDGG.

§ 17.

Das Verzeichnis der Verpflegungskosten (§ 13) und die in den §§ 14 bis 16 bezeichneten Liquidationen sind von dem Gefängnisvorstande — soweit die Bescheinigung dem Richter obliegt, von diesem — an das Rentamt abzugeben. Die Zahlungsanweisung erfolgt auf Grund der revisorischen Festsetzung.

§ 18.

Beschwerden wegen revisorischer Abstriche an den gemäß §§ 4, 13 bis 16 liquidierten Beträgen werden im Aufsichtswege verbeschieden.

§ 19.

Im Monate September jedes Jahres ist ein Voranschlag für das nächste Jahr aufzustellen, in welchem der Aufwand für das Feuerungsmaterial und in den Gefängnissen, für welche die Beleuchtung auf Rechnung der Staatskasse beschafft wird, auch der Aufwand für Gas oder Petroleum nebst den Lampendochten, ferner der Aufwand für die vom Gefängnisvorstande anzuordnenden Ausbesserungen der Inventarstücke (§ 7 Abs. 2 der Dienst- und Hausordnung) [1]), soweit dieselben nicht aus der Arbeitsverdienstkasse zu bestreiten sind (§ 77 Abs. 3 daselbst) [2]), veranschlagt und zugleich die erforderlichen Anträge wegen der gewöhnlichen Abschreibungen abgängig und unbrauchbar gewordener Gerätschaften, Bett- und Kleidungsstücke, und wegen der zum Ersatze derseben nötigen Anschaffungen gestellt werden.

Bei der Aufstellung des Voranschlages ist das beiliegende Formular III zu verwenden. In dem Anschlage des Aufwandes für Feuerungsmaterial ist die Art des anzuschaffenden Materials, die anzuschaffende Menge, der Preis und der Betrag der sonstigen Auslagen anzugeben und zu bestimmen, ob das Feuerungsmaterial vom Staate (§ 2 Abs. 1) bezogen werden soll. Im Falle des Bezuges von Holz aus Staatsforsten ist wegen der notwendigen Lagerungszeit auf rechtzeitige Ergänzung des Vorrates Rücksicht zu nehmen. Bei Gas, Petroleum und den Lampendochten ist der Bedarf und der Preis anzugeben.

Um für den Anschlag der Ausbesserungskosten und für die Anträge auf Abschreibung von Inventarstücken die erforderliche Grundlage zu gewinnen, hat der Gefängnisvorstand eine Revision der letzteren (§ 7 Abs. 2 der Dienst- und Hausordnung) [1]) vorzunehmen, deren Ergebnis aufzuzeichnen ist. Die Aufzeichnung muß anführen, wie viele Stücke der einzelnen Gattungen von Inventarstücken zur Ausbesserung bedürftig, wie viele unbrauchbar, wie viele abgängig und wie die Abgänge etwa zu rechtfertigen sind. Die Aufzeichnung ist dem Voranschlage zur Begründung beizulegen. Den Anträgen auf Anschaffung von Inventarstücken ist der Anschlag der zu erwartenden Kosten beizufügen.

Der Voranschlag wird von der Gefängniskommission begutachtet und vom Gefängnisvorstande in drei Exemplaren dem Oberstaatsanwalte vorgelegt. Bei den Amtsgerichtsgefängnissen, welche als ständiges landgerichtliches Aushilfsgefängnis dienen, erfolgt die Vorlage durch Vermittelung des Ersten Staatsanwalts bei dem Landgerichte.

Der Voranschlag wird von der Regierungsfinanzkammer im Benehmen mit dem Oberstaatsanwalte festgesetzt. Ein Exemplar des festgesetzten Voranschlages wird dem Gefängnisvorstande zurückgegeben; von den beiden übrigen verbleibt eines bei der Regierungsfinanzkammer, das andere beim Oberstaatsanwalte. Überschreitungen des festgesetzten Voranschlages müssen durch Darlegung der Notwendigkeit gerechtfertigt werden.

Bezüglich der Antragstellung wegen anderer als der in Abs. 1 bezeichneten Abschreibungen und Anschaffungen von Inventarstücken verbleibt es bei den bestehenden Vorschriften. Wegen Abschreibungen und Anschaffungen von Arbeitsgeräten sind gesonderte Anträge zu stellen.

1. § 13 Abs. VIII HOGG. 2. § 97 a. a. O.

§ 20.

In den Landgerichtsgefängnissen der Pfalz wird der Regiebetrieb in der bisherigen Weise fortgeführt.

§ 21.

Das K. Staatsministerium der Justiz behält sich vor, zur Belohnung von Gefängniswärtern, welche sich durch Eifer und Pflichttreue, insbesondere auch durch Sorgfalt und Sparsamkeit bei der Aufbewahrung und Verwendung der Vorräte, auszeichnen, alljährlich im Einvernehmen mit dem K. Staatsministerium der Finanzen den Oberstaatsanwälten einen angemessenen Betrag zur Verfügung zu stellen.[1])

1. § 100 HOGG.

II. Erhebung der Kosten der Haft.

§ 22.

Für die Höhe der für die Haft (mit Einschluß der Vollstreckung von Gefängnis- und Disziplinarstrafen) in den Gerichtsgefängnissen zu erhebenden Kosten sind die Bestimmungen der Allerhöchsten Verordnung vom 3. Dezember 1881 maßgebend. Die in den §§ 1, 2, 4, 5 derselben bestimmten Sätze gelten als Vergütung für den gesamten durch den Aufenthalt und die Verpflegung des Gefangenen im Gefängnisse entstehenden Aufwand.

Wegen der auf die Bekleidung eines Gefangenen erwachsenen Kosten (§ 14), soweit dieselben nicht als Verpflegungskosten zu behandeln sind, und wegen der Kosten der Beerdigung eines im Gefängnisse verstorbenen Gefangenen (§ 16) bleiben die Ersatzansprüche gegen den Gefangenen oder dessen Erben und die sonstigen Verpflichteten vorbehalten.

§ 23.

Die Erhebung und die rechnerische Behandlung der Kosten findet bei den in § 1 Abs. 1 der Dienst- und Hausordnung[1]) genannten Gefangenen, vorbehaltlich der in § 24 für die Zwangs- und Sicherheitshaft getroffenen besonderen Bestimmungen, nach den für die Auslagen in Strafsachen geltenden Vorschriften statt.

Der Ansatz der Kosten der Haft erfolgt auf Grund der bei Beendigung der Haft von dem Gefängniswärter zu erstattenden Anzeige über die Dauer derselben (§ 103 Abs. 3 der Dienst- und Hausordnung).[2]) Die Kosten der Haft werden in den Registern ausgeschieden unter der Bezeichnung „HK" vorgetragen. Zur Begründung des Ansatzes ist die Zahl der Hafttage anzugeben.

Die Gefängniswärter sind zur Empfangnahme der Kosten nicht ermächtigt.

1. § 1 HOGG. 2. § 103 HOGG.

§ 24.

Die Erhebung der Kosten der Zwangs- und der Sicherheitshaft, welche in einer bürgerlichen Rechtsstreitigkeit oder im Konkursverfahren angeordnet ist, obliegt dem Gerichtsschreiber des Gerichts, welches die Haft angeordnet hat, auch wenn die Haft in dem Gefängnisse eines anderen Gerichts vollzogen wird. Die Kosten sind, wenn die Haft auf Antrag einer Partei angeordnet ist, von dieser von Monat zu Monat vorauszuzahlen (§ 792 der ZPO.).[1]) Die Erneuerung des Vorschusses kann nur bis zum Mittage des letzten Tages erfolgen, für welchen die Zahlung geleistet ist (angef. § 792). Dabei wird der Tag der Aufnahme für voll gerechnet. Die Haft darf die Dauer von sechs Monaten nicht übersteigen (§ 794 der ZPO.).[2]) Über die Zahlung wird eine

Quittung erteilt, in der ausdrücklich anzugeben ist, für welchen Zeitraum die Kosten vorausgezahlt sind. Die Quittung kann auf den Haftbefehl gesetzt werden. Die Bewilligung des Armenrechts hat die einstweilige Befreiung von der Vorauszahlung der Kosten zur Folge (§ 107 Nr. 1 der ZPO.).[3])

Die entstandenen Haftkosten werden im Gebührenregister (als rückzuersetzende Gerichtsauslagen) zu Soll gestellt. Sind die Kosten vorausgezahlt, so wird der Betrag der entstandenen Kosten im Vorschußregister als Ausgabe und im Gebührenregister als wirkliche Einnahme verrechnet. In diesem Falle erhält der Gerichtsschreiber auch während der Vollstreckung der Haft zum Behuf des Ansatzes der entstandenen Kosten am Schlusse jedes Monats eine Anzeige des Gefängniswärters über die Dauer der während des Monats vollstreckten Haft.

1. § 911 ZPO. 2. § 913 a. a. O. 3. § 114 a. a. O.

§ 25.

Die Bestimmungen der Allerhöchsten Verordnung vom 3. Dezember 1881 finden finden auch im Falle einer auf Ersuchen der Behörde eines anderen Bundesstaates erfolgten Ablieferung oder Strafvollstreckung auf die gemäß § 165 des GVG. von der ersuchenden Behörde zu erstattenden Haftkosten Anwendung. Im Falle der Strafvollstreckung hat der Gerichtsschreiber auf der Mitteilung, welche der ersuchenden Behörde über die Ausführung des Ersuchens gemacht wird, den Betrag der zu erstattenden Kosten zu bemerken und die Behörde zu bezeichnen, welche die Zahlung in Empfang zu nehmen hat.

Bezüglich der Kosten der auf Ersuchen bayerischer Militärbehörden in den Gerichtsgefängnissen erfolgenden Vollstreckung von Arrest- und Haftstrafen gegen Personen des Beurlaubtenstandes sind die Bestimmungen in Nr. 1 bis 3 der Bekanntmachung vom 9. Juni 1882 (JMBl. S. 134, FMBl. S. 171) maßgebend*).

---

*) Diese Bestimmungen lauten:

1. Für die Vollstreckung der als Disziplinarstrafen gegen Personen des Beurlaubtenstandes verhängten Arrest- und Haftstrafen durch die Zivilbehörde wird aus Militärfonds der durch die Allerhöchste Verordnung vom 3. Dezember 1881 (GVBl. S. 1331) für die Kosten der Haft in den Gerichtsgefängnissen bestimmte Betrag erstattet.

2. Die gemäß Ziff. 1 zu erstattenden Beträge werden in analoger Anwendung der Bestimmung § 27 der Bekanntmachung der K. Staatsministerien der Justiz und der Finanzen vom 24. September 1879 (JMBl. S. 245, FMBl. S. 1425) von dem Gerichtsschreiber des Amtsgerichts, in dessen Gefängnis die Strafe vollzogen worden ist, in dem Einzugsregister unter den zurückzuersetzenden Auslagen (Spalte 11) zu Soll gestellt. Als pflichtig ist in der für Bemerkungen bestimmten Spalte (25) das Militär-Ärar unter Angabe der Militärbehörde zu bezeichnen, welche um Vollstreckung der Strafe ersucht hat.

3. Der Gerichtsschreiber hat auf der Mitteilung über die erfolgte Strafvollstreckung den Betrag der zu erstattenden Kosten zu bemerken und zugleich die Behörde zu bezeichnen, welche die Zahlung in Empfang zu nehmen hat.

   Die Militärbehörde hat diese Mitteilung der zuständigen Intendantur behufs Anweisung des liquidierten Betrages bei der Korpszahlungsstelle zu übersenden.

§ 26.

Bezüglich der Erhebung der Kosten für den polizeilichen Gewahrsam und die Unterbringung von Schubgefangenen in den Gerichtsgefängnissen verbleibt es bei den bisherigen Bestimmungen.

§ 27.

Die in den §§ 5, 13, 19 vorgeschriebenen Formulare werden von den Regierungsfinanzkammern nach Bedarf an die Gefängnisvorstände abgegeben. Die Kosten der Herstellung der Formulare werden unter den Ausgaben auf Gebühren verrechnet

§ 28.

Die vorstehenden Bestimmungen treten am 1. Juli 1883 im ganzen Gebiete des Königreichs in Kraft.

Mit diesem Zeitpunkte verlieren die bisherigen Vorschriften über die in dieser Bekanntmachung behandelten Gegenstände, insbesondere die Bekanntmachung vom 4. Dezember 1881, die Kosten der Haft und der Vollziehung von Gefängnisstrafen in den Gerichtsgefängnissen betr. (JMBl. S. 456, ABl. des K. StM. des Innern S. 469, FMBl. S. 459), mit der Bekanntmachung vom 8. April 1882, Beschaffung des Feuerungsmaterials für die Gerichtsgefängnisse betr. (JMBl. S. 83, ABl. des K. StM. des Innern S. 153, FMBl. S. 86), die Geltung. Die Änderungen, welche durch § 21 Abs. 2 der Bekanntmachung vom 4. Dezember 1881 an einigen der für amts- und schöffengerichtliche Strafsachen vorgeschriebenen Formulare vorgenommen worden sind, bleiben jedoch bestehen.

In den Gerichtsgefängnissen der Landesteile rechts des Rheins ist das für das laufende Jahr angelegte Tagebuch über das Feuerungsmaterial bis zum Schlusse des Jahres fortzuführen. Für die zweite Hälfte des laufenden Jahres ist ein besonderer Voranschlag der anzuschaffenden Feuerungsmaterialien nach den bisherigen Vorschriften aufzustellen. In der Pfalz hat die Regierungsfinanzkammer im Benehmen mit dem Oberstaatsanwalte die erforderlichen Übergangsbestimmungen zu erlassen.

München, den 23. April 1883.

Dr. v. **Fäustle.** Dr. v. **Riedel.** **Freiherr von Feilitzsch.**

Der Generalsekretär,
Ministerialrat
v. Röckelein.

Formular I.*)

*Amts*gerichtsgefängnis in *K*.

Tagebuch

über die

Vorräte an Feuerungsmaterial

für das Geschäftsjahr 18*84*.

*) Die mit Kursivschrift gedruckten Stellen sind nicht Teile des Formulars.

Anschaffungen

Tag	Material					Kosten				Bemerkungen
	Holz		Torf	Steinkohlen	Coaks	im einzelnen		im ganzen		
	Ster	Gattung		K.	K.	*M*	*Pf.*	*M*	*Pf.*	
1	2	3	4	5	6	7		8		9
1. Januar	*22*	*Buchen*	—	—	—	—	—	*175*	*50*	*Übertrag aus dem Vorjahre. Ges. 1./I. 84. N., K. OAR.*
15. „	*60*	„	—	—	—	*5*	*50*	*330*	—	*Geldanschlag. Ges. 15./I. 84. N., K. OAR.*
15. „	—	—	—	—	—	*1*	—	*60*	—	*Fuhrlohn für 60 Ster. Ges. 15./I. 84. N., K. OAR.*
12. März	*15*	*Buchen*	—	—	—	*7*	*50*	*112*	*50*	*Ges. 12./III. 84. N., K. OAR.*
20. März	—	—	—	—	—	—	*30*	*4*	*50*	*Kleinmachen von 15 Ster durch Gefangene. Ges. 20./III. 84. N., K. OAR.*
11. Okt.	—	—	—	—	—	—	*30*	*4*	*50*	*Kleinmachen von 15 Ster durch Gefangene. Ges. 11./X. 84. M., K. AR. v. n.*
15. Nov.	—	—	—	—	—	—	*30*	*3*	—	*Kleinmachen von 10 Ster durch Gefangene. Ges. 15./XI. 84. N., K. OAR.*
Se.	*97*	*Buchen*	—	—	—			*690*	—	*In Übereinstimmung mit dem Staatsfonds-Hauptbuche für 1884 Fol..... K., den 7. Januar 1885. G., K. Rentb.*
Hievon ab als Verbrauch	*57*	„	—	—	—			*428*	*50*	
Sohin Sollvorrat	*40*	„	—	—	—			*261*	*50*	*Der heute vorgenommene Abschluß ergibt einen Sollvorrat von 40 (vierzig) Ster Buchenholz. K., den 31. Dezember 1884. S., Amtsger.-D.*
Wirklicher Vorrat	*40*	„	—	—	—					
Differenz	—		—	—	—					

Verbrauch						
Tag	Material					Bemerkungen
	Holz		Torf	Steinkohlen	Coaks	
	Ster	Gattung		K.	K.	
10	11	12	13	14	15	16
31. Januar	*9*	*Buchen*	—	—	—	*Ges. 31./I. 84. N., K. OAR.*
29. Februar	*7*	„	—	—	—	*Ges. 29./II. 84. N., K. OAR.*
31. März	*7*	„	—	—	—	*Ges. 31./III. 84. N., K. OAR.*
Se.	*57*	*Buchen*	—	—	—	***Die heute vorgenommene Aufnahme hat einen Vorrat von 40 (vierzig) Ster Buchenholz ergeben.*** ***K., den 31. Dezember 1884.*** ***N., K. OAR.***

Bei .... in .... gelagerte Holzvorräte

Tag	zur Lagerung abgegeben		zurückerhalten		Bemerkungen
	Ster	Gattung	Ster	Gattung	
1	2	3	4	5	6

Formular II.*)

*Amts*gerichtsgefängnis in *L.*

Verzeichnis

der

Verpflegungskosten

für den Monat *Januar* 1884.

*) Vgl. die Bemerkung zu Formular I.

Laufende Nummer	Namen des Gefangenen	Nummer des Gefangenenverzeichnisses	Zeit des Eintritts	Zeit der Beendigung der Haft	Zahl der Hafttage	Ge-
						Zahl der vollen Tagesverpflegungen
1	2	3	4	5	6	7
1	*Schmitt Alois*	*A 107*	*21. Dez. 1883 v. 10.*	*14. Jan. n. 3*	*13*	*11*
....	....	....	....	....	....	....
....	....	....	....	....	....	....
17	*Mayr Karl*	*B 1*	*1. Jan. v. 8*	*6. Jan. v. 8*	*5*	—
18	*Scholl Franz*	*B 2*	*1. Jan. v. 10*	*13. Jan. v. 10*	*12*	*8*
....	....	....	....	....	....	....
....	....	....	....	....	....	....
29	*Huber Barbara*	*D 1*	*4. Jan. v. 10*	*4. Jan. n. 5*	$^1/_2$	—
....	....	....	....	....	....	....
....	....	....	....	....	....	....
	6 Schubgef. von Mittag bis Morgen mit Abendsuppe	***D 3—5. 9. 11. 17.***	—	—	***6***	—
	7 Schubgef. von Mittag bis Morgen ohne Abendsuppe	***D 6—8. 12—14. 19.***	—	—	***7***	—
					370 $^1/_2$	***334***

[ge]wöhnliche Beköstigung			Andere Anschaffungen und Leistungen			Nummer der Belege	Bemerkungen
Teilweise Verpflegung							
Bezeichnung	Brot g	Fleisch Tagesportionen	Bezeichnung	Betrag M	Betrag Pf.		
8	9	10	11	12		13	14
morgens Brot	*140*	—	*Apotheker U. Verbandzeug*	*1*	*40*	*1*	•
Mittagsbek., Mont.	*280*	*1*	*2 Tage Krankenkost*	*1*	*20*	*2*	
			2 Nächte Beleuchtung	—	*40*	*3*	
			Krankenwärter V, 2 Tage	*3*	*60*	*4*	
…..	…..	…..	…..	…..	…..	…..	…..
…..	…..	…..	…..	…..	…..	…..	…..
—	—	—	—	—	—	—	*Selbstbeköstigung*
Entz. 1/2 Brotport. 4 Tage	*1120*	*4*	*Stroh, 2 Nächte*	—	*6*	—	
…..	…..	…..	…..	…..	…..	…..	…..
…..	…..	…..	…..	…..	…..	…..	…..
Mittagsbek. Freit.	*280*	*3/4*	—	—	—	..	
…..	…..	…..	…..	…..	…..	…..	…..
…..	…..	…..	…..	…..	…..	…..	…..
6 Mittagsbek. Dienst. Freit.	*1680*	*4 1/2*	*Stroh, 4 Nächte*	—	*12*	—	
6 Abendsuppen.	*2520*	—					
6 Morgensupp.	*2520*	—					
7 Mittagsbek. So. Mo. Mi. Do. Sa.	*1960*	—					
7 abends Brot	*980*	—					
7 Morgensupp.	*2940*	—					
	24 320	*25 1/2*	*Beleuchtung des Verhörzimmers*	*2*	—	*15*	
			Kaufmann S., Wachhldrbeer.	*1*	*20*	*16*	*Die Einträge in den Spalten 2 bis 5, 7, 8, 11 und die Bemerkungen über Selbstbeköstigung bestätigt.*
				37	*30*		*L., den 3. Februar 1884.* *N., K. OAR.*

Berechnung der Verpflegungskosten

Bezeichnung der Ansätze	Betrag im einzelnen M	Betrag im einzelnen Pf.	Betrag im ganzen M	Betrag im ganzen Pf.	Revisorische Festsetzung M	Revisorische Festsetzung Pf.
Vergütung für *300* Hafttage	—	*8*	*24*	—		
„ „ *70½* „	—	*6*	*4*	*23*		
Gewöhnliche Beköstigung:						
Roggenbrot						
334 Tagesverpflegungen zu 560 g = *187,040 kg*						
teilweise Verpflegung . . . . . *24,320 kg*						
211,360 kg . . .	—	*28*	*59*	*18*		
Rindfleisch:						
334 Tagesverpflegungen						
25½ Tagesportionen zur teilweisen Verpflegung						
359½ Tagesportionen zu 280 g = *100,660 kg*	*1*	*4*	*104*	*69*		
Andere Anschaffungen und Leistungen	..	..	*37*	*30*		
Summe	..	..	*229*	*40*		
Hievon hat zu beanspruchen:						
Bäcker X. nach Rechnung Beleg Nr. 17	..	..	*65*	*80*		
Metzger Y. „ „ Nr. 18	..	..	*58*	*31*		
Apotheker U. „ „ Nr. 1	..	..	*1*	*40*		
Krankenwärter V. „ „ Nr. 4	..	..	*3*	*60*		
....	.....	.....	.....	.....		
....	.....	.....	.....	.....		
Kaufmann S. nach Rechnung Beleg Nr. 16	..	..	*1*	*20*		
Amtsgerichtsdiener P. den Rest mit	..	..	*71*	*85*		
Summe wie oben	..	..	*229*	*40*		

Auf Dienstpflicht
L., den 3. Februar 1884.
P., Amtsger.-D.

Formular III.*)

*Amts*gerichtsgefängnis in *M.*

Voranschlag

für das

Geschäftsjahr *1884.*

*) Vgl. die Bemerkung zu Formular I.

Laufende Nummer	Bezeichnung der Ausgaben	abzuschreiben	anzuschaffen	Betrag der Kosten im einzelnen M	Pf.	im ganzen M	Pf.
	I. Feuerungsmaterial.						
1	*50 Ster Fichtenscheitholz I. Qual. aus Staatsforsten . .*			5	—	250	—
2	*Fuhrlohn . . . .*			1	50	75	—
3	*Kleinmachen durch Gefangene . . . .*			—	30	15	—
4	*120 Zentner Steinkohlen von Händlern . . . .*			1	—	120	—
	II. Beleuchtungsmaterial.						
5	**III. Ausbesserung der Inventarstücke . . .**			—	—	25	—
	IV. Abschreibungen und Anschaffungen.						
	1. Gerätschaften.						
6	*Wasserkrüge . . . .*	6	6	—	20	1	20
7	*Handtücher . . . .*	5	5	—	80	4	—
8	*Lampenzylinder . . . .*	8	8	—	5	—	40
.....	.....	.....	.....	.....	.....	.....	.....
.....	.....	.....	.....	.....	.....	.....	.....
	2. Bettstücke.						
11	*Kopfpolster . . . .*	2	2	3	—	6	—
12	*Matrazen . . . .*	1	1	9	—	9	—
.....	.....	.....	.....	.....	.....	.....	.....
	3. Kleidungsstücke.						
14	*Hemden . . . .*	2	4	3	50	14	—
15	*Hosen . . . .*	3	3	3	—	9	—
16	*Socken . . . .*	6 P.	10 P.	—	80	8	—
.....	.....	.....	.....	.....	.....	.....	.....
.....	.....	.....	.....	.....	.....	.....	.....
	Summe					582	30

M., den *27.* September *1883.*

Die Gefängniskommission.

(Unterschriften.)

Bemerkungen des Oberstaatsanwalts	Festsetzung durch die Regierungsfinanzkammer	Betrag	
		M	Pf.

IV.

Bekanntmachung vom 16. April 1883, den Arbeitsfonds für die Gerichtsgefängnisse betr.

(JMBl. S. 208, FMBl. S. 174.)

Königliche Staatsministerien der Justiz und der Finanzen.

Mit Bezugnahme auf die §§ 81 und 105 der Dienst- und Hausordnung[1]) für die Gerichtsgefängnisse vom 10. April 1883 werden über die Verwaltung des Arbeitsfonds für die Gerichtsgefängnisse und die rechnerische Behandlung der Einnahmen und Ausgaben für diesen Fonds folgende Bestimmungen getroffen:

1. Die Verwaltung des Arbeitsfonds wird der K. Zentralstaatskasse übertragen.
2. Die K. Rentämter haben die gemäß § 81 Abs. 1 der Dienst- und Hausordnung[1]) für den Arbeitsfonds in Empfang genommenen Beträge, sobald sie die Summe von 100 *M* erreichen, außerdem aber vierteljährlich an die K. Kreiskasse abzuliefern. Diese hat den Stand ihrer Einnahmen am Schlusse jedes Monats der K. Zentralstaatskasse mitzuteilen.

   Die für den Arbeitsfonds vereinnahmten Beträge sind von den Rentämtern und Kreiskassen als nichtrechnungsmäßige Einnahmen zu verbuchen.
3. Die K. Rentämter haben sofort nach Empfang der gemäß § 105 Abs. 2 der Dienst- und Hausordnung[1]) nach Ablauf des Jahres an dieselben abzugebenden Bücher für den Arbeitsbetrieb und die Arbeitsverdienstkasse unter der auf der letzten Seite des Kassabuchs (Formular VIII) befindlichen Abrechnung die Lieferungen des Gefängniswärters zu bestätigen und bis längstens 1. Februar jedes Jahres diese Bücher samt Belegen und dem Inventare über die dem Arbeitsbetriebe dienenden Werkzeuge und Gerätschaften (§ 105 Abs. 3 der Dienst- und Hausordnung) der K. Regierungsfinanzkammer vorzulegen, zugleich aber sich darüber auszuweisen, daß die von ihnen für den Arbeitsfonds in Empfang genommenen Beträge an die Kreiskasse vollständig abgeliefert sind.

   Die K. Regierungsfinanzkammer läßt die ihr vorgelegten Bücher samt Belegen und dem Inventare der Revision unterstellen. Bei derselben ist die Beanstandung geringfügiger Versehen, insbesondere verzeihlicher formeller Verstöße, zu unterlassen. Auf Grund der Revision setzt die K. Regierungsfinanzkammer die Einnahmen der Arbeitsverdienstkasse, die Ausgaben auf den Arbeitsbetrieb, den Betrag des Reinertrages, den Verdienstanteil des Gefängniswärters sowie den an den Arbeitsfonds abzuliefernden Betrag mit besonderer Entschließung fest. Von dieser Entschließung wird, soweit sie den an den Arbeitsfonds abzuliefernden Betrag betrifft, auch der K. Kreiskasse Kenntnis gegeben. Haben sich infolge der Revision bezüglich des letzteren Betrages Aenderungen ergeben, so hat das Rentamt zum Behufe der erforderlichen Ausgleichung mit dem Gefängniswärter und der K. Kreiskasse sofort weitere Abrechnung zu pflegen.

---

[1]) §§ 100, 124 HOGG.

4. Die K. Kreiskassen haben bis längstens 1. April jedes Jahres über die Einnahmen für das abgelaufene Jahr eine nach Rentämtern und Gerichtsgefängnissen geordnete Zusammenstellung anzufertigen und dieselbe belegt mit den Entschließungen, durch welche ihnen die festgesetzten Beträge bekannt gegeben wurden (Ziff. 3 Abs. 2 Satz 4), in drei Exemplaren der K. Regierungsfinanzkammer vorzulegen. Die Regierungsfinanzkammer überweist auf Grund dieser Zusammenstellung und unter Mitteilung eines Exemplares derselben nach vorgängiger Revision die Summe der in dem Regierungsbezirke aufgekommenen Einnahmen für den Arbeitsfonds der K. Zentralstaatskasse und setzt hievon die Kreiskasse unter Rückgabe eines Exemplares der Zusammenstellung sowie der Belege behufs der Abrechnung mit der Zentralstaatskasse in Kenntnis.

5. Das dritte Exemplar der Zusammenstellung (Ziff. 4 Satz 1) ist mit dem Konzepte der Überweisung an die Zentralstaatskasse (Ziff. 4 Satz 2), den in Ziff. 3 Abs. 1 genannten Büchern, Belegen und Inventaren sowie den über die revisorische Feststellung erlassenen Entschließungen (Ziff. 3 Abs. 2 Satz 3) dem Kgl. Abrechnungskommissär zur superrevisorischen Prüfung vorzulegen. Etwaige Änderungen, welche sich infolge der Superrevision ergeben, sind im nächsten Jahre rechnerisch zu behandeln.

Nach erfolgter Superrevision werden die Bücher für den Arbeitsbetrieb und die Arbeitsverdienstkasse mit den Belegen und den bezüglich der Festsetzung ergangenen Entschließungen an die Rentämter, die Inventare an die Gerichtsgefängnisse zur Aufbewahrung zurückgegeben.

6. Die K. Zentralstaatskasse hat über sämtliche Einnahmen und Ausgaben für den Arbeitsfonds jährlich Rechnung zu stellen und für diesen besondere Kassebücher zu führen. Ausgaben dürfen nur auf Anweisung oder mit Genehmigung der K. Staatsministerien der Justiz und der Finanzen geleistet werden (§ 81 Abs. 2 der Dienst- und Hausordnung).[1] Die Aktivreste des einen Jahres werden auf das folgende übertragen. Verfügbare Bestände sind verzinslich anzulegen. Über den Kasse- und Vermögensstand ist den K. Staatsministerien der Justiz und der Finanzen von der Zentralstaatskasse vierteljährlich besondere Anzeige zu erstatten.

Die Rechnungen der Zentralstaatskasse über die Einnahmen und Ausgaben für den Arbeitsfonds werden von der K. Rechnungskammer revidiert und unterliegen der Superrevision durch den K. Obersten Rechnungshof.

7. Werden den K. Oberstaatsanwälten aus dem Arbeitsfonds zur Bestreitung von Ausgaben Mittel bewilligt, so werden dieselben bei den K. Kreiskassen zu ihrer Verfügung gestellt. Die Kreiskassen haben in diesem Falle auf Anweisung der Oberstaatsanwälte die Ausgaben für Rechnung der Zentralstaatskasse zu leisten, die eingezogenen Quittungen nach Ablauf des Jahres bei der Abrechnung (Ziff. 4 Satz 2) mit einem Verzeichnisse über die geleisteten Ausgaben statt Bargeld einzusenden und, sofern die Ausgaben die Summe der Einnahmen für den Arbeitsfonds übersteigen, sich den Mehrbetrag von der Zentralstaatskasse ersetzen zu lassen.

8. Wenn in einem Gefängnisse, in welchem bisher nicht gearbeitet worden ist, der Arbeitsbetrieb (§ 72 Abs. 3 der Dienst- und Hausordnung)[2] eingeführt wird, so hat der Oberstaatsanwalt der K. Regierungsfinanzkammer hievon Mitteilung zu machen.

[1] § 100 Abs. II HOGG. [2] § 90 Abs. II a. a. O.

9. Die vorstehenden Bestimmungen treten am 1. Juli l. Js. in Wirksamkeit.

In den Landesteilen rechts des Rheins ist, wo Arbeitsbetrieb bereits eingeführt ist, über die Einnahmen und Ausgaben für die Zeit vom 1. Januar bis 30. Juni l. Js. in der bisherigen Weise Rechnung zu legen. Die Aktivreste sind nebst den angesammelten Reserven bis längstens 1. August l. Js. an die K. Zentralstaatskasse unmittelbar abzuliefern. Dabei ist der zur Fortführung der Arbeit erforderliche Betrag zurückzubehalten (§ 81 Abs. 1 der Dienst- und Hausordnung).[1] Über den Vollzug ist unter Vorlage der von der Zentralstaatskasse erteilten Empfangsbescheinigung vom 1. September l. Js. an das K. Staatsministerium der Justiz Bericht zu erstatten. Die Oberstaatsanwälte haben in der ersten Hälfte des Monats Juli l. Js. den K. Regierungsfinanzkammern diejenigen Gerichtsgefängnisse zu bezeichnen, in welchen der Arbeitsbetrieb bereits eingeführt ist.

Die in vorstehendem Absatze (Satz 1) über die Rechnungsstellung getroffene Anwendung findet auch auf die Gerichtsgefängnisse der Pfalz und den aus den Erträgnissen des Arbeitsbetriebes in den dortigen Amtsgerichtsgefängnissen gebildeten Fonds Anwendung. Bei der Ablieferung der Aktivreste ist auch in den Landgerichts- und Amtsgerichtsgefängnissen der Pfalz der zur Fortführung der Arbeit erforderliche Betrag zurückzubehalten. Bezüglich der Verwendung der genannten Fonds bleibt weitere Bestimmung vorbehalten.

München, den 16. April 1883.

Dr. v. Fäustle. Dr. v. Riedel.

Der Generalsekretär,
Ministerialrat
Seißer.

[1] § 100 Abs. 1 HOGG.

V.

Bekanntmachung.

Königliches Staatsministerium der Justiz.

Die verbündeten Regierungen haben sich über Grundsätze geeignet, welche bei dem Vollzuge gerichtlich erkannter Freiheitsstrafen bis zu weiterer gemeinsamer Regelung zur Anwendung kommen. Die Bekanntmachung, durch die der Reichskanzler in der Nummer 45 des Zentralblattes für das Deutsche Reich von 1897 den Beschluß des Bundesrats veröffentlicht hat, ist im Abdruck angefügt.

Über die Anwendung der Grundsätze werden die Verwaltungen der Strafanstalten und die Vorstände der Gerichtsgefängnisse Vorschriften erhalten.

München, den 11. Februar 1898.

Dr. Frhr. v. Leonrod.

Den Vollzug gerichtlich anerkannter Freiheitsstrafen betr.

Der Bundesrat hat durch Beschluß vom 28. Oktober d. Js. den nachstehenden Grundsätzen die Zustimmung erteilt:

Grundsätze,
welche bei dem Vollzuge gerichtlich erkannter Freiheitsstrafen bis zu weiterer gemeinsamer Regelung zur Anwendung kommen.

Unterbringung.

§ 1.

Bei der Vollstreckung der gerichtlich erkannten Freiheitsstrafen werden die Strafgefangenen nach Möglichkeit getrennt von Gefangenen anderer Art untergebracht.

§ 2.

Die Anstalten für Zuchthaussträflinge werden in besonderen Gebäuden eingerichtet.

Ist eine solche Einrichtung nicht tunlich, so werden die Aufenthalts-, Arbeits-, Schlaf- und Erholungsräume für Zuchthaussträflinge von den gleichen Räumen für Gefangene anderer Art vollständig getrennt gehalten. Im übrigen werden die notwendigen Einrichtungen getroffen, um jeden Verkehr der Zuchthaussträflinge mit Gefangenen anderer Art zu verhüten; dies gilt insbesondere für gemeinsamen Gottesdienst und gemeinsamen Schulunterricht.

§ 3.

Weibliche Strafgefangene werden der Regel nach in besonderen Anstalten (Abteilungen) untergebracht. Sofern dies ausnahmsweise nicht tunlich ist, werden die notwendigen Einrichtungen getroffen, um jeden Verkehr zwischen weiblichen und männlichen Gefangenen zu verhüten.

Zur Bewachung der weiblichen Gefangenen werden in den größeren Anstalten ausschließlich, in den kleineren soweit tunlich weibliche Bedienstete verwendet.

§ 4.

Strafgefangene, welche das achtzehnte Lebensjahr noch nicht vollendet haben, werden von erwachsenen Gefangenen derart getrennt gehalten, daß jeder Verkehr zwischen ihnen ausgeschlossen bleibt.

Zur Verbüßung von Strafen, deren Dauer einen Monat übersteigt, werden sie der Regel nach in besonderen Anstalten (Abteilungen) untergebracht. Sie können darin bis zum vollendeten zwanzigsten Lebensjahr und, falls der dann noch zu verbüßende Strafrest die Dauer von drei Monaten nicht übersteigt, bis zur Verbüßung dieses Strafrestes behalten werden.

§ 5.

Bei Herstellung neuer Einzelzellen wird in der Regel ein Luftraum von zweiundzwanzig Kubikmeter und für die Fenster eine Lichtfläche von einem Quadratmeter als Mindestmaß angenommen; für Zellen, die zum Aufenthalte nur bei Nacht und in der arbeitsfreien Zeit oder zur Aufnahme nicht arbeitender Gefangener mit einer Strafzeit von höchstens zwei Wochen bestimmt sind, beträgt das Mindestmaß des Luftraums elf Kubikmeter, das Mindestmaß der Lichtfläche ein halbes Quadratmeter. Jedes Zellenfenster wird so eingerichtet, daß es mindestens zur Häfte geöffnet werden kann.

Räume, welche zum gemeinschaftlichen Aufenthalte bei Tag und Nacht dienen, werden in der Regel nicht stärker belegt, als daß auf jede darin untergebrachte Person ein Luftraum von sechzehn Kubikmeter entfällt. In gemeinschaftlichen Schlafräumen beträgt in der Regel der auf die Person entfallende Luftraum nicht weniger als zehn, in gemeinschaftlichen Arbeitsräumen nicht weniger als acht Kubikmeter.

§ 6.

Gefangene, welche Festungshaft verbüßen (Festungsgefangene), werden in besonders dazu eingerichteten Zimmern von einfacher Ausstattung, getrennt von den für Gefangene anderer Art bestimmten Räumen, untergebracht.

Die Gefangenen dürfen, soweit nicht für einzelne Fälle der Vostand Ausnahmen bewilligt, die ihnen zugewiesenen Zimmer nur während der Zeit verlassen, welche ihnen zur Bewegung im Freien gewährt ist.

§ 7.

Sind vorübergehend wegen Überfüllung der Strafanstalten Abweichungen von den Grundsätzen über die Unterbringung der Gefangenen nicht zu vermeiden, so werden die erforderlichen Maßnahmen durch die oberste Aufsichtsbehörde getroffen.

Aufnahme und Entlassung.

§ 8.

Die Aufnahme in die Anstalt erfolgt auf Grund einer schriftlichen Verfügung der Strafvollstreckungsbehörde. In der Aufnahmeverfügung wird das Urteil oder der Strafbefehl bezeichnet, sowie die begangene Straftat, die erkannte Strafe und der Zeitpunkt angegeben, von welchem ab die Strafzeit zu berechnen ist. Ist die erkannte Strafe zum Teil schon verbüßt oder ist erlittene Untersuchungshaft in Anrechnung zu bringen, so wird ein entsprechender

Vermerk in die Aufnahmeverfügung aufgenommen. Gleichzeitig teilt die Strafvollstreckungsbehörde, falls sie nicht selbst mit der Leitung der Anstalt betraut ist, dem Vorstande der Anstalt mit, was über früher von dem Verurteilten verbüßte Zuchthausstrafen, Gefängnisstrafen und verschärfte Haftstrafen (auf Grund des § 361 Nr. 3 bis 8 des Strafgesetzbuchs erkannte Haftstrafen) bekannt geworden ist.

Findet auf Grund eines Haftbefehls, eines Steckbriefs, einer Ladung zum Strafantritt oder aus anderer Veranlassung eine vorläufige Aufnahme in die Anstalt statt, so wird der Strafvollstreckungsbehörde alsbald Mitteilung gemacht.

§ 9.

In jeder Anstalt wird ein Verzeichnis über Aufnahme und Entlassung geführt.

In das Verzeichnis wird der Tag und die Stunde der Aufnahme, der Name des Aufgenommenen, der Tag der Aufnahmeverfügung und des Urteils oder Strafbefehls, sowie die erkannte Strafart und Strafdauer, imgleichen der Tag und die Stunde, sowie der Grund der Entlassung eingetragen.

Dem Gefangenen wird bei der Aufnahme von der Berechnung der Strafzeit Kenntnis gegeben.

§ 10.

Auf Verlangen erhält der Gefangene bei der Entlassung eine Bescheinigung über die Verbüßung der Strafe.

Einzelhaft.

§ 11.

Bei der Vollstreckung von Zuchthaus- und Gefängnisstrafen wird die Einzelhaft (§ 22 des Strafgesetzbuchs) vorzugsweise angewendet, wenn

1. die Strafe die Dauer von drei Monaten nicht übersteigt, oder
2. der Gefangene das fünfundzwanzigste Lebensjahr noch nicht vollendet hat, oder
3. der Gefangene Zuchthaus-, Gefängnis- oder geschärfte Haftstrafe noch nicht verbüßt hat.

§ 12.

Gefangene, welche das achtzehnte Lebensjahr noch nicht vollendet haben, werden ohne Genehmigung der Aufsichtsbehörde nicht länger als 3 Monate in Einzelhaft gehalten.

§ 13.

Einzelhaft ist ausgeschlossen, wenn von derselben eine Gefahr für den körperlichen oder geistigen Zustand des Gefangenen zu besorgen ist.

§ 14.

Jeder Gefangene in Einzelhaft wird täglich mehrmals von Beamten der Anstalt, sowie monatlich mindestens einmal von dem Vorstand und dem Arzte besucht.

Gemeinschaftshaft.

§ 15.

Bei Gemeinschaftshaft ist eine Absonderung der Gefangenen in der Kirche und Schule, sowie bei der Bewegung im Freien nicht ausgeschlossen.

Für die Nacht werden die Gefangenen tunlichst von einander getrennt, es sei denn, daß der Zustand einzelner eine gemeinsame Verwahrung nötig macht. Soweit die vorhandenen baulichen Einrichtungen die Trennung nicht gestatten, wird auf die allmähliche Durchführung des Grundsatzes, insbesondere bei Neubauten und umfassenden Umbauten Bedacht genommen werden.

§ 16.

Bei Gemeinschaftshaft werden Gefangene, welche einfache Haftstrafe (nicht auf Grund des § 361 Nr. 3 bis 8 des Strafgesetzbuchs erkannte Haftstrafe) verbüßen, und Gefängnissträflinge, soweit diese Gefangenen im Besitze der bürgerlichen Ehrenrechte sich befinden und zuvor weder eine Zuchthausstrafe, noch eine zwei Wochen übersteigende Gefängnisstrafe oder wiederholt Gefängnisstrafe, noch eine geschärfte Haftstrafe verbüßt haben, nach Möglichkeit von Gefangenen anderer Art abgesondert.

Beschäftigung.

§ 17.

Den Gefängnissträflingen, sowie den Gefangenen, welche geschärfte Haftstrafe verbüßen, wird in der Regel Arbeit zugewiesen.

Ausnahmsweise wird Gefängnissträflingen, sofern sie im Besitze der bürgerlichen Ehrenrechte sich befinden und Zuchthausstrafe noch nicht verbüßt haben, mit Genehmigung der Aufsichtsbehörde gestattet, sich selbst zu beschäftigen.

Die Gestattung der Selbstbeschäftigung kann von der Zahlung einer Entschädigung abhängig gemacht werden. Die Grundsätze über die Bemessung der Entschädigung werden von der obersten Aufsichtsbehörde festgestellt. Die Selbstbeschäftigung unterliegt der Beaufsichtigung des Vorstandes.

§ 18.

Bei der Zuweisung von Arbeit an die Gefangenen wird auf den Gesundheitszustand, die Fähigkeiten und das künftige Fortkommen, bei Gefängnissträflingen auch auf den Bildungsgrad und die Berufsverhältnisse Rücksicht genommen.

Bei jugendlichen Gefangenen wird außerdem besonders Gewicht auf die Erziehung gelegt.

§ 19.

Den Festungsgefangenen wird jede Beschäftigung gestattet, welche mit dem Strafzwecke, der Sicherheit und der Ordnung vereinbar ist.

Das gleiche gilt für Gefangene, welche einfache Haftstrafe verbüßen. Diesen Gefangenen wird, sofern sie damit einverstanden sind, Arbeit zugewiesen.

§ 20.

Die tägliche Arbeitszeit beträgt in der Regel für Zuchthaussträflinge nicht mehr als zwölf Stunden, für Gefängnis- und Haftsträflinge nicht mehr als elf Stunden.

§ 21.

Der Ertrag der den Gefangenen zugewiesenen Arbeit fließt zur Staatskasse. Die Gutschrift einer Arbeitsbelohnung aus dem Ertrag ist nicht ausgeschlossen. Die Belohnung beträgt für Zuchthaussträflinge nicht mehr als zwanzig Pfennig, für Gefängnis- und Haftsträflinge nicht mehr als dreißig

Pfennig auf den Arbeitstag. Nur unter besonderen Verhältnissen werden höhere Beträge gutgeschrieben. Welche Rechte dem Gefangenen aus der Gutschrift erwachsen, wird von der obersten Aufsichtsbehörde bestimmt.

Der Ertrag der Selbstbeschäftigung (§ 17 Absatz 2), soweit er nicht auf die Entschädigung (§ 17 Absatz 3) zu verrechnen ist, verbleibt dem Gefangenen.

§ 22.

Die Bewertung der Arbeitskraft der Gefangenen wird so geregelt, daß die Interessen des Privatgewerbes möglichste Schonung erfahren. Zu diesem Zwecke wird auf die Befolgung übereinstimmender Grundsätze bei der Beschäftigung der Gefangenen Bedacht genommen, soweit nicht die wirtschaftlichen Verhältnisse für einzelne Anstalten Abweichungen notwendig machen. Insbesondere wird darauf bedacht genommen, die Verdingung der Arbeitskraft der Gefangenen an Arbeitgeber tunlichst einzuschränken, den Arbeitsbetrieb auf zahlreiche Geschäftszweige zu verteilen und auf Lieferungen für die Staatsverwaltung zu erstrecken, unter allen Umständen aber eine Unterbietung der freien Arbeit zu vermeiden.

Beköstigung.

§ 23.

Die Kost wird so gestaltet, daß die Gesundheit und Arbeitsfähigkeit der Gefangenen erhalten bleibt. Sie kann mit Rücksicht auf die von dem Gefangenen zu leistende Arbeit verschieden sein, ist im übrigen aber für alle Gefangenen gleicher Art dieselbe.

Ob zur Erhaltung der Gesundheit und Arbeitsfähigkeit Einzelner Abweichungen von der allgemeinen Kost einzutreten haben, wird auf Gutachten des Arztes vom Vorstande bestimmt.

§ 24.

Gefangenen, welche einfache Haftstrafe verbüßen, sowie Festungsgefangenen wird auf ihr Verlangen gestattet, nach näherer Bestimmung der Hausordnung sich selbst zu beköstigen. Inwieweit Gefängnissträflingen die Selbstbeköstigung gestattet werden darf, bestimmt die oberste Aufsichtsbehörde. Die Selbstbeköstigung darf die Grenzen eines mäßigen Genusses nicht übersteigen.

Kleidung.

§ 25.

Durch die Hausordnung kann für die Gefangenen Anstaltskleidung eingeführt werden.

Wo Anstaltskleidung eingeführt ist, erhalten die Zuchthaussträflinge eine Kleidung, welche sich von der Kleidung der anderen Gefangenen unterscheidet. Gefangenen, welche einfache Haft verbüßen, sowie Festungsgefangenen wird der Gebrauch eigener Kleidung und Wäsche, sowie eigener Bettstücke gestattet, sofern die Sachen ausreichend, ordentlich und schicklich sind. Unter welchen Voraussetzungen Gefängnissträflingen, welche im Besitze der bürgerlichen Ehrenrechte sich befinden, der Gebrauch eigener Kleidung und Wäsche, sowie eigener Bettstücke gestattet werden kann, bestimmt die Hausordnung.

§ 26.

Den männlichen Zuchthaussträflingen wird nach näherer Bestimmung der Hausordnung das Haar kurz geschoren und der Bart abgenommen.

Bei den übrigen Gefangenen wird die Haar- und Barttracht nur aus Gründen der Reinlichkeit oder Schicklichkeit verändert.

Krankheitsfälle. **§ 27.**

Die Behandlung erkrankter Gefangener findet in der Regel innerhalb der Strafanstalt selbst oder in einer nur für erkrankte Gefangene bestimmten Anstalt statt. Nur sofern der Zustand des Erkrankten es erfordert, wird er in einer anderen, von der Aufsichtsbehörde bestimmten Heilanstalt untergebracht.

Auf erkrankte Gefangene finden die Grundsätze über Trennung der Gefangenen (§§ 2 und 4) keine Anwendung.

Seelsorge. **§ 28.**

Keinem Gefangenen wird der Zuspruch eines Geistlichen seines Bekenntnisses versagt.

In den größeren Anstalten wird an Sonn- und Feiertagen ein regelmäßiger Gottesdienst abgehalten; soweit dies nicht ausführbar ist, finden Andachtsübungen statt. Auch in den kleineren Anstalten wird auf die geistliche Versorgung der Gefangenen nach Möglichkeit Bedacht genommen. Am Gottesdienst und an den Andachtsübungen nehmen alle Gefangenen Teil. In Ausnahmefällen kann der Vorstand Einzelne von der Teilnahme entbinden.

Gegenüber Festungsgefangenen findet ein Zwang zur Teilnahme nicht statt. In geeigneten Fällen wird ihnen die Möglichkeit gegeben, den Gottesdienst ihres Bekenntnisses außerhalb der Anstalt zu besuchen.

Zur Teilnahme an den kirchlichen Heilsmitteln wird kein Gefangener gezwungen.

Unterricht. **§ 29.**

Die Gefangenen in den Anstalten für Jugendliche erhalten Unterricht in denjenigen Gegenständen, welche in der Volksschule gelehrt werden.

Den erwachsenen Zuchthaus- und Gefängnis-Sträflingen unter dreißig Jahren, welche eine Strafe von mehr als drei Monaten verbüßen, wird tunlichst eine gleiche Fürsorge zugewendet, soweit sie des Unterrichts noch bedürfen.

Bücher und Schriften. **§ 30.**

Gefangene dürfen Bücher und Schriften nur aus der Sammlung der Anstalt entnehmen. Im Einzelfalle werden Ausnahmen hiervon durch den Vorstand bewilligt.

Gefangene, welche einfache Haftstrafe verbüßen, sowie Festungsgefangene können sich auch anderweit Bücher und Schriften verschaffen; doch unterliegt die Auswahl der Aufsicht des Vorstandes.

Bewegung im Freien. **§ 31.**

Den Gefangenen wird, wo es ausführbar ist, täglich mindestens eine halbe Stunde Bewegung im Freien gestattet.

Bei Festungsgefangenen wird die zur Bewegung im Freien gestattete Zeit in der Regel höher, jedoch nicht auf mehr als fünf Stunden täglich bemessen.

Besuche.

§ 32.

Den Zuchthaussträflingen wird in der Regel alle drei Monate den Gefängnis- und Haftsträflingen in der Regel alle Monate der Empfang von Besuchen Angehöriger in Gegenwart eines Beamten der Anstalt gestattet. Der Vorstand kann in besonderen Fällen auch Besuche anderer Personen sowie Besuche ohne Beaufsichtigung erlauben.

Den Festungsgefangenen wird der Empfang von Besuchen gestattet, insoweit davon kein Mißbrauch zu besorgen ist. Ausnahmsweise können ihnen Besuche bei außerhalb der Anstalt wohnenden Personen gestattet werden.

Schriftlicher Verkehr.

§ 33.

Der schriftliche Verkehr der Gefangenen unterliegt der Aufsicht des Vorstandes. Festungsgefangene werden dabei nur insoweit beschränkt, als Mißbräuche zu befürchten sind.

Eingaben an die Gerichte, die Staatsanwaltschaft und an die Aufsichtsbehörden werden nicht zurückgehalten. Eingaben an andere Behörden werden zurückgehalten, wenn sie beleidigenden oder sonst strafbaren Inhalts sind.

Wird ein für den Gefangenen eingegangener Brief nicht übergeben oder eine Eingabe oder ein Brief des Gefangenen zurückgehalten, so wird ihm davon unter Angabe des Grundes Kenntnis gegeben.

Disziplin.

§ 34.

Als Disziplinarmittel sind zulässig:

1. Verweis;
2. Entziehung hausordnungsmäßiger Vergünstigungen;
3. Entziehung der Bücher und Schriften bis zur Dauer von vier Wochen;
4. bei Einzelhaft Entziehung der Arbeit bis zur Dauer einer Woche;
5. Entziehung der Bewegung im Freien bis zur Dauer einer Woche;
6. Entziehung des Bettlagers bis zur Dauer einer Woche;
7. Schmälerung der Kost bis zur Dauer einer Woche;
8. Fesselung bis zur Dauer von vier Wochen;
9. einsame Einsperrung bis zur Dauer von sechs Wochen.

Die unter Nr. 1 bis 8 bezeichneten Disziplinarmittel werden einzeln oder in Verbindung miteinander zur Anwendung gebracht.

Die einsame Einsperrung kann geschärft werden

a) durch Entziehung hausordnungsmäßiger Vergünstigungen,
b) durch Entziehung der Bücher und Schriften,
c) durch Entziehung der Arbeit,
d) durch Entziehung des Bettlagers,
e) durch Schmälerung der Kost,
f) durch Verdunkelung der Zelle.

Die Schärfungen werden einzeln oder in Verbindung miteinander für die ganze Dauer oder für einen Teil der Strafzeit, die Schärfung durch Verdunkelung der Zelle jedoch nicht für mehr als vier Wochen verhängt. Dauert die einsame Einsperrung länger als eine Woche, so kommen die damit verbundenen, unter d, e, f bezeichneten Schärfungen am vierten, achten und demnächst an jedem dritten Tage in Wegfall.

Gegen Festungsgefangene werden nur die unter Nr. 1 bis 3 und 5 bezeichneten Disziplinarmittel angewendet.

Gegen Gefangene, welche einfache Haftstrafe verbüßen, ist die Fesselung ausgeschlossen.

Gegen Gefangene, welche das achtzehnte Lebensjahr noch nicht vollendet haben, ist die Fesselung sowie die Schärfung der einsamen Einsperrung durch Verdunkelung der Zelle ausgeschlossen. Ihnen gegenüber werden neben den Disziplinarmitteln die in Volksschulen gegen Personen desselben Alters und Geschlechts zulässigen Zuchtmittel zur Anwendung gebracht.

Wo gegen Zuchthaussträflinge zurzeit Disziplinarmittel eingeführt sind, welche nicht unter Abs. 1 fallen, bleiben dieselben in den bisherigen Grenzen anwendbar.

§ 35.

Die Strafen werden von dem Vorstand oder von der Aufsichtsbehörde nach Anhörung des Gefangenen verhängt und in der Regel sofort vollstreckt.

Soweit es sich nicht um eines der im § 34 Abs. 1 unter Nr. 1 bis 4 bezeichneten Disziplinarmittel handelt, wird dem Arzte rechtzeitig Mitteilung gemacht, damit dieser Bedenken gegen die Vollstreckung bei dem Vorstande geltend machen kann.

§ 36.

Zur augenblicklichen Bewältigung tätlichen Widerstandes sowie zur Sicherung werden gegenüber Zuchthaus-, Gefängnis- und Haftsträflingen, sofern andere Mittel nicht ausreichen, die Zwangsjacke oder die Fesselung angewendet.

Hausordnungen.

§ 37.

Für jede Anstalt wird von der Aufsichtsbehörde eine Hausordnung erlassen, welche alle die Behandlung der Gefangenen regelnden Vorschriften enthält. Jeder Gefangene wird bei der Aufnahme mit den wesentlichen Vorschriften, soweit sie ihn berühren, bekannt gemacht und darauf hingewiesen, daß er einen Abdruck derselben in dem ihm angewiesenen Raume vorfindet.

Revisionen.

§ 38.

Die Anstalten werden mindestens alle zwei Jahre einmal durch die Aufsichtsbehörde oder einen Beauftragten derselben besichtigt.

Beschwerden.

§ 39.

Beschwerden über die Art der Strafvollstreckung und über die Verhängung von Disziplinarstrafen werden, soweit nicht die Bestimmungen des § 490 der Strafprozeßordnung Platz greifen, von der Aufsichtsbehörde entschieden. Wird die Aufsicht unmittelbar von der obersten Aufsichtsbehörde geführt, so ist die Entscheidung endgültig. Anderenfalls steht die Entscheidung über die von dem Gefangenen erhobene weitere Beschwerde der obersten Aufsichtsbehörde zu.

Schlußbestimmung.

§ 40.

Die vorstehenden Grundsätze finden keine Anwendung auf die von Militär- und Marinebehörden oder von Konsularbehörden und auf die in den Schutzgebieten zu vollstreckenden Strafen sowie auf die Festungshaft, welche in Festungen verbüßt wird.

Berlin, den 6. November 1897.

Der Reichskanzler.

In Vertretung: Nieberding.

VI.

Gesetz, betreffend die Unfallfürsorge für Gefangene.

(Vom 30. Juni 1900.)

Wir Wilhelm, von Gottes Gnaden Deutscher Kaiser, König von Preußen ꝛc. verordnen im Namen des Reichs, nach erfolgter Zustimmung des Bundesrats und des Reichstags, was folgt:

Umfang der Fürsorge.

§ 1.

Wenn Gefangene einen Unfall bei einer Tätigkeit erleiden, bei deren Ausübung freie Arbeiter nach den Bestimmungen der Reichsgesetze über Unfallversicherung versichert sein würden, so ist für die Folgen solcher Unfälle eine Entschädigung zu leisten.

Den Gefangenen werden die in öffentlichen Besserungsanstalten, Arbeitshäusern und ähnlichen Zwangsanstalten untergebrachten Personen gleichgestellt, ebenso die zur Forst- oder Gemeindearbeit oder zu sonstigen Arbeiten auf Grund gesetzlicher oder polizeilicher Bestimmung zwangsweise angehaltenen Personen.

§ 2.

Die Entschädigung tritt bei Körperverletzung oder Tötung ein.

Die Entschädigung wird nicht gewährt, wenn der Verletzte den Unfall vorsätzlich herbeigeführt hat. Hat der Verletzte sich den Unfall bei Begehung einer strafbaren Handlung oder durch ein Verhalten zugezogen, welches als eine grobe Verletzung der Hausordnung erscheint, so kann die Entschädigung ganz oder teilweise versagt oder, sofern er im Inlande wohnende Angehörige hat, welche im Falle seines Todes eine Rente erhalten würden, diesen ganz oder teilweise überwiesen werden.

§ 3.

Im Falle der Verletzung wird als Entschädigung außer freier ärztlicher Behandlung, Arznei und sonstigen Heilmitteln, sowie den zur Sicherung des Erfolges des Heilverfahrens und zur Erleichterung der Folgen der Verletzung erforderlichen Hilfsmitteln (Krücken, Stützapperaten und dergleichen) für die Dauer der Erwerbsunfähigkeit dem Verletzten nach der Entlassung aus der Anstalt eine Rente gewährt. Gehört der Verletzte auf Grund gesetzlicher oder statutarischer Verpflichtung einer Krankenkasse oder der Gemeinde-Krankenversicherung an, so fällt die Entschädigung für die Zeit bis zum Ablaufe der dreizehnten Woche nach dem Unfalle fort.

Die Rente beträgt:

a) im Falle völliger Erwerbsunfähigkeit für deren Dauer als Vollrente den zweihundertfachen Betrag desjenigen ortsüblichen Tagelohns gewöhnlicher Tagearbeiter (§ 8 des Krankenversicherungsgesetzes), welcher für den Ort der letzten mindestens drei Monate währenden Beschäftigung festgesetzt ist, die der Gefangene innerhalb des letzten Jahres vor Antritt der Haft gehabt hat. Kann ein solcher Beschäftigungsort im Inlande nicht ermittelt werden, so ist der niedrigste Satz zugrunde zu legen, welcher in dem Bezirke der für den Sitz der Anstalt zuständigen höheren Verwaltungsbehörde als ortsüblicher Tagelohn gewöhnlicher erwachsener männlicher beziehungsweise weiblicher Tagearbeiter festgesetzt ist;

b) im Falle teilweiser Erwerbsunfähigkeit für deren Dauer denjenigen Teil der Vollrente, welcher dem Maße der durch den Unfall herbeigeführten Einbuße an Erwerbsfähigkeit entspricht.

Der Höchstbetrag der Vollrente ist dreihundert Mark.

Bei der Berechnung der Rente für Personen, welche vor dem Unfalle bereits teilweise erwerbsunfähig waren, ist derjenige Teil des ortsüblichen Tagelohns zugrunde zu legen, welcher dem Maße der bisherigen Erwerbsfähigkeit entspricht. War der Verletzte zur Zeit des Unfalls bereits völlig erwerbsunfähig, so sind nur freie ärztliche Behandlung, Arznei und sonstige Heilmittel sowie die zur Sicherung des Erfolges des Heilverfahrens und zur Erleichterung der Folgen der Verletzung erforderlichen Hilfsmittel (Krücken, Stützapparate und dergleichen) zu gewähren.

§ 4.

Im Falle der Tötung ist außerdem von dem Zeitpunkt ab, mit welchem der Gefangene, wenn er am Leben geblieben wäre, infolge der Strafverbüßung oder des Straferlasses entlassen worden wäre, an dessen Hinterbliebene eine Rente zu zahlen, welche beträgt:

1. für die Witwe des Getöteten bis zu deren Tode oder Wiederverheiratung,
2. für jedes hinterbliebene Kind bis zu dessen zurückgelegtem fünfzehnten Lebensjahre

den sechzigfachen Betrag des nach § 3 zugrunde zu legenden Tagelohns, jedoch nicht mehr als neunzig Mark.

Die Renten der Hinterbliebenen dürfen insgesamt den einhundertundachtzigfachen Betrag des Tagelohns (§ 3 und im Höchstbetrage zweihundertundsiebenzig Mark jährlich nicht übersteigen; ergibt sich ein höherer Betrag, so werden die einzelnen Renten in gleichem Verhältnisse gekürzt.

Im Falle der Wiederverheiratung erhält die Witwe den einhundertundachtzigfachen Betrag des Tagelohns (§ 3), jedoch nicht mehr als zweihundertundsiebenzig Mark als Abfindung.

Die Entschädigung der Hinterbliebenen fällt fort, wenn Tatsachen vorliegen, aus welchen zu schließen ist, daß der Getötete auf freiem Fuße zum Unterhalte seiner Angehörigen nichts beigetragen hätte. Die Entschädigung der Witwe fällt fort, wenn die Ehe erst nach dem Unfalle geschlossen worden ist. Die Entschädigung kann ganz oder teilweise versagt werden, wenn die Ehefrau, bevor ihrem Ehemanne die Freiheit entzogen worden ist, ohne gesetzlichen Grund seit mindestens einem Jahre von der häuslichen Gemeinschaft sich ferngehalten und ohne Beihilfe des Ehemanns ihren Unterhalt gefunden hat.

Die Bestimmungen über die Renten der Kinder finden auch Anwendung, wenn der Unfall eine alleinstehende weibliche Person betroffen hat und diese mit Hinterlassung von Kindern verstirbt.

§ 5.

An Stelle der im § 3 vorgeschriebenen Leistungen kann freie Kur und Verpflegung in einer Heilanstalt gewährt werden.

Für die Zeit der Verpflegung des Verunglückten in der Heilanstalt steht seinen im § 4 bezeichneten Angehörigen die daselbst angegebene Rente insoweit zu, als ihnen dieselbe im Falle des Todes des Verletzten zu gewähren sein würde.

Ist begründete Annahme vorhanden, daß der Empfänger einer Unfallrente bei Durchführung eines Heilverfahrens eine Erhöhung seiner Erwerbsfähigkeit erlangen werde, so kann zu diesem Zwecke jederzeit ein neues Heilverfahren eingeleitet werden. Dabei finden die Bestimmungen der Abs. 1, 2 Anwendung.

Hat der Verletzte sich den gemäß Abs. 1, 3 oder § 3 Abs. 1 getroffenen Anordnungen ohne gesetzlichen oder sonst triftigen Grund entzogen, so kann ihm die Entschädigung auf Zeit ganz oder teilweise versagt werden, sofern er auf diese Folge hingewiesen worden ist und nachgewiesen wird, daß durch sein Verhalten die Erwerbsfähigkeit ungünstig beeinflußt wird.

§ 6.

Ausländern sowie deren Hinterbliebenen wird die Rente nicht gewährt.

Entschädigungsverpflichtete.

§ 7.

Die Entschädigung erfolgt durch den Bundesstaat, in dessen Gebiete die Anstalt liegt, in welcher der Unfall eingetreten ist oder in dessen Gebiete die zwangsweise Beschäftigung stattgefunden hat.

Die Verpflichtung des Bundesstaats kann durch Landesgesetz auf andere Stellen übertragen werden. Die Bundesstaaten sind auch befugt, Gemeinden oder andere öffentlich-rechtliche Verbände, die Gefangenenanstalten unterhalten, zu Beiträgen heranzuziehen.

Mehrere Bundesstaaten können sich für ihre Gebiete oder Teile derselben behufs gemeinsamer Tragung der Lasten miteinander verbinden. Die Vereinbarung muß sich auf die Verwaltung, die Beaufsichtigung und das Verfahren sowie auf die Verteilung der Lasten und Kosten erstrecken.

Unternehmer, welche auf Grund eines Vertrags mit der Anstaltsleitung Gefangene (§ 1) beschäftigen, können[1]) zu Beiträgen an diejenige Kasse, welche die Entschädigung zu gewähren hat, oder wenn sich der Unfall aus Anlaß einer für ihre Rechnung in oder außerhalb der Anstalt stattfindenden Beschäftigung zugetragen hat, zum Ersatze der der Kasse gemäß §§ 2 bis 5 erwachsenden Ausgaben herangezogen werden. Die Höhe der Beiträge sowie der Umfang und die Voraussetzungen der Ersatzpflicht sind durch den mit dem Unternehmer abzuschließenden Vertrag zu regeln. Die betreffenden Bestimmungen sind der Ausführungsbehörde auf Verlangen mitzuteilen.

§ 8.

Behufs Ausführung dieses Gesetzes hat der Entschädigungsverpflichtete (§ 7) Ausführungsbehörden einzusetzen. Die Ausführungsbehörden sind, soweit nicht durch Landesgesetz oder durch Vereinbarung (§ 7) andere Bestimmungen getroffen werden, von der Landes-Zentralbehörde zu bezeichnen.

---

[1]) Es ist darauf zu bestehen, daß solche Beiträge geleistet werden; die von den Unternehmern geleisteten Kautionen sollen womöglich für die Verpflichtungen nach § 7 Abs. IV für haftbar erklärt werden. MB. vom 11. Dezember 1903 Nr. 47117.

Die auf Grund der §§ 7, 8 getroffenen Einrichtungen sind dem Bundesrate mitzuteilen und durch den Reichsanzeiger zu veröffentlichen.

Untersuchung.

§ 9.

Jeder Unfall, durch welchen eine unter dieses Gesetz fallende Person getötet ist oder eine Körperverletzung erlitten hat, die voraussichtlich den Tod oder eine über den Zeitpunkt der Entlassung hinauswirkende Erwerbsunfähigkeit zur Folge haben wird, ist durch den Vorstand der Anstalt, in welcher der Verunglückte zur Zeit des Unfalls untergebracht ist, alsbald einer Untersuchung zu unterziehen, durch welche festzustellen sind:

1. die Veranlassung und Art des Unfalls;
2. die getöteten oder verletzten Personen;
3. die Art der vorgekommenen Verletzungen;
4. die nach § 4 entschädigungsberechtigten Hinterbliebenen;
5. die Höhe der Renten, welche der Verletzte etwa auf Grund der Unfallversicherungsgesetze oder des Invalidenversicherungsgesetzes bezieht.

Nach Abschluß der Untersuchung sind die Verhandlungen der Ausführungsbehörde einzusenden.

Verfahren.

§ 10.

Die Entschädigung ist von Amts wegen, im Falle der Tötung sofort, im Falle der Verletzung unmittelbar vor der Entlassung des Verletzten aus der Anstalt festzustellen. Eine Rente ist im Falle der Verletzung nur dann zu gewähren, wenn bei der Entlassung die Beschränkung der Erwerbsfähigkeit fortbesteht.

Entschädigungen auf Grund dieses Gesetzes sind, soweit deren Feststellung nicht von Amts wegen erfolgt, bei Vermeidung des Ausschlusses, wenn es sich um die Folgen einer Körperverletzung handelt, vor der Entlassung, und wenn der Unfall den Tod herbeigeführt hat, vor Ablauf von zwei Jahren nach dem Eintritte des Unfalls bei dem Vorstande der Anstalt, in welcher der Verunglückte zur Zeit des Unfalls untergebracht war, zu beantragen.

Nach Ablauf der Frist ist der Anmeldung nur dann Folge zu geben, wenn zugleich glaubhaft bescheinigt wird, daß eine die Entschädigung begründende Folge des Unfalls erst später bemerkbar geworden oder daß der Berechtigte von der Stellung des Antrags durch außerhalb seines Willens liegende Verhältnisse abgehalten worden ist, und wenn die Anmeldung innerhalb dreier Monate, nachdem eine Unfallfolge bemerkbar geworden oder das Hindernis für die Anmeldung weggefallen, erfolgt ist.

§ 11.

Die Festsetzung der Entschädigungen erfolgt durch die Ausführungsbehörde.

Ueber die Festsetzung der Rente ist dem Verletzten oder dessen Hinterbliebenen und soweit in den Fällen des § 7 Abs. 3 zu den Lasten des einzelnen Unfalls der Unternehmer beizutragen hat, auch diesen ein schriftlicher Bescheid, aus welchem die Art der Berechnung ersichtlich sein muß, zuzustellen.

Die Zustellung kann durch die Post mittels eingeschriebenen Briefes erfolgen. Posteinlieferungsscheine begründen nach Ablauf von zwei Jahren seit ihrer Ausstellung die Vermutung für die in der ordnungsmäßigen Frist nach der Einlieferung erfolgte Zustellung.

Innerhalb eines Monats nach der Zustellung des Bescheids steht dem Verletzten oder seinen Hinterbliebenen sowie dem Unternehmer die Beschwerde zu. Die Beschwerde hat, ausgenommen im Falle des § 5 Abs. 3, 4, keine aufschiebende Wirkung.

Die Landes-Zentralbehörde bezeichnet die für die Entscheidung über Beschwerden zuständige Stelle. Diese muß in dem Bescheid angegeben werden. Die Entscheidung kann mit Genehmigung des Reichskanzlers dem Reichs-Versicherungsamt übertragen werden.

Die zur Entscheidung berufene Stelle entscheidet endgültig.

§ 12.

Zu dem Zeitpunkte, mit welchem der Bezug der Rente beginnt (§§ 3, 4), ist dem Berechtigten von der Ausführungsbehörde die mit der Zahlung beauftragte Postanstalt (§ 18) zu bezeichnen und der unteren Verwaltungsbehörde des Wohnortes über die dem Berechtigten zustehenden Bezüge Nachricht zu geben. Das gleiche gilt beim Eintritte von Veränderungen.

Veränderung der Verhältnisse.

§ 13.

Tritt in den Verhältnissen, welche für die Feststellung der Entschädigung maßgebend gewesen sind, eine wesentliche Veränderung ein, so kann eine anderweitige Feststellung auf Antrag oder von Amts wegen erfolgen.

Vor einer Herabsetzung oder Aufhebung der Rente ist dem Rentenempfänger unter Mitteilung der Unterlagen, auf Grund deren die Herabsetzung oder Aufhebung erfolgen soll, Gelegenheit zur Äußerung zu geben.

Eine Erhöhung der Rente tritt nur für die Zeit nach Einreichung des Antrags ein. Eine Minderung, Einstellung (§ 15) oder Aufhebung der Rente tritt mit Ablauf des Monats in Wirksamkeit, in welchem der die Veränderung aussprechende Bescheid zugestellt worden ist.

Ist der Verletzte, für welchen eine Entschädigung auf Grund des § 3 festgestellt war, infolge der Verletzung gestorben, so muß der Antrag auf Gewährung einer Entschädigung für die Hinterbliebenen, falls deren Feststellung nicht von Amts wegen erfolgt ist, bei Vermeidung des Ausschlusses vor Ablauf von zwei Jahren nach dem Tode des Verletzten bei dem zuständigen Anstaltsvorstand angemeldet werden. Nach Ablauf dieser Frist ist der Anmeldung nur dann Folge zu geben, wenn zugleich glaubhaft bescheinigt wird, daß der Entschädigungsberechtigte von der Stellung des Antrags durch außerhalb seines Willens liegende Verhältnisse abgehalten worden ist, und die Anmeldung innerhalb dreier Monate, nachdem das Hindernis weggefallen, erfolgt ist.

§ 14.

Die nach diesem Gesetze festgestellten Renten sind in monatlichen und, wenn sich der Jahresbetrag auf sechzig Mark oder weniger beläuft, in vierteljährlichen Beträgen im voraus zu zahlen, letzteres insoweit, als nicht im voraus anzunehmen ist, daß die Rente vor Ablauf des Vierteljahrs fortfällt. Die Renten werden auf volle fünf Pfennig für den Monat beziehungsweise das Vierteljahr nach oben abgerundet.

Ruhen der Rente.

§ 15.

Der Bezug der Rente ruht:
1. solange der Berechtigte eine die Dauer von einem Monat übersteigende Freiheitsstrafe verbüßt, oder solange er in einem Arbeitshaus oder einer Besserungsanstalt untergebracht ist. Hat der Berechtigte im Inlande wohnende Angehörige, welche im Falle seines Todes Anspruch auf Rente haben würden, so ist diesen die Rente bis zur Höhe jenes Anspruchs zu überweisen;
2. solange der berechtigte Ausländer nicht im Inlande seinen gewöhnlichen Aufenthalt hat. Diese Bestimmung kann durch Beschluß des Bundesrats für bestimmte Grenzgebiete oder für solche auswärtige Staaten, durch deren Gesetzgebung deutschen, durch einen Betriebsunfall verletzten Arbeitern eine entsprechende Fürsorge gewährleistet ist, außer Kraft gesetzt werden;
3. solange der berechtigte Inländer im Auslande sich aufhält und es unterläßt, der Ausführungsbehörde seinen Aufenthalt mitzuteilen.

   Die Ausführungsbehörde hat über die Mitteilung des Aufenthaltsorts nähere Vorschriften zu erlassen und darin anzuordnen, daß der Rentenberechtigte sich von Zeit zu Zeit bei einem deutschen Konsul persönlich vorzustellen hat.

   Weist der Entschädigungsberechtigte nach, daß er der Vorstellungspflicht ohne sein Verschulden nicht hat genügen können, so lebt insoweit das Recht auf den Bezug der Rente wieder auf;
4. Solange der Berechtigte als Landstreicher umherzieht.

Kapitalabfindung.

§ 16.

Ist bei teilweiser Erwerbsunfähigkeit eine Rente von zwanzig oder weniger Prozenten der Vollrente festgestellt, so kann die Ausführungsbehörde den Entschädigungsberechtigten auf seinen Antrag durch eine entsprechende Kapitalzahlung abfinden. Gegen den Bescheid, durch welchen die Kapitalabfindung festgesetzt wird, ist die Beschwerde (§ 11) zulässig.

Das Rechtsmittel hat in diesem Falle aufschiebende Wirkung. Bis zur endgültigen Entscheidung kann der Antrag zurückgezogen werden.

Haftpflicht.

§ 23.

Die nach Maßgabe dieses Gesetzes entschädigungsberechtigten Personen und deren Hinterbliebene können, auch wenn sie eine Entschädigung nicht erhalten, einen Anspruch auf Ersatz des infolge eines Unfalls erlittenen Schadens gegen die Anstalt nicht geltend machen, gegen die Beamten der Anstalt, den Unternehmer (§ 7 Abs. 4), dessen Vertreter und Beauftragte nur dann, wenn gegen diese Personen durch strafgerichtliches Urteil festgestellt worden ist, daß sie den Unfall vorsätzlich herbeigeführt haben.

In diesem Falle beschränkt sich der Anspruch auf den Betrag, um welchen die den Berechtigten nach anderen gesetzlichen Vorschriften gebührende Entschädigung diejenige übersteigt, welche ihnen nach diesem Gesetze zu gewähren ist.

Für das über einen solchen Anspruch erkennende ordentliche Gericht ist die Entscheidung bindend, welche in dem durch dieses Gesetz geordneten Verfahren über die Frage ergeht, ob ein Unfall vorliegt, für welchen nach diesem Gesetz Entschädigung zu leisten ist, und in welchem Umfange sie zu gewähren ist.

§ 24.

Diejenigen Unternehmer sowie deren Vertreter und Beauftragte, gegen welche durch strafgerichtliches Urteil festgestellt worden ist, daß sie den Unfall vorsätzlich oder durch Fahrlässigkeit mit Außerachtlassung derjenigen Aufmerksamkeit, zu der sie vermöge ihres Amtes, Berufs oder Gewerbes besonders verpflichtet sind, herbeigeführt haben, haften für alle Aufwendungen, welche infolge des Unfalls auf Grund dieses Gesetzes oder des Krankenversicherungsgesetzes von Gemeinden, Armenverbänden oder von Kranken- und sonstigen Unterstützungskassen (§ 20 Abs. 1) gemacht worden sind. Dieselben Personen haften den auf Grund dieses Gesetzes Entschädigungsverpflichteten für deren Aufwendungen auch ohne Feststellung durch strafgerichtliches Urteil. Ist der Unfall durch Fahrlässigkeit mit Außerachtlassung derjenigen Aufmerksamkeit, zu der sie vermöge ihres Amtes, Berufs oder Gewerbes verpflichtet sind, herbeigeführt, so ist die Ausführungsbehörde befugt, von der Verfolgung des Anspruchs abzusehen.

In gleicher Weise haftet als Unternehmer eine Aktiengesellschaft, eine Innung oder eingetragene Genossenschaft für die durch ein Mitglied ihres Vorstandes sowie eine Handelsgesellschaft, eine Innung oder eingetragene Genossenschaft für die durch einen der Liquidatoren herbeigeführten Unfälle.

Als Ersatz für die Rente kann in diesen Fällen deren Kapitalwert gefordert werden.

Der Anspruch (Abs. 1 Satz 1) verjährt in achtzehn Monaten von dem Tage, an welchem das strafgerichtliche Urteil rechtskräftig geworden ist, im übrigen in zwei Jahren nach dem Unfalle.

Die Bestimmung des § 23 Abs. 3 findet Anwendung.

§ 25.

Die in den §§ 23, 24 bezeichneten Ansprüche können, auch ohne daß die daselbst vorgesehene Feststellung durch strafgerichtliches Urteil stattgefunden hat, geltend gemacht werden, falls diese Feststellung wegen des Todes oder der Abwesenheit des Betreffenden oder aus einem anderen in der Person desselben liegenden Grunde nicht erfolgen kann.

§ 26.

Die Haftung dritter, in den §§ 23, 24 nicht bezeichneter Personen bestimmt sich nach den sonstigen gesetzlichen Vorschriften. Insoweit den nach Maßgabe dieses Gesetzes entschädigungsberechtigten Personen ein gesetzlicher Anspruch auf Ersatz des ihnen durch den Unfall entstandenen Schadens gegen Dritte erwachsen ist, geht dieser Anspruch auf den nach diesem Gesetz Entschädigungsverpflichteten im Umfange seiner durch dieses Gesetz begründeten Entschädigungspflicht über.

§ 27.

Der Zeitpunkt, mit welchem die Bestimmungen dieses Gesetzes in Kraft treten, wird mit Zustimmung des Bundesrats durch Kaiserliche Verordnung bestimmt.

Urkundlich unter Unserer Höchsteigenhändigen Unterschrift und beigedrucktem Kaiserlichen Insiegel.

Gegeben Travemünde, den 30. Juni 1900.

Wilhelm.

(L. S.) Graf von Posadowsky.

VII.

Im Namen Seiner Majestät des Königs.

Luitpold,

von Gottes Gnaden Königlicher Prinz von Bayern, Regent.

Wir finden Uns bewogen, zum Vollzuge des Gesetzes vom 30. Juni 1900, betreffend die

Unfallfürsorge für Gefangene,

zu verordnen, was folgt:

§ 1.

Zur Erfüllung der durch das Gesetz vom 30. Juni 1900 der Ausführungsbehörde zugewiesenen Obliegenheiten wird bei der Staatsanwaltschaft des Oberlandesgerichts München eine Ausführungsbehörde für Gefangenenunfallfürsorge gebildet.

Die Ausführungsbehörde besteht aus dem Oberstaatsanwalt als Vorsitzenden und aus je einem Beamten der inneren Verwaltung und der Finanzverwaltung als Beisitzern.

Der Stellvertreter des Oberstaatsanwalts hat diesen im Verhinderungsfalle zu vertreten.

§ 2.

Zur Entscheidung über Beschwerden gegen die Bescheide der Ausführungsbehörde für Gefangenenunfallfürsorge wird im Staatsministerium der Justiz eine Beschwerdestelle für Gefangenenunfallfürsorge gebildet.

Die Beschwerdestelle besteht aus einem höheren Beamten des Staatsministeriums der Justiz als Vorsitzenden und aus je einem höheren Beamten der Staatsministerien des Innern und der Finanzen als Beisitzern.

§ 3.

Der Vorsitzende der Beschwerdestelle und dessen Stellvertreter werden von dem Statsministerium der Justiz bestimmt. Der eine Beisitzer der Ausführungsbehörde und dessen Stellvertreter werden von dem Staatsministerium der Finanzen bestimmt; das gleiche gilt von den Beisitzern der Beschwerdestelle und deren Stellvertreter.

§ 4.

Die Ausführungsbehörde und die Beschwerdestelle sind dem Staatsministerium der Justiz untergeordnet.

Sie verkehren innerhalb ihres Wirkungskreises unmittelbar mit allen Staats- und Gemeindebehörden.

§ 5.

Zur Erlassung eines Bescheids der Ausführungsbehörde und der Beschwerdestelle ist die Mitwirkung aller Mitglieder erforderlich; im Falle der Verhinderung eines Mitglieds tritt dessen Stellvertreter ein.

Die übrigen Geschäfte der Ausführungsbehörde und der Beschwerdestelle werden von dem Vorsitzenden erledigt.

§ 6.

Die Beschlüsse über die Bescheide werden nach Stimmenmehrheit gefaßt. Die Bescheide werden von sämtlichen bei der Beschlußfassung Mitwirkenden unterschrieben.

Die Ausfertigungen der Bescheide werden von dem Vorsitzenden unterschrieben und mit dem Dienstsiegel versehen.

Das Dienstsiegel der Ausführungsbehörde trägt die Umschrift: K. B. Ausführungsbehörde für Gefangenenunfallfürsorge; das der Beschwerdestelle trägt die Umschrift: K. B. Beschwerdestelle für Gefangenenunfallfürsorge.

§ 7.

Die Bureaugeschäfte der Ausführungsbehörde werden in der Kanzlei der Staatsanwaltschaft bei dem Oberlandesgericht München, die Bureaugeschäfte der Beschwerdestelle werden im Staatsministerium der Justiz besorgt.

§ 8.

Untere Verwaltungsbehörden im Sinne des § 12 des Gesetzes vom 30. Juni 1900 sind die Gemeindebehörden.

§ 9.

Das Verfahren auf Grund des Gesetzes vom 30. Juni 1900 ist gebührenfrei.

§ 10.

Diese Verordnung tritt gleichzeitig mit dem Gesetze vom 30. Juni 1900 in Kraft.

Die weiteren zum Vollzuge des Gesetzes und zum Vollzuge dieser Verordnung erforderlichen Bestimmungen erläßt das Staatsministerium der Justiz im Benehmen mit den Staatsministerien des Innern und der Finanzen.[1])

1. Vgl. Bek. Nr. 40517, JMBl. 1902 S. 352 ff. über den Vollzug des Gesetzes vom 30. Mai 1900.

München, den 31. Januar 1902.

Luitpold, Prinz von Bayern,
des Königreichs Bayern Verweser.

Dr. Frhr. v. Riedel. Dr. Frhr. v. Frilitzsch. Dr. Frhr. v. Leonrod.

Königlich Allerhöchste Verordnung über den Vollzug des Gesetzes vom 30. Juni 1900, die Unfallfürsorge für Gefangene betr.

Auf Allerhöchsten Befehl:
Der Generalsekretär:
Ministerialrat
v. Thelemann.

VIII.

Auszug aus dem Strafgesetzbuche vom 15. Mai 1871.

Von der Bestrafung der Verbrechen, Vergehen und Uebertretungen im Allgemeinen.

Erster Abschnitt.

Strafen.

§ 13.

Die Todesstrafe ist durch Enthauptung zu vollstrecken.

§ 14.

Die Zuchthausstrafe ist eine lebenslängliche oder eine zeitige.

Der Höchstbetrag der zeitigen Zuchthausstrafe ist fünfzehn Jahre, ihr Mindestbetrag ein Jahr.

Wo das Gesetz die Zuchthausstrafe nicht ausdrücklich als eine lebenslängliche androht, ist dieselbe eine zeitige.

§ 15.

Die zur Zuchthausstrafe Verurteilten sind in der Strafanstalt zu den eingeführten Arbeiten anzuhalten.

Sie können auch zu Arbeiten außerhalb der Anstalt, insbesondere zu öffentlichen oder von einer Staatsbehörde beaufsichtigten Arbeiten verwendet werden. Diese Art der Beschäftigung ist nur dann zulässig, wenn die Gefangenen dabei von anderen freien Arbeitern getrennt gehalten werden.

§ 16.

Der Höchstbetrag der Gefängnisstrafe ist fünf Jahre, ihr Mindestbetrag ein Tag.

Die zur Gefängnisstrafe Verurteilten können in einer Gefangenanstalt auf eine ihren Fähigkeiten und Verhältnissen angemessene Weise beschäftigt werden; auf ihr Verlangen sind sie in dieser Weise zu beschäftigen.

Eine Beschäftigung außerhalb der Anstalt (§ 15) ist nur mit ihrer Zustimmung zulässig.

Abs. 1. Vgl. § 57 Ziff. 1 und 3.

§ 17.

Die Festungshaft ist eine lebenslängliche oder eine zeitige.

Der Höchstbetrag der zeitigen Festungshaft ist fünfzehn Jahre, ihr Mindestbetrag ein Tag.

Wo das Gesetz die Festungshaft nicht ausdrücklich als eine lebenslängliche androht, ist dieselbe eine zeitige.

Die Strafe der Festungshaft besteht in Freiheitsentziehung mit Beaufsichtigung der Beschäftigung und Lebensweise der Gefangenen; sie wird in Festungen oder in anderen dazu bestimmten Räumen vollzogen.

§ 18.

Der Höchstbetrag der Haft ist sechs Wochen, ihr Mindestbetrag ein Tag.

Die Strafe der Haft besteht in einfacher Freiheitsentziehung.

Wegen der Nebenstrafen vgl. § 362.

§ 19.

Bei Freiheitsstrafen wird der Tag zu vierundzwanzig Stunden, die Woche zu sieben Tagen, der Monat und das Jahr nach der Kalenderzeit gerechnet.

Die Dauer einer Zuchthausstrafe darf nur nach vollen Monaten, die Dauer einer anderen Freiheitsstrafe nur nach vollen Tagen bemessen werden.

§ 20.

Wo das Gesetz die Wahl zwischen Zuchthaus und Festungshaft gestattet, darf auf Zuchthaus nur dann erkannt werden, wenn festgestellt wird, daß die strafbar befundene Handlung aus einer ehrlosen Gesinnung entsprungen ist.

§ 21.

Achtmonatliche Zuchthausstrafe ist einer einjährigen Gefängnisstrafe, achtmonatliche Gefängnisstrafe einer einjährigen Festungshaft gleich zu achten.

§ 22.

Die Zuchthaus- und Gefängnisstrafe können sowohl für die ganze Dauer, wie für einen Teil der erkannten Strafzeit in der Weise in Einzelhaft vollzogen werden, daß der Gefangene unausgesetzt von anderen Gefangenen gesondert gehalten wird.

Die Einzelhaft darf ohne Zustimmung des Gefangenen die Dauer von drei Jahren nicht übersteigen.

Vorläufige Entlassung.

§ 23.

Die zu einer längeren Zuchthaus- oder Gefängnisstrafe Verurteilten können, wenn sie drei Vierteile, mindestens aber ein Jahr der ihnen auferlegten Strafe verbüßt, sich auch während dieser Zeit gut geführt haben, mit ihrer Zustimmung vorläufig entlassen werden.

§ 24.

Die vorläufige Entlassung kann bei schlechter Führung des Entlassenen oder, wenn derselbe den ihm bei der Entlassung auferlegten Verpflichtungen zuwiderhandelt, jederzeit widerrufen werden.

Der Widerruf hat die Wirkung, daß die seit der vorläufigen Entlassung bis zur Wiedereinlieferung verflossene Zeit auf die festgesetzte Strafdauer nicht angerechnet wird.

§ 25.

Der Beschluß über die vorläufige Entlassung, sowie über einen Widerruf ergeht von der obersten Justiz-Aufsichtsbehörde. Vor dem Beschluß über die Entlassung ist die Gefängnisverwaltung zu hören.

Die einstweilige Festnahme vorläufig Entlassener kann aus dringenden Gründen des öffentlichen Wohls von der Polizeibehörde des Orts, an welchem der Entlassene sich aufhält, verfügt werden. Der Beschluß über den endgültigen Widerruf ist sofort nachzusuchen.

Führt die einstweilige Festnahme zu einem Widerrufe, so gilt dieser als am Tage der Festnahme erfolgt.

§ 26.

Ist die festgesetzte Strafzeit abgelaufen, ohne daß ein Widerruf der vorläufigen Entlassung erfolgt ist, so gilt die Freiheitsstrafe als verbüßt.

Polizeiaufsicht.

§ 38.

Neben einer Freiheitsstrafe kann in den durch das Gesetz vorgesehenen Fällen auf die Zulässigkeit von Polizei-Aufsicht erkannt werden.

Die höhere Landespolizeibehörde erhält durch ein solches Erkenntnis die Befugnis, nach Anhörung der Gefängnisverwaltung den Verurteilten auf die Zeit von höchstens fünf Jahren unter Polizei-Aufsicht zu stellen.

Diese Zeit wird von dem Tage berechnet, an welchem die Freiheitsstrafe verbüßt, verjährt oder erlassen ist.

§ 39.

Die Polizei-Aufsicht hat folgende Wirkungen:

1. dem Verurteilten kann der Aufenthalt an einzelnen bestimmten Orten von der höheren Landespolizeibehörde untersagt werden;
2. die höherere Landespolizeibehörde ist befugt, den Ausländer aus dem Bundesgebiete zu verweisen;
3. Haussuchungen unterliegen keiner Beschränkung hinsichtlich der Zeit, zu welcher sie stattfinden dürfen.

Jugendliche.

§ 56.

Ein Angeschuldigter, welcher zu einer Zeit, als er das zwölfte, aber nicht das achtzehnte Lebensjahr vollendet hatte, eine strafbare Handlung begangen hat, ist freizusprechen, wenn er bei Begehung derselben die zur Erkenntnis ihrer Strafbarkeit erforderliche Einsicht nicht besaß.

In dem Urteile ist zu bestimmen, ob der Angeschuldigte seiner Familie überwiesen oder in eine Erziehungs- oder Besserungsanstalt gebracht werden soll. In der Anstalt ist er so lange zu behalten, als die der Anstalt vorgesetzte Verwaltungsbehörde solches für erforderlich erachtet, jedoch nicht über das vollendete zwanzigste Lebensjahr.

§ 57.

Wenn ein Angeschuldigter, welcher zu einer Zeit, als er das zwölfte, aber nicht das achtzehnte Lebensjahr vollendet hatte, eine strafbare Handlung begangen hat, bei Begehung derselben die zur Erkenntnis ihrer Strafbarkeit erforderliche Einsicht besaß, so kommen gegen ihn folgende Bestimmungen zur Anwendung:

1. ist die Handlung mit dem Tode oder mit lebenslänglichem Zuchthaus bedroht, so ist auf Gefängnis von drei bis zu fünfzehn Jahren zu erkennen;
2. ist die Handlung mit lebenslänglicher Festungshaft bedroht, so ist auf Festungshaft von drei bis zu fünfzehn Jahren zu erkennen;
3. ist die Handlung mit Zuchthaus oder mit einer anderen Strafart bedroht, so ist die Strafe zwischen dem gesetzlichen Mindestbetrage der angedrohten Strafart und der Hälfte des Höchstbetrages der angedrohten Strafe zu bestimmen.

   Ist die so bestimmte Strafe Zuchthaus, so tritt Gefängnisstrafe von gleicher Dauer an ihre Stelle;
4. ist die Handlung ein Vergehen oder eine Übertretung, so kann in besonders leichten Fällen auf Verweis erkannt werden;
5. auf Verlust der bürgerlichen Ehrenrechte überhaupt oder einzelner bürgerlichen Ehrenrechte, sowie auf Zulässigkeit von Polizei-Aufsicht ist nicht zu erkennen.

Die Freiheitsstrafe ist in besonderen, zur Verbüßung von Strafen jugendlicher Personen bestimmten Anstalten oder Räumen zu vollziehen.

Widerstand, Nötigung zu einer Amtshandlung u. a.

§ 113.

Wer einem Beamten, welcher zur Vollstreckung von Gesetzen, von Befehlen und Anordnungen der Verwaltungsbehörden oder von Urteilen und Verfügungen der Gerichte berufen ist, in der rechtmäßigen Ausübung seines Amtes durch Gewalt oder durch Bedrohung mit Gewalt Widerstand leistet, oder wer einen solchen Beamten während der rechtmäßigen Ausübung seines Amtes tätlich angreift, wird mit Gefängnis von vierzehn Tagen bis zu zwei Jahren bestraft.

Sind mildernde Umstände vorhanden, so tritt Gefängnisstrafe bis bis zu einem Jahre oder Geldstrafe bis zu eintausend Mark ein.

Dieselben Strafvorschriften treten ein, wenn die Handlung gegen Personen, welche zur Unterstützung des Beamten zugezogen waren, oder gegen Mannschaften der bewaffneten Macht, oder gegen Mannschaften einer Gemeinde-, Schutz- oder Bürgerwehr in Ausübung des Dienstes begangen wird.

§ 114.

Wer es unternimmt, durch Gewalt oder Drohung eine Behörde oder einen Beamten zur Vornahme oder Unterlassung einer Amtshandlung zu nötigen, wird mit Gefängnis nicht unter drei Monaten bestraft.

Sind mildernde Umstände vorhanden, so tritt Gefängnisstrafe bis zu zwei Jahren ein.

§ 115.

Wer an einer öffentlichen Zusammenrottung, bei welcher eine der in den §§ 113 und 114 bezeichneten Handlungen mit vereinten Kräften begangen wird, Teil nimmt, wird wegen Aufruhrs mit Gefängnis nicht unter sechs Monaten bestraft.

Die Rädelsführer, sowie diejenigen Aufrührer, welche eine der in den §§ 113 und 114 bezeichneten Handlungen begehen, werden mit Zuchthaus bis zu zehn Jahren bestraft; auch kann auf Zulässigkeit von Polizei-Aufsicht erkannt werden. Sind mildernde Umstände vorhanden, so tritt Gefängnisstrafe nicht unter sechs Monaten ein.

Gefangenenbefreiung.

§ 120.

Wer einen Gefangenen aus der Gefangenanstalt oder aus der Gewalt der bewaffneten Macht, des Beamten oder desjenigen, unter dessen Beaufsichtigung, Begleitung oder Bewachung er sich befindet, vorsätzlich befreit oder ihm zur Selbstbefreiung vorsätzlich behilflich ist, wird mit Gefängnis bis zu drei Jahren bestraft.

Der Versuch ist strafbar.

Vgl. § 347.

§ 121.

Wer vorsätzlich einen Gefangenen, mit dessen Beaufsichtigung oder Begleitung er beauftragt ist, entweichen läßt oder dessen Befreiung befördert, wird mit Gefängnis bis zu drei Jahren bestraft.

Ist die Entweichung durch Fahrlässigkeit befördert worden, so tritt Gefängnisstrafe bis zu drei Monaten oder Geldstrafe bis zu dreihundert Mark ein.

Vgl. § 347.

Meuterei.

§ 122.

Gefangene, welche sich zusammenrotten und mit vereinten Kräften die Anstaltsbeamten oder die mit der Beaufsichtigung Beauftragten angreifen, denselben Widerstand leisten oder es unternehmen, sie zu Handlungen oder Unterlassungen zu nötigen, werden wegen Meuterei mit Gefängnis nicht unter sechs Monaten bestraft.

Gleiche Strafe tritt ein, wenn Gefangene sich zusammenrotten und mit vereinten Kräften einen gewaltsamen Ausbruch unternehmen.

Diejenigen Meuterer, welche Gewalttätigkeiten gegen die Anstaltsbeamten oder die mit der Beaufsichtigung Beauftragten verüben, werden mit Zuchthaus bis zu zehn Jahren bestraft; auch kann auf Zulässigkeit von Polizei-Aufsicht erkannt werden.

Sittliche Verfehlungen an Gefangenen.

§ 174.

Mit Zuchthaus bis zu fünf Jahren werden bestraft:

1. — — —
2. Beamte, die mit Personen, gegen welche sie eine Untersuchung zu

führen haben oder welche ihrer Obhut anvertraut sind, unzüchtige Handlungen vornehmen;

3. Beamte, Ärzte oder andere Medizinalpersonen, welche in Gefängnissen oder in öffentlichen, zur Pflege von Kranken, Armen oder anderen Hilflosen bestimmten Anstalten beschäftigt oder angestellt sind, wenn sie mit den in das Gefängnis oder in die Anstalt aufgenommenen Personen unzüchtige Handlungen vornehmen.

Sind mildernde Umstände vorhanden, so tritt Gefängnisstrafe nicht unter sechs Monaten ein.

Widerrechtliche Einsperrung und Befreiung.

§ 239.

Wer vorsätzlich und widerrechtlich einen Menschen einsperrt oder auf andere Weise des Gebrauches der persönlichen Freiheit beraubt, wird mit Gefängnis bestraft.

Wenn die Freiheitsentziehung über eine Woche gedauert hat, oder wenn eine schwere Körperverletzung des der Freiheit Beraubten durch die Freiheitsentziehung oder die ihm während derselben widerfahrene Behandlung verursacht worden ist, so ist auf Zuchthaus bis zu zehn Jahren zu erkennen. Sind mildernde Umstände vorhanden, so tritt Gefängnisstrafe nicht unter einem Monat ein.

Ist der Tod des der Freiheit Beraubten durch die Freiheitsentziehung oder die ihm während derselben widerfahrene Behandlung verursacht worden, so ist auf Zuchthaus nicht unter drei Jahren zu erkennen. Sind mildernde Umstände vorhanden, so tritt Gefängnisstrafe nicht unter drei Monaten ein.

§ 341.

Ein Beamter, welcher vorsätzlich, ohne hierzu berechtigt zu sein, eine Verhaftung oder vorläufige Ergreifung und Festnahme oder Zwangsgestellung vornimmt oder vornehmen läßt, oder die Dauer einer Freiheitsentziehung verlängert, wird nach Vorschrift des § 239, jedoch mindestens mit Gefängnis von drei Monaten bestraft.

§ 345.

Gleiche Strafe trifft den Beamten, welcher vorsätzlich eine Strafe vollstrecken läßt, von der er weiß, daß sie überhaupt nicht oder nicht der Art oder dem Maße nach vollstreckt werden darf.

Ist die Handlung aus Fahrlässigkeit begangen, so tritt Gefängnisstrafe oder Festungshaft bis zu einem Jahre oder Geldstrafe bis zu neunhundert Mark ein.

§ 346.

Ein Beamter, welcher vermöge seines Amtes bei Ausübung der Strafgewalt oder bei Vollstreckung der Strafe mitzuwirken hat, wird mit Zuchthaus bis zu fünf Jahren bestraft, wenn er in der Absicht, jemand der gesetzlichen Strafe rechtswidrig zu entziehen, die Verfolgung einer strafbaren Handlung unterläßt, oder eine Handlung begeht, welche geeignet ist, eine Freisprechung oder eine dem Gesetz nicht entsprechende Bestrafung zu bewirken, oder die Vollstreckung der ausgesprochenen Strafe nicht betreibt, oder eine gelindere als die erkannte Strafe zur Vollstreckung bringt.

Sind mildernde Umstände vorhanden, so tritt Gefängnisstrafe nicht unter einem Monat ein.

§ 347.

Ein Beamter, welcher einen Gefangenen, dessen Beaufsichtigung, Begleitung oder Bewachung ihm anvertraut ist, vorsätzlich entweichen läßt oder dessen Befreiung vorsätzlich bewirkt oder befördert, wird mit Zuchthaus bis zu fünf Jahren bestraft. Sind mildernde Umstände vorhanden, so tritt Gefängnisstrafe nicht unter einem Monat ein.

Ist die Entweichung durch Fahrlässigkeit befördert oder erleichtert worden, so tritt Gefängnisstrafe bis zu sechs Monaten oder Geldstrafe bis zu sechshundert Mark ein.

Vgl. §§ 120, 121.

Verbrechen und Vergehen im Amte.

§ 331.

Ein Beamter, welcher für eine in sein Amt einschlagende, an sich nicht pflichtwidrige Handlung Geschenke oder andere Vorteile annimmt, fordert oder sich versprechen läßt, wird mit Geldstrafe bis zu dreihundert Mark oder mit Gefängnis bis zu sechs Monaten bestraft.

331—334 vgl. § 335.

§ 332.

Ein Beamter, welcher für eine Handlung, die eine Verletzung einer Amts- oder Dienstpflicht enthält, Geschenke oder andere Vorteile annimmt, fordert oder sich versprechen läßt, wird wegen Bestechung mit Zuchthaus bis zu fünf Jahren bestraft.

Sind mildernde Umstände vorhanden, so tritt Gefängnisstrafe ein.

§ 333.

Wer einem Beamten oder einem Mitglied der bewaffneten Macht Geschenke oder andere Vorteile anbietet, verspricht oder gewährt, um ihn zu einer Handlung, die eine Verletzung einer Amts- oder Dienstpflicht enthält, zu bestimmen, wird wegen Bestechung mit Gefängnis bestraft; auch kann auf Verlust der bürgerlichen Ehrenrechte erkannt werden.

Sind mildernde Umstände vorhanden, so kann auf Geldstrafe bis zu eintausendfünfhundert Mark erkannt werden.

§ 335.

In den Fällen der §§ 331 bis 334 ist im Urteile das Empfangene oder der Wert desselben für dem Staate verfallen zu erklären.

§ 339.

Ein Beamter, welcher durch Mißbrauch seiner Amtsgewalt oder durch Androhung eines bestimmten Mißbrauchs derselben jemand zu einer Handlung, Duldung oder Unterlassung widerrechtlich nötigt, wird mit Gefängnis bestraft.

Der Versuch ist strafbar.

In den Fällen der §§ 106, 107, 167 und 253 tritt die daselbst angedrohte Strafe ein, wenn die Handlung von einem Beamten, wenn auch ohne Gewalt oder Drohung, aber durch Mißbrauch seiner Amtsgewalt oder Androhung eines bestimmten Mißbrauchs derselben begangen ist.

§ 340.

Ein Beamter, welcher in Ausübung oder in Veranlassung der Ausübung seines Amtes vorsätzlich eine Körperverletzung begeht oder begehen läßt, wird mit Gefängnis nicht unter drei Monaten bestraft. Sind mildernde Umstände vorhanden, so kann die Strafe bis auf einen Tag Gefängnis ermäßigt oder auf Geldstrafe bis zu neunhundert Mark erkannt werden.

Ist die Körperverletzung eine schwere, so ist auf Zuchthaus nicht unter zwei Jahren zu erkennen. Sind mildernde Umstände vorhanden, so tritt Gefängnisstrafe nicht unter drei Monaten ein.

§ 343.

Ein Beamter, welcher in einer Untersuchung Zwangsmittel anwendet oder anwenden läßt, um Geständnisse oder Aussagen zu erpressen, wird mit Zuchthaus bis zu fünf Jahren bestraft.

§ 350.

Ein Beamter, welcher Gelder oder andere Sachen, die er in amtlicher Eigenschaft empfangen oder in Gewahrsam hat, unterschlägt, wird mit Gefängnis nicht unter drei Monaten bestraft; auch kann auf Verlust der bürgerlichen Ehrenrechte erkannt werden.

Der Versuch ist strafbar.

§ 351.

Hat der Beamte in Beziehung auf die Unterschlagung die zur Eintragung oder Kontrolle der Einnahmen oder Ausgaben bestimmten Rechnungen, Register oder Bücher unrichtig geführt, verfälscht oder unterdrückt, oder unrichtige Abschlüsse oder Auszüge aus diesen Rechnungen, Registern oder Büchern, oder unrichtige Beläge zu denselben vorgelegt, oder ist in Beziehung auf die Unterschlagung auf Fässern, Beuteln oder Packeten der Geldinhalt fälschlich bezeichnet, so ist auf Zuchthaus bis zu zehn Jahren zu erkennen.

Sind mildernde Umstände vorhanden, so tritt Gefängnisstrafe nicht unter sechs Monaten ein.

§ 352.

Ein Beamter . . . ., welcher Gebühren oder andere Vergütungen für amtliche Verrichtungen zu seinem Vorteil zu erheben hat, wird, wenn er Gebühren oder Vergütungen erhebt, von denen er weiß, daß der Zahlende sie überhaupt nicht oder nur in geringerem Betrage verschuldet, mit Geldstrafe bis zu dreihundert Mark oder mit Gefängnis bis zu einem Jahre bestraft.

Der Versuch ist strafbar.

Zu §§ 352—355 vgl. § 358.

§ 353.

Ein Beamter, welcher Steuern, Gebühren oder andere Abgaben für eine öffentliche Kasse zu erheben hat, wird, wenn er Abgaben, von denen er weiß, daß der Zahlende sie überhaupt nicht oder nur in geringerem Betrage verschuldet, erhebt, und das rechtswidrig Erhobene ganz oder zum Teil nicht zur Kasse bringt, mit Gefängnis nicht unter drei Monaten bestraft.

Gleiche Strafe trifft den Beamten, welcher bei amtlichen Ausgaben an Geld oder Naturalien dem Empfänger vorsätzlich und rechtswidrig Abzüge macht und die Ausgaben als vollständig geleistet in Rechnung stellt.

§ 357.

Ein Amtsvorgesetzter, welcher seine Untergebenen zu einer strafbaren Handlung im Amte vorsätzlich verleitet oder zu verleiten unternimmt, oder eine solche strafbare Handlung seiner Untergebenen wissentlich geschehen läßt, hat die auf diese strafbare Handlung angedrohte Strafe verwirkt.

Dieselbe Bestimmung findet auf einen Beamten Anwendung, welchem eine Aufsicht oder Kontrolle über die Amtsgeschäfte eines anderen Beamten übertragen ist, sofern die von diesem letzteren Beamten begangene strafbare Handlung die zur Aufsicht oder Kontrolle gehörenden Geschäfte betrifft.

Übertretungen.

§ 362.

Die nach Vorschrift des § 361 Nr. 3 bis 8*) Verurteilten können zu Arbeiten, welche ihren Fähigkeiten und Verhältnissen angemessen sind, innerhalb und, sofern sie von anderen freien Arbeitern getrennt gehalten werden, auch außerhalb der Strafanstalt angehalten werden.

Bei der Verurteilung zur Haft kann zugleich erkannt werden, daß die verurteilte Person nach verbüßter Strafe der Landespolizeibehörde zu überweisen sei . . . . .

*) Landstreicherei, Bettel, Anleitung zum Bettel, Müßiggang, Spiel- und Trunksucht, Zuwiderhandlung Prostituierter gegen polizeiliche Vorschriften, Arbeitsscheue, Unterkunftlosigkeit.

IX.

Auszug aus der Strafprozeßordnung vom 1. Februar 1877.

Behandlung der Untersuchungsgefangenen.

§ 115.

Der Verhaftete muß spätestens am Tage nach seiner Einlieferung in das Gefängnis durch einen Richter über den Gegenstand der Beschuldigung gehört werden.

§ 116.

Der Verhaftete soll, soweit möglich, von anderen gesondert und nicht in demselben Raume mit Strafgefangenen verwahrt werden. Mit seiner Zustimmung kann von dieser Vorschrift abgesehen werden.

Dem Verhafteten dürfen nur solche Beschränkungen auferlegt werden, welche zur Sicherung des Zweckes der Haft oder zur Aufrechterhaltung der Ordnung im Gefängnisse notwendig sind.

Bequemlichkeiten und Beschäftigungen, die dem Stande und den Vermögensverhältnissen des Verhafteten entsprechen, darf er sich auf seine Kosten verschaffen, soweit sie mit dem Zwecke der Haft vereinbar sind und weder die Ordnung im Gefängnisse stören, noch die Sicherheit gefährden.

Fesseln dürfen im Gefängnisse dem Verhafteten nur dann angelegt werden, wenn es wegen besonderer Gefährlichkeit seiner Person, namentlich zur Sicherung anderer erforderlich erscheint, oder wenn er einen Selbstentleibungs- oder Entweichungsversuch gemacht oder vorbereitet hat. Bei der Hauptverhandlung soll er ungefesselt sein.

Die nach Maßgabe vorstehender Bestimmungen erforderlichen Verfügungen hat der Richter zu treffen. Die in dringenden Fällen von anderen Beamten getroffenen Anordnungen unterliegen der Genehmigung des Richters.

Vgl. § 148.

§ 148.

Dem verhafteten Beschuldigten ist schriftlicher und mündlicher Verkehr mit dem Verteidiger gestattet.

Solange das Hauptverfahren nicht eröffnet ist, kann der Richter schriftliche Mitteilungen zurückweisen, falls deren Einsicht ihm nicht gestattet wird.

Bis zu demselben Zeitpunkt kann der Richter, sofern die Verhaftung nicht lediglich wegen Verdachts der Flucht gerechtfertigt ist, anordnen, daß den Unterredungen mit dem Verteidiger eine Gerichtsperson beiwohne.

Strafvollstreckung.

§ 481.

Strafurteile sind nicht vollstreckbar, bevor sie rechtskräftig geworden sind.

§ 482.

Auf die zu vollstreckende Freiheitsstrafe ist unverkürzt diejenige Untersuchungshaft anzurechnen, welche der Angeklagte erlitten hat, seit er auf Einlegung eines Rechtsmittels verzichtet oder das eingelegte Rechtsmittel zurückgenommen hat, oder seitdem die Einlegungsfrist abgelaufen ist, ohne daß er eine Erklärung abgegeben hat.

§ 483.

Die Strafvollstreckung erfolgt durch die Staatsanwaltschaft auf Grund einer von dem Gerichtsschreiber zu erteilenden, mit der Bescheinigung der Vollstreckbarkeit versehenen, beglaubigten Abschrift der Urteilsformel.

Den Amtsanwälten steht die Strafvollstreckung nicht zu.

Für die zur Zuständigkeit der Schöffengerichte gehörigen Sachen kann durch Anordnung der Landesjustizverwaltung die Strafvollstreckung den Amtsrichtern übertragen werden.

Vgl. § 64, Anhang, Nr. XIV.

§ 487.

Die Vollstreckung einer Freiheitsstrafe ist aufzuschieben, wenn der Verurteilte in Geisteskrankheit verfällt.

Dasselbe gilt bei anderen Krankheiten, wenn von der Vollstreckung keine nahe Lebensgefahr für den Verurteilten zu besorgen besteht.

Die Strafvollstreckung kann auch dann aufgeschoben werden, wenn sich der Verurteilte in einem körperlichen Zustande befindet, bei welchem eine sofortige Vollstreckung mit der Einrichtung der Strafanstalt unverträglich ist.

Vgl. § 490. — § 488 Abs. 1.

§ 488.

Auf Antrag des Verurteilten kann die Vollstreckung aufgeschoben werden, sofern durch die sofortige Vollstreckung dem Verurteilten oder der Familie desselben erhebliche, außerhalb des Strafzwecks liegende Nachteile erwachsen.

Der Strafaufschub darf den Zeitraum von vier Monaten nicht übersteigen.

Die Bewilligung desselben kann an eine Sicherheitsleistung oder andere Bedingungen geknüpft werden.

1. Vgl. JMBl. 1910 S. 1031.

§ 489.

Die Staatsanwaltschaft ist befugt, behufs Vollstreckung einer Freiheitsstrafe einen Vorführungs- oder Haftbefehl zu erlassen, wenn der Verurteilte auf die an ihn ergangene Ladung zum Antritt der Strafe sich nicht gestellt hat oder der Flucht verdächtig ist.

Auch kann von der Staatsanwaltschaft zu demselben Zwecke ein Steckbrief erlassen werden, wenn der Verurteilte flüchtig ist oder sich verborgen hält.

Diese Befugnisse stehen im Falle des § 483 Abs. 3 auch dem Amtsrichter zu.

1. Wenn der Haftbefehl vollstreckt wird, so ist die Zeit, die bis zur Ablieferung an den Strafort verstreicht, *in der Regel nicht* auf die Strafe anzurechnen, weil der Gefangene die Maßnahme selbst verschuldet hat. Ebenso wird die Zeit nicht angerechnet, wenn der Verurteilte sich bei der Staatsanwaltschaft zur Ablieferung an den Strafort freiwillig stellt, weil er keine Mittel zur Reise hat oder aus anderen Gründen. Stehen aber der Ablieferung an den Strafort unverschuldete Hindernisse entgegen (z. B. weil der Gefangene in einem Amtsgerichtsgefängnis, von dem aus er in die Strafanstalt abgeliefert werden sollte, erkrankt), so ist die Strafe von dem Zeitpunkte anzurechnen, an dem der Gefangene an dem Straforte eingetroffen wäre, wenn nicht die unverschuldeten Hindernisse sich eingestellt hätten. (Beschluß des OLG. vom 20. Januar 1909. BeschwR. 49/09.). Ist der Haftbefehl behufs Vollstreckung der an die Stelle einer uneinbringlichen Geldstrafe tretenden Haftstrafe erlassen, so sollen alle Behörden, auch die des Sicherheitsdienstes, es ermöglichen, daß dem Verurteilten noch Gelegenheit geboten wird, die Geldstrafe, wenn er es kann, zu zahlen; es besteht kein Bedenken, daß die Behörden des Sicherheitsdienstes das Geld selbst annehmen und es abliefern. (Vgl. auch § 28 Abs. 4 StGB.).

§ 490.

Wenn über die Auslegung eines Strafurteils oder über die Berechnung der erkannten Strafe Zweifel entstehen, oder wenn Einwendungen gegen die Zulässigkeit der Strafvollstreckung erhoben werden, so ist die Entscheidung des Gerichts herbeizuführen.

Dasselbe gilt, wenn nach Maßgabe des § 487 Einwendungen gegen die Ablehnung eines Antrags auf Aufschub der Strafvollstreckung erhoben werden.

Der Fortgang der Vollstreckung wird hierdurch nicht gehemmt; das Gericht kann jedoch einen Aufschub oder eine Unterbrechung der Vollstreckung anordnen.

§ 492.

Ist jemand durch verschiedene rechtskräftige Urteile zu Strafen verurteilt worden, und sind dabei die Vorschriften über die Zuerkennung einer Gesamtstrafe (§ 79 des Strafgesetzbuchs) außer Betracht geblieben, so sind die erkannten Strafen durch eine nachträgliche gerichtliche Entscheidung auf eine Gesamtstrafe zurückzuführen.

1. Wenn in einer Strafanstalt eine Strafe vollstreckt und die Verwaltung um Ablieferung des Gefangenen in ein *Gerichtsgefängnis* nach Verbüßung der in der Strafanstalt zu verbüßenden Strafe ersucht wird, damit dort eine *Gefängnis*strafe gegen den Büßer vollstreckt wird, so hat die Verwaltung der Strafanstalt jener Strafvollstreckungsbehörde, auf deren Ersuchen die Strafe in der Anstalt vollstreckt wird, unverzüglich eine Abschrift des Ersuchens mitzuteilen. Die Abschrift ist nicht zu übersenden und der Gefangene ist abzuliefern, wenn das Strafende so nahe ist, daß die Frage, ob eine Gesamtstrafe zu bilden ist, nicht mehr geprüft werden kann. Die Behörde, der die Abschrift übersendet wurde, hat mit tunlichster Beschleunigung zu prüfen, ob eine Gesamtstrafe zu bilden ist, die Bildung

gegebenenfalls herbeizuführen und die Anstalt unter Übersendung einer Abschrift des Urteils zu benachrichtigen, durch das die Gefängnisstrafe, die im Gerichtsgefängnis vollstreckt werden sollte, ausgesprochen worden ist. ME. vom 5. November 1900 Nr. 40352.

2. Mehrere gegen die nämliche Person ausgesprochene Gefängnisstrafen, die auf eine Gesamtstrafe nicht zurückgeführt werden können, sind, soferne die Vollstreckung in Bayern stattfindet (§ 163 GVG.) hinsichtlich der Bestimmung des Straforts als einheitliche Strafe zu behandeln. Sie sind daher in einer Gefangenenanstalt zu vollstrecken, wenn der Verurteilte mit Rücksicht auf die gesamte Dauer der mehreren Strafen länger als drei Monate (der jugendliche Verurteilte länger als einen Monat) im Gefängnisse zu verbleiben hat. Bek. vom 28. Januar 1903 Nr. 4981, die Einweisung von Verurteilten in die Strafanstalten betr., JMBl. S. 43 Ziffer 5.

§ 493.

Ist der Verurteilte nach Beginn der Strafvollstreckung wegen Krankheit in eine von der Strafanstalt getrennte Krankenanstalt gebracht worden, so ist die Dauer des Aufenthaltes in der Krankenanstalt in die Strafe einzurechnen, wenn nicht der Verurteilte mit der Absicht, die Strafvollstreckung zu unterbrechen, die Krankheit herbeigeführt hat.

Die Staatsanwaltschaft hat im letzteren Falle eine Entscheidung des Gerichts herbeizuführen.

X.

Auszug aus dem Gesetze vom 18. August 1879 zur Ausführung der Reichs-Strafprozeßordnung.

(GVBl. S. 781).

III. Abschnitt.

Von dem Vollzuge der Strafen und den Folgen der Verurteilung.

Art. 23.

Die in Bayern zu vollstreckenden Gefängnisstrafen werden, wenn der Verurteilte mehr als drei Monate im Gefängnisse zu verbleiben hat, in besonders hiezu eingerichteten Gefangenanstalten, außerdem aber, vorbehaltlich der Bestimmungen des Art. 25, in den Landgerichtsgefängnissen vollzogen.

Übersteigt jedoch die zu erstehende Gefängnisstrafe nicht die Dauer von acht Tagen, so kann dieselbe in einem Amtsgerichtsgefängnisse vollzogen werden.

1. Auch wenn sie von nichtbayerischen Gerichten ausgesprochen sind. § 163 f. GVG.

2. Also nicht nur, wenn *eine* Strafe die Dauer von drei Monaten übersteigt, sondern auch wenn mehrere Strafen zusammen, ohne daß eine Gesamtstrafe ausgesprochen ist, diese Bedingung erfüllen. Vgl. JMBek. vom 28. Januar 1903 JMBl. S. 42, wo bestimmt ist: „Mehrere gegen die nämliche Person ausgesprochene Gefängnisstrafen, die auf eine Gesamtstrafe nicht zurückgeführt werden können, sind, sofern die Vollstreckung in Bayern stattfindet, hinsichtlich der Bestimmung des Strafortes als *einheitliche* Strafe zu behandeln. Hierfür ist in Ansehung der Strafanstalten die Erwägung maßgebend, daß durch die Vollstreckung längerer Strafen in einer Strafanstalt ein besonderer Zweck erzielt wird, der bei der Vollstreckung einer kürzeren Strafe in einem Gerichtsgefängnis nicht erreicht werden kann. Dabei kommt es darauf an, wielange der Verurteilte überhaupt am Straforte zu verbleiben hat, aber nicht darauf, ob diese Dauer dadurch erreicht wird, daß nur eine oder mehrere Strafen nacheinander vollstreckt werden. Für die Berechnung des dreimonatigen Zeitraums ist deshalb nicht der Zeitpunkt der Überstellung an einen anderen Strafort, sondern der Beginn der eigentlichen Strafvollstreckung maßgebend.“ *Das gilt insbesondere für die von einem Militärstrafgerichte ausgesprochenen Strafen*, deren Vollstreckung auf die bürgerlichen Behörden übergeht. Die Frage, wo der Rest zu verbüßen ist, richtet sich nicht nach der Größe des z. Zt. der Ausscheidung bestehenden Restes, sondern nach der Größe der ursprünglichen Strafe, da deren Vollstreckung in einer den Strafanstalten gleichzusetzenden Anstalt eingeleitet wurde. ME. vom 3. September 1904 Nr. 30007, vgl. § 10. Durch die ME. vom 16. Dezember 1901 Nr. 46765 und 9. Februar 1903 Nr. 6517 war angeordnet, daß bis auf Weiteres die zu Gefängnisstrafen verurteilten über 18 Jahre alten weiblichen Personen, die

mehr als drei und weniger als sieben Monate im Gefängnis zu verbleiben haben, statt in die Gefangenanstalt Sulzbach in die Landgerichtsgefängnisse, landgerichtlichen Aushilfsgefängnisse und Strafvollstreckungsgefängnisse eingeliefert werden. Diese Bestimmung ist vom 16. Januar 1909 an außer Wirksamkeit gesetzt durch die ME. vom 3. Januar 1909 Nr. 359.

Art. 24.

Die Orte, in denen die Festungshaft zu vollziehen ist, werden durch Verordnung bestimmt. [1])

Art. 25.

Der nach § 57 des Strafgesetzbuches für das Deutsche Reich vorgeschriebene gesonderte Strafvollzug an jugendlichen Personen hat in besonders hiefür bestimmten Strafanstalten zu geschehen, wenn die jugendliche Person eine Gefängnisstrafe zu erstehen und mehr als einen Monat im Gefängnisse zu verbleiben hat.

Beim Vollzuge von Gefängnisstrafen auf kürzere Dauer, dann von Festungshaft oder Haft sind jugendliche Personen in gesonderten Räumen zu verwahren.

Vorstehende Bestimmungen kommen auch dann zur Anwendung, wenn eine Person, welche zur Zeit der Tat das achtzehnte Lebensjahr noch nicht vollendet hat, auf Grund eines neben dem Strafgesetzbuche für das Deutsche Reich in Geltung stehenden Reichs- oder Landesgesetzes zu einer Freiheitsstrafe verurteilt wird.

1. MBek. vom 1. August 1879, JMBl. S. 362: Festung Oberhaus.

2. Jugendliche Personen sind solche, welche das 12., aber noch nicht das 18. Lebensjahr vollendet haben (§ 57 StGB.). Also auch dann, wenn er mehrere kurzzeitige Strafen zu verbüßen hat, die auf eine Gesamtstrafe nicht zurückgeführt werden können und zusammen die Dauer eines Monats übersteigen. Vgl. Art. 23 Anm. 2 und JME. vom 28. Januar 1903, JMBl. S. 42.

3. Wegen des Strafvollzugs gegen sonn- und feiertagsschulpflichtige Personen vgl. Bek. vom 16. September 1882, JMBl. S. 230 und § 25 Abs. V HOGG.

4. Es kommt darauf an, wie alt der Verurteilte zur Zeit der Vollstreckung ist, nicht darauf, wie alt er zur Zeit der Verurteilung oder der Begehung der Tat war. Bek. vom 28. Januar 1903 Nr. 4981, JMBl. S. 42 Abschn. II. Früher war die Zeit der Tat maßgebend; vgl. Henle S. 14 Anm. 1 zu Art. 25.

5. Darüber, in welche Strafanstalten der Jugendliche einzuliefern ist, vgl. die Einlieferungsbestimmungen.

6. Über den Strafvollzug gegen minderjährige Personen, die zur Zwangserziehung in einer Familie oder Anstalt untergebracht sind, vgl. ME. vom 14. Mai 1904 Nr. 17774.

Art. 26.

Alle Freiheitsstrafen, welche nicht in den Zuchthäusern zu erstehen sind, oder über welche nicht in den vorausgehenden Artikeln bestimmt ist, sind in den Amtsgerichtsgefängnissen zu vollziehen.

Art. 27.

Die Behandlung der Strafgefangenen richtet sich, soweit hierüber das Strafgesetzbuch für das Deutsche Reich keine Bestimmungen enthält, nach den Vorschriften der Hausordnungen.[1])

Die Hausordnungen werden für die Zuchthäuser, Gefangenanstalten und zum Vollzuge der Festungshaft bestimmten Orte im Verordnungswege, für die Landgerichts- und Amtsgerichtsgefängnisse durch das Staatsministerium der Justiz erlassen.

Körperliche Züchtigung ist auch als Disziplinarmittel gegen Sträflinge in allen Strafanstalten und Gefängnissen ausgeschlossen.[2])

Die Fesselung eines Sträflings darf nur bei besonderer Fluchtgefahr, Widersetzlichkeit oder aus ähnlichen Gründen von dem Vorstande einer Strafanstalt, dann von der vorgesetzten Behörde der letzteren oder eines Gefängnisses angeordnet werden.[3])

1. Bereits durch die ME. vom 27. Februar 1898 war jedoch angeordnet, daß für die Vollstreckung der Freiheitsstrafen die Grundsätze des Bundesrats gelten, soweit diese für die Gefangenen günstiger sind als die der D. und HO. (Vgl. die Grundsätze im Anhang).

2. Vgl. § 62 Abs. 5 HO. für GG. und § 92 HO. für StrA.

3. Vgl. § 62 Abs. 5, § 68 Abs. II, III HO. für GG. und § 91 Ziff. 10 HO. für StrA.

XI.

Auszug aus dem Gerichtsverfassungsgesetz vom 27. Januar 1877.

§ 163.

Eine Freiheitsstrafe, welche die Dauer von sechs Wochen nicht übersteigt, ist in demjenigen Bundesstaate zu vollstrecken, in welchem der Verurteilte sich befindet.

Vgl. die Grundsätze des Bundesrats hierzu. Löwe Anm. zu § 163 GVG.; § 10 HOGG.

§ 164.

Soll eine Freiheitsstrafe in dem Bezirk eines anderen Gerichts vollstreckt oder ein in dem Bezirk eines anderen Gerichts befindlicher Verurteilter zum Zwecke der Strafverbüßung ergriffen und abgeliefert werden, so ist die Staatsanwaltschaft bei dem Landgerichte des Bezirks um die Ausführung zu ersuchen.

§ 165.

Im Falle der Rechtshilfe unter den Behörden verschiedener Bundesstaaten sind die baren Auslagen, welche durch eine Ablieferung oder Strafvollstreckung entstehen, der ersuchten Behörde von der ersuchenden zu erstatten.

Im übrigen werden Kosten der Rechtshilfe von der ersuchenden Behörde nicht erstattet.

Ist eine zahlungspflichtige Partei vorhanden, so sind die Kosten von derselben durch die ersuchende Behörde einzuziehen und der eingezogene Betrag der ersuchten Behörde zu übersenden.

Stempel-Einregistrierungsgebühren oder andere öffentliche Abgaben, welchen die von der ersuchenden Behörde übersendeten Schriftstücke (Urkunden, Protokolle) nach dem Rechte der ersuchten Behörde unterliegen, bleiben außer Ansatz.

XII.

Auszug aus dem bayer. Ausführungsgesetze vom 23. Februar 1879 zum Reichsgerichtsverfassungsgesetz.

Art. 77 Abs. 3.

Zivil- und Militärgerichte haben sich gegenseitig Rechtshilfe zu leisten, wobei gleichfalls die in Abs. 2 bezeichneten Vorschriften (§§ 158 bis 160, 162, 164, 167 des Reichs-Gerichtsverfassungsgesetzes) entsprechende Anwendung finden.

XIII.

Auszug aus dem Militärstrafgesetzbuch für das Deutsche Reich vom 20. Juni 1872.

§ 15.

Hat eine Person des Soldatenstandes vor oder nach ihrem Eintritte in den Dienst eine Freiheitsstrafe verwirkt, so wird diese von den Militärbehörden vollstreckt.

Ist nach den Vorschriften des Deutschen Strafgesetzbuches eine Beschäftigung des Verurteilten zulässig oder geboten, so findet dieselbe zu militärischen Zwecken und unter militärischer Aufsicht statt. Die zu Gefängnis verurteilten Unteroffiziere und Gemeinen können auch ohne ihre Zustimmung außerhalb der Anstalt beschäftigt werden.

Ist Zuchthaus verwirkt oder wird auf Entfernung aus dem Heer oder der Marine oder auf Dienstentlassung erkannt, oder wird das militärische Dienstverhältnis aus einem anderen Grunde aufgelöst, so geht die Vollstreckung der Strafe auf die bürgerlichen Behörden über.

§ 17.

Die Freiheitsstrafe ist, wenn ihre Dauer mehr als sechs Wochen beträgt, Gefängnis oder Festungshaft, bei kürzerer Dauer Arrest. — Ist eine angedrohte Zuchthausstrafe auf eine kürzere als einjährige Dauer zu ermäßigen, so tritt an deren Stelle Gefängnis von gleicher Dauer.

§ 19.

Der Arrest zerfällt in Stubenarrest, gelinden Arrest, mittleren Arrest, strengen Arrest.

§ 24.

Der gelinde, der mittlere und der strenge Arrest werden in Einzelhaft verbüßt. Der Höchstbetrag des strengen Arrestes ist vier Wochen.

§ 25.

Der mittlere Arrest wird in der Art vollstreckt, daß der Verurteilte eine harte Lagerstätte und als Nahrung Wasser und Brot erhält. Diese Schärfungen kommen am vierten, achten, zwölften und demnächst an jedem dritten Tage in Fortfall.

§ 26.

Der strenge Arrest wird in einer dunklen Arrestzelle, im übrigen wie der mittlere Arrest vollstreckt.

§ 27.

Läßt der körperliche Zustand des Verurteilten die Verbüßung des strengen oder mittleren Arrests nicht zu, so tritt eine gelindere Arrestart ein.

Vgl. hierzu JMBl. 1891 S. 31; 1896 S. 227; 1900 S. 1147; 1901 S. 592; 1903 S. 418; 1905 S. 648; 1909 S. 509; 1910 S. 948 § 37.

XIV.

Auszug aus den Vorschriften über die Behandlung der schöffengerichtlichen Strafsachen vom 20. August 1879.

Vom Vollzuge der Urteile.

§ 64.

Die Vollstreckung der Urteile und rechtskräftigen Strafbefehle der Schöffengerichte und der Amtsrichter wird, vorbehaltlich der über die Vollstreckung von Vermögensstrafen zu erlassenden und der nachstehenden besonderen Vorschriften, auf Grund des § 483 Abs. 3 der Reichs-Strafprozeßordnung den Amtsrichtern übertragen.

§ 65.

Der Amtsrichter hat die Strafvollstreckung sofort nach eingetretener Rechtskraft des Urteils oder Strafbefehls einzuleiten.

Von der geschehenen Einleitung sowie von dem erfolgten Vollzuge hat derselbe dem Amtsanwalte durch Vorzeigen der betreffenden Verfügungen und Nachweise Kenntnis zu geben. Der Amtsanwalt hat auf Grund dieser Mitteilungen die Spalte XI des Anzeigeverzeichnisses (Form I) entsprechend auszufüllen.

§ 66.

Die Freiheitsstrafen werden vollzogen und zwar

1. gegen Erwachsene:
   a) Haftstrafen und Gefängnisstrafen, wenn letztere die Dauer von 8 Tagen nicht übersteigen, in den Amtsgerichtsgefängnissen;
   b) Gefängnisstrafen von mehr als 8 Tagen bis zu 3 Monaten in den Landgerichtsgefängnissen;
   c) Gefängnisstrafen, wenn der Verurteilte mehr als 3 Monate im Gefängnisse zu verbleiben hat, in besonders hiezu eingerichteten Gefangenenanstalten;
2. gegen jugendliche Personen:
   a) bei Gefängnisstrafen, wenn die jugendliche Person mehr als einen Monat im Gefängnisse zu verbleiben hat, in besonders hiefür bestimmten Strafanstalten;
   b) beim Vollzuge von Gefängnisstrafen auf kürzere Dauer, dann von Haft in denselben Gefängnissen, wie gegen Erwachsene, aber in gesonderten Räumen.

   (Artikel 23, 25—28 des Ausführungsgesetzes zur Reichs-Strafprozeßordnung.)

§ 67.

Die in einem Amtsgerichtsgefängnisse zu vollstreckenden Strafen sollen in der Regel in dem Gefängnisse des Gerichtes vollzogen werden, in dessen Bezirk der Verurteilte sich aufhält.

§ 68.

Die Vollstreckung der in einem Landgerichtsgefängnisse zu erstehenden Strafe hat in der Regel in dem Gefängnisse desjenigen Landgerichts zu geschehen, welches dem im ersten Rechtszuge urteilenden Amts- oder Schöffengerichte vorgesetzt ist.

Befindet sich der Verurtheilte auf freiem Fuße und hat derselbe seinen Wohnsitz oder seinen Aufenthaltsort in dem Bezirke eines anderen als des aburteilenden Gerichts, so kann die Vollstreckung auch in dem Gefängnisse dieses anderen Gerichts erfolgen, soferne einerseits besonders beachtungswürdige Verhältnisse, wie namentlich die Rücksicht auf die Abwendung erheblicher persönlicher Nachteile von dem Verurteilten, solches angezeigt erscheinen lassen und anderseits dieser Maßnahme keine Hindernisse und zwar insbesondere nicht ein zu hoher Stand der Gefangenen im Gefängnisse des betreffenden Gerichts entgegenstehen.

§ 69.

Bezüglich der Straforte für die in einer besonders eingerichteten Gefangenanstalt oder Strafanstalt für jugendliche Personen zu verbüßenden Strafen sind die hiefür bestehenden besonderen Vorschriften maßgebend.

§ 70.

Die Vollstreckung der im Amtsgerichtsgefängnisse zu erstehenden Strafen wird vom Amtsrichter eingeleitet:

1. wenn der Verurteilte verhaftet ist oder sich vor ergangener Aufforderung zum Strafantritte freiwillig stellt, durch Erlassung eines Strafvollstreckungsbefehls nach Form. XXXV;
2. wenn er sich innerhalb des Amtsgerichtsbezirks auf freiem Fuße befindet, durch Erlassung einer Vorladung zum Strafantritte nach Formular XXXVI;
3. wenn der Verurteilte sich in einem anderen Amtsgerichtsbezirke innerhalb Bayerns aufhält, durch Ersuchschreiben an das betreffende Amtsgericht unter Übersendung einer mit der Bescheinigung der Vollstreckbarkeit versehenen Abschrift der Urteilsformel oder des Strafbefehls. Formular XXXVII oder XXXVII a.

Abschriften der Vorladung zum Strafantritte sind in den Fällen der Ziffer 2 und 3 nach Formular XXXVIII zu fertigen.

1. Wegen der Formulare vgl. JMBl. 1879 Beilage.

§ 71.

Steht eine in einem Landgerichtsgefängnisse zu vollstreckende Strafe in Frage, so ist der Staatsanwalt bei dem betreffenden Landgerichte unter Übersendung einer mit der Bescheinigung der Vollstreckbarkeit versehenen beglaubigten Abschrift der Urteilsformel oder des Strafbefehls um die Ausführung der Vollstreckung zu ersuchen, und zwar unter Benutzung

1. bei verhafteten Verurteilten des Formulars XXXIX,
2. bei nicht verhafteten des Formulars XXXX oder XXXX a mit XXXXI.

Die bereits verhafteten Verurteilten sind mittels Schub an das Landgerichtsgefängnis einzuliefern. Die Ablieferung hat jedoch zu unterbleiben, wenn die von dem Verhafteten zu verbüßende Gefängnisstrafe so kurz ist, daß bis zu dessen Eintreffen im Landgerichtsgefängnisse nach Maßgabe der Vorschriften des § 482 der Reichs-Strafprozeßordnung die Strafzeit bereits abgelaufen sein würde oder doch der Ablauf unmittelbar bevorstünde. In einem solchen Falle ist der Verurteilte bis zum Ablauf der Strafzeit in seinem bisherigen Gefängnisse zu belassen.

Vgl. Anm. zu § 70.

§ 72.

Bezüglich des Vollzugs der Freiheitsstrafen in Gefangenanstalten sind die Vorschriften der Bekanntmachung des kgl. Staatsministeriums der Justiz vom 1. August 1879 (Justiz-Min.-Bl. S. 358 ff.) mit der Maßgabe zu beobachten, daß alle dort vom Staatsanwalte ausgehenden Verfügungen, sowie die von ihm zu machenden und an ihn zu richtenden Mitteilungen hier vom Amtsrichter ausgehen oder an denselben zu richten sind, während es bezüglich der in der Hauptverhandlung aufzunehmenden Personalbeschreibung des Angeklagten bei der Bestimmung des § 49 der gegenwärtigen Vorschriften bewendet.

Der Amtsrichter hat sich zur Einteilung des Vollzugs

1. bei verhafteten Verurteilten des Formulars XLII,
2. bei nicht verhafteten des Formulars XLIII mit Formular XLIV zu bedienen.

Abschriften des Strafantretungsbefehls sind in den Fällen des § 71 Ziffer 2 und § 72 Abs. 2 Ziffer 2 nach Formular XLV zu fertigen.

Vgl. Anm. zu § 70.

§ 73.

Hat sich der Verurteilte auf die an ihn ergangene Ladung zum Strafantritte nicht gestellt, oder ist derselbe der Flucht verdächtig, so ist behufs Vollstreckung der Freiheitsstrafe Haft- oder Vorführungsbefehl gegen ihn zu erlassen.

Den Befehl erläßt in der Regel der Amtsrichter oder Staatsanwalt, welcher die Ladung zum Strafantritte verfügt hat.

Hat sich der Verurteilte inzwischen in den Bezirk eines anderen Amtsgerichts oder Landgerichts begeben, so ist, wenn die Strafe im Amtsgerichtsgefängnisse zu vollziehen ist, der Amtsrichter des Aufenthaltsortes um den Vollzug anzugehen, andernfalls der Staatsanwalt bei dem Landgerichte, zu dessen Bezirk der neue Aufenthaltsort gehört, um Ergreifung und Ablieferung oder Einlieferung in den Strafort zu ersuchen und gegebenen Falles der Amtsrichter des aburteilenden Gerichtes hievon in Kenntnis zu setzen.

Ist der Aufenthaltsort des Verurteilten im Bezirke eines ersuchten Amtsrichters oder Staatsanwalts unbekannt, so haben diese dem ersuchenden Amtsrichter unter Rückgabe seiner Requisition hievon Kenntnis zu geben und demselben die Ermittlung oder weitere Verfolgung des Verurteilten (Reichs-Strafprozeßordnung § 489 Abs. 2 und 3) zu überlassen.

§ 74.

Hält sich der Verurteilte in einem andern Bundesstaate auf, so ist, wenn derselbe eine die Dauer von 6 Wochen nicht übersteigende Freiheitsstrafe zu erstehen hat, der Staatsanwalt des Landgerichts, zu dessen Bezirk der Aufenthaltsort gehört, um den Vollzug zu ersuchen. (§§ 163, 164 des Reichs-Gerichtsverfassungsgesetzes.)

Bei Strafen von längerer Dauer ist der Staatsanwalt bei dem Landgerichte des Aufenthaltsortes um Zustellung der Ladung zum Strafantritte und nötigenfalls um Ergreifung und Ablieferung zu ersuchen.

In den Fällen des Abs. 1 und 2 ist dem Ersuchen eine mit der Bescheinigung der Vollstreckbarkeit versehene Abschrift der Urteilsformel oder des Strafbefehls beizulegen.

§ 75.

Ist eine Strafe, welche gegen eine Militärperson erkannt wurde, nach Maßgabe des § 15 Abs. 1 und des § 45 des Reichs-Militär-Strafgesetzbuches vom 20. Juni 1872 (Reichsgesetzblatt S. 174) zu vollstrecken, so ist die betreffende Militärbehörde gleichfalls unter Übersendung einer mit der Bescheinigung der Vollstreckbarkeit versehenen Abschrift der Urteilsformel oder des Strafbefehls um den Vollzug zu ersuchen. (Vgl. auch Bekanntmachung vom 13. Oktober 1872, Just.-Min.-Bl. S. 241.)

§ 76.

Die Entscheidung über Anträge wegen Aufschubs der Vollstreckung nach Maßgabe des § 488 der Reichs-Strafprozeßordnung bleibt dem Staatsanwalte an dem dem aburteilenden Gerichte vorgesetzten Landgerichte vorbehalten.

Gegen die Ablehnung solcher Anträge findet Beschwerde nur auf dem für Begnadigungssachen vorgeschriebenen Wege statt.

Vgl. hierzu JMBl. 1910 S. 1031, 1900 S. 299.

§ 77.

Zur Überwachung des Vollzugs der vom Amtsrichter zu vollstreckenden Freiheitsstrafen wird bei jedem Amtsgerichte eine Vormerkungsliste nach Formular XLVI geführt.

Von dem Gefängniswärter des Gerichts ist über den Vollzug von Freiheitsstrafen ein Tagebuch nach Formular XLVII zu führen.

In die Vormerkungsliste des Gerichts sind alle vom Amtsrichter selbst oder auf sein Ersuchen von anderen Behörden zu bewirkenden Vollstreckungen, in das Tagebuch aber nur die von dem Gefängniswärter zu vollziehenden Befehle einzutragen und hiebei die auf der Rückseite der beiden Formulare enthaltenen Vorschriften zu beobachten.

§ 78.[1]

Kann die Vollstreckung einer Freiheitsstrafe wegen Unbekanntheit des Aufenthaltsortes des Verurteilten nicht oder nicht vollständig bewirkt werden, so sind zum Zwecke der Strafvollstreckung mindestens 3 Jahre lang, von Ablauf des betreffenden Geschäftsjahres an gerechnet, in Zwischenräumen von höchstens 6 Monaten wiederholte Nachforschungen nach dem Aufenthalte des Verurteilten, insbesondere im Wege der Korrespondenz mit der Distriktspolizeibehörde, in deren Amtssprengel der Verurteilte beheimatet ist, anzustellen.

1. Nunmehr aufgehoben durch Bek. vom 27. Oktober 1910 JMBl. S. 911.

§ 79.

Bezüglich der vom Gerichte in einzelnen Fällen als zulässig erklärten polizeilichen Maßregeln (Polizeiaufsicht, Überweisung an die Landespolizeibehörde, Schließung von Anstalten usw.) liegt die entsprechende weitere Verfügung hinsichtlich der Anordnung und Ausführung den Polizeibehörden von Amtswegen ob.

Der Amtsanwalt hat den zum Vollzuge dieser Maßregeln zuständigen Polizeibehörden (vgl. die allerh. Verordnung vom 4. Januar 1872, die Zuständigkeit der Verwaltungsbehörden in Sachen des Strafgesetzbuches für das Deutsche Reich und des Polizei-Strafgesetzbuches betreffend, insbesondere die §§ 1 und 7, dann die Bekanntmachung der k. Staatsministerien des Innern und der Justiz vom 9. August 1872, Regierungsblatt 1872 S. 25 und 1967) von den desfallsigen Urteilen Mitteilung zu machen.[1])

Diese Mitteilung hat auch in jenen Fällen zu erfolgen, in welchen den Polizeibehörden der Vollzug einer gerichtlichen Anordnung zukommt. (Vgl. § 56 des Reichs-Strafgesetzbuches.)

Im übrigen sind die Vorschriften der Ministerial-Entschließung vom 4. Januar 1872, die Unterbringung jugendlicher Personen in Erziehungs- und Besserungsanstalten gemäß § 56 des Reichs-Strafgesetzbuches betreffend (Justiz-Min.-Bl. S. 16)[2]), dann vom 15. und 26. desselben Monats, den Vollzug des § 362 Abs. 2 des Strafgesetzbuches für das Deutsche Reich betreffend (Justiz-Min.-Bl. S. 46 und 47), und vom 25. Februar 1872, den Vollzug der §§ 38 und 39 des Strafgesetzbuches für das Deutsche Reich über die Stellung unter Polizeiaufsicht betreffend (Justiz-Min.-Bl. S. 93), maßgebend.

Die vorstehend bezeichneten Mitteilungen hat der Amtsanwalt sogleich nach eingetretener Rechtskraft zu bewirken.

1. Verzeichnis der Mitteilungen vgl. JMBl. 1910 S. 971.

2. Vgl. auch JMBl. 1910 S. 952 § 42.

XV.

Auszug aus dem Beamtengesetze vom 18. August 1908.

III. Abschnitt.

Pflichten der Beamten.

Art. 11.

Der Beamte hat alle Obliegenheiten des ihm übertragenen Amtes den Gesetzen, Verordnungen und Dienstvorschriften entsprechend gewissenhaft wahrzunehmen und sich durch sein Verhalten in und außer dem Amte der Achtung, die sein Beruf erfordert, würdig zu erweisen.

Art. 12.

I Der Beamte hat den Dienstbefehlen seiner Vorgesetzten zu gehorchen. Soweit er im Vollzug eines Dienstbefehls handelt, trifft die dienstliche Verantwortung den anordnenden Vorgesetzten.

II Für einzelne Zweige des Staatsdienstes können mit Rücksicht auf ihre besondere Natur in den Dienstvorschriften Ausnahmen von der Vorschrift des Abs. 1 verfügt werden.

III Die dienstliche Gehorsamspflicht gilt für Beamte soweit nicht, als sie die richterliche Gewalt ausüben.

E. Art. 12; Mot. 95; AB. 11.

Art. 13.

I Verletzt ein Beamter vorsätzlich oder fahrlässig seine Amtspflicht, so haftet er dem Staate für den diesem daraus entstehenden Schaden.

II Die Vorschriften der §§ 827, 830, des § 840 Abs. 1, des § 852 Abs. 2 und des § 853 des Bürgerlichen Gesetzbuchs finden entsprechende Anwendung.

III Der Anspruch des Staates auf Schadensersatz verjährt in drei Jahren von dem Zeitpunkt an, in dem eine zur Geltendmachung des Anspruchs zuständige Behörde von dem Schaden und der Person des ersatzpflichtigen Beamten Kenntnis erlangt hat, ohne Rücksicht auf diese Kenntnis in dreißig Jahren von der Begehung der Handlung an. Besteht der Schaden darin, daß der Staat wegen einer durch eine Amtspflichtverletzung erfolgten Schädigung eines Dritten diesem Ersatz leisten muß, so beginnt die dreijährige Verjährungsfrist mit dem Zeitpunkt, in dem die Ersatzpflicht des Staates dem Beschädigten gegenüber anerkannt oder rechtskräftig festgestellt ist.

E. Art. 13; Mot. 97; AB. —

Art. 14.

Der Beamte hat über die ihm vermöge seines Amtes bekannt gewordenen Angelegenheiten, deren Geheimhaltung ihrer Natur nach erforderlich oder von seinen Vorgesetzten vorgeschrieben ist, Verschwiegenheit zu beobachten, auch nachdem das Dienstverhältnis gelöst ist.

E. Art. 14; Mot. 100; AB. 11.

Art. 15.

Dem Beamten ist es untersagt, ohne Erlaubnis der vorgesetzten Behörde als Sachverständiger außergerichtliche Gutachten abzugeben.

Art. 16.

Die Teilnahme an einem Vereine, dessen Zwecke oder Bestrebungen den staatlichen oder dienstlichen Interessen zuwiderlaufen, ist dem Beamten untersagt.

Vgl. Art. 168 BeaG.

Art. 17.

I Ein Beamter, der eine Ehe einzugehen beabsichtigt, hat dies rechtzeitig der zuständigen Dienstbehörde anzuzeigen.

II Durch Verordnung kann bestimmt werden, daß gewisse Klassen von Beamten zur Eingehung einer Ehe der Erlaubnis der zuständigen Dienstbehörde bedürfen.

III Die Erlaubnis darf nur verweigert werden, wenn der Eingehung der Ehe dienstliche Bedenken entgegenstehen.

Vgl. § 6 der AllerhVO. vom 10. Dezember 1908 (GVBl. S. 1041). Der Erlaubnis bedürfen u. a. die weiblichen Beamten und die Aufseher der Strafanstalten und Gerichtsgefängnisse; dabei ist Art. 25 BeaG. zu beachten.

Art. 18.

I Der Beamte darf ein Nebenamt oder ein Nebengeschäft nur übernehmen, soweit dies mit der gewissenhaften Erfüllung seiner Pflichten und mit der Achtung, die sein Beruf erfordert, vereinbar ist.

II Ein Beamter, der
1. ein nicht mit einer Entlohnung verbundenes Nebenamt im Dienste des Reichs oder eines anderen Bundesstaats oder
2. eine ehrenamtliche Stellung in den Verwaltungsorganen einer Gemeinde, Anstalt, Stiftung, Kasse, Religions- oder Kirchengesellschaft, Erwerbsgesellschaft oder Genossenschaft oder
3. das Amt eines Schiedsrichters, Testamentsvollstreckers, Vormundes, Pflegers, Beistandes oder eine andere Verwaltung fremder Angelegenheiten übernimmt,

hat dies der vorgesetzten Dienstbehörde anzuzeigen.

III Die Erlaubnis der zuständigen Dienstbehörde ist erforderlich:
1. zum Betrieb eines Gewerbes im Sinne der Reichsgewerbeordnung und zwar auch dann, wenn es von der Ehefrau oder von einer anderen dem Hausstande des Beamten angehörenden Person betrieben wird;
2. zur Übernahme eines Nebenamts oder Nebengeschäfts, womit eine Entlohnung verbunden ist;
3. zur Beteiligung an der Errichtung einer auf Gewinn gerichteten Gesellschaft als Gründer oder zum Eintritt in den Vorstand, Aufsichtsrat oder Verwaltungsrat einer solchen Gesellschaft. Als eine auf Gewinn gerichtete Gesellschaft gilt eine Genossenschaft nicht, deren Tätigkeit auf den Kreis ihrer Mitglieder beschränkt ist.

Die Erlaubnis kann jederzeit zurückgenommen werden.

IV In den Fällen des Abs. 3 Ziffer 3 darf die Erlaubnis nur erteilt werden, wenn mit der Tätigkeit weder unmittelbar noch mittelbar ein Gewinn oder eine Entlohnung verbunden ist.

E. Art. 18; Mot. 102; AB. 16.

Art. 19.

Die Übernahme von Nebenämtern oder Nebengeschäften im staatlichen Dienste kann der Beamte nicht verweigern, wenn sie seiner Berufsbildung und dienstlichen Stellung entsprechen.

Art. 20.

Der Beamte darf Titel, Ehrenzeichen, Gehalte, Belohnungen und Geschenke von anderen Regenten oder Regierungen nur mit Erlaubnis des Königs oder der vom König ermächtigten Behörde und sonstige Belohnungen oder Geschenke, die ihm in Bezug auf sein Amt zugedacht sind, nur mit Erlaubnis der zuständigen Dienstbehörde annehmen.

E. Art. 20; Mot. 104; AB. 18.

Art. 21.

I Der Beamte hat seinen Wohnsitz derart zu nehmen, daß hierdurch die Erfüllung seiner dienstlichen Obliegenheiten nicht beeinträchtigt ist.

II Ob der Wohnsitz dieser Anforderung entspricht, wird, wenn ein Zweifel darüber besteht, von der vorgesetzten Dienstbehörde entschieden.

E. Art. 21; Mot. 105; AB. —

Art. 22.

I Die Vorschriften über die Sonntagsruhe und über den Urlaub werden von der Staatsregierung erlassen.

II Jedem etatsmäßigen Beamten soll alljährlich ein angemessener Urlaub bewilligt werden, soweit nicht außergewöhnliche Verhältnisse entgegenstehen. Der Feriengenuß ist dem Urlaub gleichzuachten.

III Ein Beamter, der sich ohne den erforderlichen Urlaub von seinem Amte fern hält oder den erteilten Urlaub überschreitet, ohne daß ihm ausreichende Entschuldigungsgründe zur Seite stehen, ist, unbeschadet dienststrafrechtlichen Einschreitens, für die Zeit des unerlaubten Fernbleibens vom Amte seines Diensteinkommens verlustig.

IV Die Einziehung des Diensteinkommens (Abs. 3) wird von der Behörde verfügt, die den Urlaub zu erteilen hat. Gegen die Verfügung steht dem Beamten die Beschwerde im Instanzenzuge frei. Die Frist zur Einlegung der Beschwerde beträgt zwei Wochen, vom Tage der Eröffnung der Verfügung an gerechnet.

E. Art. 22; Mot. 105; AB. 18.

Zu Art. 22: Vgl. die Bek. vom 14. Juli 1909 Nr. 20485, die Sonntagsruhe und den Urlaub der Staatsbeamten betr. (GVBl. S. 427) und die Bek. vom 20. Juli 1909 Nr. 32764 (JMBl. S. 334), den Urlaub betr. Für die beim Inkrafttreten der ersteren Bek. im Dienste stehenden etatsmäßigen Justiz-Beamten bleiben die früheren Urlaubsvorschriften in Geltung, soweit sie für sie günstiger sind; ebenso für die nicht etatsmäßigen Beamten und die Staatsdienstadspiranten. Vgl. auch § 16 HO. Anm. Zu § 3 der Bek. vom 14. Juli 1909 vgl. die AllerhVO. vom 23. Dezember 1908 (GVBl. S. 1211). Rangordnung: GVBl. 1908 S. 1214. — Die Urlaubsverhältnisse waren bisher geregelt in der AllerhVO. vom 8. Juni 1904, die Beurlaubungen bei den Justizbehörden betr. (JMBl. 1904 S. 105).

Art. 23.

I Der Beamte ist vor dem Dienstantritt auf die getreue Erfüllung seiner Obliegenheiten eidlich zu verpflichten.

II Der geleistete Eid verpflichtet auch für alle Ämter, die später übertragen werden.

III Ist die eidliche Verpflichtung unterblieben, so ist dies auf die Gültigkeit der Amtshandlungen und auf die Verantwortlichkeit für Pflichtverletzungen ohne Einfluß, soweit nicht durch besondere Gesetze für die Übernahme gewisser Ämter die Ableistung eines Diensteids ausdrücklich vorgeschrieben ist.

E. Art. 23; Mot. 107; AB. 19. Vgl. Anm. 1 zu Art. 25.

Art. 24.

I Die Vorschrift in dem Artikel 11 über das Verhalten außer dem Amte sowie die Vorschriften der Artikel 14, 17, 20 finden auch auf die einstweilen oder zeitlich in den Ruhestand versetzten Beamten entsprechende Anwendung.

II Auf die im dauernden Ruhestande befindlichen Beamten finden lediglich die Vorschriften in dem Artikel 11 über das Verhalten außer dem Amte sowie der Vorschriften des Artikel 14, 20 entsprechende Anwendung.

E. Art. 24; Mot. 107; AB. 20.

Art. 25.

Die Vorschriften des Artikel 11, des Artikel 12 Abs. 1, 2, der Artikel 13, 14, 16, 17, des Artikel 18 Abs. 1, der Artikel 20, 21, des

Artikel 22 Abs. 1 und des Artikel 23 finden auch auf die Staatsdienstaspiranten entsprechende Anwendung, die nicht als Beamte im Sinne des Artikel 1 erklärt sind, ferner auf Personen, die, ohne als Beamte im Sinne des Artikel 1 erklärt zu sein, mit den Verrichtungen solcher Beamten ständig oder vorübergehend betraut sind.

1. Zu Art. 23 und 25 vgl. § 8 der AllerhVO. vom 10. Dezember 1908 (GVBl. S. 1091 ff.).

§ 8 lautet:

I Die eidliche Verpflichtung der Beamten, die den Verfassungseid noch nicht geleistet haben, hat durch die Abnahme des nachstehenden Eides zu geschehen:

„Ich schwöre Treue dem Könige, Gehorsam dem Gesetze und Beobachtung der Staatsverfassung; ich schwöre ferner alle meine Obliegenheiten als Beamter getreu zu erfüllen, so wahr mir Gott helfe."

II Die eidliche Verpflichtung der Beamten, die bereits den Verfassungseid geleistet haben, hat durch die Abnahme des nachstehenden Eides zu geschehen:

„Ich schwöre alle meine Obliegenheiten als Beamter getreu zu erfüllen, so wahr mir Gott helfe."

III Die eidliche Verpflichtung der Staatsdienstaspiranten, die nicht als Beamte im Sinne des Artikel 1 des Beamtengesetzes erklärt sind, sowie der Personen, die, ohne als Beamte im Sinne des Artikel 1 erklärt zu sein, mit den Verrichtungen solcher Beamten ständig oder vorübergehend betraut sind, hat, sofern sie den Verfassungseid noch nicht geleistet haben, durch die Abnahme des nachstehenden Eides zu geschehen:

„Ich schwöre Treue dem Könige, Gehorsam dem Gesetze und Beobachtung der Staatsverfassung; ich schwöre ferner alle Obliegenheiten meines Dienstes getreu zu erfüllen, so wahr mir Gott helfe."

Haben sie bereits den Verfassungseid geleistet, so hat die eidliche Verpflichtung durch Abnahme des nachstehenden Eides zu geschehen:

„Ich schwöre alle Obliegenheiten meines Dienstes getreu zu erfüllen, so wahr mir Gott helfe."

IV Der Abnahme des Eides hat eine Belehrung über die Dienstpflichten und über die Bedeutung des Eides vorherzugehen.

V Die besonderen Vorschriften der Artikel 2, 61 des Ausführungsgesetzes zum Reichs-Gerichtsverfassungsgesetze bleiben unberührt.

2. Vgl. § 12 HO. für GG. Anm. 3, 4.

3. Vgl. auch Art. 165 wegen der Ordnungsstrafen.

Art. 37.

I Für den Genuß einer Dienstwohnung hat der Beamte, falls ihm nicht nach der Gehaltsordnung eine freie Dienstwohnung zusteht, eine Mietentschädigung zu entrichten. Diese Entschädigung ist von der zuständigen Behörde unter angemessener Berücksichtigung einerseits des wirklichen Wertes der Wohnung nach ihrer Größe und ihrer Beschaffenheit sowie nach den am Wohnsitze des Beamten für Wohnungen derselben Art zu zahlenden Mietzinsen andererseits des Wertes festzusetzen, den die Wohnung für den Beamten hat. Sie darf jedoch zwei Drittel des wirklichen Wertes nicht übersteigen.

II Die Verpflichtung zur Entrichtung der Mietentschädigung beginnt mit dem Zeitpunkte, von dem an die Übertragung der Amtsstelle, mit welcher der Genuß der Dienstwohnung verbunden ist, wirksam wird; wenn die Dienstwohnung erst später beziehbar wird, mit diesem Zeitpunkte.

III Der Beamte ist nicht berechtigt, die Annahme und Benützung einer Dienstwohnung zu verweigern.

IV Die Dienstwohnung kann jederzeit durch eine andere ersetzt oder dem Beamten unter Einhaltung einer von der zuständigen Behörde festzusetzenden angemessenen Kündigungsfrist entzogen werden.

V Scheidet der Beamte aus seiner Amtsstelle aus, so ist die Dienstwohnung innerhalb einer von der zuständigen Behörde zu bestimmenden angemessenen Frist zu räumen.

VI Die Vorschriften der Abs. 1 bis 5 gelten auch für den Fall, daß einem Beamten ein Dienstzimmer als Wohnung zugewiesen wird.

VII Für die Benützung von Gärten und sonstigen Grundstücken hat der Beamte eine dem Nutzwert und den örtlichen Verhältnissen entsprechende Pachtentschädigung zu entrichten.

VIII Im übrigen bemißt sich das Verhältnis zwischen dem Staate und den Beamten hinsichtlich der Dienstwohnungen, Dienstzimmer und Grundstücke nach den von der Staatsregierung erlassenen Vorschriften.

1. Vgl. Bek. vom 28. Juni 1909 (JMBl. S. 266), die Mietentschädigungen für die Dienstwohnungen betr.

Auszug aus dem Justizetat.

Kap.	§	Tit.	Vortrag	Jahres-vor-anschlag
				ℳ
			Ziffer I.	
1			**H. Gerichtsgefängnisse.**	
	1		Persönliche Ausgaben.	
		1	Besoldungen der Beamten	
		2	Kosten für Stellvertretung, Geschäftsaushilfe und besondere Leistungen	
		3	Tagegelder und Reisekosten	
			Summe § 1	
	2		Sächliche Ausgaben.	
		1	Für Schreibbedürfnisse, Drucksachen, Bücher, Buchbinderkosten und dergleichen . . .	
		2	Für Gerätschaften und Einrichtungsgegenstände	
		3	Für Mietzinse	
			Summe § 2	
			Hierzu „ § 1	
			Summe H	
6			**Ausgaben auf die Gebäude.**	
	1		Brandversicherungsbeiträge, Kaminkehrerlöhne, Wasserzinse, für Instandhaltung, Beleuchtung und Reinigung der Straßen und Hofräume, für Beseitigung von Schnee und Eis, für Reinigung der Abort-, Dung- und Versitzgruben, Fäkalieneinleitung und Hausunratabfuhr, für Schmückung der Gebäude bei festlichen Gelegenheiten [1])	
	2		Für Gebäudeunterhaltung [2])	
	3		Für Erweiterungs- und Neubauten	
			Summe Kap. 6	

[1]) [2]) Vgl. Bek. vom 29. Dezember 1909, die Unterhaltung der Staatsgebäude betr. (JMBl. 1910 S. 145), Bek. vom 15. März 1910, die Aufsicht über die Gerichts- und Gefängnisgebäude und die Behandlung der Bausachen betr. (JMBl. 1910 S. 568).

Kap.	§	Tit.	Vortrag	Jahresvoranschlag
				ℳ
			Ziffer II. Etat für die Strafanstalten.	
1			**Staatszuschuß an Zuchthäuser und Gefangenanstalten.**	
			A. Ausgaben.	
	1		Persönliche Ausgaben.	
		1	Besoldungen der Beamten	
		2	Kosten für Stellvertretung, Geschäftsaushilfe und besondere Leistungen	
			Summe § 1	
	2		Sächliche Ausgaben.	
		1	Haushaltung	
		2	Kanzleibedürfnisse	
		3	Bewachung	
		4	Sonstige Ausgaben	
			Summe § 2	
			Hierzu „ § 1	
			Summe der Ausgaben	
			B. Einnahmen.	
			1. Erträgnisse aus dem Arbeitsverdienste der Gefangenen	
			2. Erstattete Unterhaltskosten und sonstige Einnahmen	
			3. Zuschuß des Staatsministeriums des Innern:	
			a) Für die in der Gefangenanstalt Niederschönenfeld verwahrten jugendlichen Gefangenen	
			b) Für das mit dem Arbeitshause St. Georgen-Bayreuth gemeinsame Personal	
			Summe der Einnahmen	
			Abgleichung zu Kap. 1.	
			Summe der Ausgaben	
			Hievon ab Summe der Einnahmen	
			wonach sich ein Staatszuschuß an Zuchthäuser und Gefangenanstalten ergibt von	

Kap.	§	Tit.	Vortrag	Jahresvoranschlag
				ℳ
			Ziffer II.	
2			**Zentralstelle für Gefangenenobsorge** . .	
			Summe Kap. 2 für sich.	
3			**Aufwand für Festungssträflinge.**	
	1		Vergütung für die Verpflegung der Gefangenen	
	2		Kosten für die Seelsorge	
			Summe Kap. 3	
4			**Umzugskosten**	
			Summe Kap. 4 für sich.	
5			**Ausgaben auf die Gebäude.**	
	1		Brandversicherungsbeiträge, Kaminkehrerlöhne, Wasserzinse, für Instandhaltung, Beleuchtung und Reinigung der Straßen und Hofräume, für Beseitigung von Schnee und Eis, für Reinigung der Abort-, Dung- und Versitzgruben, Fäkalieneinleitung und Hausunratabfuhr, für Schmückung der Gebäude bei festlichen Gelegenheiten	
	2		Für Gebäudeunterhaltung	
	3		Für Erweiterungs- und Neubauten	
			Summe Kap. 5	
6			**Übrige Ausgaben** (Auslagen in Dienststrafsachen, Prozeßkosten und dergleichen) . . .	
			Summe Kap. 6 für sich.	
			Hiezu " " 5 . . .	
			" " 4 . . .	
			" " 3 . . .	
			" " 2 . . .	
			" " 1 . . .	
			Summe Ziffer II (Etat für Strafanstalten)	

Alphabetisches Register.

Seite 1—169 = Gerichtsgefängnisse; Seite 170—289 = Strafanstalten; Seite 290—366 = Anhang.

A.

B.

F.

G.

J.

K.

L.

M.

N.

O.

P.

T.

W.

Z.

FSC
www.fsc.org
MIX
Papier | Fördert
gute Waldnutzung
FSC® C083411

Kolibri 360 GmbH
Ferdinand-Jühlke-Straße 7
99095 Erfurt, Deutschland
produktsicherheit@kolibri360.de